强制执行公证实务210个疑难问题总梳理

王明亮　主　编　　　刘泽彬　副主编

法律出版社
LAW PRESS · CHINA
北京

图书在版编目(CIP)数据

强制执行公证实务：210个疑难问题总梳理 / 王明亮主编；刘泽彬副主编. -- 北京：法律出版社，2023

ISBN 978-7-5197-8681-6

Ⅰ. ①强… Ⅱ. ①王… ②刘… Ⅲ. ①强制执行－公证制度－研究－中国 Ⅳ. ①D925.04②D926.64

中国国家版本馆CIP数据核字（2023）第253800号

强制执行公证实务:210个疑难问题总梳理
QIANGZHI ZHIXING GONGZHENG SHIWU:210 GE YINAN WENTI ZONG SHULI

王明亮 主　编
刘泽彬 副主编

责任编辑 冯高琼
装帧设计 李　瞻

出版发行 法律出版社
编辑统筹 法规出版分社
责任校对 裴　黎
责任印制 耿润瑜
经　　销 新华书店

开本 710毫米×1000毫米　1/16
印张 28.75　　**字数** 383千
版本 2023年12月第1版
印次 2023年12月第1次印刷
印刷 固安华明印业有限公司

地址:北京市丰台区莲花池西里7号(100073)
网址:www.lawpress.com.cn
投稿邮箱:info@lawpress.com.cn
举报盗版邮箱:jbwq@lawpress.com.cn

销售电话:010-83938349
客服电话:010-83938350
咨询电话:010-63939796

书号:ISBN 978-7-5197-8681-6　　**定价**:88.00元

凡购买本社图书,如有印装错误,我社负责退换。电话:010-83938349

编委会名单

主　编　王明亮

副主编　刘泽彬

委　员　闫雅强　唐　骞　薛高峰　谢财能

前　　言

强制执行公证是《民事诉讼法》和《公证法》规定的一项制度，在快速实现债权、防范争议风险、降低融资成本等方面具有不可替代的作用，广泛运用于金融实践中，存在大量的司法实务案例，在法律理解、司法实务中具有重要的参考价值。但近年来，有关强制执行公证法律法规不断完善，特别是自《民法典》实施以来，诸多规定发生了变化。在《民法典》语境下全面梳理案例，透视其中法理和法律运用，对《民法典》的贯彻执行、强制执行公证的理论完善和实践法律适用均具有重要价值。

本书在中国裁判文书网精心挑选了 210 个典型案例，以强制执行公证的主要运用机构为标准分门别类进行梳理和体例编排，涵盖了所有可以办理强制执行公证的金融机构，包括银行、信托公司、证券公司、资产管理公司、基金公司、保险公司、融资租赁公司、担保公司、保理公司、典当公司、小额贷款公司等 11 大类。全书采用问题的形式，结合《民法典》及最新司法解释，对实践中关注的问题进行有针对性的分析与解答，力图提炼规则并对今后实务适用提出建议。在内容方面，本书不仅涉及强制执行公证的办理、法院的立案管辖、法院执行、异议处理等实务处理，还涉及强制执行公证与仲裁、诉讼等制度衔接，囊括了公证、执行、异议处理等各个环节的 210 个问题。

本书内容新颖全面、针对性和实用性强、适用面广,编著者均为公证行业多年从业人员。全书通过精心挑选的典型案例尽可能全面地梳理了《民法典》及司法解释颁布后强制执行公证实务中出现的新问题,并逐一分析回答,弥补了市面上有关这方面梳理和研究的不足,本书针对性更强,其不仅可供金融机构、公证行业、法院、仲裁委员会等的专业人员进行实务参照,对于强制执行公证理论研究、高校案例教学亦具有参考价值。

编　者

2023年12月

目　　录

一、银行涉及的强制执行公证司法实务

1 债务人或者担保人办理强制执行公证后还能否就强制执行公证的合同提起诉讼?

实务总结

原则上办理强制执行公证后,债权文书具有强制执行力,若该公证债权文书没有被人民法院认定确有错误,裁定不予执行,则债务人或者担保人就不能就该债权文书或担保合同提起诉讼。《最高人民法院关于公证债权文书执行若干问题的规定》第 8 条规定,“公证机构决定不予出具执行证书的,当事人可以就公证债权文书涉及的民事权利义务争议直接向人民法院提起诉讼。”第 22 条规定,“有下列情形之一的,债务人可以在执行程序终结前,以债权人为被告,向执行法院提起诉讼,请求不予执行公证债权文书:(一)公证债权文书载明的民事权利义务关系与事实不符;(二)经公证的债权文书具有法律规定的无效、可撤销等情形;(三)公证债权文书载明的债权因清偿、提存、抵销、免除等原因全部或者部分消灭。债务人提起诉讼,不影响人民法院对公证债权文书的执行。债务人提供充分、有效的担保,请求停止相应处分措施的,人民法院可以准许;债权人提供充分、有效的担保,请求继续执行的,应当继续执行。”所以,债务人或者担保人办理强制执行公证后,执行程序开始之前不能诉,执行程序开始后至执行程序终结前有上述三种情况的可以起诉,但该诉讼不影响人民法院对公证债权文书的执行。

典型案例

德州阳光置业有限公司与中国中投证券有限责任公司、恒丰银行股份有限公司德州分行等金融借款合同纠纷申诉、申请民事裁定书*

裁判要点：本案再审申请人德州置业公司①一审提出的诉讼请求及再审申请均主张确认双方当事人之间签订的《委托贷款合同》无效以及由此引发的返还手续费的问题。因双方当事人均认可且经一审法院查明该《委托贷款合同》是经过北京市A公证处办理强制执行公证，具有强制执行力的债权文书，且该公证债权文书并没有被人民法院认定确有错误，裁定不予执行，故德州置业公司作为合同当事人向法院起诉，请求确认该债权文书无效，一审法院依法裁定不予受理起诉并无不当。

2 《保证金质押合同》能否办理强制执行公证并出具执行证书？

实务总结

在实务中，《保证金质押合同》可以办理强制执行公证并出具执行证书。需要注意的是该保证金账户特定化与资金用途特定化，质押人向开户行发出书面通知，开户行收到通知后向第三人承诺，未经第三人许可不得动用账户资金，质物转移则质权设立。《最高人民法院关于适用〈中华人民共和国民法典〉有关担保制度的解释》第70条第1款、第2款规定："债务人或者第

* (2016)最高法民申2069号。

① 为便于阅读，裁判要点中的法人名称较长的使用简称。

三人为担保债务的履行，设立专门的保证金账户并由债权人实际控制，或者将其资金存入债权人设立的保证金账户，债权人主张就账户内的款项优先受偿的，人民法院应予支持。当事人以保证金账户内的款项浮动为由，主张实际控制该账户的债权人对账户内的款项不享有优先受偿权的，人民法院不予支持。在银行账户下设立的保证金分户，参照前款规定处理。”保证金账户特定化不是数额不变，账户内的款项可以是浮动的，这种浮动要与保证业务相关联，不能就此认为是一般账户。保证金账户质押合同中通常会约定，标的应收账款项下的回款及其他相关款项一旦进入保证金账户，即视为已移交质权人占有，作为主合同项下对债权的质押担保。保证金账户仅用于质押担保主合同项下的债务，未经质权人事先书面同意，出质人不得随意转出或支配，不得作为日常结算账户使用，不得支取现金等。

典型案例

安徽中安商业保理有限责任公司、中国民生银行股份有限公司南宁分行案外人执行异议之诉二审民事判决书*

裁判要点：本案中，广西申龙与民生银行南宁分行于2019年8月12日签订编号为公承兑字ZX19000000162754号《银行承兑协议》。该协议第1.4条约定：广西申龙向民生银行南宁分行单笔申请的承兑业务金额为1070万元；该业务为一次性，不可周转使用。第5条约定：在民生银行南宁分行依本协议承兑汇票之前，广西申龙按票面金额的100%在其开立于该行的保证金账户（账号70××× 93）中存入保证金，并以账户内资金为上述银行承兑汇票到期付款提供质押担保。当日，民生银行南宁分行开具44张累计金额1070万元的银行承兑汇票。其后，民生银行南宁分行根据广西申龙的申请，于2019年8月13日就其中收款人为佛山市万化科技有限公司、金额为10

* (2020)皖民终1175号。

万元的银行承兑汇票进行了撤票操作,并依据双方另行签订的公承兑字第 ZX19000000163166 号《银行承兑协议》,于 2019 年 8 月 14 日以撤票后该保证金账户释放的 10 万元作为保证金,重新开具了一张收款人为佛山万化聚氨酯有限公司,金额为 10 万元的银行承兑汇票。该账户自此至 2019 年 11 月 26 日被人民法院冻结,未再发生交易。可见,广西申龙虽为该账户资金的所有权人,但其并无自由支配之权利,而民生银行南宁分行开立承兑汇票的额度亦受限于账户资金总额及双方承兑协议的约定,故该账户资金符合用途特定化,且由民生银行南宁分行实际控制的特征。因此,一审认定案涉广西申龙 70×××93 账户为保证金专用账户有事实依据。

关于应否解除对广西申龙 70×××93 账户的冻结措施。《最高人民法院、中国人民银行关于依法规范人民法院执行和金融机构协助执行的通知》第 9 条规定,人民法院依法可以对银行承兑汇票保证金采取冻结措施,但不得扣划。如果金融机构已对汇票承兑或者已对外付款,根据金融机构的申请,人民法院应当解除对银行承兑汇票保证金相应部分的冻结措施。银行承兑汇票保证金已丧失保证金功能时,人民法院可以依法采取扣划措施。案涉保证金账户系因另案诉讼由安徽省芜湖市中级人民法院依法冻结,并未违反上述规定。根据业已查明的事实,民生银行南宁分行就案涉 44 张承兑汇票已全部于出票当日承兑,故在其提交申请的情况下,人民法院应当解除对已承兑汇票金额 1070 万元相应部分保证金的冻结措施,而非解除该账户的冻结。

3 公证处按被执行人地址邮寄核实材料,被执行人拒收或者规避送达,公证处能否出具执行证书?

实务总结

在公证实务中,在公证手续或者合同中都会预留债务人与担保人的联系地址、联系电话等联系方式，一旦债权人或者担保权人申请出具执行证书，公证处就会通过预留的各个联系方式，联系告知债务人与担保人并送达核实材料，债务人与担保人拒收或者规避送达的，视为公证处已尽到送达义务。债务人与担保人自己预留的联系方式，在未还款或承担担保责任的情况下，拒收或者规避送达的，视为放弃提出异议的权利，该行为违反公证债权文书的合同约定，也有悖诚信。在这种情况下，直接送达的，核实材料留在该地址之日为送达之日；邮寄送达的，文书被退回之日为送达之日，不影响出具执行证书。

典型案例

福建华浦房地产开发有限公司、福建华班企业管理有限公司金融借款合同纠纷再审审查与审判监督民事裁定书*

裁判要点：(1)关于《委托贷款合同》是否有效的问题。本案中，平安证券公司作为委托人与恒丰银行福州分行作为受托人、华浦公司作为借款人于2013年签订《委托贷款合同》，约定平安证券公司委托恒丰银行福州分行向华浦公司发放委托贷款，贷款金额为人民币5.78亿元。华浦公司已实际收到合同约定的款项并进行使用，其现以合同违反《商业银行委托贷款管理办法》无效为由，阻却其应当履行的还款义务，有悖诚信。《商业银行委托贷款管理办法》是原中国银行业监督管理委员会于2018年发布的，不能据此认定2013年签订的案涉《委托贷款合同》无效。一审判决认定《委托贷款合同》有效，适用法律并无不当。华浦公司关于案涉《委托贷款合同》无效的申请理由，不能成立。(2)关于一审法院送达程序是否合法的问题。最高人民法院印发的《关于进一步加强民事送达工作的若干意见》第7条规定："因当事人提供的送达地址不准确、拒不提供送达地址、送达地址变更未书面告知人民法院，导致民事诉讼文书未能被受送达人实际接收的，直接送达的，民

---

* (2020)最高法民申5381号。

事诉讼文书留在该地址之日为送达之日；邮寄送达的，文书被退回之日为送达之日。”第8条第1款规定：“当事人拒绝确认送达地址或以拒绝应诉、拒接电话、避而不见送达人员、搬离原住所等躲避、规避送达，人民法院不能或无法要求其确认送达地址的，可以分别以下列情形处理：(一)当事人在诉讼所涉及的合同、往来函件中对送达地址有明确约定的，以约定的地址为送达地址……”本案《委托贷款合同》第24条第2款约定：“本合同有效期内，丙方(华浦公司)法人名称、法定代表人、法定住所等发生变化而未书面通知甲方和乙方时，甲方和/或乙方向丙方发送的所有文书，视同送达。”《委托贷款合同》中各方对“法定住所”及送达地址的相关约定是各方的真实意思表示，不违反法律的规定，对各方具有约束力。《委托贷款合同》载明的华浦公司“法定住所”为“福州市台江区鳌峰街道福光南路379号武夷绿洲23#2层02铺”，与《补充协议》以及《送达地址确认书》载明的华浦公司住所或地址相同，并且该地址是华浦公司的工商注册地址，至今未曾变更。一审法院按照上述地址送达了应诉通知书、传票等相关诉讼文书，均被退回，则诉讼文书退回之日为送达之日。华浦公司关于一审法院未采取公告方式送达程序违法的申请理由，不能成立；华浦公司以送达程序违法为由，主张一审法院剥夺其提出管辖权异议权利的申请理由，亦无事实依据，不予支持。

4 银行从事保理业务并签署相关合同能否办理强制执行公证并出具执行证书？

实务总结

银行从事保理业务并签署相关合同可以办理强制执行公证并出具执行证书。基于金融监管需要，金融机构跨行业办理业务需要经过行政许可。保理业务作为一种融资业务，并不专属于保理公司。常见的情况是银行或者融资租赁公司都可以取得保理业务许可，在营业执照、金融许可证中有保理业务许可内容的，就可以办理保理业务，对保理合同也可以办理强制执行公证并出具执行证书。

典型案例

中国五金交电化工公司、中国信达资产管理股份有限公司上海市分公司金融借款合同纠纷再审审查与审判监督民事裁定书*

裁判要点：法院经审查认为，五交化公司的再审申请理由不能成立，具体分析如下：应收账款债权人与债务人虚构应收账款作为转让标的，与保理人订立保理合同的，应收账款债务人不得以应收账款不存在为由对抗保理人，但是保理人明知虚构的除外，即虚假通谋行为不得对抗善意第三人。五交化公司在原审中未主张案涉保理业务基础购销合同为虚构，且即便基础购销合同并非真实存在，五交化公司无证据证明光大银行对此知情，故不得以基础购销合同虚假为由对抗保理人。

5 夫妻一方在婚姻存续期间向银行申请办理抵押贷款，并办理强制执行公证，借款尚未全部清偿时离婚，是否影响出具执行证书？

实务总结

在公证实务中，夫妻在办理完强制公证后离婚并分割财产和债务的，夫妻之间的约定不影响银行的权利，不影响出具执行证书。如果夫妻双方都

* (2020)最高法民申 1654 号。

是债务人、抵押人,夫妻双方均为被执行人。如果夫妻一方为债务人、抵押人,另一方只是在知悉声明中"抵押物共有人"处签字,并没有明确自己接受强制执行公证的意思表示,在出具执行证书时债务人、抵押人的一方为被执行人,债务人、抵押人的配偶不是被执行人。所以,在草拟公证合同时,应严格按照《民法典》第1064条的规定,即夫妻双方共同签名或者夫妻一方事后追认等共同意思表示所负的债务,以及夫妻一方在婚姻关系存续期间以个人名义为家庭日常生活需要所负的债务,属于夫妻共同债务。把夫妻双方都作为合同主体进行签署,或作为共同借款人,或作为抵押物共有人,这样夫妻双方才能成为被执行人。

典型案例

王某与上海浦东发展银行股份有限公司宝山支行等金融借款合同纠纷二审民事判决书*

裁判要点:赵某娜表示,双方已于2013年7月19日通过上海市第二中级人民法院二审判决离婚,且判决中载明上海市宝山区××路××××弄××号×××室房屋归王某所有,剩余贷款由王某偿还。法院认为,本案系金融借款合同纠纷,被上诉人浦发银行宝山支行与原审被告赵某娜之间签订的《住房公积金个人购房担保借款合同》系双方当事人真实意思表示,依法成立并合法有效,各方均应恪守。浦发银行宝山支行已履行发放住房公积金贷款的义务,赵某娜应当履行按时足额归还公积金贷款的义务。《最高人民法院关于适用〈中华人民共和国民法典〉婚姻家庭编的解释(一)》第35条第1款规定:"当事人的离婚协议或者人民法院生效判决、裁定、调解书已经对夫妻财产分割问题作出处理的,债权人仍有权就夫妻共同债务向男女双方主张权利。"案涉房产购买于王某、赵某娜夫妻关系存续期间,系为二人共同生活购

---

* (2022)沪74民终1622号。

买,王某亦在案涉《住房公积金个人购房担保借款合同》抵押物共有人栏签字确认,案涉公积金贷款归还事宜显属夫妻共同债务。浦发银行宝山支行向王某、赵某娜主张还款责任,有法律依据。

6 最高额抵押担保办理强制执行公证后,在最高额抵押担保期间产生的债务是否都作为被担保债务予以强制执行?

实务总结

在强制公证实务中,《授信合同》《最高额抵押合同》办理强制执行公证,在授信期间的单笔提款可以不用重复办理强制执行公证,但这并不表示在授信期间的所有借款都是担保债务,这也要看单笔借款合同内的表述。如下述案例中,借款合同中明确约定在“本合同项下的债权属于《个人授信合同》项下的最高额担保合同所担保的主债权范围”处选“×”,并在“本合同为借款人、担保人与贷款人之间所签署的独立的业务文件”处选“√”;第15.11条关于本合同项下的抵押财产信息、质押财产信息均为空白;第15.13条“本合同项下保证人提供的保证为”项下选择的是“全程连带责任保证”。这里明确约定担保措施仅为连带保证担保,所以这笔债权就不属于授信项下的债权,因为该授信项下有抵押担保,这就要求在草拟合同时要注意主从合同的对应。

典型案例

于某彦、兰某等金融借款合同纠纷民事再审民事判决书*

裁判要点:再审认为,本案的争议焦点为:涉案《个人担保借款合同》是

* (2023)新民再74号。

否属于《最高额担保合同》的担保范围。虽然涉案《个人担保借款合同》签订于《个人最高额抵押合同》约定最高额抵押担保债权的期间内,但《个人担保借款合同》第 15.1 条关于合同要素款项,在“本合同项下的债权属于《个人授信合同》项下的最高额担保合同所担保的主债权范围”处选“×”,并在“本合同为借款人、担保人与贷款人之间所签署的独立的业务文件”处选“√”;第 15.11 条关于本合同项下的抵押财产信息、质押财产信息均为空白;第 15.13 条“本合同项下保证人提供的保证为”项下选择的是“全程连带责任保证”。同时,涉案《浦发村镇银行授信业务调查表(农户贷款)》载明,此笔农户贷款将采用保证担保的方式发放。涉案借款《放款通知书》亦载明,主要担保方式:保证,担保人:冶某胜、时某。依据上述证据,可以证明涉案《个人担保借款合同》担保方式系保证担保,且不存在其他抵押、质押财产。在米东浦发村镇银行没有提交其他证据证明涉案《个人最高额抵押合同》为《个人担保借款合同》项下的抵押合同的情形下,仅凭该借款合同签订时间在《个人最高额抵押合同》载明的担保签订借款合同期间内,从而认定涉案《个人最高额抵押合同》为《个人担保借款合同》项下借款提供担保依据不足,米东浦发村镇银行主张涉案最高额抵押权缺乏事实依据。于某彦、兰某认为涉案《个人担保借款合同》的债权不属于《个人最高额抵押合同》担保的范畴,就涉案借款米东浦发村镇银行对《个人最高额抵押合同》项下的抵押物变卖、拍卖所得价款不享有优先受偿权的理由成立,予以支持。

7 应收账款质权能否阻却另案法院的公证债权文书的执行?

实务总结

应收账款质权设立后,债权人在债务人不履行债务的情况下可以对应收账款优先受偿。在下述案例中，法院因主张享有的应收账款质押权，仅占全部应收账款金额的部分，并未覆盖全部应收账款，且未经生效法律文书确定最终实现质权的范围，认为不会损害质权人权益，可以对应收账款进行部分扣划。基于担保物权的不可分性，担保物权所担保债权的债权人得就担保物的全部行使其权利。担保物一部分灭失，残存部分仍担保债权全部。质权人就剩余的应收账款优先受偿。当然，如果剩余应收账款不足以担保债权全部，也可申请对执行错误进行执行回转。这体现效率对执行的重要性，也充分体现强制执行公证可以快速执行的特点。这里也就是说谁先最快取得执行依据，进行查封冻结，对谁最有利，在审判、仲裁、强制执行公证三种制度比较下，强制执行公证效率最高。

典型案例

李某君等公证债权文书执行裁定书*

裁判要点：法院认为，应收账款质权作为担保物权，在债务人不履行到期债务或者发生当事人约定的实现质权的情形时，质权人可以对应收账款主张优先受偿权。本案争议焦点是国开行主张的其对金安桥公司享有的应收账款质权能否阻却法院给云南电网有限责任公司发送的协助执行通知在388 962 408.84元范围内要求协助每月扣划2000万元给付北银公司的执行。国开行与金安桥公司签订书面权利质押合同，约定金安桥公司以享有的应收账款向国开行出质，并在中国人民银行征信中心办理了应收账款质押登记，对此不持异议，但国开行主张享有的应收账款质押权，仅占全部应收账款金额的部分，并未覆盖全部应收账款，且未经生效法律文书确定最终实现质权的范围。北银公司作为申请执行人，在公证债权文书执行中与金

---

* (2017)京02执异330号。

安桥公司、汉能公司、清能公司、李某君达成执行和解协议,向云南电网有限责任公司发出协助执行通知书要求其从每月应支付给金安桥公司的电费中扣划2000万元给付北银公司,程序合法无不妥之处。

8 收费权质押合同办理完强制执行公证后,能否出具执行证书?

实务总结

收费权质押合同办理完强制执行公证后,能否出具执行证书,需要看该收费权所对应的应收账款是否设立特定账号与办理质押登记。《最高人民法院关于适用〈中华人民共和国民法典〉有关担保制度的解释》第61条规定,以基础设施和公用事业项目收益权、提供服务或者劳务产生的债权以及其他将有的应收账款出质,当事人为应收账款设立特定账户,发生法定或者约定的质权实现事由时,质权人请求就该特定账户内的款项优先受偿的,人民法院应予支持;特定账户内的款项不足以清偿债务或者未设立特定账户,质权人请求折价或者拍卖、变卖项目收益权等将有的应收账款,并以所得的价款优先受偿的,人民法院依法予以支持。如果该收费权对应的应收账款设立特定账号并办理质押登记,就可以出具执行证书,就该应收账款优先受偿。在强制执行公证实务中,如果要求办理登记而未办理担保,就无法就担保物优先受偿。在此种情况下,公证处会对应该办理登记而未办理登记的担保合同出具《不予出具执行证书的决定》,合同双方可以就此合同去法院诉讼,确定双方过错与责任。当然,债权或担保权人也可以主动放弃出具执行证书的权利,申请出具《不予出具执行证书的决定》,通过诉讼程序或者仲裁程序解决债务纠纷。

典型案例

国家开发银行与吕梁市人民政府国有资产监督管理委员会等金融借款合同纠纷一审民事判决书*

裁判要点：本案中，国开行与离柳公司就离柳公司的煤炭销售收入权质押签订了《质押合同1》，并就《质押合同1》办理了具有强制执行效力的公证书。2020年5月15日，公证处出具了《不予出具执行证书决定》。依据《最高人民法院关于公证债权文书执行若干问题的规定》第8条“公证机构决定不予出具执行证书的，当事人可以就公证债权文书涉及的民事权利义务争议直接向人民法院提起诉讼”之规定，国开行就《质押合同1》提起的民事权利义务争议属于本案审理范围。离柳公司以煤炭销售收入权提供质押担保，因煤炭销售收入权质押无法定的登记机构，双方当事人就煤炭销售收入权质押未能办理质押登记，离柳公司亦未向国开行交付债权凭证，故国开行与离柳公司之间成立质押合同关系，但煤炭销售收入权质押不具有物权效力，质权未设立，国开行就煤炭销售收入权不享有优先受偿权。故对国开行基于煤炭销售收入权质押提出的诉讼请求不予支持。

9 强制执行公证出具执行证书后应去哪个法院申请执行？

实务总结

公证债权文书执行案件，由被执行人住所地或者被执行的财产所在地

---

* (2020)京04民初273号。

人民法院管辖。《民事诉讼法》第235条规定,发生法律效力的民事判决、裁定,以及刑事判决、裁定中的财产部分,由第一审人民法院或者与第一审人民法院同级的被执行的财产所在地人民法院执行。法律规定由人民法院执行的其他法律文书,由被执行人住所地或者被执行的财产所在地人民法院执行。这里的其他法律文书主要指仲裁裁决与公证债权文书。《最高人民法院关于公证债权文书执行若干问题的规定》第2条规定,公证债权文书执行案件,由被执行人住所地或者被执行的财产所在地人民法院管辖。在实务中,申请执行人取得债权文书的执行证书后,可以向被执行人住所地或者被执行的财产所在地人民法院申请执行,并提交执行申请书、债权文书的公证书、执行证书等原件材料。在下述案例中申请执行人选择被执行人住所地法院执行,被执行人住所地法院认为主要财产所在地更便利于案件执行,指定由主要财产所在地管辖。多个财产所在地法院有管辖权的,申请执行人可以选择,法院也可以指定管辖。

典型案例

中国农业发展银行青神县支行、青神裕华纺织有限责任公司、青神华榕纺织印染有限公司等借款合同纠纷执行实施类执行裁定书*

裁判要点:四川省眉山市东坡公证处(2018)眉东证字第884号公证书和(2019)川眉东证字第165号执行证书已经发生法律效力。因三被执行人未履行偿还义务,申请执行人中国农业发展银行青神县支行持上述具有强制执行效力的公证债权文书于2019年3月1日申请执行,于当日立案执行。因三被执行人的主要财产均在四川省青神县,为便于案件执行,已作出

* (2019)川14执45号之二。

(2019)川14执45号之一执行裁定,将本案指定青神县人民法院执行。

10 上市公司的子公司对外担保在办理强制执行公证时是否需要公告?

实务总结

下述案例系在《民法典》生效前的判决,《民法典》生效后上市公司已公开披露的控股子公司对外担保的也要进行公告,才能出具强制执行公证书。现在根据《最高人民法院关于适用〈中华人民共和国民法典〉有关担保制度的解释》第9条的规定,相对人根据上市公司公开披露的关于担保事项已经董事会或者股东大会决议通过的信息,与上市公司订立担保合同,相对人主张担保合同对上市公司发生效力,并由上市公司承担担保责任的,人民法院应予支持。相对人未根据上市公司公开披露的关于担保事项已经董事会或者股东大会决议通过的信息,与上市公司订立担保合同,上市公司主张担保合同对其不发生效力,且不承担担保责任或者赔偿责任的,人民法院应予支持。相对人与上市公司已公开披露的控股子公司订立的担保合同,或者相对人与股票在国务院批准的其他全国性证券交易场所交易的公司订立的担保合同,适用前两款规定。现在办理强制执行公证实务,涉及上市公司担保的,必须有上市公司公开披露的关于担保事项已经董事会或者股东大会决议通过的信息才能出具公证书,而对于上市公司已公开披露的控股子公司或者股票在国务院批准的其他全国性证券交易场所交易的公司订立的担保合同,也要有上市公司公开披露的关于担保事项已经董事会或者股东大会决议通过的信息。

典型案例

沈机集团昆明机床股份有限公司、中国进出口银行云南省分行执行审查类执行裁定书*

裁判要点：首先，本案的执行依据为云南省昆明市国信公证处作出的（2018）云昆国信证字第 6947 号、（2019）云昆国信证字第 19498 号及（2019）云昆国信证字第 67338 号公证书，上述公证债权文书对沈机集团昆明机床股份有限公司担保债务赋予了强制执行效力，但并未涉及主债务的执行，根据《民事诉讼法》第 224 条第 2 款“法律规定由人民法院执行的其他法律文书，由被执行人住所地或者被执行的财产所在地人民法院执行”、《最高人民法院关于公证债权文书执行若干问题的规定》第 2 条“公证债权文书执行案件，由被执行人住所地或者被执行的财产所在地人民法院管辖”的规定，本案申请执行标的近 2 亿元，被执行人沈机集团昆明机床股份有限公司住所地在昆明，被执行的财产所在地也在昆明，昆明市中级人民法院对本案有管辖权。沈机集团昆明机床股份有限公司关于本案应由辽宁省沈阳市中级人民法院管辖理由不能成立。

其次，关于沈机集团昆明机床股份有限公司提出本案的担保合同违反了《关于规范上市公司与关联方资金往来及上市公司对外担保若干问题的通知》[①]第 2 条第 2 款第 1 项的规定，担保合同均无效的问题。根据《公司法》第 16 条的规定，公司可以为他人提供担保。本案中，沈机集团昆明机床股份有限公司为沈阳机床（集团）有限责任公司向中国进出口银行云南省分行借款提供担保，并与中国进出口银行云南省分行签订《房地产抵押合同》和《保证合同》，系双方的真实意思表示，并未违反法律、行政法规的强制性规定。《关于规范上市公司与关联方资金往来及上市公司对外担保若干问

---

* （2020）云执复 136 号。

① 此文件于 2022 年废止。（废止文件均在本书第一次出现时标注）

题的通知》第2条规定的目的只是有效控制上市公司对外担保风险，违反该规定并不能导致担保合同无效。故沈机集团昆明机床股份有限公司关于本案的担保合同无效无事实和法律依据。

11 债权文书办理强制执行公证的，债权文书中对某些费用没有约定利息时，出具执行证书是否可以按照中国人民银行授权全国银行间同业拆借中心发布的一年期贷款市场报价利率计算利息？

实务总结

在强制执行公证实务中，严格依照债权文书的约定，有约定的支持，没有约定的就不能在执行证书中支持。这里就与法院判决有所不同，法院可以依据公平原则，支持资金占用的费用，而强制执行公证本质上是基于双方的自愿约定，没有约定就不能支持。债权文书办理强制执行公证的，债权文书中对某些费用没有约定利息时，出具执行证书不能按照中国人民银行授权全国银行间同业拆借中心发布的一年期贷款市场报价利率计算利息。

典型案例

平安银行股份有限公司广州分行、广州亚细亚贸易发展公司追偿权纠纷民事二审民事判决书*

裁判要点：平安银行股份有限公司广州分行通过执行程序依法取得原属于广州亚细亚贸易发展公司的案涉房产，但广州亚细亚贸易发展公司并未完全缴纳案涉房产的国有土地出让金，后平安银行股份有限公司广州分

* （2023）粤01民终5204号。

行代为缴纳。因该笔费用按照《抵押合同》的约定理应由广州亚细亚贸易发展公司缴纳,平安银行股份有限公司广州分行代为缴纳后当然有权向广州亚细亚贸易发展公司主张追回,故平安银行股份有限公司广州分行的诉请应予支持。至于利息,因双方并未约定还款期限、利率等,故利息应从平安银行股份有限公司广州分行起诉之日即2022年4月14日起开始计算,利率标准则应按照中国人民银行授权全国银行间同业拆借中心发布的一年期贷款市场报价利率计算。

12 出具执行证书时,债务人提供给债权人的保证金能否直接清偿债务?

实务总结

在强制执行公证后出具执行证书时,如果涉及保证金,要根据合同约定,合同约定债权人有权直接抵扣清偿债务的,在执行申请书中的执行标的就应该扣除这笔保证金。至于该笔保证金是先清偿利息违约金还是清偿本金,也要严格按照合同约定。如果涉及的保证金约定归还债务人,债权人也不能私自扣除,出具执行证书时也不能扣除这笔保证金数额。

典型案例

北京九州英才图书有限公司与中国民生银行股份有限公司北京分行等储蓄存款合同纠纷再审审查与审判监督民事裁定书*

裁判要点:(1)关于民生银行北分对涉案200万元享有的权利是否已过

* (2022)京民申7610号。

诉讼时效。首先,关于保证期间问题。民生银行北分与九州公司签署的《最高额保证合同》系双方当事人真实意思表示,内容不违反法律法规的强制性规定,应属合法有效,双方当事人均应严格依约履行。泰源鸿达公司于2013年7月23日、24日共计向民生银行北分借款1100万元,主债务到期日为2014年1月23日、24日。上述借款均发生在《最高额保证合同》约定的被担保主债权发生期间内,九州公司应当对上述主债务及相应的罚息、复利等各项息费承担连带保证责任。根据《最高额保证合同》第10条的约定,甲方承担保证责任的保证期间为债务履行期限届满后两年。因此,九州公司承担保证责任的保证期间应当至2016年1月22日、23日。其次,关于保证合同诉讼时效问题。按照《最高额保证合同》的约定,民生银行有权从九州公司在民生银行所有营业机构开立的任何其他账户中扣收。本案中,虽然民生银行北分并未向九州公司单独提出承担保证责任的主张,但民生银行北分更从未作出过放弃该项重要权利的意思表示,在此情况下,民生银行北分所享有的担保权利合法有效,在九州公司未按期承担保证责任的情况下,2014年6月27日,民生银行北分直接扣收九州公司的涉案部分保证金,符合《最高额保证合同》的约定,即为民生银行北分在保证期间届满前要求九州公司承担保证责任,故开始计算保证合同的诉讼时效。最后,关于本案诉讼时效问题。依据2008年《最高人民法院关于审理民事案件适用诉讼时效制度若干问题的规定》第17条①的规定,对于连带债务人中的一人发生诉讼时效中断效力的事由,应当认定对其他连带债务人也发生诉讼时效中断的效力。在连带共同保证的情况下,各保证人负担的是连带责任,债权人只要向其中一人主张权利,那么对于其他保证人也发生诉讼时效中断的法律效果。在涉案保证合同诉讼时效期间,民生银行北分于2015年12月18日向连带保证人李某芳申请实现担保物权,2017年1月11日民生银行北分起诉

① 对应2020年修正后文本第15条。

泰源鸿达公司、李某芳,2018年1月24日,民生银行北分申请强制执行泰源鸿达公司、李某芳,上述行为构成相应主体的诉讼时效中断,该诉讼时效中断的效力及于九州公司,故民生银行北分对九州公司享有的权利并未超过诉讼时效。

(2)关于民生银行北分及民生银行电子城支行是否应向九州公司退还涉案200万元及相应利息。首先,关于九州公司的保证责任问题。根据民生银行北分与九州公司签署的《最高额保证合同》,九州公司应当对泰源鸿达公司主债务及相应的罚息、复利等各项息费承担连带保证责任。其次,关于民生银行北分是否有权扣收1 000 695.14元问题。在泰源鸿达公司未按期偿还债务的情况下,九州公司应当依约承担保证责任,故民生银行北分直接从九州公司扣收涉案部分保证金,符合《最高额保证合同》约定。最后,关于民生银行能否在本案中行使抵销权问题。《合同法》第99条第1款①规定,当事人互负到期债务,该债务的标的物种类、品质相同的,任何一方可以将自己的债务与对方的债务抵销,但依照法律规定或者按照合同性质不得抵销的除外。《合同法》第100条②规定,当事人互负债务,标的物种类、品质不相同的,经双方协商一致,也可以抵销。按抵销权利产生的不同,可分为法定抵销与约定抵销。本案中,根据第一节分析,涉案200万元系保证金。按照双方之间的《最高额保证合同》的约定,民生银行有权从九州公司在中国民生银行股份有限公司所有营业机构开立的任何其他账户中扣收。因此,民生银行北分在本案中不同意退还剩余保证金,应属于清偿行为,一审法院认定为行使抵销权有误,二审法院予以纠正。民生银行北分在后续执行过程中,应当将从九州公司已经扣取的保证金从申请执行数额中扣除,针对被扣除的保证金,九州公司可另行向债务人泰源鸿达公司追偿。综上,九州公

① 对应《民法典》第568条。
② 对应《民法典》第569条。

司的再审理由不符合《民事诉讼法》第 207 条①规定的情形，其申请再审的理由不能成立。

13 商铺购买人能否对抗强制执行公证中该商铺的抵押权人？

实务总结

在实务中，商铺购买人不能对抗强制执行公证中该商铺的抵押权人。《最高人民法院关于人民法院办理执行异议和复议案件若干问题的规定》第29条规定："金钱债权执行中，买受人对登记在被执行的房地产开发企业名下的商品房提出异议，符合下列情形且其权利能够排除执行的，人民法院应予支持：(一)在人民法院查封之前已签订合法有效的书面买卖合同；(二)所购商品房系用于居住且买受人名下无其他用于居住的房屋；(三)已支付的价款超过合同约定总价款的百分之五十。"这里规定商品房系用于居住，在满足其他条件后，才能对抗开发商的物权登记或者抵押登记，该项规定主要是保护善良的买受人的基本居住需求。商铺不属于用于居住的房屋，所以无法对抗开发商的物权登记或者抵押登记，只能向开发商主张损失。

典型案例

焦某军、新疆汇和银行股份有限公司等金融借款合同纠纷民事审判监督民事裁定书*

裁判要点：案涉房屋系商铺，不符合《最高人民法院关于人民法院办理

① 对应 2023 年修正文本第 218 条。

* (2023)新民申 1609 号。

执行异议和复议案件若干问题的规定》第29条第2项关于“所购商品房系用于居住且买受人名下无其他用于居住的房屋”的规定。案涉房屋产权登记在三洋公司名下,经查阅一审法庭审理笔录,其并未提及案涉房屋已经出售给焦某军,汇和银行与其签订《最高额抵押合同》系双方当事人真实意思表示,不违反法律、行政法规的强制性规定,且办理了最高额抵押登记,焦某军主张汇和银行未尽到审慎审查义务不能成立,原审据此认定汇和银行有权就上述抵押物在最高限额内折价、拍卖、变卖所得优先受偿并无不当。

14 不动产抵押的,抵押物的范围都包括哪些,未来执行证书能执行哪些?

实务总结

在办理抵押合同的强制执行公证时,抵押物清单往往就是产权证明的信息,他项权证也只是产权信息。而在现实执行中情况就比较复杂,不动产上有违建、有添附,还有从物、灭失等情况。如果碰到复杂情况,要以产权登记时的登记文件为准,如评估文件、规划文件、测量文件。一般情况下,抵押物效力及于从物和添附物,但不及于违建,这也是执行证书未来执行的范围。这些在最新司法解释中都有规定。例如,《最高人民法院关于适用〈中华人民共和国民法典〉有关担保制度的解释》第40条规定,从物产生于抵押权依法设立前,抵押权人主张抵押权的效力及于从物的,人民法院应予支持,但是当事人另有约定的除外;第47条规定,不动产登记簿就抵押财产、被担保的债权范围等所作的记载与抵押合同约定不一致的,人民法院应当根据登记簿的记载确定抵押财产、被担保的债权范围等事项。另外,该司法解释还规定抵押权依法设立后,抵押财产被添附,抵押人对添附物享有所有权,抵押权人主张抵押权的效力及于添附物的,人民法院应予支持,但是添附导致抵押财产价值增加的,抵押权的效力不及于增加的价值部分。

典型案例

周某武、新疆喀什农村商业银行股份有限公司破产债权确认纠纷民事二审民事判决书*

裁判要点:喀什农商行对银瑞林酒店享有优先受偿权范围的认定问题。本案中,周某武与喀什农商行对于银瑞林酒店土建、主楼、土地使用权属喀什农商行优先受偿权范围的事实均无异议,予以确认。喀什农商行二审庭审时当庭撤回附属用房和其他用房在优先受偿权范围的上诉请求,系对自己诉讼权利的处分,不违反法律规定,予以准许。对一审法院认定的附属用房、其他用房不在喀什农商行的优先受偿权范围予以维持。对于双方存在争议的问题,将逐一分析如下:

(1)关于主楼加建、裙楼、裙楼加建、地下设备层是否属抵押物范围的问题。《最高人民法院关于适用〈中华人民共和国担保法〉若干问题的解释》①(法释〔2000〕44 号)第 47 条规定:"以依法获准尚未建造的或者正在建造中的房屋或者其他建筑物抵押的,当事人办理了抵押物登记,人民法院可以认定抵押有效。"《城市房地产抵押管理办法》第 3 条第 5 款规定:"本办法所称在建工程抵押,是指抵押人为取得在建工程继续建造资金的贷款,以其合法方式取得的土地使用权连同在建工程的投入资产,以不转移占有的方式抵押给贷款银行作为偿还贷款履行担保的行为。"《房屋登记办法》②第 62 条规定:"在建工程竣工并经房屋所有权初始登记后,当事人应当申请将在建工

---

* (2023)新民终 87 号。

① 此文件于 2020 年失效。

② 此文件于 2019 年失效。

程抵押权登记转为房屋抵押权登记。”从上述法律规定可知,在建工程抵押权作为一种单独的抵押权类型,除当事人在抵押合同中另有约定外,抵押物范围不仅包括土地使用权,还包括规划许可范围内已经建造的和尚未建造的建筑物。本案中,银瑞林酒店将在建工程和土地使用权全部抵押给喀什农商行,虽然抵押权的效力及于已经建造的和尚未建造的建筑物,但前提要件为在规划许可范围内。第一,关于裙楼。裙楼工程在规划内,已办理了抵押权登记,且在登记时已完工,抵押权效力应及于裙楼,一审法院认定喀什农商行对裙楼享有优先受偿权正确,予以维持。周某武上诉主张喀什农商行不应对裙楼享有优先受偿权的理由不能成立,不予支持。第二,关于主楼加建、裙楼加建、地下设备层的问题。本案中,工程规划面积为 138 370.45 平方米,主楼加建,裙楼加建,地下设备层不在规划内,竣工验收面积为 147 492.63 平方米,超规划的主楼加建,裙楼加建,地下设备层的工程应属于新增的在建工程。喀什农商行已办理抵押权登记的是在规划面积内的在建工程,对于新增的在建工程,根据《物权法》第 187 条[①]“以……正在建造的建筑物抵押的,应当办理抵押登记。抵押权自登记时设立”的规定,喀什农商行应当办理抵押权登记。喀什农商行并未举证证明对于新增在建工程办理了抵押权登记,因此喀什农商行对于新增在建工程不享有抵押权。一审法院认定喀什农商行优先受偿权范围不包含主楼加建、裙楼加建、地下设备层正确,予以维持。喀什农商行上诉主张主楼加建、裙楼加建属于优先受偿权范围的理由不能成立,不予支持。

(2)关于主楼、裙楼所对应的安装、装修是否属抵押物范围的问题。本案中,喀什农商行在与银瑞林酒店就在建工程进行抵押时,对于在建工程价值的增值预期已明确,已充分考虑了续建房屋成为抵押物估价时的因素,且喀什农商行与银瑞林酒店签订抵押合同办理抵押登记之前,已对案涉在建

---

① 对应《民法典》第 402 条。

工程进行了市场价值评估，当时银瑞林酒店主楼、裙楼、地下2层的土建、装饰、装修已完工。《最高人民法院关于适用〈中华人民共和国担保法〉若干问题的解释》(法释〔2000〕44号)第62条规定："抵押物因附合、混合或者加工使抵押物的所有权为第三人所有的，抵押权的效力及于补偿金；抵押物所有人为附合物、混合物或者加工物的所有人的，抵押权的效力及于附合物、混合物或者加工物；第三人与抵押物所有人为附合物、混合物或者加工物的共有人的，抵押权的效力及于抵押人对共有物享有的份额。"第63条规定："抵押权设定前为抵押物的从物的，抵押权的效力及于抵押物的从物。但是，抵押物与其从物的两个以上的人分别所有时，抵押权的效力不及于抵押物的从物。"具体到本案中，银瑞林酒店的木门、地毯、台盆、龙头在抵押登记时，已通过安装、固定的方式添附于建筑物，成为建筑物的附合物。虽然上述物品与银瑞林酒店大楼物理上可以相互分离，但因上述物品分布在银瑞林酒店的各个楼层，且已相对固定使用较长时间，若继续留在原位，在功能上将有助于银瑞林酒店发挥经济效益。如果予以拆分或者搬离，不仅不能充分发挥经济效益，还可能极大减损使用价值。因此，木门、地毯、台盆、龙头应认定为银瑞林酒店的从物，符合从物的特性，属抵押物范围。周某武上诉主张不应将木门、地毯、台盆、龙头纳入装饰、装修工程，不属抵押物范围的理由不能成立，不予支持。评估机构评估时将电梯、空调单独进行评估，形成了"机器设备评估明细表"，并未将机器设备纳入装饰、装修范围，银瑞林酒店管理人亦未认定机器设备属喀什农商行优先受偿权范围。因此，周某武上诉主张管理人将电梯、空调认定为喀什农商行优先受偿权范围的理由不能成立，不予支持。

综上，确认喀什农商行优先受偿权范围为银瑞林酒店土地使用权、主楼、裙楼、安装、装修；不包括主楼加建、裙楼加建、地下设备层及对应的安装、装修、附属用房、其他用房。一审法院对于不属于优先受偿权的工程对应的安装、装修与属于优先受偿权工程的安装、装修未加以区分，确属不当，予以纠正。

15 公证债权文书被出具《不予出具执行证书的决定》后纠纷如何解决?

实务总结

公证债权文书被出具《不予出具执行证书的决定》后,合同中的强制条款便无效,就可以按照合同约定的纠纷解决条款进行解决,即通过诉讼方式或者仲裁方式解决纠纷。在有主合同与多个担保合同的情况下,将主合同约定的管辖法院作为管辖法院。《最高人民法院关于适用〈中华人民共和国民法典〉有关担保制度的解释》第 21 条有规定,即主合同或者担保合同约定了仲裁条款的,人民法院对约定仲裁条款的合同当事人之间的纠纷无管辖权。债权人一并起诉债务人和担保人的,应当根据主合同确定管辖法院。债权人依法可以单独起诉担保人且仅起诉担保人的,应当根据担保合同确定管辖法院。

典型案例

国美电器有限公司与广发银行股份有限公司昆明金碧路支行金融借款合同纠纷管辖上诉裁定书*

裁判要点:《民事诉讼法》第 35 条规定:"合同或者其他财产权益纠纷的当事人可以书面协议选择被告住所地、合同履行地、合同签订地、原告住所地、标的物所在地等与争议有实际联系的地点的人民法院管辖,但不得违反本法对级别管辖和专属管辖的规定。"本案中,甲方广发银行金碧路支行与乙方昆明国美物流有限公司在双方所签订的《银行承兑汇票额度授信合同》

* (2023)云民辖终 9 号。

中约定:"甲乙双方在履行本合同中若发生争议,首先应协商解决,协商不成的,向甲方所在地人民法院起诉。"该协议不违反法律关于级别和专属管辖的规定,应属有效。广发银行金碧路支行与国美电器有限公司在双方所签订的《最高额保证合同》中约定:"凡因履行本合同而产生的一切争议、纠纷,双方采用与主合同之约定相同的争议方式。"故本案甲方广发银行金碧路支行所在地人民法院即云南省昆明市中级人民法院依法对本案具有管辖权。而且,广发银行金碧路支行按照法定管辖选择向被告之一昆明国美物流有限公司所在地人民法院即云南省昆明市中级人民法院起诉亦符合法律规定。

16 出具执行证书时,借名买房人能否对抗抵押权人的执行?

实务总结

在强制执行公证实务中,银行接受本人名下的房产进行抵押借款,基于物权登记的信任,办理放款取得抵押权,银行是善意的。在出具执行证书时,借款人称其仅仅为代持房产,请求公证处不予出具执行证书,公证处也会相信登记机关的登记,出具执行证书。《民法典》对此有规定,其第 209 条规定,不动产物权的设立、变更、转让和消灭,经依法登记,发生效力;未经登记,不发生效力,但是法律另有规定的除外。

典型案例

张某、胡某等借款合同纠纷执行复议执行裁定书*

裁判要点:根据查明的相关事实,何某录系借彭某之名购买复议申请人

* (2021)粤执复 670 号。

名下的涉案房产。何某录系“借名人”,彭某是“出名人”。对复议申请人而言,根据合同的相对性,其与何某录之间关于未付清房款之前不交付房屋的约定是其双方之间的内部约定,是其针对何某录而言的权利。而对浙商银行深圳分行而言,该行依据对外的不动产登记而信赖“彭某”为涉案房产的权利人,并就涉案房产设立抵押登记。无疑,浙商银行深圳分行的抵押权为善意取得,生效仲裁裁决也予以认可。而申请执行人是对不动产行使抵押权,该不动产的登记人是“彭某”。复议申请人所主张的与“借名人”之间的内部约定显然不能对抗申请执行人所享有的担保物权。换言之,无论复议申请人与何某录的约定是否真实、合法,该种权利均不能对抗抵押权,即不能排除执行。

17 《民法典》生效后,抵押合同担保范围如何约定?

实务总结

下述案例的抵押登记发生在《民法典》生效前,因登记部门的原因,在抵押合同与抵押登记内容不一致时,往往以抵押合同约定为准。在《民法典》生效后,《最高人民法院关于适用〈中华人民共和国民法典〉有关担保制度的解释》第47条规定,不动产登记簿就抵押财产、被担保的债权范围等所作的记载与抵押合同约定不一致的,人民法院应当根据登记簿的记载确定抵押财产、被担保的债权范围等事项。该司法解释明确了登记簿的记载优先原则,在实务中就把担保额确定为包括本金、利息、违约金等的一个较高的数额,防止担保范围无法覆盖损失。

典型案例

徐某等与付某执行分配方案异议之与再审审查与审判监督民事裁定书*

裁判要点：经审查认为，当事人对自己提出的诉讼请求所依据的事实或者反驳对方诉讼请求所依据的事实有责任提供证据加以证明。

关于徐某主张的诉讼保全费，属于案款分配及参与分配执行程序中应当先行扣除的费用，案涉分配方案第一项只是扣除了案件受理费，没有扣除保全费，应予更正。同时，根据二审查明的事实，中国邮政银行预交的诉讼费为10 275元而非20 550元，因此中国邮政银行应当优先受偿的债权数额应予以更正。关于徐某主张的中国邮政银行的律师代理费、诉讼费不属于优先受偿范围的意见。法院认为，由于中国邮政银行与徐某、常某约定的是最高额抵押，办理的也是最高额抵押登记，担保债权数额确定需要以实际发生的费用为准，律师代理费及诉讼费在抵押合同中均有约定且实际发生的各项费用不超出登记的最高额抵押担保债权的数额，故上述费用属于中国邮政银行优先受偿范围。对徐某的该异议，法院不予支持并无不当。

关于付某的担保债权范围问题。法院认为，付某作为抵押权人，在办理抵押登记时，所登记的被担保债权数额为400万元，与其与抵押人签订的《主债权及不动产抵押合同》约定的被担保主债权金额400万元及担保范围为“本金及利息”的内容存在不一致。通常来说，以登记作为公示方式的不动产担保物权的担保范围，一般应当以登记的范围为准。但是，现实中的确存在因登记簿或登记系统的设置问题而导致未设置“担保范围”一栏而仅有“被担保主债权数额（最高债权数额）”的表述且只能填写固定数字，致使登

---

* （2022）京民申5256号。

记与合同约定出现不一致的情况。因该不一致并非抵押权人所致,不应由抵押权人承担因此而导致的损失,故应以合同约定认定抵押担保范围。本案中,不动产登记证明中没有“担保范围”的具体记载,在办理抵押权登记时的相关申请材料中亦无可以填报担保范围的栏目,不动产抵押登记的内容与双方合同约定的内容不一致系不动产登记部门的系统中未设置“担保范围”栏目所致,而非当事人自身原因造成。因此,本案应以《主债权及不动产抵押合同》中约定的“本金及利息”作为付某债权的抵押担保范围。

18 在经批准设立的金融资产交易所挂牌的债权融资计划所签署的各类借款或者担保合同能否办理强制执行公证?

实务总结

在经批准设立的金融资产交易所挂牌的债权融资计划所签署的各类借款或者担保合同可以办理强制执行公证。因为司法部《关于公证执业“五不准”的通知》(司发通〔2017〕83号)规定,“不准办理非金融机构融资合同公证。在有关管理办法出台之前,公证机构不得办理自然人、法人、其他组织之间及其相互之间(经人民银行、银监会、证监会、保监会,商务主管部门、地方人民政府金融管理部门批准设立的从事资金融通业务的机构及其分支机构除外)的融资合同公证及赋予强制执行效力公证”。在此之后,《最高人民法院关于新民间借贷司法解释适用范围问题的批复》(法释〔2020〕27号)规定,“经征求金融监管部门意见,由地方金融监管部门监管的小额贷款公司、融资担保公司、区域性股权市场、典当行、融资租赁公司、商业保理公司、地方资产管理公司等七类地方金融组织,属于经金融监管部门批准设立的金融机构,其因从事相关金融业务引发的纠纷,不适用新民间借贷司法解释”。根据上述规定,由地方金融监管部门监管的区域性股权市场所做的业务许可内的相关债权融资计划不属于民间借贷,就可以办理强制执行公证。

典型案例

江苏银行股份有限公司杭州分行、杭州武林置业有限公司等公司债券交易纠纷二审民事判决书*

裁判要点:案涉债权融资计划系在北京金融资产交易所挂牌,属于“非金融企业债务融资工具”,与公司债券、企业债券等均属于企业融资工具,并非金融机构与企业之间的金融借款,不存在武林置业所述的克扣放款数额、前置收取利息的情形。法院认为,案涉1080万元系债权融资计划的主承销商江苏银行依据其与融资方武林置业签署的承销协议而收取的前三年的承销费,武林置业主张该1080万元应认定为“砍头息”,缺乏依据,不予采信。武林置业在其出具的《挂牌款到账确认书》、“产品利息及本金资金划转计划表”等材料当中确认案涉债权融资计划的本金金额为12亿元且其已实际收取。一审庭审中,武林置业虽在答辩时主张债权本金应扣减1080万元,但在法庭调查时又明确表示对江苏银行杭州分行主张的债权融资计划项下尚欠的本金无异议。故一审法院对案涉债权本金及相应利息的认定并无不当。武林置业主张案涉债权本金应扣减1080万元以及利息金额也应相应减少,不能成立。对其相应上诉请求,不予支持。至于武林置业上诉理由所涉其应否承担违约责任问题,因武林置业在上诉请求中未明确提出主张,也未缴纳相应上诉费用,故不属于本案二审审理范围。

---

* (2022)浙民终1458号。

19 对外进行公开披露或通过媒体进行公告催收是否属于加重其义务、限制或者排除其主要权利等的做法?

实务总结

在借款合同或者最高额保证合同中约定债务人或担保人违约的,债权人或担保权人可以对外进行公开披露或通过媒体进行公告催收,债权人或担保权人在对外进行公开披露或通过媒体进行公告催收后向公证处申请出具执行证书,债务人或担保人主张该披露违法的,不影响公证处出具执行证书。该约定系双方自愿达成的,不属于加重义务、限制或者排除主要权利等的情况。

典型案例

刘某、山东阳信农村商业银行股份有限公司等金融借款合同纠纷民事申请再审审查民事裁定书*

裁判要点:经审查认为,依据阳信农商行与刘某、王某签订的涉案《最高额保证合同》第 5 条第 6 项的约定,保证人违反本合同约定或未履行担保责任,债权人有权就保证人的违约行为对外进行公开披露或通过媒体进行公告催收。本案中,农商行在保证期间之内以公告方式向债务人和保证人催收涉案债权,符合涉案《最高额保证合同》的约定,且不违反法律、行政法规的强制性规定。另外,刘某虽主张涉案《最高额保证合同》第 5 条第 7 项系格式条款,但其未能提交证据证明该条款存在加重其义务、限制或者排除其

* (2022)鲁民申 12376 号。

主要权利等损害其合法权利而应当被认定为无效的情形。故原审判决认定保证人刘某应当对涉案债务承担连带清偿责任有事实和法律依据,并无不当。

20 《票据质押合同》能否办理强制执行公证并出具执行证书?

实务总结

《票据质押合同》可以办理强制执行公证并出具执行证书。根据《民法典》第441条的规定,以汇票、本票、支票、债券、存款单、仓单、提单出质的,质权自权利凭证交付质权人时设立;没有权利凭证的,质权自办理出质登记时设立。根据票据种类不同,可以通过转让交付或者出质登记,设立质权。另外,《票据收益权转让及回购合同》《票据保兑承诺函》等此类合同也可以办理强制执行公证。

典型案例

佛山市顺德区盈沁房地产开发有限公司、中地君豪高科股份有限公司与盛京银行股份有限公司、沈阳天盛达科技有限公司等票据纠纷二审判决书*

裁判要点:法院认为,当事人对自己提出的诉讼请求所依据的事实或者反驳对方诉讼请求所依据的事实,应当提供证据加以证明,但法律另有规定的除外。在作出判决前,当事人未能提供证据或者证据不足以证明其事实

* (2023)辽01民终8173号。

主张的,由负有举证证明责任的当事人承担不利的后果。根据一审查明的事实,案涉票据系天盛达科技公司为其1127万元贷款合同进行的质押,天盛达科技公司已经在系统中将汇票通过质押背书给盛京银行苏家屯支行,案涉票据背书连续,故应该认定苏家屯支行系该票据的合法持票人。盛京银行与天盛达科技公司签订最高额授信合同、最高额质押合同,约定天盛达科技公司提供票据进行担保,天盛达科技公司逾期未偿还贷款,盛京银行要求行使质权符合规定。上诉人盈沁房地产公司主张本案可能涉嫌犯罪行为,但并未提供证据证明,其上诉请求理由不能成立,不予支持。

关于上诉人君豪高科公司主张的盛京银行已超过追索期限的问题。根据《票据法》第17条第1款第3项的规定,持票人对前手的追索权,自被拒绝承兑或者被拒绝付款之日起6个月。本案中,根据一审在卷的票据系统截图,票据状态为拒付追索待清偿,且盛京银行已于2021年12月9日通过电子商业汇票系统向原审被告进行追索,符合《票据法》关于追索期限的规定。君豪高科公司的该项上诉理由不能成立,不予支持。

关于上诉人君豪高科公司主张的其不应当承担本金和利息的问题。根据《票据法》第70条的规定,持票人行使追索权,可以请求被追索人支付被拒绝付款的汇票金额和汇票金额自到期日或者提示付款日起至清偿日止,按照中国人民银行规定的利率计算的利息。据此,持票人盛京银行有权要求君豪高科公司支付汇票金额和相应利息,一审判决结果并无不当。一审法院判决:(1)天盛达科技公司、君豪高科公司、深圳市城铁通工程有限公司、佛山市顺德区盈沁房地产公司于本判决发生法律效力之日起10日内,连带给付原告盛京银行商业承兑汇票本金1 000 000元及利息(利息以本金1 000 000元为基数,自2021年7月28日起计算至实际给付之日止,按照全国银行间同业拆借中心公布的贷款市场报价利率计算);(2)驳回原审原、被告的其他诉讼请求。所有前手承担连带给付义务。

21 房产登记在夫妻一方名下，该产权人单独办理抵押借款能否办理强制执行公证？

实务总结

在强制执行公证实务中，涉及夫妻共同房产抵押的，办理强制执行公证需要夫妻双方共同办理。只有在夫妻之间办理财产约定公证，该房产系归产权登记人个人所有时，才能由产权登记一方办理强制执行公证。产权虽然登记在一人名下，但若是夫妻存续期间取得，就是夫妻共同财产，如只是一方签署合同（不是以个人名义为家庭日常生活需要所负的债务），则不能办理强制执行公证。这是因为就抵押担保接受强制执行公证的意思表示也是需要完整的。

典型案例

招商银行股份有限公司上海天钥桥支行与王某宁等金融借款合同纠纷二审民事判决书*

裁判要点：法院认为，案涉《个人授信协议》《个人贷款借款合同》系上诉人招商银行天钥桥支行与被上诉人王某宁的真实意思表示，依法成立并合法有效，双方均应恪守。但（2018）沪0104民初14895号案件中的司法鉴定已明确案涉《个人贷款借款合同》《个人授信协议》《个人授信最高额抵押合同》以及申请日期为2016年10月14日的《上海市房地产登记申请书》上四处“吉某琴”的签名均非吉某琴本人所写，且案涉贷款亦非用于王某宁与吉

* （2023）沪74民终586号。

某琴的家庭生活，故无论是案涉贷款，还是案涉房产抵押，均非吉某琴的真实意思表示，亦不属于夫妻共同债务。招商银行天钥桥支行主张王某宁承担归还案涉贷款本金，并支付相应利息、罚息、复息、逾期利息有合同依据，一审法院对此予以支持，二审法院对此亦予以确认。而吉某琴并非案涉贷款的债务人，故一审法院对招商银行天钥桥支行主张吉某琴承担案涉贷款债务的诉请不予支持，并无不当，二审法院对此予以确认。又因案涉邢家桥北路房屋系王某宁、吉某琴的夫妻共同财产，对其进行处分，须经全体共有人同意，现王某宁擅自将该房屋进行抵押，未取得共有人吉某琴的同意，案涉抵押合同不成立。招商银行天钥桥支行在办理案涉贷款审核相关手续时，明显未尽合理注意义务，不构成善意取得，故一审法院判决招商银行天钥桥支行不享有案涉房屋抵押权，有事实和法律依据，二审法院亦予以确认。

22 在出具执行证书时对罚息与违约金能否同时支持？

实务总结

在强制执行公证中，申请执行证书时既要求罚息又要求违约金，只要罚息加违约金不超过法律规定的数额，就可以支持出具执行证书。公证处严格按照合同约定出具执行证书，公证处不是法院可以酌情减免违约金，除非债权人同意。银行合同一般会有利息、复利、罚息，有的机构会约定资金占用费、违约金等，这些所有费用之和不能超过本金年利率的 24%。

典型案例

中国邮政储蓄银行股份有限公司西宁市城中支行、黄小龙金融借款合同纠纷民事二审民事判决书*

裁判要点：法院认为，本案争议焦点为上诉人主张的违约金是否给予支持。违约金是指按照当事人的约定或者法律直接规定，一方当事人违约时，向另一方支付的金钱。违约金具有担保债务履行、惩罚违约方和补偿无过错方损失的效果。罚息也是针对不能按期偿还贷款本息的违约行为而设定的，只要借款方不按期还款，银行就有权依约按照中国人民银行有关规定计收罚息，主要表现为在期内利率上浮部分。因此，对违约方来说，罚息已具有惩罚性功能，可以说涵盖了违约金的功能。本案除约定利息外，还对罚息及违约金条款进行了约定。罚息主要为不能按期偿还贷款本息的违约行为而设置的，合同约定在被上诉人逾期还款的情形下需在贷款利率的基础上加收30%计算罚息。由于罚息有相关规定作支撑，无须再进行相关调整，且罚息具有弥补损失和惩罚的双重性功能，适用罚息条款已足以弥补被上诉人违约给上诉人造成的损失，并达到惩罚的效果，故对上诉人主张的违约金不再支持。

23 在出具执行证书时，如果被执行人提出债权人已经口头同意减免或者不申请执行，公证处如何处理？

实务总结

在出具执行证书时，被执行人往往会声称债权人已经口头同意减免或

---

* (2023)青01民终2120号。

者不申请执行,希望公证处暂缓出具执行证书。这时要审查双方对此有无书面约定、有无证据提供,在没有相关证据提供,申请执行人也不认可的情况下,不影响出具执行证书。在此种情况下,即使被执行人与债权人的工作人员有过协议,如果没有形成书面约定,在没有债权人的代理人的认可下,也不影响出具执行证书。

典型案例

陈某财、张某娟等金融借款合同纠纷民事二审民事判决书*

裁判要点:法院认为,根据陈某财、张某娟的上诉意见以及甘行嘉峪关分行的答辩意见、周某兴的陈述意见,结合案件事实,本案争议的焦点是:陈某财、张某娟是否应对案涉贷款承担连带保证责任。

陈某财、张某娟抗辩甘行嘉峪关分行已将案涉借款的保证人由其二人变更为石某山、周某兴,故其二人不应再承担连带保证责任。首先,陈某财、张某娟抗辩甘行嘉峪关分行基于其二人系炳盛商贸公司的法定代表人及配偶的身份才签订的最高额保证合同。案涉最高额保证合同系甘行嘉峪关分行与陈某财、张某娟的真实意思表示,合法有效。因该合同并未对保证人的身份进行特别约定,故即便陈某财不再担任炳盛商贸公司的法定代表人,亦不影响其作为保证人按照合同约定承担保证责任。其次,关于陈某财与甘行嘉峪关分行王某、孙某、张某雄的通话录音。录音内容虽然反映双方围绕撤销案涉担保的事宜进行沟通,但按照甘行嘉峪关分行的贷款流程,涉及案涉贷款的流动资金借款合同、最高额抵押合同、补充变更合同等均采用书面形式,陈某财、张某娟与甘行嘉峪关分行签订的最高额保证合同亦采用书面形式,无论是王某还是孙某、张某雄均是案涉贷款不同阶段的授权代理人或

* (2023)甘02民终340号。

经办人，虽然在相关文件上签字，但合同的相对方仍为甘行嘉峪关分行，且均加盖甘行嘉峪关分行的公章，且撤销陈某财、张某娟的保证责任属于涉及案涉贷款的重大事项，亦应按照前期工作流程采取书面形式，且该撤销事宜并非为甘行嘉峪关分行的利益，更需要经过甘行嘉峪关分行的授权，而陈某财、张某娟未提交证据证实其三人的答复经过甘行嘉峪关分行授权，故仅凭通话录音不足以证实甘行嘉峪关分行撤销了陈某财、张某娟的担保责任。最后，关于贷款重组审批意见通知书。该通知书系复印件，真实性无法确定，即便真实，也系甘行嘉峪关分行内部机构之间流转的资料。且该通知书的内容仅显示甘行嘉峪关分行同意案涉贷款延长借款期限及担保方式，未有甘行嘉峪关分行同意将保证人陈某财、张某娟变更为周某兴、石某山，并免除其二人保证责任的相关内容。同时，且该通知书明确注明“鉴于借款人多次变更股东及法定代表人，一旦发生违约事项需同时对原保证人及股东一并提起诉讼，最大程度维护我行债权安全”。故即便甘行嘉峪关分行按照该通知内容执行贷款延期手续、担保手续及利息延期支付手续等，也无法证实甘行嘉峪关分行将案涉借款的保证人由陈某财、张某娟变更为周某兴、石某山。故一审法院按照陈某财、张某娟与甘行嘉峪关分行签订的最高额保证合同的约定，判决其二人对案涉贷款承担连带保证责任并无不当，陈某财、张某娟关于其二人不承担保证责任的上诉理由不成立，不予支持。

24 在出具执行证书时，公证处是否要区分债权对物的担保和人的担保的担保责任的承担顺序？

实务总结

《民法典》第392条规定：“被担保的债权既有物的担保又有人的担保的，债务人不履行到期债务或者发生当事人约定的实现担保物权的情形，债权人应当按照约定实现债权;没有约定或者约定不明确,债务人自己提供物的担保的,债权人应当先就该物的担保实现债权;第三人提供物的担保的,债权人可以就物的担保实现债权,也可以请求保证人承担保证责任。提供担保的第三人承担担保责任后,有权向债务人追偿。”在强制执行公证出具执行证书时,有约定的按约定,大多数情况下都是约定各个担保措施无区分先后顺序,债权人可以选择,这种约定对出具执行证书没有影响。没有约定或者约定不明的,在双方对此无异议的情况下,也对出具执行证书没有影响,具体执行先后通过法院执行程序解决。如果第三人的连带保证人以此主张对其不出具执行证书,只是在债务人提供物保的情况下,债务人提供物保优先就避免第三人承担责任后再向债务人追偿,在执行程序中一次性解决纠纷,所以此种情况不影响出具执行证书,执行证书的表述就可以按照《民法典》的规定进行,即“债权人应当先就该物的担保实现债权”。

典型案例

王某革、黑龙江密山农村商业银行股份有限公司等借款合同纠纷民事二审民事判决书*

裁判要点:法院认为,《农村土地承包法》第47条规定:“承包方可以用承包地的土地经营权向金融机构融资担保,并向发包方备案。受让方通过流转取得的土地经营权,经承包方书面同意并向发包方备案,可以向金融机构融资担保。担保物权自融资担保合同生效时设立。当事人可以向登记机构申请登记;未经登记,不得对抗善意第三人。实现担保物权时,担保物权人有权就土地经营权优先受偿。土地经营权融资担保办法由国务院有关部门规定。”本案黄某生与密山农商银行签订《最高额抵押合同》,黄某生自愿

* (2023)黑03民终566号。

以其位于兴凯镇兴凯村土地承包经营权(面积21.8亩)为本案债权设定抵押担保,该抵押合法有效,密山农商银行依法享有上述抵押财产的抵押权。《民法典》第392条规定:"被担保的债权既有物的担保又有人的担保的,债务人不履行到期债务或者发生当事人约定的实现担保物权的情形,债权人应当按照约定实现债权;没有约定或者约定不明确,债务人自己提供物的担保的,债权人应当先就该物的担保实现债权;第三人提供物的担保的,债权人可以就物的担保实现物权,也可以请求保证人承担担保责任。提供担保的第三人承担担保责任后,有权向债务人追偿。"本案债权既存在物的担保也存在人的担保,虽然案涉《最高额抵押合同》第11条第2项约定,抵押权人可以就物的担保实现债权,可以要求保证人承担保证责任,但这仅是密山农商银行与黄某生之间的约定,王某革未在该合同中签字,因此案涉债权对物的担保和人的担保的担保责任的承担顺序并未约定,故密山农商银行应首先就黄某生提供的物保实现债权,但密山农商银行未主张对案涉土地经营权优先受偿,亦未提供证据证明案涉土地经营权不能实现其全部债权,依照《民法典》第409条第2款"债务人以自己的财产设定抵押,抵押权人放弃该抵押权、抵押权顺位或者变更抵押权的,其他担保人在抵押权人丧失优先受偿权益的范围内免除担保责任,但是其他担保人承诺仍然提供担保的除外"的规定,王某革主张免除其保证责任的请求应予支持。

延伸阅读

邹平天淇食品科技有限公司与中泰信托有限责任公司及张某伟、夏某华保证合同纠纷二审民事判决书*

裁判要点:(1)《物权法》第176条①规定,被担保的债权既有物的担保又

* (2018)沪民终48号。

① 对应《民法典》第392条。

有人的担保的,债务人不履行到期债务或者发生当事人约定的实现担保物权的情形,债权人应当按照约定实现债权;没有约定或者约定不明确,债务人自己提供物的担保的,债权人应当先就该物的担保实现债权;第三人提供物的担保的,债权人可以就物的担保实现债权,也可以要求保证人承担保证责任。提供担保的第三人承担担保责任后,有权向债务人追偿。本案中,涉案两份保证合同均明确约定,如果本合同项下的债权人享有两种或两种以上担保权的,债权人有权选择其中任何一种或几种担保方式以实现担保权益,且债权人选择某一种或几种担保方式并不影响和排除根据法律和其他担保合同项下债权人所享有的任何权利,即中泰信托公司与天淇公司、张某伟、夏某华明确约定所涉担保在实现债权的顺位上不受主合同项下其他担保的影响,因此中泰信托公司可以要求天淇公司、张某伟、夏某华对涉案债务直接承担保证责任,而无担保责任顺位的限制。天淇公司、张某伟、夏某华认为,应根据涉案《动产质押暨委托保管合同》,先强制执行该合同项下质押物,保证人对处置质押物后尚剩余的债务承担保证责任,该抗辩意见与法律规定不符,一审法院不予采纳。而且,中泰信托公司已就《动产质押暨委托保管合同》申请强制执行,目前相关案件也处于执行过程中,中泰信托公司并无放弃物的担保的故意。综上,中泰信托公司要求天淇公司、张某伟、夏某华承担保证责任,于法有据,应予支持。

(2)各方当事人对主债务人已支付履约保证金7 215 000元、归还款项8000万元、土地使用权折价抵扣债务金额4256万元均无异议,但中泰信托公司主张上述款项先用于抵扣所欠的罚息、利息,剩余部分抵扣本金,天淇公司、张某伟、夏某华则认为上述款项应先抵扣借款本金。对此,一审法院认为,就上述款项的抵扣顺序问题首先应考虑合同的约定,根据当事人之间的真实意思表示作出认定,充分尊重合同当事人的意思自治。涉案《信托贷款合同》明确约定,贷款人有权将借款人的还款首先用于偿还本合同约定的应由借款人承担而由贷款人垫付的各项费用以及贷款人实现债权的费用。

借款人归还款项不足以清偿其在本合同项下应付贷款人的到期应付款项(包括但不限于贷款本金、利息、违约金、损失赔偿、实现债权的费用和其他所有应付费用)的,按下列顺序清偿:(1)实现债权和担保权利的费用;(2)损害赔偿金;(3)违约金;(4)复利;(5)罚息;(6)利息;(7)本金。贷款人有权变更上述顺序。对于履约保证金,涉案《信托贷款合同》约定,经贷款人同意,借款人可以于每笔贷款还本日以该笔贷款对应的履约保证金抵扣该笔贷款对应的贷款利息,未经贷款人同意,借款人不得主张以超过前述上限金额的履约保证金抵扣当笔贷款到期应付利息。因此,现中泰信托公司主张的抵扣顺序符合合同的明确约定,亦不违反法律禁止性规定,一审法院予以采纳。天淇公司、张某伟、夏某华主张主债务人归还的8000万元款项系经与中泰信托公司协商归还第一期A类贷款本金,但中泰信托公司予以否认,天淇公司、张某伟、夏某华亦未提交充分有效的证据予以证明,一审法院难以采信。

25 出具执行证书后,被执行人无故拒不履行执行证书的后果是什么?

实务总结

被执行人无故拒不履行执行证书确定的执行标的,法院会将自然人、法人或其他组织纳入失信名单。根据《最高人民法院关于限制被执行人高消费及有关消费的若干规定》的规定,被纳入失信名单,被执行人为自然人的,被采取限制消费措施后,不得有以下高消费及非生活和工作必需的消费行为:(1)乘坐交通工具时,选择飞机、列车软卧、轮船二等以上舱位;(2)在星级以上宾馆、酒店、夜总会、高尔夫球场等场所进行高消费;(3)购买不动产或者新建、扩建、高档装修房屋;(4)租赁高档写字楼、宾馆、公寓等场所办公;(5)购买非经营必需车辆;(6)旅游、度假;(7)子女就读高收费私立学校;(8)支付高额保费购买保险理财产品;(9)乘坐 G 字头动车组列车全部座位、其他动车组列车一等以上座位等其他非生活和工作必需的消费行为。被执行人为单位的,被采取限制消费措施后,被执行人及其法定代表人、主要负责人、影响债务履行的直接责任人员、实际控制人不得实施上述列举的行为。因私消费以个人财产实施上述列举行为的,可以向执行法院提出申请。执行法院审查属实的,应予准许。当然,公民、法人或其他组织对被纳入失信被执行人名单申请纠正的,执行法院应当自收到书面纠正申请之日起 15 日内审查,理由成立的,应当在 3 个工作日内纠正;理由不成立的,决定驳回。不服的,还可以向上一级法院复议。下述案例中就是申请纠正成功的,认为其已不是法定代表人,也不是股东或者实际控制人,没有证据证明其会影响债务履行。

典型案例

张某艳、中国建设银行股份有限公司大连市分行等借款合同纠纷、借款合同纠纷执行异议执行决定书*

裁判要点:法院认为,根据《最高人民法院关于在执行工作中进一步强化善意文明执行理念的意见》(法发〔2019〕35 号)第 18 条的规定,“自然人、法人或其他组织对被纳入失信名单申请纠正的,人民法院应当依照失信名单规定第十二条规定的程序和时限及时审查并作出处理决定。对被采取限制消费措施申请纠正的,参照失信名单规定第十二条规定办理”。《最高人民法院关于公布失信被执行人名单信息的若干规定》第 12 条规定,“公民、法人或其他组织对被纳入失信被执行人名单申请纠正的,执行法院应当自

* (2023)辽 02 执异 617 号。

收到书面纠正申请之日起十五日内审查,理由成立的,应当在三个工作日内纠正;理由不成立的,决定驳回。公民、法人或其他组织对驳回决定不服的,可以自决定书送达之日起十日内向上一级人民法院申请复议。上一级人民法院应当自收到复议申请之日起十五日内作出决定”。本案参照上述规定审查。《最高人民法院关于限制被执行人高消费及有关消费的若干规定》第3条规定,被执行人为自然人的,被采取限制消费措施后,不得有乘坐飞机、列车软卧等高消费及非生活和工作必需的消费行为;被执行人为单位的,被采取限制消费措施后,被执行人及其法定代表人、主要负责人、影响债务履行的直接责任人员、实际控制人不得实施前款规定的行为。据此,人民法院限制消费的被执行单位有关人员,应当是在案件执行过程中仍然担任职务、履行职责或者对公司经营管理有重大、直接影响从而对债务履行产生直接影响的人员。本案中,沈新运营公司的法定代表人已变更为姜某良,且异议人也非沈新运营公司的股东,现暂没有证据能够证明异议人是影响债务履行的直接责任人员或公司的实际控制人,故不应纳入限制消费范围。依照《民事诉讼法》第232条之规定,决定如下:解除本案对张某艳所采取的限制消费措施。本决定送达后立即生效。

26 《商业汇票银行承兑合同》能否办理强制执行公证?

实务总结

在强制执行公证实务中,一种情况是《商业汇票银行承兑合同》在《额度授信合同》的授信内签署的,可以办理强制执行公证;另一种情况是银行办理商业汇票银行承兑,需要担保公司担保,担保公司与委托保证人办理强制执行公证。另外,商业汇票也可以办理质押担保,并办理强制执行公证。

典型案例

国美电器有限公司与兴业银行股份有限公司上海五角场支行金融借款合同纠纷管辖民事裁定书*

裁判要点:本案为金融借款合同纠纷。合同或者其他财产权益纠纷的当事人可以书面协议选择被告住所地、合同履行地、合同签订地、原告住所地、标的物所在地等与争议有实际联系的地点的人民法院管辖。案涉《额度授信合同》、《商业汇票银行承兑合同》及《最高额保证合同》均约定,合同履行过程中的争议由合同签订地人民法院管辖。上述约定表述明确,不违反级别管辖和专属管辖规定,且并未免除自身责任、加重对方责任、排除对方主要权利,当属有效。《额度授信合同》、《商业汇票银行承兑合同》及《最高额保证合同》均载明合同签订地位于上海市静安区,原审法院据此对本案具有管辖权。

27 强制执行公证申请出具执行证书的期限是什么?

实务总结

申请执行公证债权文书的期间为二年,自公证债权文书确定的履行期间的最后一日起计算;分期履行的,自公证债权文书确定的每次履行期间的最后一日起计算。申请执行时效适用法律有关诉讼时效中止、中断的规定。而向人民法院请求保护民事权利的诉讼时效期间为三年。申请执行人向公

* (2023)沪 74 民辖终 200 号。

证处申请出具执行证书,属于时效中断的情形。申请执行人应自申请出具执行证书之日起二年内,持原公证书及本执行证书,向被执行人住所地或被执行的财产所在地人民法院申请执行。另外,在实务中,法院认为被执行人提出其在签署合同时系在空白格式材料上签名捺印,但未提交相应证据证明上述事实,且被执行人作为完全民事行为能力人,对自己所从事的民事法律行为的后果是明知的,其在相关合同及承诺书上签字,视为其愿意缔结合同并接受合同条款的约束。

典型案例

杨某、郭某梅等担保物权纠纷民事二审民事判决书*

裁判要点:(1)《民法总则》第188条[①]【普通诉讼时效、最长权利保护期间】规定,向人民法院请求保护民事权利的诉讼时效期间为三年。法律另有规定的,依照其规定。诉讼时效期间自权利人知道或者应当知道权利受到损害以及义务人之日起计算。法律另有规定的,依照其规定。但是,自权利受到损害之日起超过20年的,人民法院不予保护;有特殊情况的,人民法院可以根据权利人的申请决定延长。本案借款事实发生于2017年9月26日,根据酒泉农商银行提交的贷款催收通知书,可知酒泉农商银行在法律规定的诉讼时效期间内向郭某忠主张催要案涉借款并要求杨某承担抵押担保责任,其向义务人主张债权的行为已经构成诉讼时效中断。杨某、郭某梅上诉提出酒泉农商银行要求办理抵押登记手续的诉讼请求已经超过法律规定的诉讼时效的理由,缺乏事实与法律依据,不予支持。

(2)《最高人民法院关于适用〈中华人民共和国担保法〉若干问题的解释》第38条[②]第1款和第2款规定:"同一债权既有保证又有第三人提供物

---

* (2023)甘09民终729号。

① 对应《民法典》第188条。

② 对应《民法典》第392条。

的担保的,债权人可以请求保证人或者物的担保人承担担保责任。当事人对保证担保的范围或者物的担保的范围没有约定或者约定不明的,承担了担保责任的担保人,可以向债务人追偿,也可以要求其他担保人清偿其应当分担的份额。同一债权既有保证又有物的担保的,物的担保合同被确认无效或者被撤销,或者担保物因不可抗力的原因灭失而没有代位物的,保证人仍应当按合同的约定或者法律的规定承担保证责任。"本案中酒泉农商银行与杨某、郭某梅签订的《个人借款/抵押担保合同》《最高额抵押合同》系双方当事人真实意思表示,内容不违反法律规定,因杨某所有的位于酒泉市肃州区园林路 58 号(原北环西路 117 号)房产二楼未经有权机关规划、批准在原有基础上自行修建,被认定部分建筑违法,导致办理抵押登记的义务无法实现,客观上已经不能办理抵押登记,一审据此认定酒泉农商银行要求杨某、郭某梅继续履行《最高额抵押担保合同》,配合办理位于酒泉市肃州区园林路 58 号(原北环西路 117 号)抵押房产的抵押登记手续的诉讼请求不能成立并无不当,予以维持。

《担保法》第 13 条①规定:"保证人与债权人应当以书面形式订立保证合同。"《最高人民法院关于适用〈中华人民共和国担保法〉若干问题的解释》第 22 条②规定:"第三人单方以书面形式向债权人出具担保书,债权人接受且未提出异议的,保证合同成立。主合同中虽然没有保证条款,但是,保证人在主合同上以保证人的身份签字或者盖章的,保证合同成立。"经查,酒泉农商银行提供的由杨某、郭某梅出具的《抵押、保证担保承诺书》载明:"借款人郭某忠,因购买设备资金不足,向酒泉农村商业银行股份有限公司西关支行申请借款人民币(大写)壹佰万元整,我愿意以本人位于肃州区北环西路 117 号门店的所有权为该笔贷款提供抵押担保,并为此笔借款提供连带责任保证,若上述借款出现违约情形,借款人不履行按期偿还借款本息义务时,

① 对应《民法典》第 685 条。

② 对应《民法典》第 685 条。

我(们)愿承担连带保证责任,负责偿还借款本息,并委托抵押权人处置抵押物后清偿。"杨某在抵押、保证担保人处签名,郭某梅在财产共有人(共同保证人)处签字。杨某、郭某梅以书面形式提供的《抵押、保证担保承诺书》符合法定提供保证的形式要件,酒泉农商银行接受《抵押、保证担保承诺书》未提出异议,双方保证合同成立。杨某、郭某梅上诉提出其在签署《个人借款/抵押担保合同》《最高额抵押合同》《抵押、保证担保承诺书》时系在空白格式材料上签名捺印,但未提交相应证据证明上述事实,且杨某、郭某梅作为完全民事行为能力人,对自己所从事的民事法律行为的后果是明知的,其在相关合同及承诺书上签字,视为其愿意缔结合同并接受合同条款的约束。杨某、郭某梅作为担保人承诺对郭某忠的债务承担连带保证责任,负责偿还借款本息,一审据此认定杨某、郭某梅应承担连带清偿责任符合案件查明事实和法律规定,予以确认。

28 《银团贷款合同》及相关的担保合同能否办理强制执行公证?

实务总结

《银团贷款合同》及相关的担保合同可以办理强制执行公证并出具执行证书。在实务中,合同主体分为贷款行/牵头行/代理行、抵押权人/登记行、贷款人/参加行等,合同中约定各贷款人同意按照合同条款向借款人提供贷款额度,本合同项下的贷款额度的总额为多少;根据贷款期限、贷款利率的不同,本合同项下贷款分为A组贷款和B组贷款。其中,A组贷款额度为多少;B组贷款额度为多少。银团贷款各个贷款的利率、期限可以不同。另外,与普通银行贷款不同的是,银团贷款除利息外有银团贷款参加费、银团贷款中代理行的代理费。例如,有的约定,合同项下借款人应当按照以下标准通过代理行向参加行支付参加费:参加费自提款起按年支付。首笔参加费应于第一笔贷款资金提款后 10 个营业日内支付,首笔参加费=参加行在本合同项下参贷总额×2%。其余年度参加费借款人应在首笔参加费支付日每年的对日支付,其余年度参加费按照年度参加费=参加行在本合同项下的贷款余额×2%计算,最后一年的对日在贷款到期日之后的,则借款人应在贷款到期日支付最后一年参加费。合同项下借款人应当按照以下标准向代理行支付代理费:代理费自提款日起按年支付。首笔代理费应于第一笔贷款资金提款后 10 个营业日内支付,首笔代理费=代理行在本合同项下参贷总额×1.5%。其余年度代理费借款人应在首笔代理费支付日每年的对日支付,其余年度代理费按照年度代理费=代理行在本合同项下的贷款余额×1.5%计算,最后一年的对日在贷款到期日之后的,则借款人应在贷款到期日支付最后一年代理费。这些利息之外的银团费用是双方合同约定的,只要与利息等相加不超过法定年最高利息 24%,就可以在执行证书中得到支持。在申请执行证书时,按照合同约定可以由所有贷款银行共同申请,也可以由牵头行/代理行/登记行申请。

银团贷款涉及的担保合同,以抵押为例,涉及抵押权人/登记行、抵押人,因为涉及多个银行借款,抵押权人只能有一个,可以约定牵头行/代理行接受全体贷款银行的委托作为登记行,成为登记的名义抵押权人,全体银团成员行才是真正的抵押权人。《最高人民法院关于适用〈中华人民共和国民法典〉有关担保制度的解释》中有相关规定。其第 4 条规定:“有下列情形之一,当事人将担保物权登记在他人名下,债务人不履行到期债务或者发生当事人约定的实现担保物权的情形,债权人或者其受托人主张就该财产优先受偿的,人民法院依法予以支持:(一)为债券持有人提供的担保物权登记在债券受托管理人名下;(二)为委托贷款人提供的担保物权登记在受托人名下;(三)担保人知道债权人与他人之间存在委托关系的其他情形。”银团贷款具有“利益共享、风险分担”的特点,在未明确告知或者约定的情况下,其中一个银行与借款人/抵押人签署的担保合同，法院认定该担保权人为全体银团成员行。出具执行证书时的执行人也是全体银团成员行，只是有时申请执行人可以是牵头行/代理行。

典型案例

招商银行股份有限公司东营分行、徐三新保证合同纠纷再审审查与审判监督民事裁定书*

裁判要点：法院认为，虽然本案的借款合同系由中行山东分行作为牵头行，中行黄河口支行作为代理行，中行黄河口支行与招行东营分行作为贷款人，为借款人华懋公司提供5.1亿元银团贷款，但其中的2.1亿元贷款系由招行东营分行单独完成发放。在实际履行中，虽由中行黄河口支行作为代理行分别与盛泰集团公司、亚通石化公司、华帘集团公司、华帘钢帘公司等签订《保证合同》约定为前述借款提供连带责任保证，但2015年3月19日至2017年3月8日，招行东营分行每月均向亚通石化公司发送电子邮件提示其作为担保人进行代偿。2017年2月15日的银团会议决议亦记载：全体银团成员一致同意招行东营分行就涉案银团项下其承贷份额的本息单独提起诉讼，但仅限于对各保证人提起诉讼主张权利，涉及抵押权的相关权利，仍按银团贷款合同的相关约定执行。故招行东营分行虽为5.1亿元银团贷款的贷款人之一，但事实上已就其中的2.1亿元单独形成借贷关系。招行东营分行主张案涉借款尚有本金48 955 951.15元未归还和亚通石化公司已分32笔代华懋公司偿还了35 448 796.78元的事实表明，作为牵头行的中行山东分行和作为代理行的中行黄河口支行，并未实际参与该2.1亿元贷款的发放和清收。

* (2020)最高法民申7005号。

延伸阅读

中国民生银行股份有限公司南阳分行、中国建设银行股份有限公司驻马店分行合同纠纷再审审查与审判监督民事裁定书*

裁判要点:从上述条款的内容来看,双方的陈述均存在一定的可能性。鉴于此,须从合同解释及举证责任角度对该条款的理解加以分析。《合同法》第62条①规定,当事人合同履行方式约定不明确的,按照有利于实现合同目的的方式履行;第125条规定,当事人对合同条款的理解有争议的,应当按照合同所使用的词句、合同的有关条款、合同的目的、交易习惯以及诚实信用原则,确定该条款的真实意思。《银团贷款业务指引》第3条规定,银团贷款是指由两家或两家以上银行基于相同贷款条件,依据同一贷款合同,按约定时间和比例,通过代理行向借款人提供的本外币贷款或授信业务。该规定提及了"相同贷款条件"。结合本案《银团贷款协议》《银行间协议》的整体内容来看,银团贷款具有"利益共享、风险分担"的特征。按照民生银行南阳分行的陈述,其与中大公司签订的《最高额质押合同》使其相对于建行驻马店分行和工行驻马店分行享有更优越的受偿条件,该约定也与银团贷款的交易习惯相悖。同时,从上述条款的内容也不能必然得出民生银行南阳分行已将其与中大公司签订《最高额质押合同》的情况告知了其他成员行的结论。另外,《银行间协议》第4.10条约定"对从借款人、担保人或其他方所取得的涉及银团贷款的有关文件、资料或信息,在不迟于取得该文件、资料或信息之日起三个工作日内将有关情况及时通知代理行,同时真实、完整和无保留地向代理行发送出有关资料和文件的原件或复印件",而民生银行南阳分行亦无直接证据证明其已将其与中大公司签订《最高额质押合同》的

---

* (2020)最高法民申1758号。

① 对应《民法典》第511条。

情况告知了其他成员行,故其应当承担举证不能的法律后果。二审法院认为民生银行南阳分行对其基于质押担保取得的1亿元不享有优先受偿权,并依合同分摊条款的约定判令将该款项在银团成员行之间分摊并无明显不当。

29 抵押房产办理强制执行公证并取得执行证书,该房产被其他法院首先查封,应该如何处理?

实务总结

在实务中,债务人、担保人往往涉及多起纠纷,有的时候首先查封、扣押、冻结法院不是抵押权执行法院。抵押房产办理强制执行公证并取得执行证书,该房产被其他法院首先查封,这种情形下,如果自首先查封之日起已超过60日,且首先查封法院就该查封财产尚未发布拍卖公告或者进入变卖程序,抵押权执行法院可以要求将该查封财产移送执行,首先查封法院应当在收到优先债权执行法院商请执行函之日起15日内出具移送执行函,将查封财产移送优先债权执行法院执行,由具有抵押权的法院执行,优先满足优先权的债权,超过的其他债权再进行分配。如果首先查封法院就该查封财产已发布拍卖公告或者进入变卖程序,抵押权法院就要向首先查封法院申请优先受偿。这些情况在《最高人民法院关于首先查封法院与优先债权执行法院处分查封财产有关问题的批复》中有所规定,其第1条、第2条规定,执行过程中,应当由首先查封、扣押、冻结法院负责处分查封财产。但已进入其他法院执行程序的债权对查封财产有顺位在先的担保物权、优先权,自首先查封之日起已超过60日,且首先查封法院就该查封财产尚未发布拍卖公告或者进入变卖程序的,优先债权执行法院可以要求将该查封财产移送执行。首先查封法院应当在收到优先债权执行法院商请执行函之日起15

日内出具移送执行函,将查封财产移送优先债权执行法院执行。也就是说,在执行法院要求处分抵押房产的情形下,抵押房产即应由抵押权执行法院予以处分。从这方面讲,谁最先拿到法律文书进行首次查封非常重要,在这方面强制执行公证快速进入法院执行的价值就得以很好体现。

典型案例

九江银行股份有限公司广州广园支行、西藏华烁投资有限公司、北京华业资本控股股份有限公司等其他案由执行审查类执行裁定书*

裁判要点:法院认为,根据《最高人民法院关于首先查封法院与优先债权执行法院处分查封财产有关问题的批复》第1条、第2条之规定,执行过程中,应当由首先查封、扣押、冻结法院负责处分查封财产。但已进入其他法院执行程序的债权对查封财产有顺位在先的担保物权、优先权,自首先查封之日起已超过60日,且首先查封法院就该查封财产尚未发布拍卖公告或者进入变卖程序的,优先债权执行法院可以要求将该查封财产移送执行。首先查封法院应当在收到优先债权执行法院商请执行函之日起15日内出具移送执行函,将查封财产移送优先债权执行法院执行。也就是说,在执行法院要求处分抵押房产的情形下,抵押房产即应由抵押权执行法院予以处分。本案中,朝阳法院作为涉案房产的首封法院,异议人与华业公司的相关纠纷正在该院审理过程中,不能及时处置涉案房产。而申请执行人九江银行与被执行人华业公司公证债权文书一案已进入执行阶段,涉案抵押房产在辖区且申请执行人对涉案房产享有优先受偿权,为保障申请执行人的优先债权尽快得到实现,商请朝阳法院将涉案房产移送执行。并经定向询价确认

* (2019)粤03执异1157号。

涉案房产的起拍价，以网络公开拍卖的方式处置涉案房产，程序合法，对异议人的权益并未造成损害。异议人认为法院对涉案房产的拍卖程序违法，损害其合法权益，请求撤销拍卖无事实和法律依据，不予支持。

二、信托公司涉及的强制执行公证司法实务

30 《特定资产收益权转让暨回购合同》能否办理强制执行公证并出具执行证书?

实务总结

在强制执行公证实务中的交易方式有两种,一种是还债方式,另一种是回购方式。与《特定资产收益权转让暨回购合同》类似的收益权转让暨回购合同可以办理强制执行公证并出具执行证书,此类合同相较于还债类合同复杂,正如法院所认为的,复杂不代表债权债务不明确。收益权转让暨回购类合同关系复杂但债权债务明确,相关合同应属于可办理强制执行公证的范围。《最高人民法院关于适用〈中华人民共和国民法典〉有关担保制度的解释》第68条有关于上述让与担保的规定,即债务人或者第三人与债权人约定将财产形式上转移至债权人名下,债务人不履行到期债务,债权人有权对财产折价或者以拍卖、变卖该财产所得价款偿还债务的,人民法院应当认定该约定有效。当事人已经完成财产权利变动的公示,债务人不履行到期债务,债权人请求参照民法典关于担保物权的有关规定就该财产优先受偿的,人民法院应予支持。债务人或者第三人与债权人约定将财产形式上转移至债权人名下,债务人不履行到期债务,财产归债权人所有的,人民法院应当认定该约定无效,但是不影响当事人有关提供担保的意思表示的效力。当事人已经完成财产权利变动的公示,债务人不履行到期债务,债权人请求

对该财产享有所有权的,人民法院不予支持;债权人请求参照民法典关于担保物权的规定对财产折价或者以拍卖、变卖该财产所得的价款优先受偿的,人民法院应予支持;债务人履行债务后请求返还财产,或者请求对财产折价或者以拍卖、变卖所得的价款清偿债务的,人民法院应予支持。债务人与债权人约定将财产转移至债权人名下,在一定期间后再由债务人或者其指定的第三人以交易本金加上溢价款回购,债务人到期不履行回购义务,财产归债权人所有的,人民法院应当参照第 2 款规定处理。回购对象自始不存在的,人民法院应当依照《民法典》第 146 条第 2 款的规定,按照其实际构成的法律关系处理。《特定资产收益权转让暨回购合同》类似合同,依据司法解释,债权人不能请求对该财产享有所有权,如果完成财产权利变动与登记,只能要求参照民法典关于担保物权的规定对财产折价或者以拍卖、变卖该财产所得的价款优先受偿。另外,在实务中,法院认为出具执行证书过程中是否必须采用国家邮政机构寄送的方式,法律并无强制性规定,通过顺丰快递合法寄送的效力,也被法院认可。

典型案例

英大国际信托有限责任公司其他执行裁定书*

裁判要点:法院认为,对于公证机构办理具有强制执行效力的债权文书公证时,是否必须采用国家邮政机构寄送的方式,法律并无强制性规定,公证机关通过顺丰快递以及当事人在申请公证时预留的电子邮箱和手机号码发送相关文件及通知,程序合法并无不当。对于公证的《特定资产收益权转让暨回购合同》,和平企业认为相关债权债务关系较为复杂,不属于公证机关赋予强制执行效力的债权文书的范围,但即便债权债务关系复杂,亦不代

* (2020)沪执复 71 号。

表债权债务不明确。在公证机构出具执行证书等公证文书的核实过程中,各方均未提出异议,应认为相应的债权债务已予明确,相关公证文书应属于可赋予强制执行效力的债权文书的范围。《最高人民法院关于公证债权文书执行若干问题的规定》第12条第2款规定,被执行人以公证债权文书的内容与事实不符或者违反法律强制性规定等实体事由申请不予执行的,人民法院应当告知其依照该规定第22条第1款规定提起诉讼。根据该规定,和平企业认为有关公证文书实体上违反法律强行规定的主张,亦非本案执行异议的审查范围。依据《最高人民法院关于人民法院办理执行异议和复议案件若干问题的规定》第12条之规定,人民法院对执行异议案件的审理,可根据案情复杂程度决定审查方式,上海金融法院予以书面审查亦无不妥。

31 强制执行公证可由被执行的财产所在地人民法院执行,被执行的财产所在地的认定标准是什么?

实务总结

《民事诉讼法》第235条第2款规定:“法律规定由人民法院执行的其他法律文书,由被执行人住所地或者被执行的财产所在地人民法院执行。”强制执行公证就是由人民法院执行的其他法律文书之一,由被执行人住所地或者被执行的财产所在地人民法院执行。这里是“被执行的财产所在地人民法院执行”,而非“被执行的主要财产所在地人民法院执行”。在下述案例中,法院认为被执行人在北京有开设银行账户、有北京注册公司的股权,北京法院有执行管辖权,这样是为了便利于申请执行人,因为被执行人主要财产所在地是申请执行人无法判断的。

典型案例

中信信托有限责任公司申请执行榛骁公司、陕西开城实业有限公司、上海世茂建设有限公司、深圳市世茂新里程实业有限公司公证债权文书一案执行裁定书*

裁判要点：法院认为，依据《民事诉讼法》第231条第2款的规定，“法律规定由人民法院执行的其他法律文书，由被执行人住所地或者被执行的财产所在地人民法院执行”。本案执行依据所涉公证债权文书应当遵此执行。

本案中，申请执行人中信信托公司申请强制执行的财产线索包括被执行人之一的深圳世茂公司开立于北京市朝阳区的银行账户资金、被执行人之一的上海世茂公司持有的注册于北京市朝阳区的北京世茂公司股权、被执行人之一的榛骁公司在杭州银行股份有限公司北京分行营业部开设的银行账户资金，该等被执行财产线索所在地均为北京市。北京市第三中级人民法院实际冻结了被执行人之一的深圳世茂公司开立于中信银行北京京城大厦支行的银行账户，而该开户银行位于北京市朝阳区，属于北京市第三中级人民法院的地域管辖区域，故该院对案件有管辖权。

榛骁公司所提被执行人的财产所在地均不在北京，北京市第三中级人民法院没有管辖权的复议理由与事实不符，不予采信。榛骁公司所提申请执行人中信信托公司依据其强势地位、刻意人为制造财产连接点确定管辖，扰乱执行管辖规定；北京世茂公司并未实际运营，在北京地区无办公场地和人员，股权价值为零，不能作为财产用以执行；本案应由主要财产所在地法院受理，更易于协调处理解决等复议理由，均无涉及法定管辖的相关法律规定予以支持，亦不予采信。

---

* （2023）京执复110号。

32 出具执行证书后申请执行人能否将执行证书确定的债权转让给第三人?

实务总结

出具执行证书后申请执行人可以将执行证书确定的债权转让给第三人。对此,《司法部关于经公证的具有强制执行效力的合同的债权依法转让后,受让人能否持原公证书向公证机构申请出具执行证书问题的批复》(司复〔2006〕13 号)有相关批复,即债权人将经公证的具有强制执行效力的合同的债权依法转让给第三人的,受让人持原公证书、债权转让协议以及债权人同意转让申请人民法院强制执行的权利的证明材料,可以向公证机构申请出具执行证书。司法部明确申请出具执行证书的权利可以转让。但是在已经出具执行证书并向法院申请执行的过程中,执行证书确定的债权依法转让给第三人,在这种情况下,法院认为依据《最高人民法院关于民事执行中变更、追加当事人若干问题的规定》第 9 条的规定,申请执行人将生效法律文书确定的债权依法转让给第三人,且书面认可第三人取得该债权,该第三人申请变更、追加其为申请执行人的,人民法院应予支持。在下述案例中,第三人可以申请变更其为该案的申请执行人,这样也便利于执行,实质性解决纠纷。

典型案例

中诚信托有限责任公司等与李某艳执行审查类执行裁定书*

裁判要点:法院认为,根据《最高人民法院关于民事执行中变更、追加当

* (2023)沪 0117 执异 145 号。

事人若干问题的规定》的规定，申请执行人将生效法律文书确定的债权依法转让给第三人，且书面认可当事人取得该债权，该第三人申请变更、追加其为申请执行人的，人民法院应予支持。本案中，申请执行人将涉案债权转让给申请人，且上述债权的转让事宜已通过登报公告方式对被执行人履行了通知义务，申请执行人也书面确认了上述债权转让事宜。现申请人申请变更其为执行(2019)沪徐证执行字第125号执行证书一案的申请执行人，于法有据。

33 《信用增级协议》或者《增信协议》能否办理强制执行公证？

实务总结

《信用增级协议》或者《增信协议》能否办理强制执行公证，需要看协议内容。如果协议内容约定的是差额补足义务、债务加入、连带保证担保等支付义务，就可以办理强制执行公证。如果协议内容仅为一般保证或者安慰函性质，则无法办理强制执行公证。《最高人民法院关于适用〈中华人民共和国民法典〉有关担保制度的解释》第36条有相关规定，即第三人向债权人提供差额补足、流动性支持等类似承诺文件作为增信措施，具有提供担保的意思表示，债权人请求第三人承担保证责任的，人民法院应当依照保证的有关规定处理。第三人向债权人提供的承诺文件，具有加入债务或者与债务人共同承担债务等意思表示的，人民法院应当认定为《民法典》第552条规定的债务加入。前两款中第三人提供的承诺文件难以确定是保证还是债务加入的，人民法院应当将其认定为保证。第三人向债权人提供的承诺文件不符合前三款规定的情形，债权人请求第三人承担保证责任或者连带责任的，人民法院不予支持，但是不影响其依据承诺文件请求第三人履行约定的义务或者承担相应的民事责任。下述案例中《信用增级协议》约定对投资本金及收益进行差额补足,所以可以办理强制执行公证。

典型案例

杨某华、曹某军合同纠纷二审民事判决书*

裁判要点:法院认为,本案的争议焦点为:(1)案涉《信用增级协议》的效力以及杨某华等4人是否应向平安信托公司补足信托初始本金及预期收益;(2)原判决按照年利率24%计付预期收益和违约金是否过高,判令杨某华等4人支付的信托初始本金金额是否超出了平安信托公司的诉讼请求范围。

关于案涉《信用增级协议》的效力以及杨某华等4人是否应向平安信托公司补足信托初始本金及预期收益的问题。《信托法》第2条规定:"本法所称信托,是指委托人基于对受托人的信任,将其财产权委托给受托人,由受托人按委托人的意愿以自己的名义,为受益人的利益或者特定目的,进行管理或者处分的行为。"本案中,第一证券公司与平安信托公司签订《180号信托合同》将其管理的"创金尊安7号"资产管理计划项下的资金委托平安信托公司以平安信托公司名义投资56号资管计划,第一证券公司(委托人)与平安信托公司(受托人)之间是信托关系。平安信托公司(资产委托人)与民生加银公司(资产管理人)、宁波银行(资产托管人)签订《56号资管合同》,委托民生加银公司将《180号信托合同》项下的资金投资于飞利信股票。杨某华等4人作为案涉资金投向的飞利信公司的股东,与平安信托公司达成《信用增级协议》,约定由杨某华等4人为4.5亿元资金本金安全及收益提供保障性措施,在《180号信托合同》到期时受让资产管理计划权益(受让未售出的飞利信股票)并对平安信托公司未能收回的投资本金及预期收益承

* (2020)最高法民终1295号。

担差额补足义务。实践中,信托公司作为资产管理产品的受托人与受益人订立的含有保证本息固定回报、保证本金不受损失的约定通常应当认定为保底约定或者刚性兑付承诺。但本案中,杨某华等4人与平安信托公司之间并非信托合同关系,杨某华等4人并非作为资产管理产品受托人的金融机构,更不是信托法律关系中的受益人。《信用增级协议》约定的内容不属于信托合同受托人向受益人作出的保证本息固定回报、保证本金不受损失等保底或刚性兑付承诺。杨某华等4人以案涉《信用增级协议》违反投资者风险自负原则为由主张协议无效,依据不足,不予采纳。

杨某华等4人上诉主张平安信托公司签订《信用增级协议》并主张差额补偿,违反了《信托法》第26条的规定,“受托人除依照本法规定取得报酬外,不得利用信托财产为自己谋取利益。受托人违反前款规定,利用信托财产为自己谋取利益的,所得利益归入信托财产”。法院认为,首先,杨某华等4人并未举证证明平安信托公司存在利用4.5亿元委托资金为自己谋取利益的事实。其次,即使存在这一事实,违反这一禁止性规定的法律后果是所得利益归入信托财产,杨某华等4人亦无权主张不承担受让资产管理计划权益及对投资本金及预期收益补足差额的义务。因此,对杨某华等4人提出的调取第一证券公司“创金尊安7号”定向资产管理计划合同及该计划清算报告、平安信托公司在180号信托项下的银行账户流水、民生加银公司在56号资管计划项下的银行账户流水的申请,不予准许。

杨某华等4人上诉主张《信用增级协议》关于杨某华等4人受让资产管理计划权益并对投资本金及预期收益承担差额补足义务的约定违反了《证券发行与承销管理办法》第17条规定,应属无效。法院认为,《合同法》第52条[①]规定:“有下列情形之一的,合同无效:(一)一方以欺诈、胁迫的手段订立合同,损害国家利益;(二)恶意串通,损害国家、集体或者第三人

① 对应《民法典》第148条。

利益；（三）以合法形式掩盖非法目的；（四）损害社会公共利益；（五）违反法律、行政法规的强制性规定。”《证券发行与承销管理办法》属于部门规章，并非法律、行政法规，并且，本案亦无证据显示《信用增级协议》约定由上市公司股东对投资者作出补偿承诺，损害了金融安全和证券市场交易秩序。因此，杨某华等4人以此为由主张《信用增级协议》无效，依据不足。

杨某华等4人上诉还主张《信用增级协议》因未对外公开披露，违反2014年《证券法》第63条关于“发行人、上市公司依法披露的信息，必须真实、准确、完整，不得有虚假记载、误导性陈述或者重大遗漏”、《上市公司非公开发行股票实施细则》[①]第4条关于“上市公司的控股股东、实际控制人和本次发行对象，应当按照有关规定及时向上市公司提供信息，配合上市公司真实、准确、完整地履行信息披露义务”的规定，损害社会公共利益而无效。对此，法院认为，即使存在违反信息披露义务的情况，也不必然导致《信用增级协议》无效。《信用增级协议》约定的是由飞利信公司股东杨某华等4人对平安信托公司的投资本金及收益进行差额补足，杨某华等4人主张该安排损害了社会公共利益，但未提交证据证明。综上，对杨某华等4人关于平安信托公司未履行信息披露义务，《信用增级协议》无效的上诉主张不予支持。

综上，《信用增级协议》是平安信托公司与杨某华等4人之间的真实意思表示，内容并未违反法律、行政法规的强制性规定，合法有效，杨某华等4人应履行《信用增级协议》约定的对平安信托公司未能收回的投资本金及预期收益补足差额的义务。

杨某华等4人上诉主张民生加银公司未履行强制变现义务，股票下跌造成的损失不应由其承担。对此，法院认为，《信用增级协议》约定在杨某华等4人未受让资产管理计划项下全部权益时，平安信托公司可以自行向民生加

① 此文件于2023年失效。

银公司发送投资建议书，直至全部剩余标的股票变现完毕。可见，《信用增级协议》并未约定民生加银公司必须履行强制变现股票的义务，杨某华等4人承担差额补足义务并不以民生加银公司履行该等义务为前提。因此，在杨某华等4人未履行差额补足义务的情形下，平安信托公司可以继续抛售股票，亦有权不抛售股票直接要求杨某华等4人受让资产管理计划项下的全部权益。杨某华等4人的该项上诉主张，依据不足，不予支持。

杨某华等4人上诉还主张平安信托公司超额冻结杨某华等4人股票造成股价大幅下跌，由此造成的损失应由平安信托公司自行承担。法院认为，该主张所涉问题与本案不属于同一法律关系，杨某华等4人如认为平安信托公司存在超额冻结股票的行为且造成了损失，可另循法律途径主张。

34 保证金质押中质权如何设立?

实务总结

保证金质押合同可以办理强制执行公证，但是只有质权设立，才能出具执行证书。在这里质权设立必须满足以下要求：首先，签署书面的质押合同并取得相关的股东会或者董事会决议；其次，按合同要求办理开立保证金账户，并按约定存入保证金，该账户不作日常结算使用，但这并不代表保证金账户金额不能浮动；最后，无论质权人是银行还是第三人，都要书面告知银行该保证金账户已质押，并转移给质权人实际控制，当债务人未按主合同约定履行其债务时，质权人均有权先要求出质人在本合同约定的担保范围内承担担保责任。质权设立，才能出具执行证书；如果质权未设立，则无法出具执行证书。

典型案例

和润集团有限公司等非与执行审查执行裁定书*

裁判要点:法院认为,被执行人将其金钱以特户、封金、保证金等形式特定化后,移交作为债权人的银行占有作为债权的担保,人民法院冻结该金钱后,因被执行人不履行债务,银行以其依照约定欲扣划金钱实现优先受偿权为由要求解除对该金钱冻结的,人民法院应当作为案外人异议进行审查并作出裁定。

人民法院依法可以对银行承兑汇票保证金采取冻结措施,但不得扣划。如果金融机构已对汇票承兑或者已对外付款,根据金融机构的申请,人民法院应当解除对银行承兑汇票保证金相应部分的冻结措施。银行承兑汇票保证金已丧失保证金功能时,人民法院可以依法采取扣划措施。

本案的争议焦点为0284账户内存款是否为银行承兑汇票保证金,浦发银行舟山分行对该存款是否享有质权,以及现实质权的条件是否成就。首先,根据浦发银行舟山分行与和润集团有限公司签署的《开立银行承兑汇票业务协议书》和《保证金质押合同》,可以认定双方之间存在质押合同关系。其次,和润集团有限公司按合同约定在浦发银行舟山分行开立承兑汇票保证金账户,并存入535万元保证金,账户名称、账号、存款金额均与《开立银行承兑汇票业务协议书》和《保证金质押合同》一致,且该账户只存有该笔保证金,未作日常结算使用,符合金钱特定化要求。再次,《开立银行承兑汇票业务协议书》及《保证金质押合同》约定,保证金自存入保证金专户之日即转为融资行占有,并授权融资行在因本协议书而需对外付款时,直接扣划该保证金及相应利息。质权人对质押财产有第一顺位的优先受偿权。当债务人

* (2022)京02执异538号。

未按主合同约定履行其债务时，质权人均有权先要求出质人在本合同约定的担保范围内承担担保责任，而无须先要求其他担保人履行担保责任。根据上述约定，浦发银行舟山分行已取得对0284账户的控制权，此种控制权移交符合出质金钱移交质押权人占有的要求，应认定浦发银行舟山分行与和润集团有限公司已就0284账户内的保证金设立了质权。现承兑期限已届满，浦发银行舟山分行已对外付款，浦发银行舟山分行请求解除对银行承兑汇票保证金的冻结措施，于法有据，应予支持。西藏信托有限公司的抗辩意见不能成立，不予支持。

35 《民法典》施行前的法律事实持续至《民法典》施行后如何理解？

实务总结

《最高人民法院关于适用〈中华人民共和国民法典〉时间效力的若干规定》第1条第2款、第3款规定："民法典施行前的法律事实引起的民事纠纷案件，适用当时的法律、司法解释的规定，但是法律、司法解释另有规定的除外。民法典施行前的法律事实持续至民法典施行后，该法律事实引起的民事纠纷案件，适用民法典的规定，但是法律、司法解释另有规定的除外。"法律事实包括法律行为和法律事件。以法律行为中的合同行为为例，其包括签署、履行等。根据下述案例中的法院观点，因签署行为发生争议的，签署行为如果发生在《民法典》施行之前，适用当时的法律、司法解释的规定，因履行行为发生争议的，相关合同履行持续至《民法典》施行之后，故应当适用《民法典》及其司法解释的规定。另外，在实务中，办理强制执行公证后，不再通过执行证书执行而是通过诉讼解决的，有两种途径：一是公证处出具《不予出具执行证书的决定》；二是执行法院作出不予执行的裁定。

典型案例

国民信托有限公司二审民事判决书*

裁判要点:(1)关于本案争议应否适用《民法典》问题。《最高人民法院关于适用〈中华人民共和国民法典〉时间效力的若干规定》第1条第2款、第3款规定:"民法典施行前的法律事实引起的民事纠纷案件,适用当时的法律、司法解释的规定,但是法律、司法解释另有规定的除外。民法典施行前的法律事实持续至民法典施行后,该法律事实引起的民事纠纷案件,适用民法典的规定,但是法律、司法解释另有规定的除外。"本案系国民信托公司依据其与睿银公司、翔良公司于2020年6月16日签订的《债权转让协议》及国民信托公司与翔良公司于2020年6月签订的《债权债务重组协议》,向翔良公司等提起的合同纠纷之诉。《债权转让协议》的签订及履行均非持续性法律行为,《债权债务重组协议》因重组期间截至2021年4月20日,关于履行的法律事实属于持续至《民法典》施行后的行为,但是涉及相关协议签订的法律事实发生于《民法典》施行之前。本案的主要争议实际上集中于相关协议项下债务转让的效力问题,所涉相关法律事实发生于《民法典》施行之前,故应当适用当时的法律和司法解释。国民信托公司要求翔良公司及其担保人承担相关法律责任,系与合同履行相关的争议,鉴于相关合同履行持续至《民法典》施行之后,故应当适用《民法典》及其司法解释的规定。

(2)关于国民信托公司提起本案诉讼是否构成重复起诉问题。《最高人民法院关于适用〈中华人民共和国民事诉讼法〉的解释》第247条第1款规定:"当事人就已经提起诉讼的事项在诉讼过程中或者裁判生效后再次起诉,同时符合下列条件的,构成重复起诉:(一)后诉与前诉的当事人相同;

* (2023)京02民终1121号。

(二)后诉与前诉的诉讼标的相同;(三)后诉与前诉的诉讼请求相同,或者后诉的诉讼请求实质上否定前诉裁判结果。"原债权人汪某善与债务人翔良公司的债权债务关系系由公证处出具的对双方签订的《房地产借款抵押合同》等赋予强制执行效力的公证债权文书予以确认,该案已由汪某善作为申请人向人民法院申请强制执行,并已实际进入执行程序,公证债权文书强制执行程序并非诉讼程序。本案系国民信托公司依据其与睿银公司、翔良公司签订的《债权转让协议》及国民信托公司与翔良公司签订的《债权债务重组协议》,向翔良公司等提起的合同纠纷之诉。本诉的诉讼请求虽与松江区法院执行程序所涉及的执行内容存在部分重合,但鉴于前序程序并非诉讼程序,故不宜通过重复起诉的角度进行评价。

《最高人民法院关于公证债权文书执行若干问题的规定》第 24 条第 1 款规定:"有下列情形之一的,债权人、利害关系人可以就公证债权文书涉及的民事权利义务争议直接向有管辖权的人民法院提起诉讼:(一)公证债权文书载明的民事权利义务关系与事实不符;(二)经公证的债权文书具有法律规定的无效、可撤销等情形。"但本案国民信托公司并非基于其认为公证债权文书载明的民事权利义务关系与事实不符,或者公证债权文书具有无效、可撤销等情形,从而针对公证债权文书所涉及的民事权利义务争议提起诉讼,而是基于其申请执行人的主体资格未被执行法院确认,另行寻求法律救济,依据《债权转让协议》《债权债务重组协议》向翔良公司等提起合同纠纷之诉。本诉与松江区法院执行程序所涉及的债权债务关系的主体、标的、合同基础均不完全相同,二者并非完全等同或者替代的关系。国民信托公司提起本案诉讼,并不违反相关法律禁止性规定,亦与上海市第一中级人民法院(2021)沪 01 执复 358 号执行裁定书关于"国民信托有限公司可通过其他法律程序主张权利"的指引相符。

36 信用证开证保证金能否办理保证金账户质押并办理强制执行公证?

实务总结

在实务中,信用证开证保证金只有符合账户特定化、账户保证金转移占有或者由质权人控制等条件,信用证开证申请人才能以该保证金账户向信用证开证银行进行质押,并办理强制执行公证。信用证开证保证金基于信用证的特殊性,信用证开证申请人的其他债权人不能对该账户资金进行扣划。《最高人民法院关于人民法院能否对信用证开证保证金采取冻结和扣划措施问题的规定》第 1 条规定,人民法院在审理或执行案件时,依法可以对信用证开证保证金采取冻结措施,但不得扣划。如果当事人、开证银行认为人民法院冻结和扣划的某项资金属于信用证开证保证金,应当依法提出异议并提供有关证据予以证明。人民法院审查后,可按以下原则处理:对于确系信用证开证保证金的,不得采取扣划措施;如果开证银行履行了对外支付义务,根据该银行的申请,人民法院应当立即解除对信用证开证保证金相应部分的冻结措施;如果申请开证人提供的开证保证金是外汇,当事人又举证证明信用证的受益人提供的单据与信用证条款相符时,人民法院应当立即解除冻结措施。

典型案例

中信信托有限责任公司等执行裁定书*

裁判要点:中信信托公司申请执行上海世茂公司、上海榛骁企业管理有

* (2022)京 03 执异 632 号。

限公司、深圳市世茂新里程实业有限公司、陕西开城实业有限公司一案中，依法冻结被执行人上海世茂公司在汇丰银行(中国)有限公司上海分行银行账户(××)。

另查，汇丰上海分行提交的《不可撤销跟单备用信用证开立/修改/解除申请书》载明，上海世茂公司向汇丰上海分行申请开立跟单备用信用证，申请的币种为港币，金额为港币7.5亿元，受益人为香港上海汇丰银行有限公司。汇丰上海分行提交的索付电文、垫款凭证及中文翻译件载明，汇丰上海分行根据××备用信用证的内容及索付电文，向香港上海汇丰银行有限公司垫付港币3.944亿元。上海市浦东新区人民法院作出的(2022)沪0115民特682号之一民事裁定书载明，该院对上述案涉账户属于信用证保证金账户性质予以确认，汇丰上海分行已垫付信用证项下港币3.944亿元，汇丰上海分行对上海世茂公司享有债权。

法院认为，《最高人民法院关于人民法院能否对信用证开证保证金采取冻结和扣划措施问题的规定》第1条规定，人民法院在审理或执行案件时，依法可以对信用证开证保证金采取冻结措施，但不得扣划。人民法院审查后，可按以下原则处理：对于确系信用证开证保证金的，不得采取扣划措施；如果开证银行履行了对外支付义务，根据该银行的申请，人民法院应当立即解除对信用证开证保证金相应部分的冻结措施；如果申请开证人提供的开证保证金是外汇，当事人又举证证明信用证的受益人提供的单据与信用证条款相符时，人民法院应当立即解除冻结措施。本案中，汇丰上海分行提交的《不可撤销跟单备用信用证开立/修改/解除申请书》、索付电文、垫款凭证、中文翻译件以及上海市浦东新区人民法院作出的(2022)沪0115民特682号之一民事裁定书等证据证明，案涉账户属于信用证保证金账户且汇丰上海分行履行了相应支付义务，故汇丰上海分行所提异议理由成立，应予支持。

37 《债务重组协议》债权到期日在《民法典》实施前,保证合同的保证期间截止日期在《民法典》实施后,就保证合同发生纠纷如何适用法律?

实务总结

《债务重组协议》债权到期日在《民法典》实施前,保证合同签署在《民法典》实施前,就保证合同发生纠纷应当适用《民法典》实施前的相关规定进行处理。在《最高人民法院关于适用〈中华人民共和国民法典〉有关担保制度的解释》中,保证合同就不是持续性的,因为是否承担责任具有或然性,应当根据签署时法律及司法解释的规定确定上市公司提供保证担保是否需要公示。《民法典》生效前的法律及司法解释未要求对外披露公告。而《民法典》实施后的上市公司对外担保就应当适用《最高人民法院关于适用〈中华人民共和国民法典〉有关担保制度的解释》第9条规定,即相对人根据上市公司公开披露的关于担保事项已经董事会或者股东大会决议通过的信息,与上市公司订立担保合同,相对人主张担保合同对上市公司发生效力,并由上市公司承担担保责任的,人民法院应予支持。相对人未根据上市公司公开披露的关于担保事项已经董事会或者股东大会决议通过的信息,与上市公司订立担保合同,上市公司主张担保合同对其不发生效力,且不承担担保责任或者赔偿责任的,人民法院应予支持。相对人与上市公司已公开披露的控股子公司订立的担保合同,或者相对人与股票在国务院批准的其他全国性证券交易场所交易的公司订立的担保合同,适用前两款规定。该条款规定了境内上市公司对外担保事项披露的义务,仅适用于境内上市公司,下述案例中涉及的是境外上市公司、境内外资非上市公司,不适用此条款。而就保证期间而言,《民法典》规定没有约定或者约定不明的,保证期间为主债务履行期限届满之日起6个月。《民法典》施行前成立的保证合同，当事人对保证期间约定不明确，主债务履行期限届满至《民法典》施行之日不满2年，当事人主张保证期间为主债务履行期限届满之日起2年的，人民法院依法予以支持；当事人对保证期间没有约定，主债务履行期限届满至《民法典》施行之日不满6个月，当事人主张保证期间为主债务履行期限届满之日起6个月的，人民法院依法予以支持。这些规定都是尽量保障保证人的利益。

典型案例

大业信托有限责任公司与上海世茂建设有限公司保证合同纠纷一审民事判决书*

裁判要点： 第一，本案是否适用《民法典》及《最高人民法院关于适用〈中华人民共和国民法典〉有关担保制度的解释》。《最高人民法院关于适用〈中华人民共和国民法典〉时间效力的若干规定》第1条第3款规定："民法典施行前的法律事实持续至民法典施行后，该法律事实引起的民事纠纷案件，适用民法典的规定，但法律、司法解释另有规定的除外。"本案中，上海世茂公司为主合同项下债务出具了《担保函》，该《担保函》的签订时间为2020年，该函中明确载明，保证人的保证期间为主合同项下债务的履行期限届满之日起3年，主合同项下的债务约定分期履行的，则保证期间为最后一期债务履行期限届满之日起3年。本案中，《债务重组协议》约定的重组到期日为2020年9月12日，债务人应在该日期之前一次性偿还剩余未偿还债务金额，保证期间应自2020年9月13日至2023年9月13日。该法律事实从《民法典》实施前持续到《民法典》实施后，故本案应适用《民法典》及《最高人民法院关于适用〈中华人民共和国民法典〉有关担保制度的解释》的规定

* (2022)京02民初158号。

进行处理。

第二,上海世茂公司签订的《担保函》是否对其发生效力。本案中,《担保函》经上海世茂公司的100%控股股东同意,并出具《股东决议》,上海世茂公司的100%控股股东世茂集团控股有限公司对该担保行为作出《股东决定》并加盖印章,符合《公司法》第16条第1款关于公司为他人提供担保的规定,且目前没有证据证明存在《担保函》无效的情形,故认定该《担保函》合法有效,上海世茂公司应按约履行保证义务。

对于上海世茂公司抗辩主张其系上市公司世茂集团控股有限公司公开披露的100%控股子公司,根据《最高人民法院关于适用〈中华人民共和国民法典〉有关担保制度的解释》第9条之规定,案涉《股东决定》、《担保函》及《股东决议》项下的担保事项未经法定程序对外披露公告,该对外担保应属无效。法院认为,《最高人民法院关于适用〈中华人民共和国民法典〉有关担保制度的解释》第9条规定:"相对人根据上市公司公开披露的关于担保事项已经董事会或者股东大会决议通过的信息,与上市公司订立担保合同,相对人主张担保合同对上市公司发生效力,并由上市公司承担担保责任的,人民法院应予支持。相对人未根据上市公司公开披露的关于担保事项已经董事会或者股东大会决议通过的信息,与上市公司订立担保合同,上市公司主张担保合同对其不发生效力,且不承担担保责任或者赔偿责任的,人民法院应予支持。相对人与上市公司已公开披露的控股子公司订立的担保合同,或者相对人与股票在国务院批准的其他全国性证券交易场所交易的公司订立的担保合同,适用前两款规定。"该条款规定了境内上市公司对外担保事项披露的义务,仅适用于境内上市公司。本案中,上海世茂公司系在上海市注册的非上市公司,上海世茂公司的100%控股股东系在香港特别行政区注册的非上市公司,上海世茂公司的100%控股股东的间接控股股东系在开曼群岛注册、在香港特别行政区上市的公司,并非境内上市公司,上海世茂公司的该项抗辩主张没有事实和法律依据,故对上海世茂公司的该抗辩不予支持。

38 抵押权人对抵押物优先受偿的效力是否及于抵押物的租金?

实务总结

抵押权人有权收取该抵押财产的天然孳息或者法定孳息,租金为抵押房产的法定孳息。抵押权人对抵押物优先受偿的效力及于抵押物的租金。《民法典》第412条规定,债务人不履行到期债务或者发生当事人约定的实现抵押权的情形,致使抵押财产被人民法院依法扣押的,自扣押之日起,抵押权人有权收取该抵押财产的天然孳息或者法定孳息,但是抵押权人未通知应当清偿法定孳息义务人的除外。抵押物被其他法院查封,也不影响抵押物租金的优先受偿,可以直接在他人提起的诉讼和执行程序中通过申报债权获得优先受偿,也可申请保全租金,保全租金的方式是提取租金存入法院执行款专户中,诉讼期间不会处置,且不影响抵押权人对该租金主张优先受偿权。如抵押财产最后不足以清偿全部债权,就可以在抵押财产处置完毕后向保全法院申请从保全的租金中优先受偿。

典型案例

九江银行股份有限公司广州广园支行、大业信托有限责任公司执行审查类执行裁定书*

裁判要点:广东高院认为,本案的争议焦点有三,一是抵押权人对抵押物优先受偿的效力是否及于抵押物的法定孳息,二是抵押物因另案被其他法院查封,抵押权人是否仍然有权收取法定孳息,三是抵押权人的债权能够

* (2019)最高法执复79号。

从抵押物中优先足额受偿时,依据第三人申请对抵押物的租金收入采取的保全措施是否必须解除。

第一,《物权法》第197条[①]规定,债务人不履行到期债务或者发生当事人约定的实现抵押权的情形,致使抵押财产被人民法院依法扣押的,自扣押之日起抵押权人有权收取该抵押财产的天然孳息或者法定孳息,但抵押权人未通知应当清偿法定孳息的义务人的除外。租金为抵押房产的法定孳息。据此,抵押权人对抵押房产优先受偿的效力并不能当然及于租金,但是对于满足此规定的三个条件的租金,抵押权人有权直接收取,以保障其优先受偿权。"有权收取"应当理解为一般情况下执行法院不能将租金作为被执行人的财产予以执行,否则,法律规定的抵押权人的"收取权"将被架空。

第二,根据《物权法》第197条的规定,债务人不能履行到期债务,通知应当清偿法定孳息的义务人两项条件已经达成,对于"抵押财产被人民法院依法扣押"这一条件,不应限制为抵押权人只能在自己申请的扣押中主张收取租金的权利。因此,本案中抵押权人在其他法院查封抵押物的情况下,仍然有权收取法定孳息。

第三,《最高人民法院关于人民法院民事执行中查封、扣押、冻结财产的规定》第21条规定,查封、扣押、冻结被执行人的财产,以其价额足以清偿法律文书确定的债权额及执行费用为限,不得明显超标的额查封、扣押、冻结。从双方当事人提交的证据材料看,九江银行广园支行即将挂牌拍卖的抵押物价值明显超过其债权金额,因此,即使该行在法律上享有收取租金的权利,但在本案中,收取租金已不能增加其利益,反而会影响其他诉讼主体从其已经实施的诉讼行为中获得的可期待利益,对其他诉讼主体有失公平,也不利于充分发挥租金作为债务人责任财产的价值。法律规定抵押权人有权收取法定孳息是为了保障其优先受偿权,如其优先受偿权已有充分保障,此时应兼顾其他主体的合法权益。《最高人民法院关于人民法院民事执行中

① 对应《民法典》第412条。

查封、扣押、冻结财产的规定》第 22 条规定，查封、扣押的效力及于查封、扣押物的从物和天然孳息。因此，该院有权在其他法院对涉案房屋采取查封措施后，对法定孳息另行采取保全措施。但是，保全租金的方式是提取租金存入法院执行款账户中，诉讼期间不会处置，且不影响抵押权人对该租金主张优先受偿权。如抵押财产最后不足以清偿全部债权，异议人可以在抵押财产处置完毕后向保全法院申请从保全的租金中优先受偿，故即使不支持抵押权人收取租金的请求也不损害其优先受偿的实际权益。

本院认为，本案的焦点问题是，案涉租金收益应由哪一家法院进行处置。

根据《物权法》第 197 条规定，债务人不履行到期债务或者发生当事人约定的实现抵押权的情形，致使抵押财产被人民法院依法扣押的，自扣押之日起抵押权人有权收取该抵押财产的天然孳息或者法定孳息，但抵押权人未通知应当清偿法定孳息的义务人的除外。从抵押权的效力看，上述规定是通过抵押权人行使收取孳息的权利保障其抵押权优先受偿，即人民法院通过强制执行程序对抵押财产进行查封后，启动抵押权人行使抵押权的程序，抵押人作为所有权人收取孳息的权利因行使抵押权即被剥夺。而抵押权人是否通知法定孳息的清偿义务人，与保障抵押权实现是两个不同的法律关系。没有通知清偿义务人的，抵押权人不得主张清偿无效，即不得对抗清偿义务人，但并不影响抵押权人拥有收取孳息以保障其优先受偿的权利。在九江银行广园支行申请执行债务人西藏华烁、连带责任保证人北京华业等贷款合同纠纷案件中，执行法院深圳中院已经对九江银行广园支行享有抵押权的涉案房产进行查封，并通知负有支付租金义务的小元里公司，该院将提取应付租金。根据《物权法》的规定，九江银行广园支行作为抵押权人可以行使提取法定孳息的权利。

本案中，广东高院仅是对案涉租金采取保全措施，并未向当事人进行支付，且该院在异议裁定中已经认可九江银行广园支行作为案涉房产的抵押权人对租金享有优先受偿权，并明确了保全租金的方式是提取租金存入法院账户，诉讼期间不会处置，如抵押财产最后不足以清偿全部债权，该行可以在抵押财产处置完毕后申请对租金的优先受偿。故广东高院对案涉租金进行保全并未对九江银行广园支行的抵押权造成实质损害,该院保全行为应予维持。

39 强制执行公证的执行法院有冲突,如何解决?

实务总结

公证债权文书执行案件即强制执行公证执行案件,由被执行人住所地或者被执行的财产所在地人民法院管辖。涉及多个被执行人或者多个被执行财产所在地,以上人民法院都有管辖权的,当事人可以向其中一个人民法院申请执行;当事人向两个以上人民法院申请执行的,由最先立案的人民法院管辖。

被执行的财产所在地人民法院因财产类型不同而有所不同。被执行的财产为不动产的,该不动产的所在地为被执行的财产所在地。被执行的财产为股权或股份的,该股权或股份的发行公司住所地为被执行的财产所在地。被执行的财产为商标权、专利权、著作权等知识产权的,该知识产权人的住所地为被执行的财产所在地。被执行的财产为到期债权的,被执行人的住所地为被执行的财产所在地。被执行的财产为动产,其所在地不明确或有争议的,由被执行人的住所地法院管辖。下述案例中涉及多个财产所在地法院,申请执行人可以自由选择对自己最有利的法院进行管辖。

典型案例

佛山市顺德嘉信置业发展有限公司、佛山市顺德区嘉祈房产有限公司等合同、无因管理等执行复议执行裁定书[*]

裁判要点:法院认为,本案的焦点问题是深圳中院对本案是否有管辖

* (2021)粤执复 543 号。

权。《民事诉讼法》(2021 年修正) 第 231 条第 2 款规定:“法律规定由人民法院执行的其他法律文书,由被执行人住所地或者被执行的财产所在地人民法院执行。”《最高人民法院关于公证债权文书执行若干问题的规定》第 2 条规定:“公证债权文书执行案件,由被执行人住所地或者被执行的财产所在地人民法院管辖。前款规定案件的级别管辖,参照人民法院受理第一审民商事案件级别管辖的规定确定。”另外,《最高人民法院关于人民法院执行工作若干问题的规定(试行)》第 13 条规定:“两个以上人民法院都有管辖权的,当事人可以向其中一个人民法院申请执行;当事人向两个以上人民法院申请执行的,由最先立案的人民法院管辖。”本案中,被执行人嘉凯公司在平安银行深圳分行营业部开立有银行账户且账户内有存款可供执行,即被执行人有可供执行的财产在深圳,被执行人的另一部分财产在佛山市,深圳中院和佛山中院均有管辖权,申请执行人平安信托公司向深圳中院申请执行符合上述法律规定,深圳中院应当立案受理。复议申请人主张由主要财产所在地人民法院管辖本案,法律依据不足。因此,深圳中院裁定驳回嘉信公司、嘉祈公司对本案管辖权提出的异议并无不妥。

40 强制执行公证执行管辖是否也要遵循主合同和担保合同纠纷诉讼应根据主合同确定管辖的原则?

实务总结

强制执行公证执行管辖无须遵循主合同和担保合同纠纷诉讼应根据主合同确定管辖的原则确定执行管辖法院。《最高人民法院关于适用〈中华人民共和国担保法〉若干问题的解释》第 129 条规定,“主合同和担保合同发生纠纷提起诉讼的,应当根据主合同确定案件管辖”。该条规定表明了担保合同是主合同的从合同,因主合同产生的诉讼和因从合同产生的诉讼也具有从属性。因主合同及从合同发生纠纷同时起诉至法院的应以主合同确定管辖,这是诉讼原则。公证债权文书执行案件,由被执行人住所地或者被执行的财产所在地人民法院管辖。级别管辖参照人民法院受理第一审民商事案件级别管辖的规定确定。两个以上人民法院都有管辖权的,当事人可以向其中一个人民法院申请执行;当事人向两个以上人民法院申请执行的,由最先立案的人民法院管辖。这些规定中都没有规定执行也要遵循主合同和担保合同纠纷诉讼应根据主合同确定管辖的原则,考虑执行工作讲究效率,没有上述限制性规定,更能保证执行工作的灵活性。

典型案例

福建省时代华奥动漫有限公司、福建省时代华奥建设发展有限公司执行审查类执行裁定书*

裁判要点:关于地域管辖权问题。本案四川省高级人民法院行使地域管辖权,受争议的是两个连结点因素:一是四川省是否为被执行人住所地;二是四川省是否为被执行的财产所在地。本案被执行人之一(保证人)杨某的住所地在四川省成都市,除杨某之外的其他被执行人的住所地均在福建省。虽然杨某是中铁信托公司员工,且中铁信托公司与杨某签订保证合同的时间是在其与债务人及其他担保人签订合同的时间之后,但上述因素并不足以否定担保关系的存在,不能排除据此对杨某进行执行的可能。故应当认定四川省是被执行人住所地之一。本案华奥动漫公司、严某在中国民生银行成都分行营业部所开立的账户中有少量存款可供执行,故不能否定四川省是被执行财产所在地之一。但如果参照相关司法解释关于主合同和担保合同纠纷诉讼应根据主合同确定管辖的规定,则在执行程序中以保证

* (2017)最高法执复 12 号、17 号。

人的住所地作为确定地域管辖的连结点，确属不合理。同时，上述账户存款与本案巨额执行标的相比，也极不成比例。从目前查明的财产情况来看，可供执行的绝大多数财产在福建省内。因此可以说，本案由福建省相关法院执行更为适当。但是，根据目前的通行理解，部分财产所在地或者部分被执行人住所地法院，可以取得执行案件全案管辖权。且目前相关司法解释并未对2017年《民事诉讼法》第224条规定的被执行人住所地作出限缩性解释，既未限制以保证人的住所地因素行使执行管辖权，也未将被执行的财产所在地限定为主要财产所在地，是否应作此种限缩解释，有待今后司法解释进一步确定。故目前不能绝对排除四川高院对本案的管辖权，该院作为非主要的被执行人住所地和被执行财产所在地法院管辖本案，并不违反执行程序方面的现行法律规定。

同时，鉴于管辖权问题确定的是人民法院之间的分工，无论地域管辖如何确定，生效法律文书所确定以及法律规定的当事人的权利义务并不改变，人民法院在执行中都应依法保护申请执行人和被执行人的合法权益；本案已由四川高院于2015年年底立案受理，受指定执行的广元中院也已采取实际执行措施，确定管辖法院是否改变也应考虑避免司法资源的浪费。故对四川高院驳回华奥动漫公司等被执行人所提管辖异议的结论，予以维持。

41 《增资协议》等类型合同是否通过名称就可以判断其不能办理强制执行公证？

实务总结

《增资协议》能否办理强制执行公证，按照常见办理强制执行公证的合同类型，不包括《增资协议》，但不能仅依据协议名称进行判断，应根据合同具体内容进行判定。下述案例中国通公司虽经工商变更登记为缤购城公司股东,但国通公司均未实际参与缤购城公司的后续经营管理,而是通过向缤购城公司融通资金而收取相对固定的资金收益,这与一般意义上为获取具有或然性的长期股权收益而实施的增资入股行为并不相同,其中的工商登记变更为股东仅为增信措施。所以该案中的《增资协议》《〈增资协议〉之补充协议》等协议,约定债权确定的给付内容,是可以办理强制执行公证的。

典型案例

武汉缤购城置业有限公司、国通信托有限责任公司借款合同纠纷二审民事判决书*

裁判要点:法院认为,根据各方当事人诉辩意见,并经征得各方当事人同意,本案二审争议焦点为:涉案 11 258.25 万元款项的性质应如何认定。

对于涉案 11 258.25 万元的性质,缤购城公司上诉主张该笔款项应为增资款而非借款。法院认为,缤购城公司的该主张不能成立,具体理由为:该笔款项虽系基于涉案《增资协议》《〈增资协议〉之补充协议》的约定支付,但对于款项性质的认定,不能仅依据协议名称进行判断,应根据合同条款所反映的当事人真实意思,并结合其签订合同真实目的以及合同履行情况等因素,进行综合认定。首先,根据《增资协议》第 7.1 条、第 7.2 条、第 7.3 条等条款的约定,本案中,国通公司签订上述协议的目的是通过向缤购城公司融通资金而收取相对固定的资金收益,这与一般意义上为获取具有或然性的长期股权收益而实施的增资入股行为并不相同。缤购城公司虽称根据涉案《〈增资协议〉之补充协议》第 5 条的约定,除固定利润之外,国通公司还有权按其投资获取利润,但该《〈增资协议〉之补充协议》第 5 条约定是"以《股权投资协议》约定为准",而《股权投资协议》仅涉及第 4 期信托计划项下的

* (2019)最高法民终 1532 号。

150 万元款项,而涉案 11 258.25 万元系第 1~3 期信托计划项下款项,两者并非同一笔,故根据《〈增资协议〉之补充协议》第 5 条的约定,并不足以认定国通公司向缤购城公司汇入涉案 11 258.25 万元的目的系获得股权分红而非固定回报。其次,国通公司虽经工商变更登记为缤购城公司股东,但缤购城公司并未举证证明国通公司实际参与了缤购城公司的后续经营管理。且根据涉案《增资协议》第 10.3.4 条、第 10.3.5 条以及第 10.3.10 条的约定,国通公司有权在缤购城公司违约的情形下将其所持有的股权对外转让、申请减资、处置涉案项目等,故缤购城公司主张涉案《增资协议》《〈增资协议〉之补充协议》并未约定股权退出机制与事实不符,缤购城公司据此主张涉案款项并非借款亦依据不足,不予支持。同时需要指出的是,因本案系涉案协议各方当事人之间的内部纠纷,相关权利义务需要根据协议约定进行确认。但在国通公司未通过法定程序完成股权退出之前,因内部约定并不具有外部效力,如存在善意第三人基于信赖缤购城公司对外公示的股权结构、工商登记信息而导致利益受损情形,其可以通过诉讼另案解决。但缤购城公司以可能涉及外部关系为由主张一审判决有误理据不足,不予支持。再次,对于涉案款项的性质,缤购城公司不仅在涉案《债权确认协议》中认可"国通公司依据《增资协议》对缤购城公司享有的金额至少为 11 408.25 万元的债权",且在(2016)鄂 01 民初 5905 号案件庭审中也认可"增资扩股争议的标的额 11 258.25 万元加上 150 万元全部汇入了公司。目前我们增资扩股争议的标的额全部通过还款形式还给国通公司""确认实际上属于名股实债的关系"。本案中,缤购城公司又主张上述款项系增资款而非借款,与前述协议约定以及在另案中所作的陈述均不一致。在缤购城公司未能举证证明涉案《债权确认协议》存在无效情形的情况下,其作为《债权确认协议》一方当事人,应受到该协议的约束。另外,根据一审查明事实,涉案 11 258.25 万元作为第 1~3 期信托计划项下款项,缤购城公司已经偿还完毕,国通公司在(2016)鄂 01 民初 5905 号案件中对此也予以认可。同时,国通公司明确表示其提起本案诉讼所主张的债权并不包括该 11 258. 25 万元款项，而除涉案 11 258. 25 万元以及 150 万元之外，本案所涉款项均非基于《增资协议》、《〈增资协议〉之补充协议》以及《股权投资协议》而发生，缤购城公司、国通公司对除涉案 11 258. 25 万元以及 150 万元之外的其他款项系借款性质也并未表示异议，在该 11 258. 25 万元已经清偿完毕的情况下，缤购城公司又提出该笔款项并非借款，并要求对借款本金及利息重新计算，缺乏依据，不予支持。

关于一审法院(2018)鄂执复 35 号民事裁定相关问题。《最高人民法院关于公证债权文书执行若干问题的规定》第 20 条第 1 款规定："公证债权文书被裁定不予执行的，当事人可以就该公证债权文书涉及的民事权利义务争议向人民法院提起诉讼；公证债权文书被裁定部分不予执行的，当事人可以就部分争议提起诉讼。"本案中，国通公司在一审法院作出(2018)鄂执复 35 号民事裁定之后，就相关民事权利义务争议提起本案诉讼符合法律规定，一审法院在查明事实的基础上作出相应认定并无不当。

42 信托保障基金在出具执行证书时如何计算？

实务总结

在强制执行公证实务中，《股权收益权转让及回购合同》是可以办理强制执行公证并出具执行证书的。法院认为，合同中约定由转让方或者其指定的第三方在一定期间后以交易本金加上溢价款等固定价款无条件回购的，无论转让方所转让的标的物是否真实存在、是否实际交付或者过户，只要合同不存在法定无效事由，信托公司都有权要求融资人以交易本金加上溢价款等固定价款无条件进行回购。关于在融资过程中的信托保障基金，保障基金不是预扣的利息，且代缴的保障基金是依据双方合同约定及《信托业保障基金管理办法》的规定履行义务，信托保障基金的性质系信托公司代融资人缴纳的信托业保障基金。信托公司在每个信托产品清算时向其认购者支付本金及收益，计算融资本金时不应扣除保障基金，计算利息、违约金时也不应扣除保障基金。

典型案例

北京北大高科技产业投资有限公司等与昆仑信托有限责任公司合同纠纷二审民事判决书*

裁判要点：一审法院认为，本案中，各方当事人对签订《股权收益权转让及回购合同》《抵押合同》《股权收益权转让及回购合同补充协议》《抵押合同补充协议》，以及支付转让款、逾期支付溢价回购款构成违约、违约金起算点、抵押登记办理等基本事实均无争议，但就本案是否为借贷关系、转让款本金中应否扣除两笔保障基金并以扣除后的本金数额为基数计算溢价回购款以及公证费、律师费、诉讼财产保全责任保险费是否应该由北大高科技公司、太平洋城房地产公司支付等，各方产生争议。要解决以上争议，须对如下问题予以分析。

一、关于本案是否为民间借贷纠纷的问题

一审法院认为，信托公司在资金信托成立后，以募集的信托资金受让特定资产或者特定资产收益权，属于信托公司在资金依法募集后的资金运用行为。如果合同中约定由转让方或者其指定的第三方在一定期间后以交易本金加上溢价款等固定价款无条件回购，无论转让方所转让的标的物是否真实存在、是否实际交付或者过户，只要合同不存在法定无效事由，对信托

* (2021)京民终5号。

公司提出的由转让方或者其指定的第三方按约定承担责任的诉讼请求,人民法院依法予以支持。

本案中,《股权收益权转让及回购合同》第1条转让标的及转让价款用途的约定:"昆仑信托公司以信托计划项下信托资金受让北大高科技公司所持有的三家公司股权收益权,收益权的内容包括:(1)目标股权在任何情形下的全部卖出收入;(2)转让方因持有目标股权而取得的红利等;(3)目标股权产生的其他任何收入。"第3条(股权收益权的实现)约定:"转让方不得出售目标股权;转让方享有约定的股权收益权,基于股权所产生的全部收益由转让方享有。"

可见,北大高科技公司自股权收益权转让日(含)起不再享有该股权收益权相关的财产性权益,即昆仑信托公司在受让股权收益权至北大高科技公司回购股权收益权期间,股权收益权产生的全部财产性收益均归属于昆仑信托公司。因此,昆仑信托公司的收益不是固定收益,回购价格应为最低收益。另外,股权收益权作为一种财产性权利,法律并未禁止转让,是当事人自由处分自己权利的表现,《股权收益权转让及回购合同》的法律关系与借贷合同的法律关系并不相同。因此,《股权收益权转让及回购合同》及《股权收益权转让及回购合同补充协议》均系签约各方当事人的真实意思表示,且均未违反法律和行政法规的强制性规定,应属合法有效。

二、关于转让款本金中应否扣除两笔保障基金并以扣除后的本金数额为基数计算溢价回购款的问题

首先,《股权收益权转让及回购合同》第17条(保障基金的认购安排)第1款约定:"根据《信托业保障基金管理办法》(银监发〔2014〕50号)等法律法规规定及保障基金的相关协议文件约定,转让方向受让方申请发放受让款,应委托受让方认购保障基金。转让方在此确认并同意委托受让方按照相关法律法规的规定及保障基金相关协议文件约定认购保障基金";"为方便交易,转让方同意并授权受让方在向转让方支付受让款时直接在受让款

金额中扣除转让方按照本条第2款规定计算的保障基金认购资金,并足额划至受让方指定的专项账户。受让方在受让款金额中扣除的转让方应认购保障基金金额不构成对转让方支付受让款金额的任何减少,转让方仍按照本合同第2条约定的受让款金额履行还本付息义务”。第17条(保障基金的认购安排)第5款约定:“转让方在此确认并同意,在转让方出现本合同项下违约情形时,受让方有权以转让方认购的保障基金本金及收益等额抵销转让方根据本合同约定届时应向受让方支付的所有应付未付款项。”另外,根据《股权收益权转让及回购合同》附件一《委托昆仑信托认购信托业保障基金承诺函》,北大高科技公司承诺信托业保障基金按照上述约定履行。

其次,按照《信托业保障基金管理办法》《关于做好信托业保障基金筹集和管理等有关具体事项的通知》等有关规定,信托业保障基金金额为《股权收益权转让及回购合同》约定发行金额的1%,由融资者即北大高科技公司认购。根据《信托业保障基金管理办法》第14条第2款的规定,资金信托按新发行金额的1%认购,属于融资性资金信托的,由融资者认购。在每个资金信托产品发行结束时,缴入信托公司基金专户,由信托公司按季向保障基金公司集中划缴。根据《关于做好信托业保障基金筹集和管理等有关具体事项的通知》第3条第3款的规定:“对于融资性资金信托,由融资人或用款人委托信托公司认购。”根据《信托业保障基金管理办法》第25条的规定,投资性资金信托和融资性资金信托认购的保障基金,其本金及收益由保障基金公司按季度与信托公司结算。信托公司在每个信托产品清算时向其认购者支付本金及收益。

再次,昆仑信托公司按照合同约定及《信托业保障基金管理办法》的规定履行了信托业保障基金的代缴义务。昆仑信托公司将代缴的第一期转让款的1%即1 490 000元信托业保障基金和第二期转让款的1%即1 710 000元信托业保障基金,从信托计划资金专户支付至保障基金专户。

最后,1 490 000元及1 710 000元两笔资金的性质系昆仑信托公司代北大高科技公司缴纳的信托业保障基金,昆仑信托公司并未占有。根据合同约定及相关规定,本案转让款本金除实际划付到北大高科技公司指定账户的 147 510 000 元、169 290 000 元外,还应包括昆仑信托公司发放的但直接代北大高科技公司缴纳的信托业保障基金,故转让款本金总额应为 320 000 000 元。目前,信托计划还未清算,不符合《信托业保障基金管理办法》第 25 条规定的返还保障基金的条件;且昆仑信托公司的债权尚未实际回款,根据《股权收益权转让及回购合同》第 17 条第 5 款约定,保障基金及收益等额抵销转让方应向受让方支付的所有应付未付款项。

因此,本案不是借贷法律关系,保障基金不是预扣的利息,且代缴的保障基金是依据双方合同约定及《信托业保障基金管理办法》规定的履行义务;北大高科技公司主张直接抵扣本金的理由,既不符合信托业保障基金返还时间的限制规定,也不符合关于双方抵销的约定;况且,北大高科技公司按季度向昆仑信托公司支付的 9 期(笔)溢价回购款时均是以本金 320 000 000 元作为基数计算的,可见北大高科技公司在合同的实际履行中已经认可本金为 320 000 000 元。北大高科技公司主张在转让款本金中扣除两笔保障基金,并以扣除后的本金数额为基数计算溢价回购款的答辩意见不能成立,一审法院不予支持。因此,本案应当认定的转让款本金数额为 320 000 000 元,应按照约定的回购款计算公式以 320 000 000 元为基数计算标的项目的回购价款。

二审法院认为,根据北大高科技公司的上诉意见,二审审理的焦点问题为案涉 1%的信托保障基金退回的时间问题。案涉《股权收益权转让及回购合同》第 17 条(保障基金的认购安排)第 3 款约定有:保障基金本金及收益由受让方于信托计划终止后 10 个工作日内划付至转让方指定的账户。北大高科技公司和昆仑信托公司均明确约定案涉的保障基金本金及收益由昆仑信托公司于信托计划终止后 10 个工作日内划付至北大高科技公司指定的账户。北大高科技公司向昆仑信托公司出具的《委托昆仑信托认购信托业保障基金承诺函》亦明确同意"受让方在受让款金额中扣除的转让方应认购保障基金金额不构成对转让方发放受让款金额的任何减少，转让方仍按照本合同第2条约定的受让款金额履行还本付息义务""我司同意保障基金的收益计算、分配及清算等事项按照《股权收益权转让及回购合同》中的约定执行"。因此，案涉1%的信托保障基金应依据上述当事人约定的合同条款即昆仑信托公司于信托计划终止后10个工作日内划付至北大高科技公司指定的账户，北大高科技公司关于应在其支付的标的项目收益权回购价款时提前予以扣除1%的信托保障基金的主张，没有事实与法律依据，二审法院不予采信；其关于改判的上诉请求，二审法院不予支持。

43 在一信托业务中有《股票收益权转让及回购合同》《股票质押合同》《保证合同》三份合同，其中《股票收益权转让及回购合同》《股票质押合同》有强制执行公证条款并办理强制执行公证，《保证合同》没有强制执行公证条款，在融资方违约的情况下，如何进行执行？

实务总结

在某信托业务中如有《股票收益权转让及回购合同》《股票质押合同》《保证合同》三份合同，其中《股票收益权转让及回购合同》《股票质押合同》有强制执行公证条款并办理强制执行公证，《保证合同》没有强制执行公证条款，在融资方违约的情况下怎么执行，下述案例是一种思路，就是《股票收益权转让及回购合同》《股票质押合同》出具执行证书，《保证合同》通过诉讼取得判决书进行执行，判决书表述也是对执行证书标的承担连带保证责任。另一种思路是，因为《保证合同》没有强制执行公证条款，所以另外签署《保证合同补充协议》增加强制执行公证条款并办理强制执行公证，这样就可以一起出具执行证书或者单独出具执行证书。

典型案例

英大国际信托有限责任公司与李某林、重庆恒韵医药有限公司保证合同纠纷一审民事判决书*

裁判要点:法院认为,英大信托公司与满垚公司签订的《股票收益权转让及回购合同》《股票质押合同》,英大信托公司与恒韵公司签订的《保证合同》,英大信托公司与李某林签订的《保证合同》均系各方当事人的真实意思表示,且未违反法律、行政法规的强制性规定,合法有效,各方当事人均应按照合同的约定履行各自的义务。英大信托公司就其与满垚公司签订的《股票收益权转让及回购合同》《股票质押合同》办理了赋予强制执行效力的公证,重庆市公证处根据英大信托公司的申请出具了以满垚公司为被执行人的《执行证书》,确认的执行标的为:(1)回购价款人民币 4800 万元;(2)截至 2018 年 10 月 24 日的标的股票收益权溢价款 30 400 元[溢价回购利率为年化 5.7%,存续天数为 4 天(2018 年 10 月 21~24 日),标的股票收益权溢价款=该期信托实际存续的信托本金数额×溢价回购利率×该期信托实际存续天数÷360];(3)违约金[自 2018 年 10 月 25 日至结清之日,违约金每日按回购价款(48 000 000+30 400)×0.1%计算,回购价款=回购价款本金+标的股票收益权溢价款-乙方已收到的标的股票及标的股票因送股、公积金转增、配股、拆分股权等形成的派生股票的现金分红及其他现金收益(如有)]、执行证书公证费及申请执行人因实现债权而产生的其他费用。英大信托公司已向法院提出强制执行的申请,已经立案受理,现该案正在执行过程中。根据英大信托公司分别与恒韵公司、李某林签订的《保证合同》,恒韵公司、李

* (2020)渝 05 民初 1507 号。

某林自愿为本案所涉债务向英大信托公司提供连带责任保证担保,担保范围包括主债权本金、股票收益权回购溢价款、保证金、违约金、损害赔偿金,以及实现债权的费用等所有债务人应付的费用,保证期间为自主合同签订之日起至主合同约定的债务人履行债务完毕之日起两年,且恒韵公司就担保事宜作出了股东会决议。故恒韵公司、李某林应按照《保证合同》的约定就本案所涉债务向英大信托公司承担连带保证责任。恒韵公司、李某林应就(2018)渝证字第55810号《执行证书》确定的满垚公司应向英大信托公司支付的回购价款人民币4800万元、截至2018年10月24日的标的股票收益权溢价款30 400元承担连带清偿责任;对满垚公司应向英大信托公司支付的300元执行证书公证费承担连带清偿责任。英大信托公司自认其已经收回了部分回购价款本金,现满垚公司尚欠的款项为回购价款本金34 621 813.06元,予以确认。

综上所述,英大信托公司的诉讼请求部分成立,予以支持。依据《合同法》第8条、第60条①,《担保法》第6条、第14条、第18条、第21条②,《民事诉讼法》第142条、第144条之规定,判决如下:

(1)被告重庆恒韵医药有限公司、李某林对(2018)渝证字第55810号《执行证书》确定的执行标的中满垚公司尚欠原告英大信托公司的回购价款本金人民币34 621 813.06元及截至2018年10月24日的标的股票收益权溢价款30 400元承担连带清偿责任。

(2)被告恒韵公司、李某林对(2018)渝证字第55810号《执行证书》确定的执行标的中满垚公司应向原告英大信托公司支付的违约金(自2018年10月25日起至2019年10月22日止,以48 030 400元为基数,按年利率24%计算;自2019年10月23日起至2019年10月29日止,以34 730 685.8元为基数,按年利率24%计算;自2019年10月30日起至付清之日止,以34 652 213.06

① 对应《民法典》第465条、第509条。

② 对应《民法典》第681条、第690条、第688条、第691条。

元为基数,按年利率 24%计算)承担连带清偿责任。

(3)被告恒韵公司、李某林对满垚公司应向原告英大信托公司支付的 300 元执行证书公证费承担连带清偿责任。

(4)驳回原告英大信托公司的其余诉讼请求。

44 合同中既约定以 8.7%为年利率计算违约金,也约定违约金按实际借款本金总额 30%计算,出具执行证书时如何计算?

实务总结

在强制执行公证实务中,如果合同中既约定以 8.7%为年利率计算违约金,也约定违约金按实际借款本金总额 30%计算,这两项都可以支持,但需要有所限制。申请执行人申请以 8.7%为年利率计算到实际清偿之日止的违约金的,在出具执行证书时要限制利息加违约金等不得超过年利率的 24%。限制全部违约金总额不超过本金总额的 30%,用以确定最终利息加违约金等的总额。

典型案例

吉林省信托有限责任公司、颐和黄金制品有限公司等合同纠纷民事一审民事判决书*

裁判要点:2019 年 8 月 14 日,吉林省长春市民众公证处作出(2019)吉长民众决定字第 1 号《不予出具执行证书决定书》,决定对(2016)吉长民众

* (2019)吉 01 民初 968 号。

证经字第1379号《具有强制执行效力的债权文书公证书》、(2018)吉长民众证经字第1181号《具有强制执行效力的债权文书公证书》、(2018)吉长民众证经字第1183号《具有强制执行效力的债权文书公证书》、(2018)吉长民众证经字第1185号《具有强制执行效力的债权文书公证书》不予出具执行证书。《信托贷款合同》第12条约定:颐和公司未按本合同的约定履行义务,应向吉林省信托公司支付的违约金按实际借款本金总额30%计算,该违约金不以给甲方造成实际损失为支付条件。如果由于违约而给甲方造成的损失超过违约金,乙方应进行赔偿,补偿违约金不足的部分。现吉林省信托公司要求颐和公司支付以200 103 015.19元为基数,以8.7%为年利率计算的自2019年7月21日起至实际清偿之日止的违约金,并未过分高于吉林省信托有限责任公司的实际损失,符合双方合同约定,但应当以双方约定的借款本金总额30%即6750万元为上限。

45 《信托贷款合同》办理强制执行公证,之后签署《信托贷款合同补充协议》,补充协议中约定"本协议未约定事项,仍然按照《信托贷款合同》的约定执行,本协议不再另做强制执行公证,与《信托贷款合同》一并适用强制执行公证的效力",未办理强制执行公证,就《信托贷款合同》能否出具执行证书?

实务总结

《信托贷款合同》办理强制执行公证,之后签署《信托贷款合同补充协议》,补充协议中约定"本协议未约定事项,仍然按照《信托贷款合同》的约定执行,本协议不再另做强制执行公证,与《信托贷款合同》一并适用强制执行公证的效力",未办理强制执行公证,这要看《信托贷款合同补充协议》的具体内容，来决定就《信托贷款合同》能否出具执行证书。如果《信托贷款合同补充协议》内容为本金、利息及罚息等实质条款的变化，并区分是否加重了债务人或担保人的负担，如果未加重则可以出具执行证书，否则，应视为对原有强制公证内容的实质变更，《信托贷款合同》就不能出具执行证书。如果《信托贷款合同补充协议》内容约定的不是那些实质条款，而是一些如账号、合同保密等与强制执行公证无关的内容，就不认为该补充协议是对《信托贷款合同》的实质变更，《信托贷款合同》就可以出具执行证书。下述案例中的补充协议是对主合同内容的确认，未违反主合同的约定，法院认可该案主合同与补充协议的情况，不是公证债权文书的内容与事实不符的情况，应当予以执行。

典型案例

珠海宝塔石化有限公司、中泰信托有限责任公司合同、无因管理、不当得利纠纷执行审查类执行裁定书*

裁判要点：法院认为，本案的焦点问题是(2014)沪黄证经字第 34××、34××、34××号公证书及(2015)沪黄证执字第 42×号执行证书是否应不予执行。

关于本案公证债权文书是否与事实不符的复议理由。复议申请人珠海宝塔在复议申请中提出，珠海宝塔与中泰公司就同一事项订立多份不同内容的债权文书，其中只有《信托贷款合同》经过公证且赋予强制执行效力，而公证以后才签订的《信托贷款合同之补充协议》(以下简称《补充协议》)就还款时间、利息及罚息等事宜进行了补充约定，属于公证债权文书内容与事实不符的情况，应依法裁定不予执行。经查，关于贷款期限，《信托贷款合同》第 4.1 条约定："本合同项下每笔信托贷款的期限均为 20 个月，自每笔

* (2018)粤执复 42 号。

贷款实际发放之日起计算，每笔贷款的到期日均为该笔贷款实际发放日起满20个月的对应日。”《补充协议》确认珠海宝塔对中泰公司自2015年4月1日起，所负的35 530万元债务已全部处于违约状态，同时确定以2015年10月31日为时间点，以及珠海宝塔清偿或者尚未能清偿35 530万元的责任问题，上述确认事项与《信托贷款合同》约定的贷款期限并不冲突和矛盾。此外，该补充协议亦未对利息及罚息作重新约定。《补充协议》第5条特别约定：“本协议未约定事项，仍然按照《信托贷款合同》的约定执行，本协议不再另做强制执行公证，与《信托贷款合同》一并适用强制执行公证的效力。”根据珠海宝塔与中泰公司的上述约定，《补充协议》与《信托贷款合同》均适用(2014)沪黄证经字第34××、34××、34××号公证书及(2015)沪黄证执字第42×号执行证书的效力。珠海宝塔关于公证债权文书的内容与事实不符的复议理由不成立，不予支持。

关于贷款保证金及高额罚息利率的约定违反法律强制性规定的复议理由。复议申请人珠海宝塔提出，公证债权文书关于贷款保证金及高额罚息利率的约定违反法律的强制性规定。珠海宝塔认为《信托贷款合同》约定的利率违反《最高人民法院关于进一步加强金融审判工作的若干意见》第2条、《中国人民银行关于严肃金融纪律，严禁非法提高利率的公告》第8条、《人民币利率管理规定》(银发〔1999〕77号)第23条、《中国人民银行关于人民币贷款利率有关问题的通知》(银发〔2003〕251号)第3条以及《合同法》第114条第2款[①]的规定。法院认为，珠海宝塔所述的上述情形，不属于《最高人民法院关于适用〈中华人民共和国民事诉讼法〉的解释》第480条规定的可以认定为《民事诉讼法》规定的公证债权文书确有错误的法定情形，因而此项复议理由亦不能成立。

关于《信托贷款合同》有关保证金约定违反法律强制性规定的复议理

① 对应《民法典》第585条第2款。

由。珠海宝塔认为公证的《信托贷款合同》及《执行证书》对保证金计算不合理,此项复议主张并非不予执行公证债权文书的法定情形。

关于给付内容不明确的复议理由。珠海宝塔认为"至实际清偿日止的全部利息、罚息、复利、违约金等相关费用以及申请执行人为实现抵押权、质权所支付的费用"的给付内容表述不明确、不具体,应不予执行。对此,法院分析认为,执行证书是否多计算债权数额,不能构成人民法院不予执行公证债权文书的理由,不属于公证债权文书内容与事实不符的情形,双方当事人在实际执行程序中可以另循法律途径解决。

46 如何理解申请不予执行的异议理由区分为程序问题和实体问题,程序问题由执行审查程序处理,实体问题由诉讼程序处理?

实务总结

根据《最高人民法院关于公证债权文书执行若干问题的规定》,基于程序问题申请不予执行的异议理由在上述规定第12条中,即"有下列情形之一的,被执行人可以依照民事诉讼法第二百三十八条第二款规定申请不予执行公证债权文书:(一)被执行人未到场且未委托代理人到场办理公证的;(二)无民事行为能力人或者限制民事行为能力人没有监护人代为办理公证的;(三)公证员为本人、近亲属办理公证,或者办理与本人、近亲属有利害关系的公证的;(四)公证员办理该项公证有贪污受贿、徇私舞弊行为,已经由生效刑事法律文书等确认的;(五)其他严重违反法定公证程序的情形"。基于实体问题申请不予执行的异议理由在上述规定第22条中,即"有下列情形之一的,债务人可以在执行程序终结前,以债权人为被告,向执行法院提起诉讼,请求不予执行公证债权文书:(一)公证债权文书载明的民事权利义务关系与事实不符;(二)经公证的债权文书具有法律规定的无效、可撤销等情形;(三)公证债权文书载明的债权因清偿、提存、抵销、免除等原因全部或者部分消灭”。在各个程序中的理由有所不同,不能混淆。异议人可以通过执行异议或者诉讼申请不予执行,但也不影响人民法院对公证债权文书的执行。

典型案例

厦门达嘉集团有限公司、方东洛执行审查类执行裁定书*

裁判要点:法院认为,根据公证债权文书执行规定,人民法院在执行程序中仅对不予执行公证债权文书申请的程序问题进行审查,实体问题由诉讼程序处理,故本案对复议申请人所提0086号执行证书存在错误以及载明的义务主体和给付内容不明确等实体问题不予审查。本案的争议焦点是:是否存在公证债权文书不予执行的程序问题。

1.关于方圆公证处核实义务的履行问题。根据《最高人民法院、司法部关于公证机关赋予强制执行效力的债权文书执行有关问题的联合通知》第5条规定:公证机关签发执行证书应当注意审查以下内容:(1)不履行或不完全履行的事实确实发生;(2)债权人履行合同义务的事实和证据,债务人依照债权文书已经部分履行的事实;(3)债务人对债权文书规定的履行义务有无疑义。公证机关的审查方式根据中国公证协会《办理具有强制执行效力债权文书公证及出具执行证书的指导意见》第9条、第13条的规定,可以采取信函核实或当事人约定的方式向债务人核实债务履行情况。根据福建高院查明的事实,本案中,各方当事人已明确约定可通过传真、邮递、快递或双方同意的其他方式送达对方,并注明了联系地址和联系电话,各方当事人就应当对上述约定承担相应后果和风险。方圆公证处按照该约定中的地址和电话联系了复议申请人,是否实际取得联系不影响对其履行核实义务的认定,福建高院异议裁定认为应当视为履行了核实义务并无不当。

---

* (2019)最高法执复42号。

2. 补正执行证书送达程序问题。根据2017年《民事诉讼法》第238条第2款规定,公证债权文书确有错误的,人民法院裁定不予执行,并将裁定书送达双方当事人和公证机关。2015年《最高人民法院关于适用〈中华人民共和国民事诉讼法〉的解释》第480条、《最高人民法院关于公证债权文书执行若干问题的规定》第12条列举了公证债权文书确有错误不予执行的几种情形,其中并未包括补正执行证书的送达程序。换言之,补正执行证书送达程序问题并不影响公证债权文书的执行。再者,在补正执行证书向双方当事人送达后,复议申请人并未提出异议,此时再以补正送达程序违法为由请求不予执行,法院不予认可。

47 信托贷款合同能否约定复利、罚息,并在执行证书中得到执行?

实务总结

在强制执行公证实务中,信托公司作为依法设立的非银行金融机构,能够对外办理信托贷款业务,合同中可以约定复利、罚息等内容,在出具执行证书时也可以予以支持,只是在现在出具执行证书时,利息、罚息、复利、违约金等总和不超过年利率的24%。

典型案例

深圳市宝能投资集团有限公司、光大兴陇信托有限责任公司等合同纠纷民事二审民事判决书*

裁判要点:光大兴陇公司作为依法设立的非银行金融机构,属于金融机

* (2023)甘民终127号。

构范畴,其有权依据相关规定收取复利。案涉《信托贷款合同》第12.2.1条约定,“借款人未按本合同的约定偿还贷款本金、利息的,贷款人有权对逾期贷款本金按本合同项下贷款利率的200%计收罚息,从借款人逾期之日起,按罚息利率计收罚息,直至借款人清偿逾期贷款本金之日止;对借款人未按时支付的利息,按上述罚息利率计收复利。从借款人逾期之日起,按罚息利率计收复利,直至清偿逾期贷款利息之日为止”;宝能投资公司与光大兴陇公司签订的《保证合同》亦约定担保范围为主合同项下债务人的全部债务,包括但不限于主债权本金、利息、债务人因违反主合同而应支付的罚息、复利。故光大兴陇公司主张复利有事实和法律依据,且一审法院已将复利利率调减至合同约定利率上浮50%,因此,宝能投资公司主张其不应承担复利的上诉请求不能成立。

48 强制执行公证在法院执行过程中,商品房预售资金能否被查封、冻结、划转执行?

实务总结

强制执行公证在法院执行过程中,商品房预售所得款项,可以冻结,但不能划扣,该款项必须用于有关的工程建设,不得挪作他用。对商品房预售资金开设专门银行账户进行多方监管,在保障在建商品房建设工程施工正常进行的前提下,人民法院可以对商品房预售资金监管账户依法采取冻结措施,但只有在商品房工程竣工验收后,资金仍有结余的情况下,才可将其作为执行款予以执行扣划。

典型案例

大业信托有限责任公司、唐山大恒房地产开发有限公司等合同纠纷执行复议执行裁定书*

裁判要点:法院认为,本案的焦点问题是广州中院对商品房预售资金专用监管账户冻结后是否能够扣划并支付给申请执行人。

首先,商品房预售资金是购房消费者购买商品房开发建设单位正在建设中的商品期房,按照商品房买卖合同约定预先支付给商品房开发建设单位的购房款。根据《城市房地产管理法》第 45 条第 3 款的规定,“商品房预售所得款项,必须用于有关的工程建设”。换言之,该款项应用于购买该商品房项目建设必需的建筑材料、设备和支付项目建设的施工进度款,不得挪作他用。对商品房预售资金开设专门银行账户进行监管,具有保障开发项目顺利建设、促进在建商品房工程如期竣工和交付、维护购房消费者合法权益、促进房地产市场平稳健康发展、优化营商环境的重要作用。在保障在建商品房建设工程施工正常进行的前提下,人民法院可以对商品房预售资金监管账户依法采取冻结措施,但只有在商品房工程竣工验收后,资金仍有结余的情况下,才可将其作为执行款予以执行扣划。

其次,《最高人民法院、住房和城乡建设部、中国人民银行关于规范人民法院保全执行措施确保商品房预售资金用于项目建设的通知》(法〔2022〕12 号)自 2022 年 1 月 11 日起实施。但该通知并非创设法律,而是对《城市房地产管理法》第 45 条的解释。广州中院(2022)粤 01 执异 692 号执行裁定所依据的是《城市房地产管理法》第 45 条,在裁定中用该司法解释的相关规定进一步说理,不存在法律适用错误的问题。

---

* (2023)粤执复 121 号。

49 《债务加入协议》如何办理强制执行公证?

实务总结

《民法典》第552条对债务加入有规定,即第三人与债务人约定加入债务并通知债权人,或者第三人向债权人表示愿意加入债务,债权人未在合理期限内明确拒绝的,债权人可以请求第三人在其愿意承担的债务范围内和债务人承担连带债务。《债务加入协议》能否办理强制执行公证,以何种身份办理强制执行公证,需要看《债务加入协议》的具体内容。如果是第三方债务共同承担,就是共同债务人的身份;如果是连带保证担保,就是保证人身份;如果没有明确的债务给付与担保内容,就不能办理强制执行公证。

典型案例

华融国际信托有限责任公司等与泰安金融控股集团有限公司等金融借款合同纠纷二审民事判决书*

裁判要点:法院认为案涉《华融·泰山地下大裂谷信托贷款单一资金信托资金信托合同》写明本信托为事务管理型信托,故案涉信托贷款属通道业务。因本案所涉信托贷款发生在2015年,属于金融监管政策实施前的存量通道业务,对于此类存量业务,中国人民银行、原中国银行保险监督管理委员会、中国证券监督管理委员会、国家外汇管理局于2018年4月27日联合发布的《关于规范金融机构资产管理业务的指导意见》(银发〔2018〕106号)

* (2022)京民终717号。

第 29 条规定，为减少存量风险，按照“新老规划”原则设置过渡期，过渡期设至 2020 年年底，确保平稳过渡。据此，案涉《华融·泰山地下大裂谷信托贷款单一资金信托资金信托合同》和《信托贷款合同》系各方当事人的真实意思表示，且不违反法律、行政法规的强制性规定，故成立有效。宝泰隆公司关于案涉信托贷款实质为名股实债的答辩意见，一审法院不予支持，理由如下：各方当事人提交的证据显示，秦某宝以其持有的宝泰隆公司 70%的股权折价 8260 万元成为芜湖华融的劣后级有限合伙人，案涉信托贷款则为芜湖华融通过信托计划将款项放给宝泰隆公司，宝泰隆公司 70%的股权指向的是秦某宝对芜湖华融的出资，并非指向 4.5 亿元贷款。宝泰隆公司主张华融系公司以股权质押的方式，并通过成立有限合伙的方式取得 4.5 亿元贷款缺乏直接证据证明。故一审法院对宝泰隆公司的答辩意见不予采信。

关于泰安金控公司是否应就宝泰隆公司欠付华融信托公司的债务承担连带共同清偿责任。参照《民法典》第 552 条规定，第三人与债务人约定加入债务并通知债权人，或者第三人向债权人表示愿意加入债务，债权人未在合理期限内明确拒绝的，债权人可以请求第三人在其愿意承担的债务范围内和债务人承担连带债务。该条规定明确了第三人加入债务的概念，即债务加入又称并存的债务承担，是指债务人并不脱离合同关系，而由第三人加入到合同关系中，与债务人共同承担合同义务的债务承担方式。债务加入的第三人承诺由其履行债务人的债务，但同时不免除债务人的履行义务。据此，承担债务加入的连带共同清偿责任的第三人，因其需要与债务人共同承担连带清偿责任直至债务消灭，故第三人的债务加入不仅对债务承担本身的稳定性影响很大，而且承担的债务责任也较之连带责任保证要加重许多。因此，债务加入的认定程序应更加严格，除非第三人明确其承担债务的方式是债务加入，即第三人作出明确意思表示，如明确的合同约定或者明确的单方承诺等，否则不应认定构成债务加入。从涉案合同约定内容分析，《债务约定协议》的首部“鉴于”部分中明确载明泰安金控公司从扶持当地实体企业、化解金融风险的角度出发，意向帮扶宝泰隆公司化解中国华融方的整体业务风险，其中的“意向”并不能等同于作出实体承诺的意思表示；“帮扶”的方式有很多种，在无其他特别说明或特别约定的情形下，亦不能视为泰安金控公司作出愿意与宝泰隆公司共同承担案涉债务的意思表示。《债务约定协议》第1.1条、第1.2条、第1.3条明确约定的是宝泰隆公司的还款义务，并未约定泰安金控公司系债务履行主体；第1.5条、第1.6条、第1.7条亦均未明确约定泰安金控公司应就宝泰隆公司的案涉债务承担责任。其中第1.5条的表述明确为“在1.4条款履行完毕的前提下，中国华融方与泰安金控公司、秦某宝提前签订相关股权转让协议，由泰安金控公司或其子公司、宝泰隆公司分别按上述约定履行前述事项完毕后5个工作日内……由泰安金控公司或其子公司、宝泰隆公司分别按上述约定履行前述事项完毕后30个工作日内……”。由此可知，泰安金控公司或其子公司和宝泰隆公司均是按照相应的条款分别履行各自的义务，二者之间并不存在以债务加入方式承担连带共同清偿责任。《债务约定协议》中，仅第1.4条明确约定泰安金控公司偿还第1.1条项下债务（信托计划项下2018年第四季度利息14 216 222.22元）。在案证据证明该项债务已经履行完毕。《债务约定协议》中的其他条款亦均未涉及泰安金控公司明确表示债务加入，与宝泰隆公司连带共同承担案涉债务的意思表示内容。因此，华融信托公司主张根据《债务约定协议》的约定内容，泰安金控公司对贷款全部债务构成债务加入的上诉理由，不能成立。此外，华融信托公司上诉主张根据《并购重组框架协议》《泰安金控并购重组协议》的约定，泰安金控公司的子公司泰安东胜公司以承债式股权收购方式加入到宝泰隆公司重组中，即泰安金控公司及泰安东胜公司为取得宝泰隆公司的股权而加入了《债务约定协议》中宝泰隆公司所负的全部债务，且实际履行了《债务约定协议》第1.2条约定的部分偿债义务。对此，法院认为，《并购重组框架协议》《泰安金控并购重组协议》的内容与本案事实并无直接关联性，亦不足以穿透证明华融信托公司的该项上诉主张;且如上所述,债务加入对当事人的利益影响重大,即便第三人有支付款项的行为,但无债务加入之明确意思表示的,也不能认定债务人与第三人之间存在债务加入关系,故泰安东胜公司的付款行为不能作为认定泰安金控公司应承担债务加入连带共同清偿责任的依据。华融信托公司的该项上诉理由,不能成立。因此,一审法院对华融信托公司要求泰安金控公司对宝泰隆公司应偿还的全部债务承担连带清偿责任的诉讼请求不予支持,是正确的。

50 《投资合同》能否办理强制公证?

实务总结

投资合同不是强制执行公证常见的合同名称,但投资合同也不是必然不能办理强制执行公证。投资合同可以分为股权投资合同和债权投资合同。股权投资合同是共同持股、共担风险收益,不能办理强制执行公证。债权投资合同包括投资债权、债券等,有明确的给付义务,可以办理强制执行公证。所以说投资合同能不能办理强制执行公证要看合同具体内容。

典型案例

江苏中南建设集团股份有限公司与华宝信托有限责任公司等其他合同纠纷二审民事判决书*

裁判要点:法院认为,《债权投资合同》及补充协议系各方当事人真实意

* (2023)沪 74 民终 1069 号。

思表示,合法有效,各方均应恪守合同约定,否则应承担相应的违约责任。中南建设公司上诉主张《债权投资合同》中的违约责任条款系格式条款,加重了其责任,应属无效条款。法院认为,该合同中的违约责任条款不属于免除或减轻守约方责任或加重违约方责任的情形,违约责任条款对中南建设公司依法产生效力。中南建设公司还上诉主张,华宝信托公司的律师费损失不应由其承担,但《债权投资合同》第 23.4 条对律师费的承担有明确约定,华宝信托公司对于本案亦实际产生了律师费损失,其主张该费用由中南建设公司承担,具有事实及合同依据。一审对律师费的认定合法有据,予以认可。中南建设公司的上诉缺乏依据,不予支持。

51 强制执行公证在法院执行过程中,未发现可供执行的财产,如何处理?

实务总结

在实务中,强制执行公证在法院执行过程中,未发现可供执行的财产,申请执行人亦暂不能提供被执行人其他可供执行财产线索,法院会终结本次执行程序(简称终本程序)。终结本次执行程序后,如发现被执行人有可供执行的财产,可以恢复执行。申请执行人发现执行线索后可以申请恢复执行的,不受申请执行时效期间的限制。终本程序可以减少法院不必要的未结执行案件,既不影响申请执行人申请恢复执行,也不受执行时效期间的限制。

典型案例

中铁信托有限责任公司、沈阳佳建投资有限公司等侵权责任纠纷、合同、无因管理、不当得利首次执行执行裁定书*

裁判要点：法院认为，人民法院执行工作的主要目的是穷尽各种执行措施为权利人及早实现执行依据所确认的权利。本案中，因被执行人未按执行通知履行（2022）川成蜀证执字第1563号执行证书确定义务，故本案应当采取法律规定的各种措施强制被执行人履行义务。经查询，未查询到被执行人名下存在现在能够用于执行的财产信息，申请执行人亦暂不能提供被执行人其他可供执行财产线索，故依照《最高人民法院关于适用〈中华人民共和国民事诉讼法〉的解释》第517条、《最高人民法院关于严格规范终结本次执行程序的规定（试行）》第1条的规定，裁定如下：终结（2023）辽01执100号执行案件的本次执行程序。终结本次执行程序后，如发现被执行人有可供执行的财产，可以恢复执行。申请执行人中铁信托有限责任公司申请恢复执行的，不受申请执行时效期间的限制。

52 法院财产查封后能否出具执行证书？

实务总结

在强制执行公证实务中，时常碰到财产查封情况，是否影响执行需要看

* （2023）辽01执100号。

担保权设立与查封的时间先后顺序。担保权如抵押权设立在先，查封在后，不影响出具执行证书，在执行过程中也不影响其优先受偿，只是需要首封法院与执行法院协调解决执行。查封在先，按理论就不能再办理担保，如房产查封后就不能再办理抵押登记，则不能出具执行证书。而有一些动产抵押、质押在查封后可能会办理登记，也不影响办理强制执行公证，此时只是查封有优先效力。在《最高人民法院关于适用〈中华人民共和国民法典〉有关担保制度的解释》第37条有相关规定，即当事人以依法被查封或者扣押的财产抵押，抵押权人请求行使抵押权，经审查查封或者扣押措施已经解除的，人民法院应予支持。抵押人以抵押权设立时财产被查封或者扣押为由主张抵押合同无效的，人民法院不予支持。以依法被监管的财产抵押的，适用前款规定。虽然此时查封财产在先，如果在申请出具执行证书时查封解除并办理了抵押登记的，就不影响抵押权人优先受偿。

典型案例

李某朋等非与执行审查执行判决书*

裁判要点：法院认为，《最高人民法院关于人民法院民事执行中查封、扣押、冻结财产的规定》（2020年修正）第24条第1款规定，被执行人就已经查封、扣押、冻结的财产所作的移转、设定权利负担或者其他有碍执行的行为，不得对抗申请执行人。本案中，依据263号民事裁定于2021年3月24日、3月25日首封查封了案涉高速公路收费权，而中原信托与平临高速于2021年7月16日签订《信托贷款合同》，后于2021年8月20日在中国人民银行征信中心办理了应收账款质押登记，故中原信托与平临高速就已经查封的案涉高速公路收费权所作的设定权利负担的行为，不得对抗申请执行人长城

* （2023）京04执异21号。

金租。另外,《最高人民法院关于人民法院执行工作若干问题的规定(试行)》(2020年修正)第31条规定,人民法院对被执行人所有的其他人享有抵押权、质押权或留置权的财产,可以采取查封、扣押措施。财产拍卖、变卖后所得价款,应当在抵押权人、质押权人或留置权人优先受偿后,其余额部分用于清偿申请执行人的债权。本案中,即便案外人对案涉高速公路收费权享有质押权,但该质押权仅是一种优先受偿权,其权利依据法律规定,并不能排除法院的强制执行,该权利仅是在进入执行程序后享有优先受偿的一种分配权利,其权利基础来自债权。至于案外人所提法院对案涉高速公路收费权的拍卖已构成无益拍卖,且很可能导致其债权无法得到清偿,应予中止执行的意见,亦缺乏事实和法律依据。综上,案外人中原信托的异议请求不能成立,不予支持。

53 公证处如何审查转让申请出具执行证书的权利?

实务总结

《司法部关于经公证的具有强制执行效力的合同的债权依法转让后,受让人能否持原公证书向公证机构申请出具执行证书问题的批复》(司复〔2006〕13号)有相关批复,即债权人将经公证的具有强制执行效力的合同的债权依法转让给第三人的,受让人持原公证书、债权转让协议以及债权人同意转让申请人民法院强制执行的权利的证明材料,可以向公证机构申请出具执行证书。受让人申请出具执行证书时,因为无案外人提异议,公证处对于双方是否串通,损害他人合法权益,以及公证处在审查其提交的转让合同时审查合同是否有合理对价、权利义务对等等情况,另需要受让人承诺确认如有恶意串通,损害第三人利益的情况由其承担法律责任。下述案例是在执行过程中转让债权申请变更执行申请人，因第三人异议，驳回变更申请，在受让人申请出具执行证书时也要注意审查是否有恶意串通，损害他人合法权益的情况。

典型案例

中融国际信托有限公司等与上海松江复华实业有限公司执行审查类执行裁定书*

裁判要点：法院认为，根据《民法典》第154条的规定，行为人与相对人恶意串通，损害他人合法权益的民事法律行为无效。中融公司在对外尚有多笔未了债务的情况下，通过债权转让的方式，将生效法律文书确定的债权，转让给由其持股100%的盛华公司，属恶意串通且损害中融公司其他债权人合法权益的民事法律行为。中融公司上述债权转让的行为，不符合《最高人民法院关于民事执行中变更、追加当事人若干问题的规定》第9条规定中“依法转让”的条件，故对盛华融公司请求变更其为(2020)京04民初743号生效民事判决执行案件申请执行人的申请，不予支持。东冠公司的意见，予以采纳。

54 《对赌协议》能否办理强制执行公证？

实务总结

在强制执行公证实务中，《对赌协议》对触发回购条件约定明确具体，对

* (2023)沪01执异1号。

回购支付义务约定明确具体，则《对赌协议》就可以办理强制执行公证。

根据《全国法院民商事审判工作会议纪要》（法〔2019〕254 号）的规定，对于投资方与目标公司的股东或者实际控制人订立的“对赌协议”，如无其他无效事由，认定有效并支持实际履行，实践中并无争议。投资方与目标公司订立的“对赌协议”在不存在法定无效事由的情况下，目标公司仅以存在股权回购或者金钱补偿约定为由，主张“对赌协议”无效的，人民法院不予支持。但投资方主张实际履行的，人民法院应当审查是否符合《公司法》关于“股东不得抽逃出资”及股份回购的强制性规定，判决是否支持其诉讼请求。下述案例中约定第三方公司承担目标公司股权回购，并支付回购价款及补偿款，因为在出具执行证书时的执行标的仅为支付义务与担保义务，只要触发回购条件约定明确具体，回购支付义务与担保义务约定明确具体，就可以出具执行证书。

典型案例

江西赣创力合房地产开发有限公司、光大兴陇信托有限责任公司等合同纠纷民事二审民事判决书*

裁判要点：法院认为，根据各方当事人的诉辩主张及庭审情况，本案的争议焦点为：赣创力合公司向光大兴陇公司支付的违约金如何计算。光大兴陇公司与赣创力合公司签订的编号为 2020Z3376-DD《对赌协议》，约定在对赌失败的情况下，赣创力合公司按照《对赌协议》的约定向光大兴陇公司收购光大兴陇公司所持有的赫伦景观公司 70%股权，并支付股权收购价款。该《对赌协议》第 8.2 条救济措施约定：“（4）如果对赌义务方未按时足额履行本协议项下的任一款项支付义务，视为违约，对赌义务方应向光大信

---

* （2022）甘民终 531 号。

托支付迟延履行违约金,每日应支付的迟延履行违约金为应付未付金额的0.05%,直至违约方足额支付本协议项下全部应付款项及违约金之日。”根据上述约定,赣创力合公司未按时足额履行支付义务,出现违约情形,应支付迟延履行违约金为应付未付金额的0.05%。本案为股权投资纠纷,既不是民间借贷纠纷,也不是金融借款纠纷,不适用民间借贷利率、金融借贷利率上限规定。案涉当事人均系成熟专业的商事交易主体,对交易模式、风险及其法律后果应有明确认知,在《对赌协议》成立并生效的情况下,赣创力合公司应依合同约定履行义务。

三、证券公司涉及的强制执行公证司法实务

55 股票质押式回购合同办理强制执行公证，出具执行证书后申请执行怎样确定法院管辖？

实务总结

股票质押式回购合同被执行的财产为股票，根据《最高人民法院执行局关于法院能否以公司证券登记结算地为财产所在地获得管辖权问题的复函》（〔2010〕执监字第16号函）认为，股票所代表的股权财产所在地应当是该股票发行公司的住所地。也就是说，不能以股票登记结算地为住所地造成集中在上海、深圳等地方管辖，而应当以该股票发行公司的住所地确定法院管辖。所以，股票质押式回购合同办理强制执行公证，出具执行证书后可以由被执行人住所地法院或者该股票发行公司的住所地法院管辖。

典型案例

大申集团有限公司、信达证券股份有限公司合同、无因管理、不当得利纠纷执行审查类执行裁定书*

裁判要点：本案中被执行的财产为中毅达公司发行的股票。关于股票财产所在地的问题，目前并无法律或司法解释明文规定。因股票所代表的

* （2018）最高法执复43号。

股权财产价值需要通过该股权的发行公司实现，故《最高人民法院执行局关于法院能否以公司证券登记结算地为财产所在地获得管辖权问题的复函》(〔2010〕执监字第16号函)认为，股票所代表的股权财产所在地应当是该股票发行公司的住所地。该函虽是个案答复，但在无相反法律解释的情况下，其他案件可以参照该答复的原则和精神处理。《上海市高级人民法院关于选择财产所在地法院作为执行管辖法院有关问题的解答》中的"非流通股，以非流通股所涉及的法人、其他组织的住所地、主要营业地、主要办事机构所在地为财产所在地"的意见，与上述复函意见是一致的。同时，该院并未仅以中毅达股票在中国证券登记结算公司上海分公司进行登记结算而认为财产所在地在上海法院辖区。本案上海高院参照复函意见，以发行案涉股票的中毅达公司的住所地上海为被执行股票的财产所在地，并无不当。

56 办理股票质押式回购业务的合同类型有哪些？

实务总结

在强制执行公证实务中，股票质押式回购业务办理强制执行公证的合同大致包括《股票质押式回购交易业务协议》《股票质押式回购交易协议书(初始交易)》《股票质押式回购交易风险揭示书》《声明书》《关于强制执行公证的特别承诺》等，这里各种要素主要在回购交易协议书中，如质押股票名称、股数、融资金额、回购金额、回购期限、回购利率等。如果在回购交易协议书与交易风险揭示书中没有强制执行公证条款，就要有补充协议约定强制执行公证，如下述案例中的《关于强制执行公证的特别承诺》。

典型案例

长城证券股份有限公司与陈某涛、刘某平公证债权文书纠纷案*

裁判要点:法院认为,存在《最高人民法院关于公证债权文书执行若干问题的规定》第 12 条第 1 款规定情形之一的,被执行人可以申请不予执行公证债权文书。本案中,复议申请人刘某平主张其未到场且未委托代理人到场办理公证,但相关视频显示刘某平本人前往北京市精诚公证处办理了案涉公证债权文书,没有证据证明其仅办理了其中部分公证债权文书,故对刘某平的该项主张,不予采信。刘某平主张案涉公证债权文书存在内容与事实不符的情形,根据《最高人民法院关于公证债权文书执行若干问题的规定》第 12 条第 2 款、第 22 条的规定,可以提起不予执行的诉讼,故该主张不属于本案审查的范围。刘某平主张案涉公证债权文书权利主体错误,作为本案执行依据的北京市精诚公证处(2017)京精诚内经证字第 05725 号公证书、(2017)京精诚内经证字第 05726 号公证书、(2018)京精诚内经证字第 04147 号公证书、(2019)京精诚内经证字第 01196 号公证书、(2019)京精诚内经证字第 01197 号公证书、(2019)京精诚内经证字第 01198 号公证书、(2019)京精诚内经证字第 05519 号公证书、(2019)京精诚内经证字第 05520 号公证书、(2019)京精诚内经证字第 05521 号公证书载明长城证券系公证事项的申请人、债权人,陈某涛、刘某平系公证事项的申请人、债务人,对权利义务主体作出了明确界定,且该公证书所公证的债权文书对长城证券与债务人之间的债权债务作出了明确约定,故该主张没有事实根据。刘某平主张公证机构超区域执业属于严重违反法定公证程序的情形,没有法律依

---

* (2021)京执复 61 号。

据。刘某平主张北京市精诚公证处未告知其申请公证事项的法律意义和可能产生的法律后果,没有事实根据。需要指出的是,依照《最高人民法院关于公证债权文书执行若干问题的规定》第 3 条、第 10 条的规定,公证债权文书是执行依据,执行证书仅是证明履行情况等内容的文书。对于北京一中院(2020)京 01 执异 349 号执行裁定将(2020)京精诚执字第 00003 号执行证书作为执行依据的部分,予以指正。综上,复议申请人刘某平的复议理由不能成立,对其复议申请,不予支持。北京一中院(2020)京 01 执异 349 号执行裁定驳回刘某平的不予执行申请,结果正确,应予维持。

57 合同签署完毕后,还能否办理强制执行公证?

实务总结

在强制执行公证实务中,有签署合同的同时办理强制执行公证的,也有签署合同后补办强制执行公证的。公证程序是对民事法律行为作出的引导、确认和证明,从这个意义上讲,如果没有民事法律行为,公证程序将成为无本之木、无源之水。签署合同后补办强制执行公证的情况分为合同中有强制执行公证条款的与合同中没有强制执行公证条款的。合同中有强制执行公证条款的,就可以直接办理强制执行公证。合同中没有强制执行公证条款的,就要签署强制执行公证补充协议并办理强制执行公证。所以,合同签署完毕后也可以办理强制执行公证。但在办理强制执行公证过程中,要严格按照公证程序,进行拍照、录像、核实、送达、告知等并留存相关资料,以备后续查卷使用。

典型案例

陈某某、山西证券股份有限公司公证债权文书执行审查类执行裁定书*

裁判要点：对于城南公证处提交的上述公证过程说明，陈某某仅提出其本人及其妻子高某某 2017 年 3 月 22 日均在山西省太原市，但未能提供其本人于 2017 年 3 月 23 日不在深圳市或城南公证处在深圳科陆大厦九楼通过中锐银通人证比对身份鉴别系统识别的不是陈某某本人等相反证据来推翻城南公证处对公证过程的说明。法院认为，城南公证处对涉案公证债权文书的办理过程进行了说明，提供了城南公证处工作人员与高某某微信通信信息截屏等相关证据予以印证，另外，北京中锐银通科技有限公司也向人民法院提供了该公司开发的人证比对身份识别系统的技术说明，且提供了国家版权局颁发的计算机软件著作权登记证书证明该系统的可靠性。因此，城南公证处的说明具有合理性，予以采信。复议申请人陈某某的该项主张没有充分证据予以支撑，不予支持。

58 个人通过股票质押式回购方式向证券公司融资并办理强制执行公证是否需要配偶同意？

实务总结

在强制执行公证实务中，个人通过股票质押式回购方式向证券公司融资业务进行强制执行公证时，无论股票质押式回购合同上是否要求配偶签字，公证处都会要求审查个人的婚姻状况，如有配偶，都要求配偶到场表达

* (2020)粤执复 700 号。

是否同意办理并签署公证手续。这样做就可避免其配偶在执行过程中声称股票属于夫妻共同财产,应当不予执行或至少为其保留相应份额,出现妨碍执行的情况。

典型案例

陈某、中航证券有限公司等合同、无因管理等执行复议执行裁定书*

裁判要点:法院认为,本案的焦点问题是执行法院对案涉股票采取拍卖措施是否合法有据。《民事诉讼法》第 245 条第 1 款规定:"对公证机关依法赋予强制执行效力的债权文书,一方当事人不履行的,对方当事人可以向有管辖权的人民法院申请执行,受申请的人民法院应当执行。"根据查明的事实,广州市广州公证处(2020)粤广广州第 236518 号执行证书已经发生法律效力,确定柯某向中航证券有限公司支付初始交易资金共计 11 000 万元,以及支付上述股票质押式回购交易行为所产生的利息;中航证券有限公司对柯某在上述股票质押式回购交易中质押给中航证券有限公司的股票折价、拍卖或变卖所得价款享有优先受偿权。中航证券有限公司向广州中院申请执行,因此,在被执行人柯某不履行生效法律文书确定的金钱给付义务之情形下,按照《民事诉讼法》第 249 条第 1 款"被执行人未按执行通知履行法律文书确定的义务,人民法院有权向有关单位查询被执行人的存款、债券、股票、基金份额等财产情况。人民法院有权根据不同情形扣押、冻结、划拨、变价被执行人的财产。人民法院查询、扣押、冻结、划拨、变价的财产不得超出被执行人应当履行义务的范围"之规定,对案涉股票采取拍卖措施合法有据。复议申请人所提案涉股票属于夫妻共同财产、本案所涉公证债权文书的签名系伪造,应当不予执行或至少为其保留相应份额的理由显系对执行

---

* (2022)粤执复 10 号。

依据不服所提的异议,不属于执行异议、复议审查范围。复议申请人可按《最高人民法院关于公证债权文书执行若干问题的规定》所赋予的相应权利另循法律途径解决。执行异议、复议程序不对公证债权文书载明的民事权利义务关系是否属实进行审查。

59 出具执行证书时,律师费、保全费等实现债权的费用如何认定?

实务总结

在出具执行证书时,执行标的需要明确具体。对实现债权的费用,如保全费、送达费、公告费、律师费等,都要在合同中有约定,才能在执行证书中得到支持。就具体金额而言,都要有发票或者付款记录,这样才能做到明确具体,得到执行法院的认可。对于律师费而言,为避免争议,通常需要在债权文书中明确约定主债务人自愿承担的金额或计算标准。根据《最高人民法院关于公证债权文书执行若干问题的规定》的规定,如果公证证词载明的权利义务主体或者给付内容不明确,也符合不予执行的情况,所以涉及保全费、送达费、公告费、律师费等,有明确支付金额或者计算公式的才能作为执行标的予以支持。

典型案例

郭某宝、上海证券有限责任公司证券回购合同纠纷二审民事判决书*

裁判要点:关于郭某宝是否应支付案涉保险费和律师费的问题。在上

* (2019)最高法民终 216 号。

诉状中,郭某宝认为协议没有明确约定对应交易项下的债务包括保险费和律师费。二审庭审中,郭某宝又主张保全担保由保险公司提供并非唯一选择,相应保险费不是必要费用。律师费可以协商,故案涉律师费的合理性缺乏证据证明等。根据《回购协议》第 10 章第 43 条的约定,甲方已质押的标的证券及其孳息的担保范围为对应交易项下的全部债务,包括但不限于以下内容:……乙方为实现债权与担保权利而发生的费用(包括但不限于诉讼费、仲裁费、财产保全费、执行费、评估费、拍卖费、公证费、送达费、公告费、律师费等)。从该条表述文义解释可知,案涉质押股票担保范围包括财产保全费用和律师费。一般而言,为保全提供担保的方式有多种,并无法定先后顺序之分。至于申请人选择其中哪一种则由其根据自身情况自行选择确定。本案中,上海证券结合保全财产价值巨大、担保金额要求很高的实际情况,通过诉讼财产保全责任险方式提供担保所产生的保险费,属于因保全产生的合法费用。郭某宝虽否认其必要性,但在上海证券可以依法选择的前提下,仅凭其单方陈述,不足以支持其该主张。关于案涉律师费用,郭某宝虽以律师费用都可以协商为由,主张案涉律师费用不合理,但其仅有单方陈述,并未提交其他证据证明,故对该主张,不予采信。

60 被执行人向执行法院申请不予执行公证债权文书的期限是多少天?

实务总结

《最高人民法院关于公证债权文书执行若干问题的规定》第 13 条第 1 款规定,“被执行人申请不予执行公证债权文书,应当在执行通知书送达之日起十五日内向执行法院提出书面申请,并提交相关证据材料”。据此,被执行人有申请不予执行公证债权文书的权利,但对该权利的行使有法定期限及方式的限制,即在执行通知书送达之日起 15 日内向执行法院提出书面申请。被执行人超过期限申请的,执行法院不予受理,这个期限没有中止、中断的情形。

典型案例

苏某旭、福建南安雄创投资中心(有限合伙)等其他案由执行复议执行裁定书*

裁判要点:法院认为,本案的争议焦点是雄创投资中心请求不予执行公证债权文书是否具有法定理由。关于复议申请人申请不予执行公证债权文书是否超过法定期限问题。《最高人民法院关于公证债权文书执行若干问题的规定》第 13 条第 1 款规定,“被执行人申请不予执行公证债权文书,应当在执行通知书送达之日起十五日内向执行法院提出书面申请,并提交相关证据材料”。据此,被执行人有申请不予执行公证债权文书的权利,但对该权利的行使有法定期限及方式的限制,即在执行通知书送达之日起 15 日内向执行法院提出书面申请。本案中,雄创投资中心于 2019 年 5 月 30 日收到泉州中院寄出的执行通知书、报告财产令、执行裁定书等文书,但其向执行法院提交不予执行书面申请的时间是 2020 年 4 月 30 日,已超过法律规定期限。另外,复议申请人认为执行法院适用法律错误,当事人请求不予执行公证债权文书的,应适用《最高人民法院关于适用〈中华人民共和国民事诉讼法〉的解释》第 481 条规定,在执行终结前均可向执行法院提出申请。但 2018 年 10 月 1 日起施行的《最高人民法院关于公证债权文书执行若干问题的规定》第 25 条规定:“本规定施行前最高人民法院公布的司法解释与本规定不一致的,以本规定为准。”而《最高人民法院关于适用〈中华人民共和国民事诉讼法〉的解释》自 2015 年 2 月 4 日施行。据此,本案应适用《最高人民法院关于公证债权文书执行若干问题的规定》,泉州中院裁定对此项异议内容认定事实及适用法律正确,予以支持。

---

* (2020)闽执复 222 号。

61 公证处派一名公证员外出办理公证是否违反公证程序规定？

实务总结

司法部《公证程序规则》在“特别规定”章第52条、第53条、第54条规定，公证机构办理招标投标、拍卖、开奖等现场监督类公证；办理遗嘱公证；公证机构派员外出办理保全证据公证的，应当由二人共同办理。《公证程序规则》第28条规定：“公证机构进行核实，应当遵守有关法律、法规和有关办证规则的规定。公证机构派员外出核实的，应当由二人进行，但核实、收集书证的除外。特殊情况下只有一人外出核实的，应当有一名见证人在场。”上述规定中没有要求办理强制执行公证必须由两个人进行。在下述案例中，法院认为办理强制执行公证，就合同向双方当事人再次进行核实，并就有关事项向双方进行告知，双方当事人确认后签署了相关文件，这些事项是核实、收集书证，由一名公证员进行，是符合公证程序规则的。所以，从公证实务看，需要先行区分是“外出核实”行为、还是“核实、收集书证”行为，抑或是办理公证本身的受理、审查行为。如果是核实、收集书证和办理强制执行公证行为，依法可以由一名公证员办理。

典型案例

国融证券股份有限公司、飞马投资控股有限公司
公证债权文书执行审查类执行裁定书*

裁判要点：法院认为，根据飞马公司的复议申请书中提出的复议理由，

* (2020)粤执复407号。

本案的焦点概括为以下两个问题:一是公证处派一名公证员外出核实公证事项是否违反公证程序规定;二是公证处是否在举证期限届满前向复议申请人核实还款情况。

(1)关于公证处派一名公证员外出核实公证事项是否违反公证程序的规定。司法部《公证程序规则》第 28 条规定:"公证机构进行核实,应当遵守有关法律、法规和有关办证规则的规定。公证机构派员外出核实的,应当由二人进行,但核实、收集书证的除外。特殊情况下只有一人外出核实的,应当有一名见证人在场。"另外,在"特别规定"章第 52 条、第 53 条、第 54 条规定,公证机构办理招标投标、拍卖、开奖等现场监督类公证;办理遗嘱公证;公证机构派员外出办理保全证据公证的,应当由二人共同办理。上述规则结合起来看,现场监督类公证、遗嘱公证、外出保全证据等三类公证必须由二人办理;公证机构派员外出办理核实事项,也应由二人进行,但有一种情形除外,即核实、收集书证。本案中,公证机构指派公证员蒋某于 2018 年 8 月 14 日就本案赋予强制执行效力的公证债权文书所涉及的债权及担保的有关内容向双方当事人再次进行核实,并就有关事项向双方进行告知,双方当事人确认后签署了相关文件。以上公证员外出办理的事项是核实、收集书证,由一名公证员进行,并未违反《公证程序规则》第 28 条的规定。

(2)关于公证处是否在举证期限届满前向复议申请人核实还款情况的问题。根据北京市精诚公证处向深圳中院提交的复函附件《工作记录》以及邮件寄送证据材料,国融证券公司向债务人飞马公司出具《履行应偿债务通知书》,要求飞马投资控股有限公司于 2018 年 9 月 13 日前向债权人及公证处公证员蒋某履行举证责任证明已经履行偿还义务的事实或者立即筹措资金偿还。国融证券公司的委托代理人杜××在公证员蒋某和公证处工作人员薛某的监督下,于 2018 年 9 月 6 日按照合同约定的核实方式向飞马投资控股有限公司邮寄《履行应偿债务通知书》。邮件状态查询结果显示飞马投资控股有限公司已收到邮件,签收人为"王×",时间显示为"星期五 16:39",虽手机截屏图未显示具体年月日，但按照国内标准快递邮件通常用时情况，收件时间“星期五 16:39”应为 2018 年 9 月 7 日 16 时 39 分。公证处及国融证券公司于 2018 年 9 月 18 日以电话的方式向飞马投资控股有限公司的代理人王×再次确认还款情况时，王×确认已收到《履行应偿债务通知书》，并知晓按照协议约定公证机关将根据国融证券的申请依程序出具执行证书，同时表示飞马投资控股有限公司尚未偿还融资本金 1.24 亿元。从上述查明的事实看，从 2018 年 9 月 7 日飞马投资控股有限公司收到《履行应偿债务通知书》至举证宽限期届满日 2018 年 9 月 13 日，符合《〈国融证券股份有限公司股票质押式回购业务协议〉补充协议》第 6 条规定“给予债务人 5 个工作日宽限期举证是否已经清偿了本强制执行书中明确的给付义务”的要求。因此，复议申请人关于“《履行应偿债务通知书》中约定的举证日期，与双方签署的《〈国融证券股份有限公司股票质押式回购业务协议〉补充协议》约定的举证日期不一致”的复议理由不能成立。

62 《配偶同意函》能否作为执行依据，将配偶作为被执行人之一？

实务总结

《配偶同意函》能否作为执行依据，将配偶作为被执行人，需要看《配偶同意函》是如何表述的。如果像下述案例中《配偶同意函》仅仅约定同意将案涉股票质押、国泰公司有权对质押股票进行违约处置以偿债等，没有共同承担债务与接收强制执行的意思表示，就不能将配偶作为被执行人，在公证书中描述仅为知情同意质押行为。如果《配偶同意函》明确约定为夫妻共同债务共同承担并作为被执行人自愿接受强制执行，这样就可以申请配偶为被执行人。

典型案例

国泰君安证券股份有限公司与郭某宝、金某质押式证券回购纠纷一审民事判决书*

裁判要点:关于国泰公司对于已质押、尚未处置股票是否享有优先受偿权的问题。法院认为,因案涉合同明确约定了股票质押且办理了登记手续,故案涉质权依法设立,国泰公司有权依照法律规定和合同约定行使质权。根据《最高人民法院关于适用〈中华人民共和国担保法〉若干问题的解释》第104条的规定,以依法可以转让的股份、股票出质的,质权的效力及于股份、股票的法定孳息。因此,当郭某宝不履行约定义务时,国泰公司有权对郭某宝已质押给国泰公司、尚未处置的110 144 404股陕西坚瑞沃能股份有限公司股票(证券代码:300116)行使质权,质权的效力及于上述股票在质权存续期间产生的法定孳息。

关于金某是否要承担共同还款责任的问题。国泰公司在庭审中明确其主张的依据是《婚姻法》①规定的夫妻共同债务规则,以及《配偶同意函》构成金某对涉案债务的保证。法院认为,案涉债务系郭某宝依据《业务协议》以个人名义向国泰公司融资而产生,金额巨大,显超家庭日常生活需要。在此情形下,国泰公司未能举证证明案涉债务用于郭某宝、金某夫妻共同生活或共同生产经营,且《配偶同意函》的措辞仅指金某同意郭某宝将涉案股票质押、国泰公司有权对质押股票进行违约处置以偿债等,并不具有形成夫妻共同债务的意思表示。根据《最高人民法院关于审理涉及夫妻债务纠纷案件适用法律有关问题的解释》第3条的规定,案涉债务不构成郭某宝与金某的夫妻共同债务,《配偶同意函》亦不构成金某对案涉债务的保证,故国泰公

---

* (2018)沪民初23号。

① 对应《民法典》婚姻家庭编。

司诉请金某承担共同还款责任的主张,缺乏依据,不予支持。

关于律师费用是否应由郭某宝承担的问题。法院认为,本案确因郭某宝的违约而致国泰公司聘请律师起诉,国泰公司亦已支付了律师费用 200 000 元,且金额未超相关收费标准,对该项实际损失,可予支持。但对于风险代理费部分,因其产生条件即案涉款项已实际收回,尚不具备,国泰公司亦未实际支付,故不予支持。

63 在出具执行证书时,质押权人与被担保债权的债权人不一致时如何处理?

实务总结

从办理完强制执行公证到履行期届满债务人、担保人违约未履行义务,债权人携带执行申请书、放款记录、还款记录、担保权证等材料申请出具执行证书,往往时间比较长,债权人、担保权人基于客观原因可能会产生合并、分立,导致出具执行证书时登记的担保人与实际约定的担保权人不一致,此时只要有相应的公司决议文件或者监管机构的文件,就可以认定合并或分立后的实际担保权人,就可以出具执行证书。例如,原担保权人为证券公司,现证券公司分立证券资产管理有限公司作为新的债权人、实际担保权人,证券资产管理有限公司就可以作为申请执行人,申请出具执行证书。另外,也存在担保物权的受托持有现象。《最高人民法院关于适用〈中华人民共和国民法典〉有关担保制度的解释》第 4 条有相关规定,即有下列情形之一,当事人将担保物权登记在他人名下,债务人不履行到期债务或者发生当事人约定的实现担保物权的情形,债权人或者其受托人主张就该财产优先受偿的,人民法院依法予以支持:(1)为债券持有人提供的担保物权登记在债券受托管理人名下;(2)为委托贷款人提供的担保物权登记在受托人名下;(3)担保人知道债权人与他人之间存在委托关系的其他情形。这也不影响出具执行证书。

典型案例

北京弘高中太投资有限公司与申万宏源证券有限公司质押式证券回购纠纷二审民事判决书*

裁判要点:法院认为,涉案《回购协议》对债权债务和股票质押均作了明确约定,申万宏源公司和弘高中太公司亦共同向中证登深圳分公司申请办理了质押登记,后因公司合并及相关技术原因等客观因素,涉案股票登记的质权人与实际约定的质权人不一致。根据《物权法》的立法精神,质押权具有从属性,质押权人与被担保债权的债权人应当一致,涉案股票虽然登记的质权人是申万宏源西部公司,但申万宏源西部公司已明确表示对弘高中太公司不享有债权,而弘高中太公司亦认可涉案股票质押的实际债权人是申万宏源公司,且涉案股票的证券发行公司弘高创意公司对外的公告中亦载明涉案股票的实际质权人为申万宏源公司,故本案并不会产生质权与债权实质上的分离,一审判决申万宏源公司对涉案股票享有优先受偿权并无不当。

64 作为资金融出方的证券公司在场内对质押股票有权直接处置,与申请出具执行证书通过法院执行是否有冲突?

实务总结

证券公司办理股票质押式回购业务时,根据合同约定或者法规规定,证

* (2018)沪民终 560 号。

券公司有权向交易所提出申请通过交易所直接处分质押股票,可以不用经过诉讼或者办理强制执行公证。如果证券公司对股票质押式回购业务办理执行公证,在融资人违约的情况下,证券公司申请出具执行证书通过法院执行处理,就是证券公司自愿放弃自身通过交易所解决的权利,这种权利是证券公司自身权利的自愿处分,也是诉讼自由的体现。

典型案例

长江证券(上海)资产管理有限公司与贾某亭、甘某证券回购合同纠纷一审民事判决书*

裁判要点:(1)关于长证资管公司能否直接提起本案诉讼问题。法院认为,《最高人民法院关于审理涉及公证活动相关民事案件的若干规定》第3条第2款规定:“当事人、公证事项的利害关系人对具有强制执行效力的公证债权文书的民事权利义务有争议直接向人民法院提起民事诉讼的,人民法院依法不予受理。但是,公证债权文书被人民法院裁定不予执行的除外。”《最高人民法院关于当事人对具有强制执行效力的公证债权文书的内容有争议提起诉讼人民法院是否受理问题的批复》①规定:“经公证的以给付为内容并载明债务人愿意接受强制执行承诺的债权文书依法具有强制执行效力。债权人或者债务人对该债权文书的内容有争议直接向人民法院提起民事诉讼的,人民法院不予受理。但公证债权文书确有错误,人民法院裁定不予执行的,当事人、公证事项的利害关系人可以就争议内容向人民法院提起民事诉讼。”上述规定的目的是通过诉讼外的途径更加快捷高效地处理当事人之间的民事争议。本案贾某亭在明知相关协议被公证机关赋予了强制执行效力的情况下,在答辩期内并未对受理本案提出异议,仅就是否具有管

---

* (2017)鄂民初38号。

① 此文件于2019年失效。

辖权提出异议,湖北省高级人民法院民事裁定书及最高人民法院(2018)最高法民辖终105号民事裁定书均确认了对本案具有管辖权。贾某亭在两级法院长达一年多的审理时间内不对法院受理问题提出异议,表明贾某亭已默示接受了湖北省高级人民法院可对本案进行审理。贾某亭在本案一审开庭时对湖北省高级人民法院受理本案提出异议,与其前述行为不符,具有明显通过程序问题拖延履行债务的故意,违背了民事诉讼诚实信用原则。如本案按驳回起诉处理,既不利于快捷高效地解决纠纷,也与上述规定的目的相违背。故对贾某亭关于湖北省高级人民法院不能继续审理本案的主张不予支持。深圳证券交易所、中国证券登记结算有限责任公司颁布的《股票质押式回购交易及登记结算业务办法(试行)》①(2017年修订)中并未将资金融出方在场内对质押股票进行处置作为资金融出方提起诉讼的前提条件,上述规定作为一个业务规范也不能对资金融出方的诉讼权利进行限制。案涉合同中也未约定长证资管公司提起诉讼前应当先行对质押股票进行处置。综上,对贾某亭的该项主张不予支持。

(2)关于案涉合同中的利息、违约金、标的证券担保范围条款是否无效问题。法院认为,《合同法》第39条②规定:"采用格式条款订立合同的,提供格式条款的一方应当遵循公平原则确定当事人之间的权利和义务,并采取合理的方式提请对方注意免除或者限制其责任的条款,按照对方的要求,对该条款予以说明。格式条款是当事人为了重复使用而预先拟定,并在订立合同时未与对方协商的条款。"第40条③规定:"格式条款具有本法第五十二条和第五十三条规定情形的,或者提供格式条款一方免除其责任、加重对方责任、排除对方主要权利的,该条款无效。"案涉合同系依据深圳证券交易所等颁布的《股票质押式回购交易及登记结算业务办法(试行)》(2017年修

① 此文件于2018年修订。
② 对应《民法典》第496条。
③ 对应《民法典》第497条。

订)等业务规范制定的格式合同,内容上并未违反上述业务规范,且合同多处明确提示贾某亭"认真阅读""仔细阅读并充分了解",缔结方贾某亭作为全国知名的企业家,具有多年从事商业活动的经验,对合同内容应当有高于一般普通人的理解能力。案涉合同主要是关于资金的融出和偿还的约定,并没有免除或者限制长证资管公司责任的条款,对贾某亭偿还资金的利息、违约金及标的证券担保范围的约定,也不属于加重贾某亭责任或排除贾某亭主要权利条款。故对贾某亭关于案涉合同中的利息、违约金、标的证券担保范围条款无效的主张不予支持。

(3)关于违约金及利息如何计算问题。法院认为,依据《补充协议》第5条关于"在资金融出期间,甲方或保证人在乙方及其他金融机构的其他债务出现违约的,乙方可以要求甲方部分或全部回购质押股票……本条款的标准判断在乙方,甲方将按照乙方标准执行,甲方在此明确、不可撤销、不持异议地放弃提出抗辩的权利"的约定,当贾某亭在长证资管公司的债务出现违约时,长证资管公司有权要求贾某亭部分或全部回购质押股票。2017年6月21日,贾某亭未按期偿付利息,长证资管公司向贾某亭发送《违约处置通知函》,通知贾某亭应于"本函发出之日的三个工作日内购回三笔交易项下的全部乐视网股票,并偿付三笔交易项下的本金、利息、违约金及其他应付费用"。贾某亭未按照通知要求在2017年6月26日前购回交易项下乐视网股票,也未偿付相应的本金、利息和违约金,故本案违约金的起算日期应从贾某亭未偿付本金的时间即2017年6月26日开始起算。关于长证资管公司能否请求按照5.8%年利率计算2017年6月26日之后的利息问题。《合同法》第114条[①]规定:"当事人可以约定一方违约时应当根据违约情况向对方支付一定数额的违约金,也可以约定因违约产生的损失赔偿额的计算方法。约定的违约金低于造成的损失的,当事人可以请求人民法院或者仲裁

① 对应《民法典》第585条。

机构予以增加;约定的违约金过分高于造成的损失的,当事人可以请求人民法院或者仲裁机构予以适当减少。当事人就迟延履行约定违约金的,违约方支付违约金后,还应当履行债务。”该条规定的违约金主要是赔偿性违约金,即对违约赔偿金的预定。在合同没有明确约定的情况下,债权人请求债务人支付违约金的,不得同时请求赔偿损失。本案违约金系贾某亭对长证资管公司发生迟延履行时的赔偿金的预定,其目的主要是赔偿长证资管公司的损失。因 2017 年 6 月 26 日之后贾某亭公司已处于违约状态,5.8%年利率系双方对期内利息的约定,长证资管公司主张按照 5.8%年利率计算的利息性质上为赔偿损失,在合同没有特别约定的情况下长证资管公司不得同时主张违约金和赔偿损失。综上,长证资管公司此项主张没有合同和法律依据,不予支持。关于违约金数额是否过高问题。法院认为,参照《最高人民法院关于审理民间借贷案件适用法律若干问题的规定》第 26 条的规定,案涉违约金未超过借贷本金年利率 24%,故本案的违约金并不属于过高,贾某亭的此项主张不能成立。

(4)关于甘某是否承担连带保证责任问题。法院认为,甘某于 2014 年 5 月 27 日签署《授权委托书》,明确表示为贾某亭对外融资承担无限连带保证责任,同时也委托贾某亭作为其代理人代表其本人签署与贷款或抵押有关的所有相关合同、协议并办理合同、协议的强制执行公证。北京市方正公证处(2014)京方正内民证字第 23380 号《公证书》证明甘某本人在《授权委托书》上签字。《授权委托书》系甘某真实意思表示,也不违反法律、法规强制性规定,应为合法有效。《授权委托书》载明的委托有效期限从 2014 年 5 月 27 日起至 2017 年 12 月 31 日止。贾某亭签署《担保函》的时间为 2016 年 10 月 28 日,在上述委托期限内,贾某亭系有权代理。由于《担保函》中已载明系由甘某承担不可撤销的连带责任保证,虽然签名处为贾某亭签名,但其代理甘某签订《担保函》的意思明确,故该《担保函》对甘某具有法律拘束力。在贾某亭签署《担保函》的同日,长证资管公司、长江证券公司、贾某亭签订了《业务协议》《交易协议》《补充协议》，上述协议对担保的主债权种类、数额等均作了明确规定，《担保函》也载明担保的系上述协议项下的债权。故甘某关于《担保函》签署时主债权未确定进而担保合同未成立的主张不能成立。

65 证券公司与客户签署的《特定股权收益权转让与回购合同》《股权质押合同》能否办理强制执行公证？

实务总结

在强制执行公证实务中，证券公司与客户签署的《特定股权收益权转让与回购合同》《股权质押合同》可以办理强制执行公证。现在，随着证券公司都纷纷成立单独的资产管理公司办理资产管理业务，资产管理公司如果办理上述业务仍然可以办理强制执行公证。

典型案例

东北证券股份有限公司、吉林敦化农村商业银行股份有限公司合同纠纷二审民事判决书*

裁判要点：本案中，恒丰银行南通分行与东北证券签订的《资管合同》，东北证券与吉林昊融公司签订的《特定股权收益权转让与回购合同》《股权质押合同》，敦化农商行与恒丰银行南通分行签订的《定向资产计划受益权转让协议》《定向资产计划受益权转让协议补充协议》《定向资产计划受益权转让协议补充协议-2》，以及东北证券与吉林昊融公司签订的《补充协议

* (2018)最高法民终363号。

(二)》《股权质押合同》，均系各方当事人的真实意思表示，内容不违反法律、行政法规强制性规定，一审判决认定合法有效正确，予以确认。

66 合同中约定的担保比例均为担保物评估价的 7.92%，执行证书如何出具？

实务总结

在强制执行公证实务中，会出现各种不一样的担保方式，如对本金的 50%提供连带保证担保、按不动产评估值的 50%作为提供抵押担保的金额，这些特殊担保表示只要明确、具体，就可以办理强制执行公证，并在执行证书中详细描述担保内容。如果涉及登记，就要严格按照合同登记担保金额，《最高人民法院关于适用〈中华人民共和国民法典〉有关担保制度的解释》第 47 条规定，不动产登记簿就抵押财产、被担保的债权范围等所作的记载与抵押合同约定不一致的，人民法院应当根据登记簿的记载确定抵押财产、被担保的债权范围等事项，最终都是按照登记簿的记载为准。

典型案例

中信证券股份有限公司等与聚和(天津)智能制造有限公司等质押式证券回购纠纷二审民事判决书*

裁判要点：王某凤是否应当与黄某乐作为共同债务人承担相应责任。本案中，黄某乐、王某凤均抗辩主张涉案债务并非夫妻共同债务，王某凤不应作为共同债务人，就此一审法院认为，根据《业务协议》的内容，虽然在协

* (2022)京民终 405 号。

议中列明黄某乐为融资方，而王某凤系作为其配偶予以签字，但王某凤的签字行为即意味着其对《业务协议》《交易协议书》的整体内容是知晓且认可的。依据《最高人民法院关于审理涉及夫妻债务纠纷案件适用法律有关问题的解释》[①]第1条的规定，夫妻双方共同签字或者夫妻一方事后追认等共同意思表示所负的债务，应当认定为夫妻共同债务。并且，王某凤亦与黄某乐共同在《交易协议书》第3页所附“强制执行公证条款”上签字，共同确认为夫妻共同债务。故王某凤签署相关协议的行为即代表其同意黄某乐的股权质押融资行为，该债务应被认定为夫妻共同债务，因此王某凤系案涉债务的共同债务人。但是，王某凤对其后的《关于变更交易要素的补充协议》并未签字，因而不能认定王某凤同意其后《关于变更交易要素的补充协议》对回购利率的变更。故此，王某凤仅应按照《交易协议书》中约定的回购利率条款和其他条款承担责任。

中信证券公司就第三方提供的担保物能否享有优先受偿权以及优先受偿权的比例。本案中，王某毅、中能设备公司、聚和智能公司均同意依据合同约定履行担保义务，但认为应该按照抵押物的担保比例承担责任，黄某云对此放弃抗辩权利。就此一审法院认为，案涉三份《不动产抵押担保合同》中均约定，以其各自名下不动产向主债务人黄某乐提供抵押担保，并办理了抵押权登记。现黄某乐违约，未能依约履行债务，故依照《物权法》第179条第1款[②]“为担保债务的履行，债务人或者第三人不转移财产的占有，将该财产抵押给债权人的，债务人不履行到期债务或者发生当事人约定的实现抵押权的情形，债权人有权就该财产优先受偿”之规定，中信证券公司就案涉抵押房产处置所得价款享有优先受偿权，但合同中约定的担保比例均为担保物的7.92%，本着充分尊重当事人意思自治的原则，中信证券公司仅能在

① 此文件于2020年失效。

② 对应《民法典》第394条。

前述范围内享有优先受偿权,一审法院对中信证券公司诉讼请求的合理部分予以支持。中信证券公司与黄某佳、王某美之间的《股票质押合同》签订后,各方已经就提供质押的标的股票办理了质押登记,本案质权已有效设立。故中信证券公司要求对质押标的股票及其孳息折价、拍卖或变卖所得价款在其诉讼请求范围内享有优先受偿权于法有据,且案涉质押股票均为无限售条件流通股,中信证券公司对该部分股票行使优先受偿权并不会影响他人合法权益,故对于中信证券的该项诉请,一审法院予以支持。

67 被执行人涉嫌刑事案件是否影响强制执行公证的执行?

实务总结

强制执行公证是否以刑事案件的审理结果为依据,应以刑事犯罪认定的事实与强制执行公证是否相关来判断是否受到影响。刘贵祥法官在《关于金融民商事审判工作中的理念、机制和法律适用问题》中就刑事与民事交叉问题有所表述,即民事案件当事人双方与刑事案件的主体不一致的,不能认定为“同一事实”;定罪量刑的事实与民事案件的基本事实无关的,即使主体相同,也不构成“同一事实”。这些都不影响强制执行公证的执行。被执行人涉嫌刑事案件是否影响强制执行公证的执行,需要看涉嫌的刑事犯罪认定的事实与案件股票质押式回购交易是否相关。在下述案例中因被执行人王某涉嫌操纵证券市场罪与所涉股票质押式回购交易不属于同一事实,另外股票质押式回购交易也不以刑事案件的审理结果为依据。案件能出具执行证书也要建立在债权债务清楚明确的基础上,如果涉及案情特别复杂,公证处无法查实的,公证处也可以根据情况作出不予出具执行证书的决定。

典型案例

兴证证券资产管理有限公司与被执行人王某公证债权文书纠纷一审执行裁定书*

裁判要点：法院认为，对公证机关依法赋予强制执行效力的债权文书，一方当事人不履行的，对方当事人可以向有管辖权的人民法院申请执行，受申请的人民法院应当执行。

申请人王某主张兴证资管主体不适格。根据查明的事实，(2019)浙杭网证执字第3号执行证书中明确申请执行人为兴证资管。《公证法》第39条规定，当事人、公证事项的利害关系人认为公证书有错误的，可以向出具该公证书的公证机构提出复查。但申请人并未就此提出复查。

根据(2017)浙杭钱证内字第16235号《公证书》中所证明的《兴业证券股份有限公司股票质押式回购交易业务协议》载明，甲方王某为质押股票的融资方，乙方兴证资管为资金融出方，甲乙双方互为交易对手，并共同委托丙方兴业证券负责有关交易申报等事宜。故兴证资管作为债权人向公证处申请出具执行证书主体适格，并不存在程序上的违法。

浙江省杭州市钱塘公证处于2018年更名为浙江省杭州市互联网公证处，二者主体一致。故申请人王某主张本案合同由杭州市钱塘公证处履行核实程序，却由杭州市互联网公证处作出执行证书严重违反法定公证程序的理由，不能成立。

关于被执行人王某涉嫌经济犯罪的问题。经查，兴证资管通过交易取得涉案股票的质押，且该物权变动效力已经上市公司公告和中国证券登记结算有限公司登记公示，具备正当且绝对的担保物权效力。因被执行人王

* (2020)沪74执异16号。

某涉嫌操纵证券市场罪与本案所涉股票质押式回购交易属于不同的法律关系和事实,且申请人未能举证本案的审理必须以刑事案件的审理结果为依据,故其要求不予执行公证债权文书的理由,不能成立。

68 在出具执行证书时,被申请执行人向金融监管机构投诉如何处理?

实务总结

在办理强制执行公证实务过程中,申请执行人申请出具执行证书,被申请执行人有时会以金融机构违规放款为由向金融监管部门投诉,并向公证处申请不予执行。在这种情况下,被申请执行人向金融监管部门投诉,如果金融机构违规也只是承担行政责任,与被申请执行人按约定还款不冲突。所以,在出具执行证书时,被申请执行人向金融监管机构投诉,不影响公证处出具执行证书的进度。案件能出具执行证书也要建立在债权债务清楚明确的基础上,如果涉及案情特别复杂,公证处无法查实的,公证处也可以根据情况作出不予出具执行证书的决定。

典型案例

谭某玉与光大证券股份有限公司等质押式证券回购纠纷民事二审案件民事判决书*

裁判要点:一审法院认为,本案系质押式证券回购纠纷,涉案股票质押式回购交易业务符合上交所《股票质押式回购交易及登记结算业务办法》相

* (2021)民沪终 348 号。

关交易业务的规定。谭某玉与光大证券、光证资管于2016年6月24日所签署的《业务协议》、《补充约定条款》、《光大证券股票质押式回购交易协议书》以及《股票质押式回购交易协议书(三方)》(2016年6月30日、2018年9月13日分别签署)、2016年9月20日签署的《补充协议》、2018年6月28日签署的《展期协议》等合同,均为签约各方的真实意思表示,且上述协议的约定事项并未违反法律法规的相关规定,本案所涉股票质押式回购交易合同法律关系依法成立并合法有效,签约当事人均应恪守履行各自的合同义务。

在上述协议的实际履行过程中,谭某玉认为本案涉及民生加银、民生银行深圳分行逃避监管,利用证券通道业务对储户存款资金实施违规入市等行为,违反了国家的相关禁止性规定。同时,谭某玉还认为,由于中国证券监督管理委员会于2017年5月出台了减持新规,致使谭某玉无法按原计划减持质押股票用以偿还涉案股票质押贷款,系不可抗力,故认为上述合同应认定为无效合同。谭某玉并已向监管部门就光大证券、光证资管的相关行为进行投诉,监管部门经核查后认为,光大证券、光证资管并不存在违法违规问题,并建议涉案双方通过协商或司法途径解决矛盾纠纷。对此,光大证券、光证资管、民生加银、民生银行深圳分行均表示,上述协议均属签约当事人自愿共同签署,且融出方的资金来源合法,协议内容均合法合规,相关股票质押式交易业务同样合法合规,均不存在无效情形。谭某玉提及的2017年减持新规,是对之前的减持规则的修订、补充和完善,该减持新规实施之后,谭某玉仍正常履行合同义务,直至2018年9月20日因未付2018年度第三季度的利息而构成违约,故此,谭某玉关于合同无效的理由不能成立。一审法院认为,根据《业务协议》的约定,系争交易为每日计息,按季度结息。谭某玉于本案所涉股票质押式回购交易合同的履行过程中发生欠付利息及到期未按约购回所质押股票的违约情形,该违约情形的发生并非由减持新规的实施所导致,融入方当可以各种形式筹集资金用以偿还融资款,故其认为2017年5月出台的减持新规成为其无力偿还系争融资款2018年第三季度利息的不可抗力因素,理由并不充分,对此不予采信。谭某玉请求确认《光大证券股票质押式回购交易协议书》、《股票质押式回购交易协议书(三方)》(2016 年 6 月 30 日签署)、《补充约定条款》无效的诉讼主张,缺乏事实依据,法律依据不足,一审法院对此不予支持。

二审法院认为,本案二审争议焦点为:(1)涉案《光大证券股票质押式回购交易协议书》《股票质押式回购交易协议书(三方)》《补充约定条款》等协议是否有效?(2)谭某玉要求被上诉人返还在其违约之后收取的利息 30 021 249.50 元、违约金 56 656 056.46 元的主张能否支持?

关于第一个争议焦点,谭某玉认为,本案系民生银行深圳分行借用被上诉人的证券通道开展业务,使银行资金违规流入证券市场,违反相关法律规定,故涉案《光大证券股票质押式回购交易协议书》《股票质押式回购交易协议书(三方)》《补充约定条款》等协议均无效;此外,2016 年 6 月 24 日签订的《光大证券股票质押式回购交易协议书》是主合同但却不具备合同成立要件且未履行,故该主合同的附件《业务协议》《补充约定条款》均不具备履行条件。二审法院认为,根据在案证据,涉案业务的实质是光证资管管理的"质押宝资产管理计划"向谭某玉发放融资款,并由谭某玉以其持有的"赤峰黄金"股票提供质押担保。银行的资金发放融资款并以股票为质押担保显然不同于"银行资金违规流入证券市场",且涉案资产管理计划已经依法备案,相关监管部门也未认定系争业务违反法律规定,故谭某玉关于涉案协议无效的上诉理由缺乏事实和法律依据,二审法院不予支持。涉案《业务协议》详细约定了谭某玉与被上诉人的权利义务,并载明各笔交易前签订的《交易协议书》是《业务协议》的有效补充协议,故《业务协议》无疑是主合同,2016 年 6 月 24 日签订的《光大证券股票质押式回购交易协议书》是否履行并不影响其他协议的生效和履行,二审法院对谭某玉的相应上诉理由亦不予支持。

69 公证处跨区域执业办理的强制执行公证是否影响其效力？

实务总结

在强制执行公证实务中，合同各方只要有一方的住所地、经常居住地或者合同签订地在受理该公证事项的公证处执业区域内，就可以受理该公证业务。《公证法》和《公证程序规则》没有规定跨区域办理公证的公证书无效，法院也未对跨区域办理的强制执行公证的效力作出负面评价，所以公证处跨区域执业办理的强制执行公证不影响其效力。

典型案例

新光控股集团有限公司、周某光买卖合同纠纷执行审查类执行裁定书*

裁判要点：法院认为，《最高人民法院关于公证债权文书执行若干问题的规定》第5条规定："债权人申请执行公证债权文书，有下列情形之一的，人民法院应当裁定不予受理；已经受理的，裁定驳回执行申请：(一)债权文书属于不得经公证赋予强制执行效力的文书；……"第12条规定："有下列情形之一的，被执行人可以依照民事诉讼法第二百三十八条第二款规定申请不予执行公证债权文书：(一)被执行人未到场且未委托代理人到场办理公证的；……(五)其他严重违反法定公证程序的情形。被执行人以公证债权文书的内容与事实不符或者违反法律强制性规定等实体事实申请不予执

* (2019)浙0782执异50号。

行的,人民法院应当告知其依照本规定第二十二条第一款规定提起诉讼。”根据上述规定,异议人新光集团、周某光提出异议的第一个理由,认为本案公证文书不属于可赋予强制执行效力的债权文书范围,该理由为驳回申请执行的事由,并不属于被执行人申请不予执行公证债权文书事由,故对该项理由在本案中不予审查。异议人新光集团、周某光提出异议的第二个理由,对长江证券资管公司申请强制执行内容的异议,其实质是认为公证债权文书的内容与事实不符,异议人应当根据《最高人民法院关于公证债权文书执行若干问题的规定》第22条的规定提起诉讼。异议人新光集团、周某光提出异议的第三个理由,对长江证券资管公司申请强制执行的公证程序的异议,属于被执行人申请不予执行公证债权文书异议审查范围。(1)关于北京市中信公证处是否可受理涉案公证问题。《公证法》第25条规定,自然人、法人或者其他组织申请办理公证,可以向住所地、经常居住地、行为地或者事实发生地的公证机构提出。虽然北京市并非上述规定的地区,但目前并未有法律、行政法规对公证机构违反执业区域规定作出的公证书的效力予以否定。异议人新光集团、周某光亦未提供证据证明北京市中信公证处在办理涉案公证事项过程中存在严重违反法定公证程序的情形,故异议人的该项异议理由不能成立。(2)关于周某光是否在上海市签署《股票质押式回购交易业务协议》及其补充协议、《股票质押式回购交易业务担保协议》,新光集团及周某光是否委托过代表前往北京市中信公证处办理上述协议赋予强制执行效力公证问题。根据向北京市中信公证处调取的材料,新光集团、周某光及案外人虞某新于2017年2月28日向北京市中信公证处提出申请办理上述协议的赋予强制执行效力公证,北京市中信公证处对周某光进行了谈话,谈话记录中周某光明确表示上述协议的签署地为上海市,公证材料中也存有周某光签字时的照片打印件,且异议人并未提供证据证明其主张。故异议人该项异议理由不能成立。综上,异议人申请不予执行公证债权文书的异议理由不能成立,依法应予驳回。

70 办理强制执行公证过程中涉及签署日期与签署地点如何确定？

实务总结

在办理强制执行公证过程中，合同双方往往不在同一个地方，合同签署地点要分别表述。合同中的落款时间即签署时间可能就一处，而合同双方不在一个地方签署，往往签署时间有可能不一致。这就需要双方确认签署时间，强制执行公证手续中也要双方确认合同签署时间以合同落款时间为准。另外，公证书中还有申请公证的时间，这个时间一般以实际申请公证的时间为准，有些特殊情况也可按申请人自己确认的申请时间为准。

典型案例

山西证券股份有限公司、陈某宝公证债权文书执行审查类执行裁定书*

裁判要点：法院认为，本案被执行人陈某宝请求对公证债权文书不予执行的理由有两点，第一点是认为其未到场办理公证，第二点是公证债权文书载明的民事权利义务关系与事实不符。

关于陈某宝提出的第一点理由，首先，山西省太原市城南公证处在受理公证时审核了陈某宝及其配偶高某洋、山西证券股份有限公司的主体资格，对陈某宝及其配偶高某洋的身份进行了系统比对，并对公证内容进行了询问，告知了所有申请公证人员办理公证的相关注意事项、法律责任、风险提

* (2019)粤0305执异58号。

示等,涉案2706号公证卷宗所涉《公证申请表》、《公证受理通知单》、《权利义务告知书》、《承诺书》、《同意接受人民法院强制执行的承诺书》、《同意股权质押承诺书》、《股份质押配偶同意声明函》以及公证询问笔录等办理涉案公证债权文书所必需之材料,均由陈某宝、高某洋分别对应签字、摁指印予以确认,且陈某宝、高某洋亦未否定对应签字和指印的真实性,足以证明陈某宝本人到达了公证现场;其次,因陈某宝在指定的时间内对公证询问笔录中是否由陈某宝及其配偶高某洋本人签字的问题进行核实并将结果反馈,又未对此予以否认,故确认公证询问笔录由陈某宝及其配偶高某洋本人签字确认,亦印证了陈某宝本人于公证当日到达了公证现场并亲自签署了公证询问笔录;最后,根据现行有关公证程序规则的规定,公证机构可以派员外出办理有关公证事项,在目前的交通如此发达状况下,公证人员完全可以实现于同一日在深圳、太原两地对双方当事人进行询问并制作公证笔录。陈某宝、高某洋提出的并非公证人员当面办理涉案公证有关事项的理由,所依据的仅仅是其二人对当年情景的相关回忆,陈某宝提交的电话录音中通话人并未明确确认陈某宝与高某洋当日未到达公证地点,陈某宝提交的退票详情打印件仅能证明陈某宝于公证当日退回了从郑州到达公证询问地点的交通票证,并不能证明其于公证当日或之前是否通过其他交通方式到达公证询问地点。故陈某宝关于其未到场办理公证、公证笔录系伪造的主张不予采信。

关于陈某宝提出的第二点理由,因陈某宝本人确认在《股票质押式回购交易业务协议》《股票质押式回购交易风险揭示书》《股票质押式回购交易协议书》中其签名及捺印的真实性,法院认为,签订上述协议系当事人真实意思表示;《股票质押式回购交易协议书》中履约保险比例预警值、履约保障比例最低值修改系双方协商的结果,且陈某宝在修改的地方亦签字捺印予以确认,况且本次执行的是第二年的履约保障比例预警值和履约保障比例最低值,不存在私自修改的问题,在进行公证时,公证员亦对上述文件进行了审核，当时陈某宝并未对此提出异议；在公证处据此出具《公证书》及《执行证书》后，陈某宝向公证处提出对《公证书》进行复查，公证处经复查亦对(2017)并南证经字第2706号《公证书》予以维持，故对陈某宝关于此方面的陈述不予认可。另外，根据《最高人民法院关于公证债权文书执行若干问题的规定》第22条的规定，被执行人以公证债权文书的内容与事实不符或者违反法律强制性规定等实体事由申请不予执行的，人民法院应当告知其依照该规定第22条第1款的规定提起诉讼。对此，在调查时已向申请人陈某宝进行了告知，其亦未提出异议，根据上述规定并结合查明的事实，如果陈某宝坚持认为涉案公证债权文书载明的民事权利义务关系与事实不符，不能反映其真实意思表示，并以此理由提出不予执行(2017)并南证经字第2706号《公证书》的请求，应当另循法律途径解决，在本案中不进行处理。

关于陈某宝提出的公证申请表缺乏必要要件的陈述与查明的事实不符，公证处对山西证券股份有限公司的询问笔录加盖了该公司的印章，山西证券股份有限公司对其委托代理人的行为可以采取事后追认，故其代理人授权期限并不对公证结果产生实质性影响，公证处出具《公证书》与当事人申请公证虽存在一定的时间差，但尚在合理范围内，陈某宝关于此方面的主张均不予采信。

71 公证处出具执行证书时的送达文件由被执行人亲属及朋友签收是否产生送达的效力？

实务总结

在申请执行人向公证处申请出具执行证书时，公证处要将执行申请书及相关核实材料邮寄给被申请执行人，邮寄地址及联系方式则是在签署合同办理强制执行公证时预留的联系方式。如果邮寄结果为有人签收，视为送达;如果邮寄结果为本人拒收,也视为送达,视为放弃提出异议的权利,这样就不影响出具执行证书。

典型案例

刘某、方正证券股份有限公司执行审查类执行裁定书*

裁判要点:法院认为,《民事诉讼法》第 85 条规定:“送达诉讼文书,应当直接送交受送达人。受送达人是公民的,本人不在交他的同住成年家属签收;受送达人是法人或者其他组织的,应当由法人的法定代表人、其他组织的主要负责人或者该法人、组织负责收件的人签收;受送达人有诉讼代理人的,可以送交其代理人签收;受送达人已向人民法院指定代收人的,送交代收人签收。受送达人的同住成年家属,法人或者其他组织的负责收件的人,诉讼代理人或者代收人在送达回证上签收的日期为送达日期。”结合邮件回执单等证据证明,已依法向被执行人单某欢送达有关执行裁定的诉讼文书,在其本人无法签收的情况下,由被执行人单某欢的成年家属及朋友签收,符合有关诉讼文书的送达规定,应视为送达,送达程序符合法律规定。异议人所述有关股权质押协议及回购协议签名真实性问题,非执行异议审查范围,本案不予审查。异议人认为对案涉房产的评估价值过低问题,因评估行为非执行行为,本案不予审查。异议人认为案涉房产因异议人已向案外人设定抵押,法院的处置行为将导致异议人的其他诉讼风险的理由,因法院的处置行为系依法进行,是否导致诉讼风险的责任应由相关义务人自行承担。异议人的异议请求不能成立,依法不予支持。

---

* (2020)湘 0103 执异 45 号。

72 股票质押式回购业务出具执行证书后，最便利的执行法院是哪里？

实务总结

股票质押式回购业务有个特点，其质押的股票要转移给证券公司，并在证券公司托管。在下述案例中，法院认为有关执行管辖的规定，其价值取向在于方便执行法院经济、高效实现申请执行人的胜诉权益，原则上以被执行人住所地和被执行财产所在地法院确定执行管辖。被执行人住所地和财产所在地不在同一辖区法院的，各执行法院均具有执行管辖权。所涉股票在证券公司营业部进行托管，在证券公司营业部所在的法院进行执行最便利于实现申请执行人的胜诉利益，且其已经做了大量查封工作，一旦更换造成执行案件复杂化，不利于提高执行利益。另外，〔2010〕执监字第 16 号函《最高人民法院执行局关于法院能否以公司证券登记结算地为财产所在地获得管辖权问题的复函》不适用于此种情况，该复函确认管辖的目的是防止登记结算地法院案件的大量累积。

典型案例

方正证券股份有限公司与杨某杰、赵某等合同纠纷执行裁定书*

裁判要点：法院认为，我国法律有关执行管辖的规定，其价值取向在于方便执行法院经济、高效实现申请执行人的胜诉权益，原则上以被执行人住

* （2018）湘执复 171 号。

所地和被执行财产所在地法院确定执行管辖。被执行人住所地和财产所在地不在同一辖区法院的,各执行法院均具有执行管辖权。如当事人对执行管辖权有异议的,由在先受案的法院取得执行管辖权。本案已执行的被执行人杨某杰名下的乐视网股票因杨某杰与方正证券之间的股票质押回购交易,而由方正证券予以托管,天心区法院为方正证券营业部所在地法院,天心区法院执行由方正证券托管的乐视网股票具有方便和快速的地域优势。故方正证券营业部所在地可确定为本案被执行财产所在地,天心区法院对本案具有执行管辖权。因本案被执行的乐视网股票存在质押托管情形,长沙中院异议审查参照适用〔2010〕执监字第 16 号函《最高人民法院执行局关于法院能否以公司证券登记结算地为财产所在地获得管辖权问题的复函》不妥。并且本案大部分执行标的已执行到位,长沙中院异议审查处理将导致该执行案件复杂化,不利于提高执行效率和对申请执行人权利的保护,该案宜由天心区法院继续执行。

73 执行证书确定所在地管辖后,在什么级别法院进行执行?

实务总结

执行证书确定在哪个地方执行后,还要确认在哪一级法院执行。《最高人民法院关于调整高级人民法院和中级人民法院管辖第一审民事案件标准的通知》规定,中级人民法院管辖第一审民事案件的诉讼标的额上限原则上为 50 亿元(人民币);高级人民法院管辖诉讼标的额 50 亿元(人民币)以上(包含本数)或者其他在本辖区有重大影响的第一审民事案件。《最高人民法院关于调整中级人民法院管辖第一审民事案件标准的通知》规定,当事人住所地均在或者均不在受理法院所处省级行政辖区的，中级人民法院管辖诉讼标的额5亿元以上的第一审民事案件；当事人一方住所地不在受理法院所处省级行政辖区的，中级人民法院管辖诉讼标的额1亿元以上的第一审民事案件；战区军事法院、总直属军事法院管辖诉讼标的额1亿元以上的第一审民事案件。总之，当事人住所地均在或者均不在受理法院所处省级行政辖区的案件，标的额5亿元以下（不包括5亿元）在基层法院执行，5亿元但不超过50亿元的在中级法院执行，50亿元以上的在高级法院执行。当事人一方住所地不在受理法院所处省级行政辖区的案件，标的额1亿元以下（不包括1亿元）在基层法院执行，1亿元但不超过50亿元的在中级法院执行，50亿元以上的在高级法院执行。

典型案例

卢某强等公证债权文书执行裁定书*

裁判要点：法院认为，《最高人民法院关于公证债权文书执行若干问题的规定》第2条规定："公证债权文书执行案件，由被执行人住所地或者被执行的财产所在地人民法院管辖。前款规定案件的级别管辖，参照人民法院受理第一审民商事案件级别管辖的规定确定。"《最高人民法院关于调整高级人民法院和中级人民法院管辖第一审民事案件标准的通知》规定，中级人民法院管辖第一审民事案件的诉讼标的额上限原则上为50亿元（人民币）。本案中，申请执行人广发证券公司依据相关公证债权文书及执行证书申请强制执行被执行人泛海控股集团、卢某强，其申请执行标的额为4 998 840 825.34元，未超过50亿元上限，受理其强制执行申请并无不当。泛海控股集团所提异议请求及理由，缺乏事实及法律依据，不予支持。

---

* （2021）京02执异363号。

74 证券公司在外地注册,在北京有主要办事机构,北京的公证处能否办理该证券公司的强制执行公证业务?

实务总结

《最高人民法院关于适用〈中华人民共和国民事诉讼法〉的解释》第 3 条规定,法人的住所地是指法人的主要办事机构所在地。证券公司在北京设立主要办事机构并开展业务。虽然注册地为外地,但因主要机构所在地为北京,该项业务也在北京开展,北京的公证处可以受理,北京的公证处受理该项强制执行公证业务也体现了公证便民的原则。另外,证券公司与融资人住所地均在外地,但双方在北京签署合同的,北京的公证处也可以受理该项强制执行公证。

典型案例

上海易晋网络科技有限公司等执行裁定书*

裁判要点:法院认为,公证债权文书执行案件,由被执行人住所地或者被执行的财产所在地人民法院管辖。被执行的财产为股票的,该股票的发行公司住所地为被执行的财产所在地。本案中,执行依据是生效的案涉公证债权文书,应由被执行人住所地或者被执行的财产所在地人民法院执行。鉴于案涉股票系被执行人上海今耀所持有,故发行该股票的智度公司住所地为被执行的财产所在地。依据《最高人民法院关于适用〈中华人民共和国民事诉讼法〉的解释》第 3 条的规定,法人的住所地是指法人的主要办事机

* (2021)京执复 53 号。

构所在地。法人的主要办事机构所在地不能确定的，法人的注册地或者登记地为住所地。异议审查期间，智度公司向北京二中院书面确认其主要办事机构所在地在北京市西城区，且方正证券提交的证据显示智度公司公示的办公地址及通信地址为北京市西城区西绒线胡同51号（北门），股东大会及临时股东大会会议地点亦为北京市西城区西绒线胡同51号（北门），故可以认定智度公司主要办事机构所在地在北京市西城区，属于北京二中院的辖区范围内。北京二中院对方正证券申请执行案涉公证债权文书予以立案并执行，符合法律、司法解释关于执行管辖的规定。复议申请人上海今耀主张北京二中院在主要办事机构不能确定的情况下应以注册地址作为智度公司住所地，证据不足，不予支持。

四、资产管理公司涉及的强制执行公证司法实务

75 在办理强制执行公证中，如何理解涉及不动产的公证，应当向不动产所在地的公证机构申请办理公证？

实务总结

《公证法》第25条规定："自然人、法人或者其他组织申请办理公证，可以向住所地、经常居住地、行为地或者事实发生地的公证机构提出。申请办理涉及不动产的公证，应当向不动产所在地的公证机构提出；申请办理涉及不动产的委托、声明、赠与、遗嘱的公证，可以适用前款规定。"在公证实务中，对办理涉及不动产的公证，应当向不动产所在地的公证机构提出，应该理解为针对不动产本身的公证，如不动产继承公证、不动产买卖，应当向不动产所在地的公证处申请。涉及融资的不动产抵押，是对主融资合同的担保，属于从合同，办理该种强制执行公证不用必须向不动产所在地公证处申请。另外，涉及不动产的委托、声明、赠与、遗嘱的公证，不用必须向不动产所在地的公证处申请，这些公证比较常见或者紧急，这样的规定便利于当事人。因为公证处没有上下级区分，各个公证处都是平等的，也没有级别管辖，规定公证处的管辖主要目的是防止公证处推诿或争夺，造成损害当事人权利的情况。

典型案例

衡阳鸿源房地产开发有限责任公司、中国长城资产管理公司湖南省分公司合同、无因管理、不当得利纠纷执行审查类执行裁定书*

裁判要点：法院认为，本案争议焦点问题为本案公证程序是否违反管辖规定。

《公证法》第25条规定，自然人、法人或者其他组织申请办理公证，可以向住所地、经常居住地、行为地或者事实发生地的公证机构提出。申请办理涉及不动产的公证，应当向不动产所在地的公证机构提出；申请办理涉及不动产的委托、声明、赠与、遗嘱的公证，可以适用前款规定。根据该条规定，针对不动产进行的公证，应当由不动产所在地的公证机构办理。从该条文的立法本意来分析，应当是针对不动产本身办理公证时，对公证机构进行了限定，即不动产所在地的公证机构。《最高人民法院关于公证债权文书执行若干问题的规定》第12条规定，"有下列情形之一的，被执行人可以依照民事诉讼法第二百三十八条第二款规定申请不予执行公证债权文书：……（五）其他严重违反法定公证程序的情形"。本案中，当事人申请办理的公证事项中虽然与不动产有关，但并不是针对不动产本身，而是针对双方签订的《债务重组协议》《抵押合同》等进行的公证。长城公司在其住所地的公证机构办理公证，符合上述《公证法》第25条第1款的规定，且在办理公证时，鸿源公司亦对此未提出异议。因此，望城公证处根据当事人的申请办理公证，并未违反法律规定。鸿源公司以具有《最高人民法院关于公证债权文书执行若干问题的规定》第12条规定的严重违反法定公证程序的情形为由，提

* （2019）最高法执监240号。

出不予执行的主张,缺乏事实和法律依据,不予支持。湖南高院以《公证法》并未对违反管辖规定出具公证书的行为如何处理作出规定,以及《民事诉讼法》及司法解释等也未对违反管辖规定出具公证书的行为作为不予执行赋予强制执行效力公证债权文书的情形为由,认定公证机构违反管辖规定不能作为不予执行的依据,显属认定事实和适用法律错误,应予纠正。但湖南高院作出驳回鸿源公司复议请求的结果并无不当,应予维持。

76 强制执行公证的执行证书在法院执行过程中,能否暂缓执行?

实务总结

在强制执行公证实务中,执行证书经法院执行庭执行过程中,被申请人执行人可以申请不予执行该执行证书,也可以向法院申请暂缓执行。根据《最高人民法院关于正确适用暂缓执行措施若干问题的规定》第 3 条的规定,有下列情形之一的,经当事人或者其他利害关系人申请,人民法院可以决定暂缓执行:(1)执行措施或者执行程序违反法律规定的;(2)执行标的物存在权属争议的;(3)被执行人对申请执行人享有抵销权的。通过暂缓执行,缓解纠纷、查清争议、进行抵销,最终做到案结事了。

典型案例

青海越州房地产开发有限公司、中国长城资产管理公司兰州办事处执行审查类执行裁定书*

裁判要点:《最高人民法院关于正确适用暂缓执行措施若干问题的规

* (2017)最高法执复 67 号。

定》第3条规定，有下列情形之一的，经当事人或者其他利害关系人申请，人民法院可以决定暂缓执行：(1)执行措施或者执行程序违反法律规定的；(2)执行标的物存在权属争议的；(3)被执行人对申请执行人享有抵销权的。本案中，复议申请人越州公司提出，在青海高院拟拍卖的住宅中，有124套住宅系该公司开发建设建国南路A片区危旧房改造项目的拆迁安置用房，且部分拆迁户已入住。该124套住宅可能存在权属争议，即可能符合暂缓执行的情形。拆迁安置房，是以确定的价格、套型面积等向特定的被拆迁人定向销售或补偿的住宅房屋，其类型多样、性质不一。其中，涉及危旧房改造的拆迁安置房多为政府项目，关系民生，权属情况未明。越州公司提出此项理由后，青海高院在未对其所称的拆迁安置房的权属状况进行查明的情况下，迳行驳回越州公司的异议，仍拟继续拍卖，系认定基本事实不清、证据不足。

77 经银保监会批准或者金融管理部门批准的保险资产管理公司从事的金融借款业务能否办理强制执行公证？如果仅约定提供部分保证金，能否认定为连带保证担保？

实务总结

经银保监会①批准或者金融管理部门批准的保险资产管理公司从事的金融借款业务可以办理强制执行公证。下述案例的案由就是金融借款合同。根据银保监会发布的《保险资产管理公司管理规定》，保险资产管理公司是指经银保监会批准，在中华人民共和国境内设立，通过接受保险集团(控股)公司和保险公司等合格投资者委托、发行保险资产管理产品等方式，

① 中国银行保险监督管理委员会，简称银保监会。2023年3月，根据国务院关于提请审议国务院机构改革方案的议案，组建国家金融监督管理总局。国家金融监督管理总局在银保监会基础上组建，不再保留银保监会。——编者注

以实现资产长期保值增值为目的,开展资产管理业务及国务院金融管理部门允许的其他业务的金融机构。《保险资产管理公司管理规定》第 48 条规定了业务范围,即保险资产管理公司经营范围包括以下业务:(1)受托管理保险资金及其形成的各种资产;(2)受托管理其他资金及其形成的各种资产;(3)管理运用自有人民币、外币资金;(4)开展保险资产管理产品业务、资产证券化业务、保险私募基金业务等;(5)开展投资咨询、投资顾问,以及提供与资产管理业务相关的运营、会计、风险管理等专业服务;(6)银保监会批准的其他业务;(7)国务院其他部门批准的业务。故保险资产管理公司从事资产管理业务,包括提供融资、债权投资等业务都可以办理强制执行公证。另外,在下述案例中,如果仅约定提供部分保证金或者对连带保证约定不清楚,都不能认定为连带保证担保。《民法典》规定,当事人在保证合同中对保证方式没有约定或者约定不明确的,按照一般保证承担保证责任。

典型案例

固原扶贫开发投融资有限公司、人保资本保险资产管理有限公司等金融借款合同纠纷民事二审民事判决书*

裁判要点:法院认为,第二审人民法院应当围绕当事人的上诉请求进行审理,本案二审争议焦点是固原扶贫投融资公司是否对案涉借款本金及利息承担连带保证责任。保证合同是为保障债权的实现,保证人和债权人约定,当债务人不履行到期债务或者发生当事人约定的情形时,保证人履行债务或者承担责任的合同。固原扶贫投融资公司虽然与固原博泰农业公司、人保资产管理公司授权的中国人民财产保险股份有限公司宁夏分公司签订

* (2023)宁 04 民终 403 号。

了《支农融资—政融保合作框架协议》,但是该协议约定由固原扶贫投融资公司与固原博泰农业公司共同筹措保证金2000万元,其中固原扶贫投融资公司筹资70%,固原博泰农业公司筹资30%,由固原博泰农业公司为融资客户提供无限连带责任保证担保,并未约定固原扶贫投融资公司对人保资产管理公司的融资借款提供保证担保。人保资产管理公司主张固原扶贫投融资公司承担连带保证责任,应当对其主张的事实提供证据加以证明。本案中,人保资产管理公司未提供证据证明其与固原扶贫投融资公司签订保证合同,对被保证主债权的种类、数额,债务人履行债务的期限,保证的方式、范围和期间等有具体约定,人保资产管理公司的该主张无事实和法律依据,一审判决固原扶贫投融资公司对案涉借款本金及利息承担连带保证责任系适用法律错误,处理不当,二审予以纠正。

78 公证机关的公证管辖权是否是人民法院可以裁定不予执行的事由?

实务总结

《最高人民法院关于适用〈中华人民共和国民事诉讼法〉的解释》第478条第1款、第2款规定:“有下列情形之一的,可以认定为民事诉讼法第二百四十五条第二款规定的公证债权文书确有错误:(一)公证债权文书属于不得赋予强制执行效力的债权文书的;(二)被执行人一方未亲自或者未委托代理人到场公证等严重违反法律规定的公证程序的;(三)公证债权文书的内容与事实不符或者违反法律强制性规定的;(四)公证债权文书未载明被执行人不履行义务或者不完全履行义务时同意接受强制执行的。人民法院认定执行该公证债权文书违背社会公共利益的,裁定不予执行。”《最高人民法院关于公证债权文书执行若干问题的规定》第5条规定:“债权人申请执行公证债权文书,有下列情形之一的,人民法院应当裁定不予受理;已经受理的,裁定驳回执行申请:(一)债权文书属于不得经公证赋予强制执行效力的文书;(二)公证债权文书未载明债务人接受强制执行的承诺;(三)公证证词载明的权利义务主体或者给付内容不明确;(四)债权人未提交执行证书;(五)其他不符合受理条件的情形。"《最高人民法院关于公证债权文书执行若干问题的规定》第 12 条第 1 款规定:"有下列情形之一的,被执行人可以依照民事诉讼法第二百三十八条第二款规定申请不予执行公证债权文书:(一)被执行人未到场且未委托代理人到场办理公证的;(二)无民事行为能力人或者限制民事行为能力人没有监护人代为办理公证的;(三)公证员为本人、近亲属办理公证,或者办理与本人、近亲属有利害关系的公证的;(四)公证员办理该项公证有贪污受贿、徇私舞弊行为,已经由生效刑事法律文书等确认的;(五)其他严重违反法定公证程序的情形。"上述司法解释对公证债权文书裁定不予执行、裁定不予受理,均未规定违反公证管辖权会被裁定不予执行、裁定不予受理,法院大多认为公证管辖权是公证行业管理性规定,不影响公证的效力。

典型案例

复议申请人东营里奥置业有限公司、东营上林置业有限公司等执行复议执行裁定书*

裁判要点:第一,本案中从复议申请人 2014 年 7 月 22 日填写的公证申请表,以及北京市方圆公证处同日对复议申请人分别所作的询问笔录来看,各复议申请人均明确认可债务重组协议及相关担保协议,并同意赋予上述协议强制执行效力。现复议申请人否认相关协议上的签字、否认同意接受

* (2016)鲁执复 184 号。

强制执行，但并未提供有效证据推翻上述公证申请表及询问笔录的真实性，因此依法对该主张不予支持。至于复议申请人所提临时住宿表等证据，该证据从内容上仅记载了 2014 年 6 月 12、13 日的相关情况，因此不论该证据是否有原件，也不论是否真实有效，均与 2014 年 7 月 22 日的公证申请表以及询问笔录没有直接的关联性，均无法否定公证申请表以及询问笔录的真实性。另外，对于复议申请人申请对相关协议中的签字进行鉴定的问题，因不论鉴定结果如何均无法否定复议申请人在公证申请表以及询问笔录中意思表示的真实性，故而济南中院驳回其鉴定申请并无不当。

第二，2014 年《最高人民法院关于适用〈中华人民共和国民事诉讼法〉的解释》第 480 条对于公证债权文书因确有错误而裁定不予执行的事由作了明确规定。而公证机关是否具有公证管辖权并不属于人民法院可以裁定不予执行的事由。因此，复议申请人以此为由申请不予执行公证债权文书，于法无据，依法不予支持。

第三，在申请办理公证程序中，复议申请人明确认可相关协议中约定的权利义务，并未对利率、还款期限、抵押物范围等提出疑义，其现在主张对给付内容和范围存在疑义，于法无据，且未提供相应证据证明公证债权文书的内容存在与事实不符，对此依法不予支持。至于复议申请人所提案外人对有关房产提出异议的问题，应通过相应案外人异议程序解决，依法不构成可以对公证债权文书裁定不予执行的事由。

第四，本案异议程序中，复议申请人系依据《最高人民法院关于适用〈中华人民共和国民事诉讼法〉的解释》第 480 条提出异议，以公证债权文书存在错误为由要求裁定不予执行。现复议申请人在复议程序中以执行证书确定的给付内容不明确、不具体为由，要求依据《最高人民法院关于适用〈中华人民共和国民事诉讼法〉的解释》第 463 条规定驳回长城公司的强制执行申请，属于提出了新的异议请求，不符合法律规定，在复议程序中依法不予审查。

79 债权人申请执行公证债权文书的执行依据是公证债权文书还是执行证书?

实务总结

《最高人民法院关于公证债权文书执行若干问题的规定》第 3 条规定:“债权人申请执行公证债权文书,除应当提交作为执行依据的公证债权文书等申请执行所需的材料外,还应当提交证明履行情况等内容的执行证书。”第 4 条规定:“债权人申请执行的公证债权文书应当包括公证证词、被证明的债权文书等内容。权利义务主体、给付内容应当在公证证词中列明。”第 10 条规定:“人民法院在执行实施中,根据公证债权文书并结合申请执行人的申请依法确定给付内容。”根据上述司法解释,法院的执行依据为公证债权文书,公证债权文书是合同双方自愿签署并办理强制执行公证的合同,其中的公证词对权利义务主体、给付内容有详细描述。而公证处出具的执行证书只是证明履行情况等内容材料。所以,办理执行公证债权文书时重点是合同的审查与公证词的描述。

典型案例

中国信达资产管理公司江苏省分公司
金融借款合同纠纷执行案裁定书*

裁判要点:法院认为,本案的执行依据是具有强制执行效力的公证债权文书及执行证书。被执行人认为执行依据仅是执行证书不包括具有强制执

* (2014)苏执复字第 0027 号。

行效力的公证债权文书没有法律依据。理由是:(1)《民事诉讼法》第 238 条第 1 款亦规定:“对公证机关依法赋予强制执行效力的债权文书,一方当事人不履行的,对方当事人可以向有管辖权的人民法院申请执行,受申请的人民法院应当执行。”(2)《最高人民法院关于人民法院执行工作若干问题的规定(试行)》第 2 条第 4 项亦明确规定,“公证机关依法赋予强制执行效力的关于追偿债款、物品的债权文书”,执行机构负责执行。(3)根据《最高人民法院、司法部关于公证机关赋予强制执行效力的债权文书执行有关问题的联合通知》第 4 条“债务人不履行或不完全履行公证机关赋予强制执行效力的债权文书的,债权人可以向原公证机关申请执行证书”、第 6 条“公证机关签发执行证书应当注明被执行人、执行标的和申请执行的期限。债务人已经履行的部分,在执行证书中予以扣除。因债务人不履行或不完全履行而发生的违约金、利息、滞纳金等,可以列入执行标的”、第 7 条“债权人凭原公证书及执行证书可以向有管辖权的人民法院申请执行”的规定,执行证书附属于具有强制执行效力的公证债权文书而存在,执行证书主要是对当事人履行债务情况的说明,以方便人民法院立案审查,并非唯一法定执行依据。

80 强制执行公证的执行法院是否必须是被执行人住所地法院或者被执行财产法院?

实务总结

《最高人民法院关于公证债权文书执行若干问题的规定》第 2 条规定:“公证债权文书执行案件,由被执行人住所地或者被执行的财产所在地人民法院管辖。前款规定案件的级别管辖,参照人民法院受理第一审民商事案件级别管辖的规定确定。”在强制执行公证实务中,最终的管辖法院不一定就是被执行人住所地或者被执行的财产所在地人民法院,因为根据《最高人民法院关于高级人民法院统一管理执行工作若干问题的规定》规定，高级人民法院对本院及下级人民法院的执行案件，认为需要指定执行的，可以裁定指定执行。高级人民法院原则上不执行具体案件，案件主要由中级人民法院和基层人民法院执行，高级人民法院对本辖区执行工作的整体部署、执行案件的监督和协调、执行力量的调度以及执行装备的使用等，实行统一管理。下述案例中山东省高级人民法院指定由潍坊市中级人民法院，而非德州市中级人民法院管辖。另外，法院也可以提级管辖、委托管辖，都有可能不是被执行人住所地或者被执行的财产所在地人民法院管辖。

典型案例

中国东方资产管理公司青岛办事处与德州阳光置业有限公司、德州嘉年华国际餐饮娱乐有限公司等合同纠纷申请执行执行裁定书*

裁判要点：申请执行人中国东方资产管理公司青岛办事处与被执行人德州阳光置业有限公司、德州嘉年华国际餐饮娱乐有限公司、乔某举、张某军、牟某强、李某、姜某花、刘某瑞公证债权文书一案，北京市方正公证处作出的(2015)京方正执行证字第00444号执行证书已经发生法律效力。申请执行人申请强制执行，于2015年10月27日依法立案执行。按照最高人民法院关于“高级人民法院原则上不执行具体案件，案件主要由中级人民法院和基层人民法院执行”的要求，依据《最高人民法院关于高级人民法院统一管理执行工作若干问题的规定》第8条第1款之规定，裁定如下：本案由潍坊市中级人民法院执行。本裁定送达后立即生效。

* (2015)鲁执字第66号。

81 强制执行公证在执行过程中执行标的被查封、扣押、冻结后，案外人依据另案生效法律文书提出排除执行异议的，人民法院能否支持？

实务总结

在实务中，这要区分被查封、扣押、冻结前作出的另案生效法律文书和被查封、扣押、冻结后作出的另案生效法律文书。被查封、扣押、冻结前作出的另案生效法律文书，如果是权属纠纷以及租赁、借用、保管等不以转移财产权属为目的的合同纠纷，则可以排除执行；如果是除前项所列合同之外的债权纠纷，则不可以排除。如果是受让执行标的的拍卖、变卖成交裁定或者以物抵债裁定且其权利能够排除执行的，被查封、扣押、冻结后作出的另案生效法律文书则不能排除执行。这在以下司法解释中都有规定。《最高人民法院关于人民法院办理执行异议和复议案件若干问题的规定》第26条第1~3款规定："金钱债权执行中，案外人依据执行标的被查封、扣押、冻结前作出的另案生效法律文书提出排除执行异议，人民法院应当按照下列情形，分别处理：(一)该法律文书系就案外人与被执行人之间的权属纠纷以及租赁、借用、保管等不以转移财产权属为目的的合同纠纷，判决、裁决执行标的归属于案外人或者向其返还执行标的且其权利能够排除执行的，应予支持；(二)该法律文书系就案外人与被执行人之间除前项所列合同之外的债权纠纷，判决、裁决执行标的归属于案外人或者向其交付、返还执行标的的，不予支持；(三)该法律文书系案外人受让执行标的的拍卖、变卖成交裁定或者以物抵债裁定且其权利能够排除执行的，应予支持。金钱债权执行中，案外人依据执行标的被查封、扣押、冻结后作出的另案生效法律文书提出排除执行异议的，人民法院不予支持。非金钱债权执行中，案外人依据另案生效法律文书提出排除执行异议,该法律文书对执行标的权属作出不同认定的,人民法院应当告知案外人依法申请再审或者通过其他程序解决。"

典型案例

四川鑫迪昌融商贸有限公司、宜宾红楼梦酒业股份有限公司合同、无因管理、不当得利纠纷执行审查类执行裁定书*

裁判要点:法院认为,《最高人民法院关于人民法院办理执行异议和复议案件若干问题的规定》第25条规定:"对案外人的异议,人民法院应当按照下列标准判断其是否系权利人:……(四)股权按照工商行政管理机关的登记和企业信用信息公示系统公示的信息判断;……案外人依据另案生效法律文书提出排除执行异议,该法律文书认定的执行标的权利人与依照前款规定得出的判断不一致的,依照本规定第二十六条规定处理。"本案中,案外人中成公司主张其为查封的四川兴业公司股权的实际权利人。经查,被执行人文某彬持有四川兴业公司88.12%的股权,因此,从工商行政管理机关的登记信息判断,文某彬是上述股权的权利人。中成公司称双流法院已判决确认四川兴业公司98%的股权归其所有,但该判决于2016年12月22日作出,而作出执行裁定查封相关股权的时间是2015年10月25日,故根据上述司法解释第26条"金钱债权执行中,案外人依据执行标的被查封、扣押、冻结后作出的另案生效法律文书提出排除执行异议的,人民法院不予支持"的规定,中成公司的异议理由不成立。综上,中成公司就四川兴业公司股权提出的排除执行的异议理由不成立,其异议请求不予支持。

---

* (2018)川01执异491号。

82 未成年人的房产，其法定代理人代理其办理抵押贷款，并办理强制执行公证是否无效？

实务总结

在强制执行公证中，涉及未成年人房产抵押的，公证处现在一般都不办理，只有房产登记在未成年人父母名下后才可以办理。之所以这样做，主要是因为公证处是预防纠纷的地方，一旦父母可以代理未成年人抵押其房产，这样就可能制造一种纠纷，即监护人的行为如果侵犯了未成年人的利益，未成年人成年后可向监护人诉讼赔偿。下述案例中，法院认为法定监护人，依法有权代理未成年人实施签订抵押合同、办理公证等法律行为，如果之后再以未成年人不知情并损害其合法权益为由，逃避执行，法院对此不予支持。但如果监护人确实损害未成年人利益，未成年人成年后可向监护人起诉要求赔偿。

典型案例

中国东方资产管理公司浙江省分公司与黄某文、林某眉等借款合同纠纷其他执行裁定书*

法院认为，黄某楠系未成年人。黄某文、林某眉系黄某楠的父母、法定监护人，依法有权代理黄某楠实施签订合同、办理公证等法律行为。2004 年 9 月 7 日，涉案八套房产登记由林某眉和黄某楠共同共有，系黄某文、林某眉代理黄某楠实施的法律行为；2012 年 4 月 26 日，黄某文、林某眉代理黄某楠

* （2017）沪 02 执复 84 号。

与广发行上海分行签订《最高额抵押合同》,并办理具有强制执行效力的债权文书公证。上述行为均符合法律规定,具有法律效力。现黄某文、林某眉又代理黄某楠提起执行异议,以《最高额抵押合同》的签订、公证的办理及《执行证书》的出具未经黄某楠同意、损害其合法权益为由,请求中止对涉案八套房产中黄某楠享有份额的执行,明显存在逃避执行的故意,虹口法院据此驳回其异议请求并无不当。若监护人的行为侵犯了未成年人的利益,可待黄某楠成年后另行向监护人主张,但不能影响合同相对方依法主张权利。普陀公证处出具具有强制执行效力的《公证书》及《执行证书》不违反法定的公证程序、内容也不违反法律的强制性规定,不存在不予执行公证债权文书的法定情形。

83 执行证书有多个执行标的,其中一个执行标的不明确,能否导致整个执行证书无法执行?

实务总结

在强制执行公证实务中,执行证书在法院执行过程中,对于多个执行标的,若其中一个执行标的不明确,执行法院会对不明确的不予执行,不影响其他标的执行。不予执行的标的可以通过诉讼程序加以解决。这些在《最高人民法院关于公证债权文书执行若干问题的规定》中都有相关规定。其第18条规定:"即被执行人依照本规定第十二条第一款规定申请不予执行,人民法院经审查认为理由成立的,裁定不予执行;理由不成立的,裁定驳回不予执行申请。公证债权文书部分内容具有本规定第十二条第一款规定情形的,人民法院应当裁定对该部分不予执行;应当不予执行部分与其他部分不可分的,裁定对该公证债权文书不予执行。"第20条第1款规定:"公证债权文书被裁定不予执行的,当事人可以就该公证债权文书涉及的民事权利义务争议向人民法院提起诉讼；公证债权文书被裁定部分不予执行的，当事人可以就该部分争议提起诉讼。”

典型案例

中国东方资产管理公司石家庄办事处与宁夏宝塔能源化工有限公司、宝塔石化集团有限公司、宁夏宝塔精细化工有限公司、珠海宝塔石化有限公司、孙某超借款合同纠纷一案执行裁定书*

裁判要点：法院认为，太行公证处在接受石家庄办事处申请出具执行证书的申请后，依法向申请人能源公司、宝塔集团邮寄送达了核实函，但上述两申请人均仅向太行公证处提交了公证异议书，未提交相关证据对异议事项予以证实，太行公证处出具执行证书符合法律规定。同时，涉案执行证书中执行标的第1、2项中有关应偿还本金金额和宽限补偿金的金额明确，执行证书符合申请执行的条件，其中第3项有关公证费和“另外根据债权文书的约定，被申请执行人应支付的违约金和实现债权的各种费用，上述费用按实际发生额计算”的表述虽没有明确的给付标的，但不影响该执行证书中关于第1、2项的执行，也不属于法律规定的执行证书确有错误的情形。另外，关于申请人宝塔集团另主张本案中抵押与质押担保的价值足以保证主债务人承担还款义务，申请执行人无权要求申请人承担保证责任的问题，本案进入执行程序后尚未采取任何强制执行措施，不能确定抵押物和质押物的具体价值，故不能免除其保证责任，其应为本案被执行人之一。综上，申请人能源公司、宝塔集团不能证实太行公证处（2015）冀石太证执字第2542号执行证书确有错误，人民法院应当对上述执行证书予以执行。

---

* （2016）宁01执异49号。

84 房产抵押合同办理强制执行公证是否一定有优先受偿权?

实务总结

在强制执行公证实务中,房产抵押合同办理强制执行公证,不动产办理抵押登记,抵押权设立,在未来债务人违约的情况下,债权人可就抵押物优先受偿。但在某些情况下,对抵押权不构成善意取得或不具有优先受偿权,如《最高人民法院关于人民法院办理执行异议和复议案件若干问题的规定》第 28 条规定:"金钱债权执行中,买受人对登记在被执行人名下的不动产提出异议,符合下列情形且其权利能够排除执行的,人民法院应予支持:(一)在人民法院查封之前已签订合法有效的书面买卖合同;(二)在人民法院查封之前已合法占有该不动产;(三)已支付全部价款,或者已按照合同约定支付部分价款且将剩余价款按照人民法院的要求交付执行;(四)非因买受人自身原因未办理过户登记。"第 29 条规定:"金钱债权执行中,买受人对登记在被执行的房地产开发企业名下的商品房提出异议,符合下列情形且其权利能够排除执行的,人民法院应予支持:(一)在人民法院查封之前已签订合法有效的书面买卖合同;(二)所购商品房系用于居住且买受人名下无其他用于居住的房屋;(三)已支付的价款超过合同约定总价款的百分之五十。"

典型案例

邱某杰、中国长城资产管理股份有限公司福建省分公司
案外人执行异议之诉二审民事判决书*

裁判要点:法院认为,根据《最高人民法院关于适用〈中华人民共和国民

---

* (2019)闽民终 705 号。

事诉讼法〉的解释》第 311 条的规定，邱某杰提起案外人执行异议之诉应就其对讼争房产和车位享有足以排除强制执行的民事权益承担举证证明责任。邱某杰对登记于被执行人星辉公司名下的讼争房产所提排除执行的异议，应审查其提供的证据能否证明其符合《最高人民法院关于人民法院办理执行异议和复议案件若干问题的规定》第 28 条或第 29 条规定的情形。《最高人民法院关于人民法院办理执行异议和复议案件若干问题的规定》第 28 条规定："金钱债权执行中，买受人对登记在被执行人名下的不动产提出异议，符合下列情形且其权利能够排除执行的，人民法院应予支持：(一)在人民法院查封之前已签订合法有效的书面买卖合同；(二)在人民法院查封之前已合法占有该不动产；(三)已支付全部价款，或者已按照合同约定支付部分价款且将剩余价款按照人民法院的要求交付执行；(四)非因买受人自身原因未办理过户登记。"第 29 条规定："金钱债权执行中，买受人对登记在被执行的房地产开发企业名下的商品房提出异议，符合下列情形且其权利能够排除执行的，人民法院应予支持：(一)在人民法院查封之前已签订合法有效的书面买卖合同；(二)所购商品房系用于居住且买受人名下无其他用于居住的房屋；(三)已支付的价款超过合同约定总价款的百分之五十。"本案中，《商品房买卖合同》约定讼争房产及车位购房款为 3 231 584 元，并于签约当日即 2013 年 12 月 2 日一次性付款，而邱某杰二审上诉主张某彬向星辉公司转账的 2 227 700 元系购房款，与《商品房买卖合同》约定的付款方式为一次性付款不相符，其中，2013 年 11 月 28 日的转账系在《商品房买卖合同》签订之前，在未确定购买标的和价格情况下支付款项，也不符合常理。一审判决认为讼争房产和车位的购房款是否已实际支付无法认定，并无不当。邱某杰主张其已实际付款，缺乏事实依据，不能成立。邱某杰于一审、二审诉讼中未提交证据证明，其已占有讼争房产和车位，不符合《最高人民法院关于人民法院办理执行异议和复议案件若干问题的规定》第 28 条规定的可以排除强制执行的情形。邱某杰主张适用《最高人民法院关于人民法院民事执行中查封、扣押、冻结财产的规定》第17条及《最高人民法院关于人民法院办理执行异议和复议案件若干问题的规定》第28条的规定,可以排除强制执行,不予支持。邱某杰也未提交证据证明所购讼争房产系用于居住且其名下无其他用于居住的房屋,其主张也不符合《最高人民法院关于人民法院办理执行异议和复议案件若干问题的规定》第29条规定的可排除执行情形。

85 在强制执行公证执行过程中,建设工程价款是否优先于抵押权受偿?

实务总结

在实务中,建设工程价款优先于抵押权,就该工程的折价或者拍卖的价款优先受偿。这在《民法典》第807条有所规定,即建设工程的价款就该工程折价或者拍卖的价款优先受偿。《最高人民法院关于建设工程价款优先受偿权问题的批复》①规定,人民法院在审理房地产纠纷案件和办理执行案件中,应当依照《合同法》第286条②的规定,认定建筑工程的承包人的优先受偿权优于抵押权和其他债权。建筑工程价款包括承包人为建设工程应当支付的工作人员报酬、材料款等实际支出的费用,不包括承包人因发包人违约所造成的损失。建设工程承包人行使优先权的期限为6个月,自建设工程竣工之日或者建设工程合同约定的竣工之日起计算。如果消费者交付购买商品房的全部或者大部分款项后,承包人就该商品房享有的工程价款优先受偿权不得对抗买受人。

---

① 此文件于2020年失效。

② 对应《民法典》第807条。

典型案例

丁某俊、安徽华涛电子有限公司破产债权确认纠纷二审民事判决书*

裁判要点:法院认为,本案系破产债权确认纠纷,本案二审争议焦点是丁某俊涉案劳务债权是否具有优先清偿顺位。经审查,丁某俊及其所带工人与安徽华涛电子有限公司系承包关系,双方未建立直接的劳动合同或雇佣关系,故丁某俊所主张的劳务费债权并非安徽华涛电子有限公司职工债权性质,不能作为职工债权参与破产分配。另外,丁某俊所申报860 000元的劳务款是其承建安徽华涛电子有限公司工程所应得的劳务报酬,是丁某俊及其所带工人的工资,属于工程价款的范畴。根据《最高人民法院关于审理建设工程施工合同纠纷案件适用法律问题的解释(二)》①第23条的规定,在建设工程领域为保障劳务人员的基本生存权而间接赋予了其劳务报酬优先受偿的权利。《合同法》第286条②规定了建设工程价款具有法定的优先受偿权。《最高人民法院关于建设工程价款优先受偿权问题的批复》更明确了建设工程价款优先受偿权优于抵押权和其他债权。根据《企业破产法》第109条的规定,一般担保物权属于别除权,除《企业破产法》第132条规定的特殊情况外,就其担保物具有优先于破产债权进行受偿的权利。因此,本案劳务费欠款本金具有在破产中优先受偿的属性,但其优先受偿的对象仅限于丁某俊承建工程的范围,且不能高于安徽华涛电子有限公司所欠职工债权这一顺序。如劳务费债权在对应的施工工程范围中优先分配不足额的,只能作为一般普通债权参与破产债权分配。《最高人民法院关于审理建设

---

* (2020)皖15民终2782号。

① 此文件于2021年失效。

② 对应《民法典》第807条。

工程施工合同纠纷案件适用法律问题的解释(二)》第 22 条规定的优先受偿权行使期限,是指相关方应当在法定期限内通过普通诉讼程序主张,本案是破产债权优先权确定,属于不同的法律关系,不适用该条款规定的期限。

86 执行证书中能否写加倍支付迟延履行期间的债务利息?

实务总结

在司法实务中,判决书中都会有加倍支付迟延履行期间的债务利息,这是法律规定的惩罚性利息。而办理强制执行公证是基于双方合同的自由约定,出具执行证书时,要严格依照合同明确的约定,公证书与执行证书中的标的都要明确具体,可以执行。

典型案例

邯郸市连峰服装有限公司、中国长城资产管理有限公司河北省分公司破产债权确认纠纷二审民事判决书*

裁判要点:法院认为,中国长城资产管理有限公司对连峰公司债权已经人民法院判决,加倍支付迟延履行期间的债务利息应该确认为破产债权。关于加倍支付迟延履行期间的债务利息是否享有优先权的问题,2019 年《全国法院民商事审判工作会议纪要》第 58 条规定,"以登记作为公示方式的不动产担保物权的担保范围,一般应当以登记的范围为准……人民法院以合同约定认定担保物权的担保范围,是符合实际的妥当选择"。本案中合同约

* (2019)冀 04 民终 6914 号。

定和担保物权登记均没有载明加倍支付迟延履行期间的债务利息为抵押担保范围，因此也无法认定加倍支付迟延履行期间的债务利息享有优先受偿权。

87 在涉及以新贷还旧贷情形下，担保如何处理？

实务总结

主合同当事人协议以新贷偿还旧贷，不能要求旧贷担保人承担担保责任。而只有在新贷与旧贷的担保人相同及新贷担保人对以新贷偿还旧贷的事实知道或者应当知道的情况下，债权人才可请求新贷的担保人承担担保责任。旧贷的物的担保人在登记尚未注销的情形下同意继续为新贷提供担保，在订立新的贷款合同前又以该担保财产为其他债权人设立担保物权，这种情况下，新贷债权人仍有优先权，且优先于其他债权人主张其担保物权。这些在《最高人民法院关于适用〈中华人民共和国民法典〉有关担保制度的解释》中有规定，如第 16 条规定："主合同当事人协议以新贷偿还旧贷，债权人请求旧贷的担保人承担担保责任的，人民法院不予支持；债权人请求新贷的担保人承担担保责任的，按照下列情形处理：(一)新贷与旧贷的担保人相同的，人民法院应予支持；(二)新贷与旧贷的担保人不同，或者旧贷无担保新贷有担保的，人民法院不予支持，但是债权人有证据证明新贷的担保人提供担保时对以新贷偿还旧贷的事实知道或者应当知道的除外。主合同当事人协议以新贷偿还旧贷，旧贷的物的担保人在登记尚未注销的情形下同意继续为新贷提供担保，在订立新的贷款合同前又以该担保财产为其他债权人设立担保物权，其他债权人主张其担保物权顺位优先于新贷债权人的，人民法院不予支持。"

典型案例

辽宁宝林集团有限公司、中国长城资产管理有限公司沈阳办事处二审民事判决书*

裁判要点:法院认为,根据《民事诉讼法》第 105 条的规定,财产保全申请有错误的,申请人应当赔偿被申请人因保全所遭受的损失。《最高人民法院关于适用〈中华人民共和国担保法〉若干问题的解释》第 39 条规定,主合同当事人双方协议以新贷偿还旧贷,除保证人知道或者应当知道的外,保证人不承担民事责任。案涉的主合同即《流动资金借款合同》实际上是以新贷款偿还旧贷,在宝林公司签订的《保证合同》中未表明主合同系新贷还旧贷及宝林公司愿意为该笔以新贷还旧贷的借款提供担保,则长城资产沈阳办事处在明知宝林公司不知该笔借款系新贷还旧贷的情况下,申请查封宝林公司的财产,属于保全申请错误。现宝林公司因长城资产沈阳办事处保全申请产生了贷款利息损失,故原审认定长城资产沈阳办事处应当赔偿宝林公司遭受的损失正确。

88 强制执行公证后,债权经多次转让后又转回给债权人,债权人能否要求债务人支付尚欠剩余全部的借款本金及相应利息?

实务总结

在强制执行公证实务中,债权人可以将债权及申请出具执行证书的权利转让给第三方,这些权利可以经多次转让,有可能最终转回到债权人手

* (2015)沈中民三终字第 00327 号。

中，这里并没有规定只能转让一次。此时债权人仍可以就尚欠剩余全部的借款本金及相应利息要求债务人及担保人偿还。虽然有可能在转回过程中债权人会获利，但也不能排除其要求债务人及担保人支付尚欠剩余全部的借款本金及相应利息的权利。

典型案例

陈某辉、兴业银行股份有限公司莆田分行金融借款合同纠纷二审民事判决书*

裁判要点：法院认为，本案二审的争议焦点是：皇宇木业公司是否已偿还了案涉借款，以及兴业莆田分行是否具备原告主体资格。

陈某辉上诉提出，兴业莆田支行提供的流水信息列表中体现2016年6月24日收回本金600万元、800万元、850万元、750万元，可以证明皇宇木业公司已偿还了案涉借款。对此，兴业莆田分行主张流水信息列表中“收回本金”的内容系兴业莆田分行为减轻银行监管机构不良贷款考核压力进行账目处理而形成的结果，案涉不良债权最终回归兴业莆田分行，并由兴业莆田分行负责清收，皇宇木业公司应向兴业莆田分行偿还案涉借款。法院认为，从案涉债权转让的过程来看，2016年5月31日，兴业莆田分行将包含本案债权在内的7家不良资产债权以126 870 000元的价格转让给信达福建分公司。2017年12月15日，信达福建分公司将包含本案债权在内的3家债权转让给浦银安盛公司。2017年12月25日，浦银安盛公司将包含本案债权在内的46家不良资产债权以395 286 246.63元的价格转让给兴业资产公司。后兴业资产公司将包含本案债权在内的11家不良债权以52 191 606元的价格转让给兴业莆田分行，兴业莆田分行于2017年12月25日向兴业资产公司支付了全部转让价款。而陈某辉未能提供相应证据证明案涉借款已偿还，故兴业莆田分行的主张有事实依据，原审认定前述流水信息表中“收

* (2020)闽民终507号。

回本金”字样不能视为皇宇木业公司已偿还了案涉借款本金,并据此判决皇宇木业公司应偿还兴业莆田分行尚欠的借款本金及相应利息,符合合同约定,并无不当。此外,案涉不良债权虽经多次转让,但最终由兴业莆田分行再行购回,故原审认定兴业莆田分行重新取得债权人即原告的资格,亦无不当。陈某辉关于兴业莆田分行诉讼主体不适格的上诉主张亦不能成立,不予采纳。

89 金融合同中格式条款有争议时,公证处能否依据对合同文本提供方即金融机构不利的解释出具执行证书?

实务总结

在出具执行证书时,债权人与债务人就利息、罚息等计算时间点、标准等格式条款发生争议的,如果该条款有通常理解,公证处以通常理解出具执行证书;如果该条款有多种理解,公证处可以依据有利于债务人的理解出具执行证书。这种操作在《民法典》第498条有规定,即“对格式条款的理解发生争议的,应当按照通常理解予以解释。对格式条款有两种以上解释的,应当作出不利于提供格式条款一方的解释。格式条款和非格式条款不一致的,应当采用非格式条款”。

典型案例

中国东方资产管理股份有限公司、昆明市政基础设施综合开发建设(集团)股份有限公司等金融借款合同纠纷民事二审民事判决书*

裁判要点:关于市政公司是否应承担逾期利息复利的问题。中国人民

* (2021)最高法民终633号。

银行《人民币利率管理规定》第 21 条中规定，“对贷款期内不能按期支付的利息按贷款合同利率按季或按月计收复利，贷款逾期后改按罚息利率计收复利”；第 25 条规定，“逾期贷款或挤占挪用贷款，从逾期或挤占挪用之日起，按罚息利率计收罚息，直到清偿本息为止，遇罚息利率调整分段计息。对贷款逾期或挪用期间不能按期支付的利息按罚息利率按季（短期贷款也可按月）计收复利”。《中国人民银行关于人民币贷款利率有关问题的通知》规定：“三、……对不能按时支付的利息，按罚息利率计收复利。”据此，除非有明确的合同约定，复利的计算基数应仅为正常期内的应付利息，不包括逾期利息。128 号合同第 8.5 条约定：“甲方到期不偿还本合同项下借款本金及利息的，乙方有权限期清偿，有权对甲方在乙方开立的所有账户资金行使抵销权，同时对逾期借款按日计收万分之二点一的利息，并对未支付利息计收复利。”从合同文义看，该约定中的“未支付利息”并未明确为“逾期利息”，即便是联系上下文进行理解，无法据此明确得出对逾期利息计算复利的结论；且当合同文义有歧义时，可对作为合同文本提供方的金融机构作不利解释，故原审将“未支付利息”认定为期内利息并无不当。东方公司未就期内利息计收复利提出诉讼请求，原审判决对借款逾期后按日万分之二点一的罚息标准计算逾期利息符合上述约定，东方公司要求对逾期利息再计收复利的主张，不予支持。

90 债权及抵押权办理强制执行公证后转让的，抵押物未办理新的登记，债权及抵押权受让人是否取得抵押权？

实务总结

债权及抵押权办理强制执行公证后转让的，抵押物未办理新的登记，债权及抵押权受让人取得抵押权，可以申请强制执行公证。《最高人民法院关于适用〈中华人民共和国民法典〉有关担保制度的解释》第 39 条有规定,即主债权被分割或者部分转让,各债权人主张就其享有的债权份额行使担保物权的,人民法院应予支持,但是法律另有规定或者当事人另有约定的除外。债权人转让权利的,受让人取得与债权有关的从权利,未重新办理抵押登记,该种重新办理备案登记是行政机关的行政管理措施,不产生物权变动的效力。

典型案例

中国长城资产管理股份有限公司黑龙江省分公司、黑龙江省日出康城房地产开发有限公司等债权转让合同纠纷民事二审民事判决书*

裁判要点:法院认为,根据当事人的上诉请求及答辩意见,本案的争议焦点为:长城黑龙江分公司对案涉 A1 栋-3 层 CK01、M8 栋 24 层 2401 号至 2413 号共 13 处房产及对应的土地使用权是否享有优先受偿权。对此,评析如下:

(1)长城黑龙江分公司与日出康城公司之间的债权债务关系成立。本案中,中航公司与日出康城公司于 2013 年 6 月签订《借款合同》,约定中航公司将信托资金中的 4950 万元用于受让北京瑞宝公司持有日出康城公司 99%的股权,同时向日出康城公司提供 35 050 万元借款,共计 4 亿元。中航公司依约支付了合同款项,后日出康城公司偿还部分借款,并确认尚欠本金 39 740 万元。2015 年 6 月 26 日,长城黑龙江分公司、中航公司、日出康城公司签订《债权转让协议》,将上述 39 740 万元债权及相应从权利权益等一并转让长城黑龙江分公司。长城黑龙江分公司亦向中航公司支付 39 740 万元转让款。2015 年 6 月,长城黑龙江分公司与日出康城公司、刘某旭等 9 人针对 39 740 万元转让债权签订了《债务重组协议》,各方一致确认长城黑龙江

* (2021)最高法民终 1277 号。

分公司对日出康城公司享有的主债权包括重组债务本金 39 740 万元及债务重组收益。此外，中山证券公司、德阳银行与日出康城公司于 2015 年 6 月 17 日签订《委托贷款合同》，约定：中山证券公司根据中山德阳 2 号定向资产管理计划委托人的投资指令，委托德阳银行向日出康城公司发放贷款，借款金额 6000 万元，借款期限 6 个月。后德阳银行向日出康城公司发放了 6000 万元贷款。2015 年 12 月 2 日，长城黑龙江分公司、德阳银行、中山证券公司、日出康城公司、刘某旭等 9 人签订了《债权转让协议》，约定《委托贷款合同》项下借款本金 6000 万元，利息 0 元，长城黑龙江分公司以 6000 万元受让该债权，日出康城公司、刘某旭等 9 人继续履行相应的还款及担保责任。据此，长城黑龙江分公司通过债权转让合同已分别取得对日出康城公司的上述债权。

(2) 长城黑龙江分公司对案涉两部分房产依法享有抵押权。《物权法》第 187 条[①]规定："以本法第一百八十条第一款第一项至第三项规定的财产或者第五项规定的正在建造的建筑物抵押的，应当办理抵押登记。抵押权自登记时设立。"2015 年 6 月 26 日，日出康城公司与长城黑龙江分公司签订《抵押合同》，约定日出康城公司以包括案涉 A1 栋-3 层 CK01 房产在内的在建工程及对应的土地使用权，为案涉《债务重组协议》项下 39 740 万元本金等提供抵押担保，并办理了抵押登记手续。2015 年 6 月 17 日，德阳银行与日出康城公司签订《委托贷款抵押合同》，约定日出康城公司以包括案涉 M8 栋 24 层 13 处房产在内的在建工程及对应的土地使用权，为案涉《委托贷款抵押合同》项下 6000 万元本金等提供抵押担保，并办理了抵押登记手续。根据上述法律规定及债权转让的法理，长城黑龙江分公司已经取得以案涉 A1 栋-3 层 CK01、M8 栋 24 层 13 处房产及对应的土地使用权所设定的抵押权。长城黑龙江分公司及德阳银行虽然出具《同意办理抵押可售函》，但并不必然导致该抵押权消灭。

① 对应《民法典》第 402 条。

(3)长城黑龙江分公司上诉主张的优先受偿权应予支持。我国不动产物权的设立及变动采登记生效主义,案涉两部分房产已经办理抵押登记,长城黑龙江分公司基于债权转让合同已经取得抵押权。备案登记是行政机关的行政管理措施,不产生物权变动的效力,不能以案涉两部分房产已备案登记为由否定长城黑龙江分公司所享有的抵押权。如案外人对长城黑龙江分公司就案涉两部分房产及对应的土地使用权享有优先受偿权有异议,可另案提出执行异议或者执行异议之诉。

91 资产管理公司受让债权后,能否要求增加担保措施并办理强制执行公证?

实务总结

资产管理公司受让债权后,可以要求增加担保措施并办理强制执行公证。资产管理公司在受让债权的前提下,要求转让人增加担保措施,为开展资产管理业务的风险防控手段,不能以此否认债权转让法律关系。故债权转让合同及担保合同都可以办理强制执行公证。

典型案例

金安桥水电站有限公司、中国华融资产管理股份有限公司黑龙江省分公司等金融借款合同纠纷民事申请再审审查民事裁定书*

裁判要点:法院经审查认为,本案再审审查的主要问题是案涉《债权转

* (2021)最高法民申6145号。

让协议》《还款协议》效力问题。

金安桥公司以案涉《债权转让协议》名为债权转让，实为借款，超出华融黑龙江省分公司的经营范围且有悖于一般交易习惯为由主张该协议无效。经原审查明，本案中，华融黑龙江省分公司已实际支付债权转让价款、取得金江公司对黑龙江汉能公司的债权，并通过诉讼方式向债务人黑龙江汉能公司、金安桥公司主张案涉债权权益。符合《合同法》第76条①关于债权转让的有关规定。金江公司为案涉债权提供的保证及金安桥公司同意作为共同债务人等行为均系华融黑龙江省分公司为开展资产管理业务的风险防控手段，不能以此否认金江公司、华融黑龙江省分公司、黑龙江汉能公司三方之间的债权转让法律关系。关于金安桥公司主张华融黑龙江省分公司违反了财政部、原中国银行业监督管理委员会印发的《金融资产管理公司开展非金融机构不良资产业务管理办法》的规定问题，《最高人民法院关于适用〈中华人民共和国合同法〉若干问题的解释（一）》②（法释〔1999〕19号）第4条规定："合同法实施以后，人民法院确认合同无效，应当以全国人大及其常委会制定的法律和国务院制定的行政法规为依据，不得以地方性法规、行政规章为依据。"《最高人民法院关于适用〈中华人民共和国合同法〉若干问题的解释（二）》③（法释〔2009〕5号）第14条规定："合同法第五十二条第（五）项规定的'强制性规定'，是指效力性强制性规定。"根据《全国法院民商事审判工作会议纪要》第31条的规定，违反规章一般情况下不影响合同效力，但该规章的内容涉及金融安全、市场秩序、国家宏观政策等公序良俗的，应当认定合同无效。本案中，金安桥公司援引的部门规范性文件并不属于效力性强制性规定，是否违反并不必然影响合同的效力。原审认定案涉《债权转让协议》为有效合同，并无不当。金安桥公司主张案涉《债权转让协议》无效的

① 对应《民法典》第532条。
② 此文件于2020年失效。
③ 此文件于2020年失效。

再审申请理由,依法不能成立。

金安桥公司以案涉《还款协议》未经公司股东会、董事会决议,违反《公司法》第16条规定为由主张该《还款协议》无效。本案中,金安桥公司主张其与华融黑龙江省分公司、黑龙江汉能公司签订《还款协议》,同意作为共同债务人对案涉重组债务承担共同还款责任的行为应当根据《全国法院民商事审判工作会议纪要》第23条的规定,参照公司为他人提供担保的有关规则处理。根据该纪要第19条的规定,存在下列情形的,即便债权人知道或者应当知道没有公司机关决议,也应当认定担保合同符合公司的真实意思表示,合同有效:……担保合同系由单独或者共同持有公司三分之二以上有表决权的股东签字同意。本案原二审查明,金江公司持有金安桥公司80%的股权,是金安桥公司的控股股东,金江公司作为案涉转让债权的原债权人,对于金安桥公司提供担保事宜显属同意,故符合上述规定的精神。据此,原审认定金安桥公司债务加入行为并未违反《公司法》第16条的规定,进而认定案涉《还款协议》有效,具有事实和法律依据。金安桥公司的再审申请理由无法成立,依法不予支持。

92 票据贴现业务能否办理强制执行公证?

实务总结

票据贴现业务可以办理强制执行公证。票据贴现系指贷款人以购买借款人未到期商业票据的方式发放的贷款,故票据贴现属于贷款的一种类型。票据贴现业务既然是贷款的一种类型,就可以办理强制执行公证。另外,商业票据还可以通过质押方式进行质押担保,为其他类型借款提供担保,同样可以办理强制执行公证。

典型案例

河南濮阳国家粮食储备库、中国华融资产管理股份有限公司河南省分公司等金融借款合同纠纷民事申请再审审查民事裁定书*

裁判要点:法院经审查认为,本案审查的焦点问题为濮阳粮库是否应当返还涉案商业承兑汇票项下贴现款及相应利息。

《贷款通则》第9条规定,票据贴现系指贷款人以购买借款人未到期商业票据的方式发放的贷款,故票据贴现属于贷款的一种类型。本案中,《关于申请授信事项的同意函》、《借款申请书》、《票据贴现业务协议书(含协议付息方式)》、《最高额保证合同》及备注借据联的贴现凭证等系当事人真实意思表示,应为合法有效。浦发银行郑州分行与濮阳粮库根据上述协议并按照票据法规定,办理了贴现业务,双方之间据此形成以票据贴现形式实现的金融借款法律关系。因此,浦发银行郑州分行作为持票人,有权依照《票据法》行使相应票据权利,也有权选择依据双方签订的《票据贴现业务协议书(含协议付息方式)》主张合同权利。浦发银行郑州分行已将相关债权转让给华融河南分公司,故华融河南分公司同样享有上述权利。华融河南分公司的诉讼请求为:判令濮阳粮库向华融河南分公司偿还汇票贴现融资款49 999 927.75元及利息255 395.46元(暂计至2017年7月27日,此后利息按照约定的利率计算至全部欠款清偿完毕之日);丰太公司、赵某宇对上述债务承担连带清偿责任。该诉讼请求明确了其要求濮阳粮库偿还的款项性质为涉案商业承兑汇票的贴现融资款而非票款,原审法院依据其诉讼请求按照合同约定审理并无不当。

---

* (2021)最高法民申2767号。

93 执行证书在执行后如果因执行错误需要进行执行回转,回转义务人如何认定?

实务总结

执行证书在执行后如果因执行错误需要进行执行回转,回转义务人应该是原执行程序中取得财产的申请执行人。这个原执行程序中取得财产的申请执行人可能就是原债权人,也可能是债权受让人。如果回转义务人为债权受让人,将取得的财产回转给被执行人,债权受让人可以依据债权转让合同的约定向转让人主张权利。

典型案例

中国建设银行股份有限公司青岛市北支行、山东省金融资产管理股份有限公司等借款合同纠纷执行监督裁定书*

裁判要点:法院认为,本案的争议焦点为建行市北支行是否应当成为执行回转案件的被执行人。

根据执行回转相关法律规定,承担回转义务的主体应为在原执行程序中取得财产的申请执行人。在本执行回转案件的原执行程序中,建行市北支行已经将债权转让给山金公司,山金公司又将债权转让给了紫石合伙。依据紫石合伙的申请,青岛中院裁定变更紫石合伙为原执行案件的申请执行人,青岛中院扣划的案款亦发放给了紫石合伙。可见,从原执行程序中取得财产的申请执行人为紫石合伙,而非建行市北支行。虽然建行市北支行因向山金公司

---

* (2021)最高法执监74号。

转让债权获得了作为对价的债权转让款,但这并非经由原执行程序而是基于另外的法律关系取得财产。山东高院认定紫石合伙为回转义务人,于法有据。

94 强制执行公证中如何认定最高额抵押权的担保金额与担保期间?

实务总结

当最高额抵押合同项下的不确定债权变为确定债权时,担保金额确定,担保债权就可以转让,担保人应在原担保范围内对受让人继续承担担保责任,受让人亦因债权转让而取得最高额抵押担保的权利。最高额抵押的担保期间的起算点,在《最高人民法院关于适用〈中华人民共和国民法典〉有关担保制度的解释》第 44 条有规定,即主债权诉讼时效期间届满后,抵押权人主张行使抵押权的,人民法院不予支持;抵押人以主债权诉讼时效期间届满为由,主张不承担担保责任的,人民法院应予支持。主债权诉讼时效期间届满前,债权人仅对债务人提起诉讼,经人民法院判决或者调解后未在民事诉讼法规定的申请执行时效期间内对债务人申请强制执行,其向抵押人主张行使抵押权的,人民法院不予支持。

典型案例

青岛圣莺生物工程有限公司、中国信达资产管理股份有限公司福建省分公司等抵押合同纠纷民事申请再审审查民事裁定书*

裁判要点:法院经审查认为,虽圣莺公司于 2012 年 4 月 27 日签订的兴

* (2021)最高法民申 214 号。

银青借高抵字 2012-131 号《最高额抵押合同》未被选择列入案涉两主债权即 2013 年 11 月 21 日《流动资金借款合同》和 2014 年 5 月 19 日《商业汇票银行承兑合同》所约定的担保合同范围，但圣莺公司仍应按照 2012 年 4 月 27 日兴银青借高抵字 2012-131 号《最高额抵押合同》的约定对上述借款合同项下债务承担抵押担保责任。二审判决的事实认定和法律适用并无错误，圣莺公司的申请再审事由不能成立。分析评述如下：

第一，2013 年 11 月 21 日兴银青借字 2013-356 号《流动资金借款合同》、2014 年 6 月 19 日兴银青承字 2014-0405 号《商业汇票银行承兑合同》的签订时间及贷款发放时间，均在圣莺公司 2012 年 4 月 27 日兴银青借高抵字 2012-131 号《最高额抵押合同》约定的抵押额度有效期内（2012 年 4 月 27 日至 2015 年 4 月 27 日）。

第二，兴业银行与圣莺公司签订的兴银青借高抵字 2012-131 号《最高额抵押合同》明确约定，"在抵押额度有效期内，抵押权人与债务人形成债权债务关系所签订的一系列合同、协议以及其他法律性文件，如果未在有关合同、协议以及其他法律性文件中明确不是由本合同作抵押担保的，均视为由本合同作抵押担保"。据此约定，在兴银青借字 2013-356 号《流动资金借款合同》、兴银青承字 2014-0405 号《商业汇票银行承兑合同》未明确约定排除兴银青借高抵字 2012-131 号《最高额抵押合同》的情形下，应视为由圣莺公司按照兴银青借高抵字 2012-131 号《最高额抵押合同》对该两份借款合同作抵押担保。圣莺公司以前述两份借款合同约定了其他担保为由，主张两份借款合同不在兴银青借高抵字 2012-131 号《最高额抵押合同》范围之内，与兴银青借高抵字 2012-131 号《最高额抵押合同》的前述约定不符。

第三，民事权利的放弃必须采取明示的意思表示才能发生法律效力，默示的意思表示只有在法律有明确规定及当事人有特别约定的情况下才能发生法律效力；在无明确约定或者法律无特别规定的情况下，不能推定当事人对权利进行放弃。兴业银行就在兴银青借字 2013-356 号《流动资金借款合同》、兴银青承字2014-0405号《商业汇票银行承兑合同》中的债权在(2015)青民四商初字第19号、(2016)鲁民终字第1239号案中虽仅就主债务人和相关担保人提起诉讼,而未对圣莺公司诉讼主张权利,但不能以此推定放弃对圣莺公司的担保物权。此后,在案涉主债权两次转让中,虽均未列明本案争议的担保物权,但兴业银行及相关债权受让方均未以明示方式放弃圣莺公司提供的最高额抵押,圣莺公司仍是案涉主债权合同的最高额抵押人。圣莺公司关于债权人已放弃兴银青借高抵字2012-131号《最高额抵押合同》合同权利的主张缺乏合同依据和法律依据。

第四,《合同法》第81条①规定:"债权人转让权利的,受让人取得与债权有关的从权利,但该从权利专属于债权人自身的除外。"《物权法》第204条②规定:"最高额抵押担保的债权确定前,部分债权转让的,最高额抵押权不得转让,但当事人另有约定的除外。"根据前述法律规定,当最高额抵押合同项下的不确定债权变为确定债权时,担保额亦确定化,担保债权即可随之转让,担保人应在原担保范围内对受让人继续承担担保责任。案涉债权两次转让时,最高额抵押担保的债权均已确定,案涉债权转让符合法律规定。最高额抵押担保作为主债权的从权利,不因债权转让合同未约定而脱离于主债权,受让人亦因债权转让而取得最高额抵押担保的权利。圣莺公司关于信达福建分公司不是适格诉讼主体的主张,不能成立。

第五,《最高人民法院关于适用〈中华人民共和国担保法〉若干问题的解释》第12条规定:"当事人约定的或者登记部门要求登记的担保期间,对担保物权的存续不具有法律约束力。担保物权所担保的债权的诉讼时效结束后,担保权人在诉讼时效结束后的二年内行使担保物权的,人民法院应当予以支持。"兴银青借字2013-356号《流动资金借款合同》项下借款到期日是2014年11月21日、12月19日,兴银青承字2014-0405号《商业汇票银行承

① 对应《民法典》第502条第3款。

② 对应《民法典》第421条。

兑合同》项下借款到期日是2014年6月19日,即使按此计算担保权人对两债权行使担保物权的期限亦应至2018年11月21日、12月19日,何况兴业银行已分别于2015年3月12日、12月28日在(2015)青民四商初字第19号、(2016)鲁民终字第1239号案中就圣莺公司所担保的主债权提起诉讼。故圣莺公司关于信达福建分公司2017年10月9日提起诉讼已超过诉讼时效的主张,不能成立。

第六,圣莺公司还主张,兴银青借高抵字2012-131号《最高额抵押合同》担保的是单笔不可循环使用的贷款,在一次贷款主合同履行完毕后,该《最高额抵押合同》并不能再次使用,而在兴银青借字2013-356号《流动资金借款合同》中已约定兴银青借高抵字2012-131号《最高额抵押合同》提供担保,故不应再为兴银青借字2013-356号《流动资金借款合同》、兴银青承字2014-0405号《商业汇票银行承兑合同》提供担保。该主张与兴银青借高抵字2012-131号《最高额抵押合同》为2012年4月27日至2015年4月27日期限内连续发生的债权提供担保的约定明显不符,不予支持。

第七,圣莺公司另主张兴业银行已经通过债权转让实现债权,主债权消灭,担保物权亦消灭。债权转让是债权人实现权利的一种方式,而债权消灭了债权本身得以清偿,该主张显然混淆了债权人权利的实现与债权消灭的概念,明显不能成立。

95 主合同、抵押合同办理强制执行公证,股权质押合同未办理强制执行公证,能否所有合同一并通过法院诉讼解决?

实务总结

在强制执行公证实务中,在主合同、抵押合同办理强制执行公证,股权质押合同未办理强制执行公证的情况下,如果债权人想整体通过诉讼解决债权纠纷，就需要债权人向公证处申请，自愿放弃出具执行证书，通过诉讼解决，公证处对主合同、抵押合同出具《不予出具执行证书的决定》，债权人取得该决定后，就可以去法院申请诉讼。债权人选择放弃出具执行证书而通过诉讼解决纠纷是其权利，另外此选择也未影响债务人、担保人的权益。所以，主合同、抵押合同办理强制执行公证，股权质押合同未办理强制执行公证，所有合同可以一并通过法院诉讼解决。

典型案例

包头市鸿德企业投资有限责任公司、中国长城资产管理公司兰州办事处合同纠纷二审民事判决书*

裁判要点：长城公司兰州办事处称，因本案担保人王某华、何某玲补充签订的《股权质押合同》未办理强制执行公证，故为实现全部债权的一并解决，选择了民事诉讼程序。经查，鸿德公司在收到一审法院的应诉通知书后，并未提出管辖异议，且积极应诉答辩，提出反诉，提交调取证据申请书，应视为其同意案涉纠纷由一审法院审理。依据《民事诉讼法》第127条第2款的规定，一审法院审理该案并无不当。

* （2016）最高法民终737号。

五、基金公司涉及的强制执行公证司法实务

96 私募基金公司签署什么合同可以办理强制执行公证?

实务总结

在强制执行公证实务中,私募基金公司不是司法部认可的可以办理强制执行公证的持牌金融机构,一般情况下不能办理强制执行公证,而在某些特殊金融业务中则可以办理强制执行公证,如企业债券投资等。《最高人民法院关于公证债权文书执行若干问题的规定》自2018年10月1日起施行,该规定要求公证书要有明确的给付内容,在此之前的公证书没有,也不溯及既往,结合合同与执行证书也可以确定给付内容。另外,律师费、评估费、拍卖费、申请执行人垫付的案件受理费等费用,在执行证书中必须有明确具体的金额法院才可以执行,否则对这些费用法院不予执行。

典型案例

芜湖长智投资基金(有限合伙)与北京鸿福常峰投资有限公司、南昌银志纺织服装城实业有限公司、江西安华绿色实业有限公司、胡某华、施某一案*

裁判要点:法院认为,本案的争议焦点为申请执行人芜湖长智基金的强

* (2021)京执复290号。

制执行申请应否被驳回。《最高人民法院关于人民法院执行工作若干问题的规定(试行)》第16条第1款规定:“人民法院受理执行案件应当符合下列条件:(1)申请或移送执行的法律文书已经生效;(2)申请执行人是生效法律文书确定的权利人或其继承人、权利承受人;(3)申请执行的法律文书有给付内容,且执行标的和被执行人明确;(4)义务人在生效法律文书确定的期限内未履行义务;(5)属于受申请执行的人民法院管辖。”《最高人民法院关于公证债权文书执行若干问题的规定》第5条规定:“债权人申请执行公证债权文书,有下列情形之一的,人民法院应当裁定不予受理;已经受理的,裁定驳回执行申请:(一)债权文书属于不得经公证赋予强制执行效力的文书;(二)公证债权文书未载明债务人接受强制执行的承诺;(三)公证证词载明的权利义务主体或者给付内容不明确;(四)债权人未提交执行证书;(五)其他不符合受理条件的情形。”

本案中,复议申请人施某提出了三项复议理由,其中第一项和第三项理由与人民法院受理执行案件的条件无关,不予审查。关于复议申请人的第二项理由,(2017)赣洪城证内字第12726号公证书明确对《委托贷款保证合同》赋予强制执行效力,复议申请人主张公证书赋予强制执行效力的对象不明,与事实不符。《最高人民法院关于公证债权文书执行若干问题的规定》自2018年10月1日起施行,作为执行依据的(2017)赣洪城证内字第12726号公证书于2017年6月14日作出。故该公证书的证词虽未载明给付内容,但在结合《委托贷款保证合同》和(2018)赣洪城证执行字第5号《执行证书》可以确定给付内容的情况下,对复议申请人依据《最高人民法院关于公证债权文书执行若干问题的规定》第5条请求驳回全部执行申请的主张,不予支持。但因(2017)赣洪城证内字第12726号公证书、(2018)赣洪城证执行字第5号《执行证书》未对律师费、评估费、拍卖费、申请执行人垫付的案件受理费具体数额予以明确,故人民法院无法依据公证书强制执行上述费用。执行程序的案件受理费,因执行程序而发生的评估费、拍卖费等应由人民法院按照《诉讼费用交纳办法》收取。

97 如何通过实现担保物权制度保护债权?

实务总结

关于实现担保物权的管辖,根据《民事诉讼法》第 207 条的规定,申请实现担保物权,由担保物权人以及其他有权请求实现担保物权的人依照《民法典》等法律,向担保财产所在地或者担保物权登记地基层人民法院提出。下述案例中因申请人设立质权登记地点和担保财产所在地都为上海,案件涉及金额较大,故该案应属上海金融法院管辖。实现担保物权最终能够实现的条件是被申请人对此直接实现担保物权并清偿债务无争议,只要双方有争议,法院就会驳回申请。这些在以下法条与司法解释中都有规定《民事诉讼法》第 208 条规定:"人民法院受理申请后,经审查,符合法律规定的,裁定拍卖、变卖担保财产,当事人依据该裁定可以向人民法院申请执行;不符合法律规定的,裁定驳回申请,当事人可以向人民法院提起诉讼。"《最高人民法院关于适用〈中华人民共和国民事诉讼法〉的解释》第 369 条规定:"人民法院应当就主合同的效力、期限、履行情况,担保物权是否有效设立、担保财产的范围、被担保的债权范围、被担保的债权是否已届清偿期等担保物权实现的条件,以及是否损害他人合法权益等内容进行审查。被申请人或者利害关系人提出异议的,人民法院应当一并审查。"该司法解释第 370 条规定:"人民法院审查后,按下列情形分别处理:(一)当事人对实现担保物权无实质性争议且实现担保物权条件成就的,裁定准许拍卖、变卖担保财产;(二)当事人对实现担保物权有部分实质性争议的,可以就无争议部分裁定准许拍卖、变卖担保财产;(三)当事人对实现担保物权有实质性争议的,裁定驳回申请,并告知申请人向人民法院提起诉讼。"所以,实现担保物权与强制执行公证两种制度的重要区别点是实现担保物权要求双方没有实质争议,而强制执行公证没有此要求。

典型案例

中国信托业保障基金有限责任公司与上海国之杰投资发展有限公司申请实现担保物权案*

裁判要点:法院经审查认为,申请人信保公司提交了三份《流动性支持协议》(编号分别为"基金-×-××××-003""基金-×-××××-004""基金-×-××××-006")及对应的流动性支持资金付款凭证、《质押合同》(编号为"基金-×-××××-006-02")、国之杰公司股东会决议及章程、证券质押登记证明(编号为ZYDX×××××)、《违约催收函》及《确认函》、资金占用费付款凭证等证据,证明申请人信保公司与第三人安信公司之间存在合法债权债务关系,被申请人国之杰公司以其持有的安信公司股票(无限售流通股)为第三人安信公司的上述债务提供质押担保,并办理了合法有效的证券质押登记手续。审查中,被申请人国之杰公司认可上述事实,并认可申请人信保公司实现上述担保物权的条件已成就;第三人安信公司认可上述事实,并认可申请人信保公司主张的未清偿债权数额。申请人信保公司主张实现上述担保物权,符合法律规定,依法予以准许。

依照《民事诉讼法》第197条、《最高人民法院关于适用〈中华人民共和国民事诉讼法〉的解释》第372条第1款之规定,裁定如下:

准许拍卖、变卖被申请人上海国之杰投资发展有限公司质押的其持有的安信信托股份有限公司10亿股股票(无限售流通股)及其孳息(包括在质

* (2021)沪74民特211号。

押登记有效期内的送股、转增股、通过中国证券登记结算有限责任公司上海分公司发放的现金红利),将所得拍卖、变卖价款优先清偿第三人安信信托股份有限公司在编号分别为“基金-×-××××-003”“基金-×-××××-004”“基金-×-××××-006”的三份《流动性支持协议》项下欠付申请人中国信托业保障基金有限责任公司的流动性支持资金本金32亿元及计算至2021年7月22日的资金占用费459 539 999.99元、违约金489 963 013.29元(编号为“基金-×-××××-003”的《流动性支持协议》项下流动性支持资金本金为7亿元,计算至2021年7月22日的欠付资金占用费为97 712 222.22元、违约金为105 541 491.29元;编号为“基金-×-××××-004”的《流动性支持协议》项下流动性支持资金本金为5亿元,计算至2021年7月22日的欠付资金占用费为67 811 111.11元、违约金为107 700 000元;编号为“基金-×-××××-006”的《流动性支持协议》项下流动性支持资金本金为20亿元,计算至2021年7月22日的欠付资金占用费为294 016 666.66元、违约金为276 721 522元)。

延伸阅读

中国信托业保障基金有限责任公司与安信信托股份有限公司担保物权案*

裁判要点:法院经审查认为,根据《民事诉讼法》第196条的规定,申请实现担保物权,由担保物权人以及其他有权请求实现担保物权的人依照《物权法》等法律,向担保财产所在地或者担保物权登记地基层人民法院提出,因申请人设立质权登记地点为北京市工商行政管理局房山分局,故本案应属北京市房山区人民法院管辖。中国信托公司提交了三份《流动性支持协议》(合同编号分别为:公司-C-2019-055号、公司-C-2019-065号、公

* (2020)京0111民特1207号。

司-C-2019-069号)及对应三份付款回单(分别为:中国银行国内支付业务付款回单、交通银行回单、中国银行国内支付业务付款回单)、《最高额质押合同》(合同编号为:公司-C-2019-055-02号)、《股权出质设立登记通知书》[编号为:(京房)股质登记设字〔2019〕第00003245号]、《违约催收函》及《确认函》、两笔资金占用费还款凭证(还款日期2019年6月17日)、资金占用费还款凭证(还款日期2019年8月29日)、债权计算表、《质押股权现状说明》、《关于实现担保物权案请求事项的情况说明》等证据,证明与被申请人安信信托公司之间存在合法债权债务关系,并办理合法有效的股权质押手续,审查中被申请人认可上述事实,现双方均同意依法处置被申请人安信信托股份有限公司质押的其持有的大童保险销售服务有限公司32.98%股权,符合相关法律规定,依法准许,依照《民事诉讼法》第197条、《最高人民法院关于适用〈中华人民共和国民事诉讼法〉的解释》第372条第1款之规定,裁定如下:

准许拍卖、变卖被申请人安信信托股份有限公司质押的其持有的大童保险销售服务有限公司32.98%股权,将所得拍卖、变卖价款优先清偿被申请人安信信托股份有限公司三份《流动性支持协议》项下欠付的流动性支持资金本金12亿元及相应的资金占用费、违约金。

98 中国信托业保障基金有限责任公司签署《流动性支持协议》《最高额质押合同》能否办理强制执行公证?

实务总结

中国信托业保障基金有限责任公司系信托行业持牌机构。其经营范围包括:通过融资、注资等方式向信托公司提供流动性支持;收购、受托经营信托公司的固有财产和信托财产,并进行管理、投资和处置;同业拆借、同业借款和向其他金融机构融资,经批准发行金融债券。中国信托业保障基金有限责任公司具有向信托公司提供流动性支持的业务职能，所以下述案例中的《流动性支持协议》《最高额质押合同》也可以办理强制执行公证保护其债权。

典型案例

中国信托业保障基金有限责任公司与安信信托股份有限公司担保物权案*

裁判要点：中国信托公司提交了三份《流动性支持协议》(合同编号分别为：公司-C-2019-055号、公司-C-2019-065号、公司-C-2019-069号)及对应三份付款回单(分别为：中国银行国内支付业务付款回单、交通银行回单、中国银行国内支付业务付款回单)、《最高额质押合同》(合同编号为：公司-C-2019-055-02号)、《股权出质设立登记通知书》[编号为：(京房)股质登记设字〔2019〕第00003245号]、《违约催收函》及《确认函》、两笔资金占用费还款凭证(还款日期2019年6月17日)、资金占用费还款凭证(还款日期2019年8月29日)、债权计算表、《质押股权现状说明》、《关于实现担保物权案请求事项的情况说明》等证据，证明与被申请人安信信托公司之间存在合法债权债务关系，并办理合法有效的股权质押手续。

99 出具执行证书后，向法院申请冻结上市公司股票，如何避免冻结不足与超额冻结？

实务总结

出具执行证书后，向法院申请冻结上市公司股票，因为上市公司股票都

---

* (2020)京0111民特1207号。

是浮动的,冻结上市公司股票都要超额冻结,但也不能过高,一般掌握在不超过20%的幅度内。这在《最高人民法院、最高人民检察院、公安部、中国证券监督管理委员会关于进一步规范人民法院冻结上市公司质押股票工作的意见》中有规定。该意见第2条规定:"人民法院冻结质押股票时,在协助执行通知书中应当明确案件债权额及执行费用,证券账户持有人名称(姓名)、账户号码,冻结股票的名称、证券代码,需要冻结的数量、冻结期限等信息。前款规定的需要冻结的股票数量,以案件债权额及执行费用总额除以每股股票的价值计算。每股股票的价值以冻结前一交易日收盘价为基准,结合股票市场行情,一般在不超过20%的幅度内合理确定"。

典型案例

中央企业乡村产业投资基金股份有限公司与亿利资源集团有限公司诉前财产保全案*

裁判要点:法院认为,《最高人民法院关于人民法院民事执行中查封、扣押、冻结财产的规定》第19条规定:"查封、扣押、冻结被执行人的财产,以其价额足以清偿法律文书确定的债权额及执行费用为限,不得明显超标的额查封、扣押、冻结。发现超标的额查封、扣押、冻结的,人民法院应当根据被执行人的申请或者依职权,及时解除对超标的额部分财产的查封、扣押、冻结,但该财产为不可分物且被执行人无其他可供执行的财产或者其他财产不足以清偿债务的除外。"《最高人民法院、最高人民检察院、公安部、中国证券监督管理委员会关于进一步规范人民法院冻结上市公司质押股票工作的意见》第2条规定:"人民法院冻结质押股票时,在协助执行通知书中应当明确案件债权额及执行费用,证券账户持有人名称(姓名)、账户号码,冻结股

---

* (2023)京02执异96号。

票的名称、证券代码,需要冻结的数量、冻结期限等信息。前款规定的需要冻结的股票数量,以案件债权额及执行费用总额除以每股股票的价值计算。每股股票的价值以冻结前一交易日收盘价为基准,结合股票市场行情,一般在不超过20%的幅度内合理确定。”本案中,法院(2023)京02财保30号民事裁定书确定的保全财产的价值为707 322 551.87元,于2023年2月6日冻结亿利公司持有的已质押股票(证券名称:亿利洁能,证券代码:×××)486 014 770股,同时对亿利公司持有的股票(证券名称:亿利洁能,证券代码:600277)803 385 230股进行轮候冻结。但在本案审查过程中,法院已于2023年2月16日解除对亿利公司持有的已质押股票(证券名称:亿利洁能,证券代码:×××)309 284 770股的冻结,并已解除亿利公司持有的股票(证券名称:亿利洁能,证券代码:×××)803 385 230股的轮候冻结。鉴于上述情况,本案现并不存在超标的保全财产的情形,对于亿利公司所提异议请求,不予支持。

100 涉及不动产抵押办理完强制执行公证后,该房产如被公安机关查封,该如何处理?

实务总结

在强制执行公证实务中,涉及的抵押房产被公安机关查封后,申请人申请出具执行证书,此时因涉嫌刑事案件,公证处不能出具执行证书或者等待公安机关解封后再对此出具执行证书。如果申请人坚持申请,公证处可以出具《不予出具执行证书的决定》,申请人携此决定就可以向法院起诉,由法院最终判断是否要等待公安机关的决定再审理与执行。

典型案例

四川光华汇升股权投资基金股份有限公司、成都西南交大府河苑培训中心有限公司企业借贷纠纷执行审查类执行裁定书*

裁判要点:法院认为,本案存在以下情况:(1)南充市公安局顺庆区分局已解除对涉案房屋的轮候查封,(2019)川01执异2414号执行裁定书认定的该项事实已经不能成立。(2)最高人民法院在(2017)最高法民申2401号民事裁定中已对使用府河苑公司非备案印章的法律后果作出认定,并驳回府河苑公司的再审申请。涉案执行依据并未发生改变。(3)盛源公司涉嫌的两个犯罪行为与执行标的的所有权人府河苑公司无关。但是,被执行人之一的盛源公司因涉嫌合同诈骗、非法吸收公众存款刑事案件被成都市公安局郫都区分局立案侦查,目前正在人民法院审理中。且成都市公安局郫都区分局是在执行复议期间对涉案房屋采取查封或轮候查封措施。这表明盛源公司涉嫌的两个犯罪行为与执行标的本身密切相关,刑事案件的处理结果对涉案房屋的执行会产生影响。光华汇升公司复议主张执行复议期间新发生的事实不能作为执行异议审查依据的理由成立,但该事实与本案执行标的密切相关,应当作为执行复议审查的依据。因此,虽然(2019)川01执异2414号执行裁定认定涉案房屋被南充市公安局顺庆区分局轮候查封的事实不能成立,但因涉案房屋被公安机关查封或轮候查封及盛源公司涉嫌两个犯罪行为正在审理中的事实并未发生改变。参照《最高人民法院、最高人民检察院、公安部关于办理非法集资刑事案件适用法律若干问题的意见》第7条的规定,(2019)川01执异2414号执行裁定认为本案在对上述涉案房

---

* (2020)川执复111号。

屋采取控制性的查封措施后,不宜进一步采取执行处分措施并无不当。光华汇升公司的该项复议请求和理由均不能成立。

101 公司之间的借贷能否办理强制执行公证?

实务总结

现阶段的强制执行公证实务中,公司之间的借贷不能办理强制执行公证。司法部2017年印发的《关于公证执业“五不准”的通知》规定,不准办理非金融机构融资合同公证。在有关管理办法出台之前,公证机构不得办理自然人、法人、其他组织之间及其相互之间(经人民银行、原银监会、证监会、原保监会,商务主管部门、地方人民政府金融管理部门批准设立的从事资金融通业务的机构及其分支机构除外)的融资合同公证及赋予强制执行效力公证。在有关管理办法出台之前,公证机构只能办理经人民银行、原银监会、证监会、原保监会,商务主管部门、地方人民政府金融管理部门批准设立的从事资金融通业务的机构及其分支机构的融资合同公证及赋予强制执行效力公证。

典型案例

云南巴渝投资股份有限公司与云南创新股权投资基金管理有限公司、云南金控股权投资基金股份有限公司企业借贷纠纷一审民事判决书*

裁判要点:法院认为,《合同法》第196条①规定,“借款合同是借款人向

* (2018)云01民初162号。

① 对应《民法典》第667条。

贷款人借款,到期返还借款并支付利息的合同”;第205条规定,“借款人应当按照约定的期限支付利息”;《合同法》第210条①规定,“自然人之间的借款合同,自贷款人提供借款时生效”。《最高人民法院关于审理民间借贷案件适用法律若干问题的规定》第26条第1款规定,“借贷双方约定的利率未超过年利率24%,出借人请求借款人按照约定的利率支付利息的,人民法院应予支持”;第29条第2款规定,“未约定逾期利率或者约定不明的,人民法院可以区分不同情况处理:……(二)约定了借期内的利率但未约定逾期利率,出借人主张借款人自逾期还款之日起按照借期内的利率支付资金占用期间利息的,人民法院应予支持”。经审理查明,原告作为出借人已经按约履行了向被告云南创新股权投资基金管理有限公司交付借款的义务,但被告云南创新股权投资基金管理有限公司仅向原告归还部分款项,故原告要求被告云南创新股权投资基金管理有限公司归还欠款本金2300万元有事实和法律依据。针对利息部分,现原告认可被告云南创新股权投资基金管理有限公司已经向其归还部分利息,截至2014年8月29日尚欠利息76.54万元,在被告云南创新股权投资基金管理有限公司未予反驳的情况下,其应当向原告支付上述欠付利息以及欠款本金2300万元自2014年8月30日起至款项实际付清之日止按年利率24%计算的利息。《担保法》第18条②规定,“连带责任保证的债务人在主合同规定的债务履行期届满没有履行债务的,债权人可以要求债务人履行债务,也可以要求保证人在其保证范围内承担保证责任”;第19条规定,“当事人对保证方式没有约定或者约定不明确的,按照连带责任保证承担保证责任”。本案中,被告云南金控股权投资基金股份有限公司作为连带责任担保人应当对被告云南创新股权投资基金管理有限公司的上述债务承担连带责任保证。

---

① 对应《民法典》第679条。

② 对应《民法典》第688条。

102 在强制执行公证实务中,有时被申请执行人会去金融监管部门信访,这是否影响出具执行证书?

实务总结

在强制执行公证实务中,有时被申请执行人向公证处告知已向金融监管部门投诉或者信访,此时公证处会要求被申请执行人提供金融监管部门的结论,如果无法提供,不影响出具执行证书。如果有金融监管部门的结论,也需要看具体内容是否影响出具执行证书,看是否与本业务有关,一般情况下,也不影响出具执行证书。案件能出具执行证书也要建立在债权债务清楚明确的基础上,如果涉及案情特别复杂,公证处无法查实的,公证处也可以根据情况作出不予出具执行证书的决定。

典型案例

河北华诚股权投资基金股份有限公司与中国银行保险监督管理委员会二审行政裁定书*

裁判要点:一审法院认为:《行政复议法》(2017 年修正)第 2 条规定,"公民、法人或者其他组织认为具体行政行为侵犯其合法权益,向行政机关提出行政复议申请,行政机关受理行政复议申请、作出行政复议决定,适用本法"。《行政诉讼法》第 2 条规定,"公民、法人或者其他组织认为行政机关和行政机关工作人员的行政行为侵犯其合法权益,有权依照本法向人民法

* (2019)京行终 878 号。

院提起诉讼”。第 49 条第 4 项规定,“提起诉讼应当符合下列条件:……(四)属于人民法院受案范围和受诉人民法院管辖”。《网络借贷信息中介机构业务活动管理暂行办法》第 34 条规定,“中国互联网金融协会从事网络借贷行业自律管理,并履行下列职责……(三)受理有关投诉和举报,开展自律检查……”。《信访条例》①第 2 条第 1 款规定,“本条例所称信访,是指公民、法人或者其他组织采用书信、电子邮件、传真、电话、走访等形式,向各级人民政府、县级以上人民政府工作部门反映情况,提出建议、意见或者投诉请求,依法由有关行政机关处理的活动”。本案中,华诚公司请求北京银监局查处翼龙公司在融资、放贷过程中的违法行为,该事项不属于北京银监局的法定职责范围,而属于信访事项,故华诚公司的请求不属于行政复议的受案范围。被诉复议决定对华诚公司的复议申请予以驳回,属于对华诚公司的合法权益不产生实际影响的行为,不属于行政诉讼的受案范围,故对其起诉应予驳回。据此,一审法院裁定驳回华诚公司的起诉。

二审法院认为:《网络借贷信息中介机构业务活动管理暂行办法》第 33 条规定,国务院银行业监督管理机构及其派出机构负责制定统一的规范发展政策措施和监督管理制度,负责网络借贷信息中介机构的日常行为监管,指导和配合地方人民政府做好网络借贷信息中介机构的机构监管和风险处置工作,建立跨部门跨地区监管协调机制。各地方金融监管部门具体负责本辖区网络借贷信息中介机构的机构监管,包括对本辖区网络借贷信息中介机构的规范引导、备案管理和风险防范、处置工作。根据前述规定,金融监管部门对网络借贷信息中介机构的日常监管职责,不包括受理投诉举报并就投诉举报内容进行查处。因此,北京银监局依据信访程序作出 97 号告知书,告知华诚公司其请求事项不属于该局职责范围,并无不当。根据《行政复议法实施条例》第 48 条的规定,申请人认为行政机关不履行法定职责

---

① 此文件于 2022 年失效。

申请行政复议,行政复议机关受理后发现该行政机关没有相应法定职责的,应当决定驳回行政复议申请。本案中,根据前述法律规定,北京银监局不具有华诚公司要求其履行的法定职责,故银保监会作出被诉复议决定,驳回华诚公司的复议申请,并无不当,亦对华诚公司的权利义务不产生实际影响。据此,一审法院据此裁定驳回华诚公司的起诉,并无不当,二审法院予以维持。

六、保险公司涉及的强制执行公证司法实务

103 保险公司签署的《融资性信用保证保险业务综合授信额度合同》《最高额抵押合同》是否可以办理强制执行公证？被执行人需要在什么时间申请法院不予执行？

实务总结

保险公司签署的《融资性信用保证保险业务综合授信额度合同》《最高额抵押合同》可以办理强制执行公证。保险公司为企业融资提供信用保证保险，代为还款取得代位求偿权。信用保证保险的代位求偿权是指保险公司基于主合同及其具体保险合同的约定或承诺，在借款公司不履行应偿债务时，由保险公司以支付保险金的形式履行保险合同项下借款公司对银行的债务，由此产生的保险公司向借款公司追偿的权利。出具执行证书在法院执行庭执行过程中，被执行人可以提出不予执行的申请，但要在收到执行通知书 15 日内，提出异议，超过期限提起的，法院会驳回申请。这在《最高人民法院关于公证债权文书执行若干问题的规定》中有所规定，其第 13 条规定，被执行人申请不予执行公证债权文书，应当在执行通知书送达之日起 15 日内向执行法院提出书面申请，并提交相关证据材料；有本规定第 12 条第 1 款第 3 项、第 4 项规定情形且执行程序尚未终结的，应当自知道或者应当知道有关事实之日起 15 日内提出。

典型案例

中国大地财产保险股份有限公司北京分公司申请执行蒂斯伯勒（北京）文化传播有限公司、杨某公证债权文书案*

裁判要点：本案中，丰台法院向杨某的住址邮寄送达执行通知书等材料，杨某于2022年4月9日签收上述材料，杨某未于收到执行通知书15日内向丰台法院提出不予执行公证债权文书的申请，丰台法院驳回杨某的异议申请，符合法律规定，并无不当。丰台法院（2022）京0106执异1153号执行裁定正确，应予维持。

104 个人贷款保证保险协议书经强制执行公证在法院执行过程中如何区分提出不予执行的异议与提起不予执行的诉讼？

实务总结

在强制执行公证实务中，被执行人在执行程序中仅能就程序问题提出不予执行的异议，如被执行人未到场且未委托代理人到场办理公证的，无民事行为能力人或者限制民事行为能力人没有监护人代为办理公证的，公证员为本人、近亲属办理公证，或者办理与本人、近亲属有利害关系的公证的，公证员办理该项公证有贪污受贿、徇私舞弊行为，已经由生效刑事法律文书等确认的。这些在《最高人民法院关于公证债权文书执行若干问题的规定》中有规定，即第12条第1款规定："有下列情形之一的，被执行人可以依照民

* （2023）京02执复124号。

事诉讼法第二百三十八条第二款规定申请不予执行公证债权文书:(一)被执行人未到场且未委托代理人到场办理公证的;(二)无民事行为能力人或者限制民事行为能力人没有监护人代为办理公证的;(三)公证员为本人、近亲属办理公证,或者办理与本人、近亲属有利害关系的公证的;(四)公证员办理该项公证有贪污受贿、徇私舞弊行为,已经由生效刑事法律文书等确认的;(五)其他严重违反法定公证程序的情形。"被执行人也可就实体问题另行诉讼,申请不予执行,如民事权利义务关系、金额、利率、律师费等内容与事实不符,以及抵销、免除、违反法律规定的无效等事由。这些在上述司法解释中也有规定,即第22条第1款规定:"有下列情形之一的,债务人可以在执行程序终结前,以债权人为被告,向执行法院提起诉讼,请求不予执行公证债权文书:(一)公证债权文书载明的民事权利义务关系与事实不符;(二)经公证的债权文书具有法律规定的无效、可撤销等情形;(三)公证债权文书载明的债权因清偿、提存、抵销、免除等原因全部或者部分消灭。"无论是提出异议还是提起诉讼,都不停止人民法院对公证债权文书的执行。

典型案例

但某琴、熊某其他案由执行审查类执行裁定书*

裁判要点:本案中,但某琴、熊某未提供充分证据证明公证程序存在被执行人未到场且未委托代理人到场办理公证,无民事行为或者限制民事行为能力人没有监护人代为办理,公证员为本人、近亲属办理公证,或者办理与本人、近亲属有利害关系的公证,公证员办理该项公证有贪污受贿、徇私舞弊行为,已经由生效刑事法律文书等确认或其他严重违反法定公证程序的情形。涉案债权债务关系真实存在并合法,也并不存在给付内容不明确

---

* (2021)川01执复119号。

的情形。金牛法院不予支持但某琴、熊某不予执行公证债权文书的请求并无不当。但某琴、熊某提出的公证债权文书认定的民事权利义务关系、利率、律师费等内容与事实不符、违反法律规定等事由应当通过向金牛法院提起诉讼主张权利，金牛法院在执行异议程序不予审查并无不当。

105 保险公司办理强制执行公证后，转让债权与申请执行证书的权利，是否需要审查该转让是否损害转让人的债权人的权益？

实务总结

保险公司已办理强制执行公证且履行保险责任后，转让债权与申请执行证书的权利，通常情况下，公证处无须审查且也没有能力审查该转让是否损害转让人的债权人的利益、是否恶意转移债权规避执行。因为保险公司或者金融机构均资本雄厚且经营状况正常。但如果出现保险公司因经营不善被相关机构托管的情况，这种转让就有可能损害第三人利益，则要认真审查转让材料，如是否合理对价转让、是否实际支付转让款、是否公开市场转让等情况，以决定是否接受申请与出具执行申请。

典型案例

张某等非与执行审查执行裁定书*

裁判要点：法院认为，《最高人民法院关于民事执行中变更、追加当事人若干问题的规定》第 9 条规定，申请执行人将生效法律文书确定的债权依法

* (2023)京 01 执复 102 号。

转让给第三人，且书面认可第三人取得该债权，该第三人申请变更、追加其为申请执行人的，人民法院应予支持。本案中，瑞京公司与大地保险公司北京分公司之间的债权转让行为系双方当事人的真实意思表示，并且通过邮寄的方式向债务人履行了告知程序，大地保险公司北京分公司也对上述债权转让的事实予以书面认可。瑞京公司所提变更申请执行人申请符合上述法律规定的形式要件。昌平法院在异议审查程序中，出于保护胜诉债权人权益、防止恶意转移债权规避执行的司法考量，将申请执行人大地保险公司北京分公司有作为被执行人的案件的情况作为是否准予变更申请执行人的判断标准并无不妥。但鉴于大地保险公司北京分公司属于金融机构，目前经营状况未存在异常，其总公司中国大地财产保险股份有限公司的注册资本雄厚，现有证据不能证明本案涉案债权转让存在损害其他案件当事人权益的情形。因此，对瑞京公司所提变更申请执行人申请应予以支持。综上，瑞京公司所提复议理由成立，法院予以支持。

106 在执行过程中，公司购买房产交付大部分款项，能否对抗抵押权的优先性？

实务总结

在执行过程中，公司购买房产交付大部分款项，未办理过户，因不属于消费者生存权的保护范畴，所以无法对抗抵押权。《最高人民法院关于人民法院办理执行异议和复议案件若干问题的规定》第29条规定："金钱债权执行中，买受人对登记在被执行的房地产开发企业名下的商品房提出异议，符合下列情形且其权利能够排除执行的，人民法院应予支持：(一)在人民法院查封之前已签订合法有效的书面买卖合同；(二)所购商品房系用于居住且买受人名下无其他用于居住的房屋；(三)已支付的价款超过合同约定总价款的百分之五十。”该规定是基于生存权至上的考虑,突破合同相对性和债权平等而设置的特别规定,实践中需要严格按司法解释规定执行,以免动摇抵押权的优先性基础。

典型案例

中铁信托有限责任公司、普提金集团有限公司等合同、无因管理等执行异议执行裁定书*

裁判要点:法院认为,关于法院是否应当中止执行案涉房产的问题。《最高人民法院关于人民法院办理执行异议和复议案件若干问题的规定》第27条确立了享有担保物权的申请执行人的优先受偿地位,同时基于对一些特定权益优先保护的必要通过“但书”予以排除。根据《最高人民法院关于建设工程价款优先受偿权问题的批复》①第1条、第2条的规定,交付全部或者大部分款项的商品房消费者的权利优于抵押权人优先受偿权,此即属于“但书”条款所言的例外规定,该规定是基于生存权至上的考虑,突破合同相对性和债权平等而设置的特别规定,实践中需要严格审查和把握,以免动摇抵押权的优先性基础。本案中,人寿保险湖北分公司购买的案涉房产,不属于消费者生存权的保护范畴,不能参照适用《最高人民法院关于人民法院办理执行异议和复议案件若干问题的规定》第29条之规定。虽然人寿保险湖北分公司与武汉双环房地产开发有限公司签订《商品房买卖合同》后,武汉双环房地产开发有限公司随即取得了武汉市商品房预售许可证,但人寿保险湖北分公司在购买案涉房产后没有及时履行办理过户登记或预售登记的义务,导致所购房产因他人设立抵押权而无法办理过户登记。在案涉房产抵押登记尚未涂销的情况下,中铁信托有限责任公司就案涉房产设定的抵

* (2021)川71执异194号。

① 此文件已于2020年失效。

押权应当依法受到保护。法院对人寿保险湖北分公司的关于案涉房产归其所有的请求不予支持。

107 保险公司不同意解除保险合同，法院能否执行保险的现金价值？

实务总结

下述案例中涉及执行的保险为国寿福禄双喜两全保险，被执行人作为投保人，在该保险合同中享有一定的可计算的具有金钱价值的保险利益，系被执行人的财产，该保险利益属于人民法院可以采取强制执行措施的财产。如果投保人不同意解除合同，提取保险现金价值，法院可以要求保险公司办理被执行人保险现金价值提取手续，保险公司应当配合，以生存金的受益人为第三人的理由也不成立。

典型案例

中国人寿保险股份有限公司桂林分公司、国联证券股份有限公司等合同、无因管理、不当得利执行异议执行裁定书*

裁判要点：法院认为，本案所涉保险合同险种为国寿福禄双喜两全保险（分红型），按照国寿福禄双喜两全保险（分红型）利益条款的约定，被执行人彭某1作为投保人，在该保险合同中享有一定的可计算的具有金钱价值的保险利益，该保险利益属于人民法院可以采取强制执行措施的财产。故（2021）桂03执恢21号执行裁定书裁定提取被执行人彭某1的该财产收入，

* （2021）桂03执异144号。

以清偿具有强制执行效力的债权文书公证书确定的债务符合法律规定,(2021)桂03执恢21号协助执行通知书要求人寿保险桂林分公司协助执行的事项并未超出其协助范围或违反法律规定,人寿保险桂林分公司以办理被执行人彭某1保险剩余现金价值提取手续,必须以解除该保险合同为条件,其单方解除合同,可能面临未经投保人同意而解除的法律风险的理由不成立,不予支持。同时,法院系对被执行人彭某1的财产予以强制执行,对被保险人彭某2、黄某的保险利益并未涉及。故人寿保险桂林分公司以生存金的受益人为被保险人即彭某2和黄某而非被执行人彭某1为由,主张撤销执行裁定的理由不成立,不予支持。

108 在执行过程中,工伤保险账号是否属于公司财产,能否被执行?

实务总结

在执行过程中涉及工伤保险账号内的资金,因该资金经工伤认定机构认定系工伤造成的职工伤残、死亡后所做的社保支付,系社保机构划转到该公司账号,有的是经过劳动仲裁后支付的。这样的款项属于职工个人或者职工的法定继承人,不属于公司财产,不能作为公司财产被执行。

典型案例

资中县社会保险事业管理局与徐某建等合同、无因管理、不当得利纠纷执行审查类执行裁定书*

裁判要点:法院认为,法院虽冻结了四川沙淇实业有限公司的前述账

* (2018)川71执异33号。

户，但资中县社会保险事业管理局划至该账户内的710 740.02元款项属于该公司因工伤残、死亡职工应享有的工伤保险待遇，并非该公司的财产，法院不应执行该710 740.02元款项。因此，资中县社会保险事业管理局的异议成立，予以支持。

109 办理强制执行公证后，转让债权与申请出具执行证书的权利能否转让给个人？

实务总结

办理强制执行公证后，转让债权与申请出具执行证书的权利可以转让给自然人。根据《司法部关于经公证的具有强制执行效力的合同的债权依法转让后，受让人能否持原公证书向公证机构申请出具执行证书问题的批复》（司复〔2006〕13号）的相关规定，债权人将经公证的具有强制执行效力的合同的债权依法转让给第三人的，受让人持原公证书、债权转让协议以及债权人同意转让申请人民法院强制执行的权利的证明材料，可以向公证机构申请出具执行证书。这里的第三人没有限制受让人只能是公司，现实中也有自然人受让申请人民法院强制执行的权利。

典型案例

孙某荣、中国大地财产保险股份有限公司江苏分公司等合同、无因管理、不当得利执行异议执行裁定书*

裁判要点：法院认为，生效法律文书所确认的债权依法受法律保护。申

---

* （2022）苏0206执异103号。

请执行人将生效法律文书确定的债权依法转让给第三人，且书面认可第三人取得该债权，该第三人申请变更、追加其为申请执行人的，人民法院应予支持。本案原申请执行人大地财产保险公司江苏分公司将上述债权转让给南京厚斌科技发展有限公司，南京厚斌科技发展有限公司又将该债权转让给孙某荣不违反法律规定，现债权受让人孙某荣申请变更其为本案申请执行人并无不当，予以准许。

110 在被执行人作为投保人未解除保险合同的情形下，人民法院能否强制执行保单的现金价值？

实务总结

某些保险兼有人身保障和投资理财的属性，具有储蓄性和有价性，通过解除保险合同提取保险单的现金价值，此现金价值没有人身依附性和专属性。在投保人与保险公司不解除保险合同的情形下，法院可以直接要求保险公司协作执行，执行法院提取保单的现金价值。保单的现金价值也不是《最高人民法院关于人民法院民事执行中查封、扣押、冻结财产的规定》第 3 条所规定的不得查封、扣押、冻结的财产。《最高人民法院关于人民法院民事执行中查封、扣押、冻结财产的规定》第 3 条规定："人民法院对被执行人的下列财产不得查封、扣押、冻结：（一）被执行人及其所扶养家属生活所必需的衣服、家具、炊具、餐具及其他家庭生活必需的物品；（二）被执行人及其所扶养家属所必需的生活费用；当地有最低生活保障标准的，必需的生活费用依照该标准确定；（三）被执行人及其所扶养家属完成义务教育所必需的物品；（四）未公开的发明或者未发表的著作；（五）被执行人及其所扶养家属用于身体缺陷所必需的辅助工具、医疗物品；（六）被执行人所得的勋章及其他荣誉表彰的物品；（七）根据《中华人民共和国缔结条约程序法》，以中华人民共和国、中华人民共和国政府或者中华人民共和国政府部门名义同外国、国际组织缔结的条约、协定和其他具有条约、协定性质的文件中规定免于查封、扣押、冻结的财产;(八)法律或者司法解释规定的其他不得查封、扣押、冻结的财产。"

典型案例

中国人寿保险股份有限公司武城县支公司、赵某荣等借款合同纠纷执行复议执行裁定书*

裁判要点:涉及保单险种为国寿英才少儿保险,投保人为被执行人王某来,第一被保人为王某先,王某先已经年满18周岁。

法院认为,本案争议的焦点是在被执行人作为投保人未解除保险合同的情形下,人民法院能否强制执行保单的现金价值。《保险法》第15条规定:"除本法另有规定或者保险合同另有约定外,保险合同成立后,投保人可以解除合同,保险人不得解除合同。"该法第47条规定:"投保人解除合同的,保险人应当自收到解除合同通知之日起三十日内,按照合同约定退还保险单的现金价值。"本案中,复议申请人所提及的保险是以人的生命和身体为保险标的,兼有人身保障和投资理财功能,但保单本身具有储蓄性和有价性,其储蓄性和有价性体现在投保人可依照上述法律规定,通过解除保险合同提取保险单的现金价值,这种保单的现金价值属于投保人的责任财产,且在法律性质上不具有人身依附性和专属性,亦不属于《最高人民法院关于人民法院民事执行中查封、扣押、冻结财产的规定》第3条所规定的不得执行的财产。因此,被执行人不履行生效法律文书确定的义务,又不自行解除保险合同提取保单的现金价值以偿还债务,执行法院在执行程序中予以提取

* (2021)鲁14执复156号。

保单的现金价值并无不当。

111 信用贷款保证保险合同办理强制执行公证后,出具执行证书的标的有哪些?

实务总结

信用贷款保证保险合同办理强制执行公证后,出具执行证书的标的主要可能有未付的保险费、代偿款、违约金、实现债权的费用、公证费等。另外,所提供的材料里面要有索赔申请书、代偿记录。

典型案例

关某君、中国人民财产保险股份有限公司安阳市分公司保证保险合同纠纷二审民事判决书*

裁判要点:法院认为,关于本案所涉的信用贷款保证保险合同效力如何认定的问题。根据庭审查明的事实,本案所涉的信用贷款保证保险合同系双方当事人真实的意思表示,不违反法律、行政法规的强制性规定,故应认定本案所涉的信用贷款保证保险合同有效。本案人民保险公司安阳分公司代关某君偿还贷款本息后,根据信用贷款保证保险合同的约定,关某君应支付人民保险公司安阳分公司保险费,并按照保险合同的约定支付代偿款30 298.34 元以及违约金。关某君上诉称利率过高的问题,根据庭审查明的事实,关某君该诉求无事实依据,不予支持。

---

* (2019)豫 05 民终 5480 号。

七、融资租赁公司涉及的强制执行公证司法实务

112 融资租赁合同办理强制执行公证，并出具执行证书后，在申请法院执行过程中，利害关系人认为执行证书损害其利益，如何救济？

实务总结

融资租赁合同办理强制执行公证，并出具执行证书后，在申请法院执行过程中，利害关系人认为执行证书损害其利益，涉及公证债权文书载明的民事权利义务关系与事实不符，经公证的债权文书具有法律规定的无效、可撤销等情形，利害关系人可以向有管辖权的法院起诉。利害关系人提前诉讼不影响公证债权文书的执行，当然，利害关系人也可以提供担保申请法院停止执行。这在《最高人民法院关于公证债权文书执行若干问题的规定》第24条中有相关规定，即有下列情形之一的，债权人、利害关系人可以就公证债权文书涉及的民事权利义务争议直接向有管辖权的人民法院提起诉讼：(1)公证债权文书载明的民事权利义务关系与事实不符；(2)经公证的债权文书具有法律规定的无效、可撤销等情形。债权人提起诉讼，诉讼案件受理后又申请执行公证债权文书的，人民法院不予受理。进入执行程序后债权人又提起诉讼的，诉讼案件受理后，人民法院可以裁定终结公证债权文书的执行；债权人请求继续执行其未提出争议部分的，人民法院可以准许。利害关系人提起诉讼，不影响人民法院对公证债权文书的执行。利害关系人提

供充分、有效的担保,请求停止相应处分措施的,人民法院可以准许;债权人提供充分、有效的担保,请求继续执行的,应当继续执行。

典型案例

北京亦庄国际融资租赁有限公司与北京蓝天瑞德环保技术股份有限公司、潘某、李某等公证债权文书执行裁定书*

裁判要点:《最高人民法院关于公证债权文书执行若干问题的规定》第 12 条规定:“有下列情形之一的,被执行人可以依照民事诉讼法第二百三十八条第二款规定申请不予执行公证债权文书:(一)被执行人未到场且未委托代理人到场办理公证的;(二)无民事行为能力人或者限制民事行为能力人没有监护人代为办理公证的;(三)公证员为本人、近亲属办理公证,或者办理与本人、近亲属有利害关系的公证的;(四)公证员办理该项公证有贪污受贿、徇私舞弊行为,已经由生效刑事法律文书等确认的;(五)其他严重违反法定公证程序的情形。被执行人以公证债权文书的内容与事实不符或者违反法律强制性规定等实体事由申请不予执行的,人民法院应当告知其依照本规定第二十二条第一款规定提起诉讼。”《最高人民法院关于公证债权文书执行若干问题的规定》第 24 四条规定,“有下列情形之一的,债权人、利害关系人可以就公证债权文书涉及的民事权利义务争议直接向有管辖权的人民法院提起诉讼:(一)公证债权文书载明的民事权利义务关系与事实不符;(二)经公证的债权文书具有法律规定的无效、可撤销等情形”。本案中,世尊公司以中信公证处出具的公证书中载明的权利义务与事实不符为由,请求不予执行公证债权文书。世尊公司以利害关系人的身份,认为公证债权文书载明的民事权利义务关系与事实不符,依法应通过诉讼程序提出主张,而非向执行法院提出不予执行申请。

---

* (2021)京 0108 执异 260 号。

因此,世尊公司提出的不予执行申请,不符合法律规定的条件,不予支持。

113 签署连带保证合同与办理强制执行公证事项能否办理委托书公证?

实务总结

连带保证合同的签署与办理强制执行公证事项能否办理委托书公证,在各个地区的实务中有所不同。有的地区认为《公证程序规则》第 11 条规定的“当事人可以委托他人代理申办公证,但申办遗嘱、遗赠扶养协议、赠与、认领亲子、收养关系、解除收养关系、生存状况、委托、声明、保证及其他与自然人人身有密切关系的公证事项,应当由其本人亲自申办”,这里的保证就包括签署连带保证合同,属于不能办理委托的事项。有的地区的观点和下述案例中的观点一致,《公证程序规则》第 11 条规定的是与人身关系密切的保证,如代为履行非金钱合同之债的能力,比如加工承揽,这种基于保证人相应资质、能力的信任是不能委托的,而代为清偿金钱债务的能力与人身关系无关,所以可以办理委托。具体能否办理连带保证强制执行公证的委托,要根据当地实践惯例来判断。

典型案例

韩某秋、润兴融资租赁有限公司合同、无因管理、不当得利纠纷执行审查类执行裁定书*

裁判要点:法院认为,关于润兴融资租赁有限公司提出韩某秋超过提出

* (2019)津 02 执异 55 号。

不予执行申请的法定期限问题,根据《最高人民法院关于公证债权文书执行若干问题的规定》第13条的规定,被执行人申请不予执行公证债权文书,应当在执行通知书送达之日起15日内提出,经审查,现无法确认韩某秋收到执行通知书的具体时间,因此对润兴融资租赁有限公司的上述抗辩不予支持。关于上述公证债权文书是否存在严重违反公证程序的问题,《民事诉讼法》第238条第2款规定,公证债权文书确有错误的,人民法院裁定不予执行,并将裁定书送达双方当事人和公证机关。《最高人民法院关于适用〈中华人民共和国民事诉讼法〉的解释》第480条规定,"有下列情形之一的,可以认定为民事诉讼法第二百三十八条第二款规定的公证债权文书确有错误:(一)公证债权文书属于不得赋予强制执行效力的债权文书的;(二)被执行人一方未亲自或者未委托代理人到场公证等严重违反法律规定的公证程序的;(三)公证债权文书的内容与事实不符或者违反法律强制性规定的;(四)公证债权文书未载明被执行人不履行义务或者不完全履行义务时同意接受强制执行的"。根据(2015)津北方证字第21320号公证书记载,韩某秋与赵某屹是夫妻关系,现委托赵某屹为代理人,代本人办理对外融资手续、借款手续、资产抵押手续、担保手续,相关文件上签字等相关事宜。该保证系财产关系的保证而非指《公证程序规则》第11条规定的与人身关系密切的保证,韩某秋该项理由不能成立。《最高人民法院关于公证债权文书执行若干问题的规定》第12条第2款规定:"被执行人以公证债权文书的内容与事实不符或者违反法律强制性规定等实体事由申请不予执行的,人民法院应当告知其依照本规定第二十二条第一款规定提起诉讼。"韩某秋认为本债权文书中债权数额并非12亿元,系公证债权文书载明的权利义务与事实不符的问题,应根据上述规定,通过诉讼程序解决。综上,对韩某秋的不予执行公证债权文书的申请不予支持。

延伸阅读

韩某秋、润兴融资租赁有限公司执行审查类执行裁定书*

裁判要点：首先，本案所涉保证合同系保证人与债权人双方约定，当债务人不履行债务时，由保证人按照约定承担连带责任的协议，不属于《公证程序规则》第11条规定中“保证”范围；其次，国民信托有限公司与塑力公司所签《贷款合同》明确规定，塑力公司未按约定偿还应偿付的贷款本金及利息的，国民信托有限公司有权按本合同约定要求其提前归还贷款，且国民信托有限公司亦按双方约定向塑力公司送达了《提前还款通知书》。综上，复议申请人韩某秋的复议理由不能成立，应予以驳回。

114 租赁物为高速公路、桥梁、隧道等的售后回租合同能否办理强制执行公证？

实务总结

租赁物为高速公路、桥梁、隧道等的售后回租合同现阶段不建议办理强制执行公证。金融租赁公司办理租赁业务时租赁物要满足可转移、可处置、非公益、具备经济价值。《中国银保监会办公厅关于加强金融租赁公司融资租赁业务合规监管有关问题的通知》（银保监办发〔2022〕12号）中有相关规定，即加强构筑物作为租赁物的适格性监管。作为租赁物的构筑物，须满足所有权完整且可转移（出卖人出售前依法享有对构筑物的占有、使用、收益和处分权利，且不存在权利瑕疵）、可处置（金融租赁公司可取回、变现）、非

---

* （2019）津执复78号。

公益性、具备经济价值(能准确估值、能为承租人带来经营性收入并偿还租金)的要求。严禁将道路、市政管道、水利管道、桥梁、坝、堰、水道、洞,非设备类在建工程、涉嫌新增地方政府隐性债务以及被处置后可能影响公共服务正常供应的构筑物作为租赁物。现今监管部门严禁开展非设备类售后回租,严禁将古玩玉石、字画、低值易耗品以及手机等消费品作为租赁物。下述案例判决在金融监管政策前作出不违反当时的监管政策,而现在有的法院倾向认定此类道路、市政管道、水利管道、桥梁、坝、堰、水道、洞,非设备类在建工程的售后回租业务为类抵押借贷业务而非租赁业务。

典型案例

浦银金融租赁股份有限公司与吉林市城市建设控股集团有限公司、吉林市铁路投资开发有限公司、吉林市国有资本发展控股集团有限公司融资租赁合同纠纷案*

裁判要点:法院认为,融资租赁合同兼具“融资”与“融物”的双重属性,本案中,各方当事人的争议主要在于案涉《融资租赁合同》是否具有“融物”属性。《融资租赁合同》约定的租赁物为雾凇高架桥、金珠大桥、沙河子立交桥、江湾大桥,从租赁物的性质看,被告城建公司系上述租赁物的建设单位,由吉林市人民政府、吉林市人民代表大会常务委员会出具的案涉函件中,均载明同意被告城建公司以案涉租赁物为标的,采取售后回租方式,向原告融资4.99亿元。故本案中,被告城建公司以售后回租的方式转让租赁物所有权,具有合法性。从租赁物的价值看,案涉租赁物经评估具有独立的价值,且法律并未禁止在售后回租业务中的租赁物净值高于转让价款,不应以此否定“融物”属性。从案涉租赁物的流转情况看,《融资租赁合同》第11.1条

* (2021)沪74民初4669号。

约定自出租人支付租赁物购买价款时,租赁物所有权转移至出租人;第11.3条约定为保障出租人所有权,承租人应当按照有关规定要求配合出租人办理租赁物或租赁交易相关登记。因此,应认定双方具有办理案涉租赁物所有权转移登记的合意,鉴于案涉租赁物并无法定的所有权登记机构,在案涉融资租赁项目已经获得有关部门许可,且原告与被告城建公司就案涉项目租赁物在中国人民银行征信中心办理了融资租赁登记的情况下,不能仅以未办理所有权变更登记手续否认案涉融资租赁合同的性质。综上,结合案涉租赁物的性质、价值以及双方当事人的权利义务履行情况等因素综合判断,原告与被告城建公司之间构成融资租赁合同关系,双方签订的《融资租赁合同》及补充协议均系当事人的真实意思表示,合法有效,当事人应当按照约定全面履行自己的义务。

115 经营性用房抵押借款与经营性用房内的设备办理融资租赁,分别办理强制执行公证并出具执行证书,在法院执行过程中如何解决冲突?

实务总结

经营性用房抵押借款与经营性用房内的设备办理融资租赁且已在相关网站办理登记,分别办理强制执行公证并出具执行证书,这要区分该设备作为添附是在抵押前还是抵押后。该设备如果不属于添附物,双方互不影响。该设备如果属于添附物,抵押前添附物就存在,则有约定从约定,无约定,抵押人未告知,抵押权成立善意取得,抵押物及于添附物或添附物的补偿金,在抵押登记范围内承担担保责任。抵押后添附物设立,抵押物及于添附物,添附导致抵押财产价值增加的,抵押权的效力不及于增加的价值部分。这在《最高人民法院关于适用〈中华人民共和国民法典〉有关担保制度的解释》

中有规定,即抵押权依法设立后,抵押财产被添附,抵押人对添附物享有所有权,抵押权人主张抵押权的效力及于添附物的,人民法院应予支持,但是添附导致抵押财产价值增加的,抵押权的效力不及于增加的价值部分。

典型案例

河南裕达置业有限公司等公证债权文书执行裁定书*

裁判要点:法院认为,华中融资公司提出异议,要求阻却对42套房产的执行。法院经审查认为华中融资公司不享有阻却对42套房产执行的权利。

(1)关于华中融资公司的异议人资格问题。法院在执行中泰公司与盘古氏公司、政泉公司、至尊文奇公司、河南裕达公司公证债权文书一案过程中,查封了42套房产,并启动了评估拍卖程序,查封、拍卖范围从直观上并不涉及华中融资公司与盘古氏公司所签四份《设备售后回租协议》项下的设备,但上述设备多为公用设备。《物权法》第70条①规定,业主对建筑物内的住宅、经营性用房等专有部分享有所有权,对专有部分以外的共有部分享有共有和共同管理的权利。该法第72条第2款②规定,业主转让建筑物内的住宅、经营性用房,其对共有部分享有的共有和共同管理的权利一并转让。可见,对建筑物内住宅、经营性用房等专有部分进行处置时,必然涉及共有部分的共有权的处置。现华中融资公司以对共有部分的设备享有所有权为由提出执行异议,应认定其具备异议人资格。

(2)从北京楼盘网下载的盘古大观楼盘介绍可以看出,盘古大观公寓于2007年开盘,对外进行销售,华中融资公司对此亦认可,此时,作为公用设施的机电系统、中控系统、电子系统、消防系统、门窗系统、供热系统、照明系

---

* (2018)京03执异384号。

① 对应《民法典》第271条。

② 对应《民法典》第273条。

统、空调系统、供电系统、电梯系统及相关设备已经安装或进入加工程序，由动产成为不动产物业的组成部分。《物权法》第30条①规定，因合法建造、拆除房屋等事实行为设立或者消灭物权的，自事实行为成就时发生效力。此后，盘古氏公司亦取得了物权登记，成为不动产物业的所有权人，上述公用设备不可分离地成为盘古氏公司所有权标的物。中泰公司与盘古氏公司签订《房屋抵押合同》，办理了抵押登记，中泰公司取得了抵押权，虽登记42套房产为抵押物，但该42套房产对应的物业共有部分亦当然成为抵押权范围。

(3)作为执行异议案件，本案对华中融资公司与盘古氏公司所签订的四份《设备售后回租协议》的性质、效力无权作出评价，该协议通过"承租人和出租人约定承租人有权在租赁期届满时购买设备，如果承租人已全额支付本协议项下的所有租金及其他应付款项，并且未发生任何承租人的任何违约，在承租人向租金收款账户支付壹圆人民币的购买对价后，设备的所有权立即自动转让给承租人"的内容保留了华中融资公司对设备的所有权，但该协议属于双方内部协议，不具有对世性；从直观的时间顺序看，难以得出2014年12月24日所签《设备售后回租协议》项下的设备确用于42套房产所属的不动产物业上；协议约定的内容与登记在先的不动产所有权登记以及中泰公司的抵押权登记相冲突，不足以对抗中泰公司享有的抵押权。故华中融资公司以该约定内容阻却中泰公司抵押权实现的执行行为明显依据不足。

116 融资租赁直租业务中，设备厂商为出售设备提供的担保，未经公司股东会决议，该担保是否有效？

实务总结

设备厂商为出售设备提供的担保，未经公司股东会决议，该担保有效。

---

① 对应《民法典》第231条。

《公司法》第16条第1款规定:“公司向其他企业投资或者为他人提供担保,依照公司章程的规定,由董事会或者股东会、股东大会决议;公司章程对投资或者担保的总额及单项投资或者担保的数额有限额规定的,不得超过规定的限额。”此条款规定的作用是防范损害公司其他股东或者债权人的合法利益。设备厂商为出售设备提供的担保,该担保系公司出售设备的附加服务,是公司正常的商业行为,如同担保公司提供担保,即《最高人民法院关于适用〈中华人民共和国民法典〉有关担保制度的解释》第8条规定:“有下列情形之一,公司以其未依照公司法关于公司对外担保的规定作出决议为由主张不承担担保责任的,人民法院不予支持:(一)金融机构开立保函或者担保公司提供担保;……”该担保行为为公司的正常业务,未损害公司、第三人、股东的利益,不违反《公司法》第16条之规定。虽然违反章程的规定,但章程对外不具约束力,不影响该担保的效力。

典型案例

广州市京龙工程机械有限公司、招商银行股份有限公司广州金穗支行保证合同纠纷二审民事判决书*

裁判要点:上诉人京龙公司认为,其未经公司股东会审议而出具《最高额不可撤销担保书》,违反了《公司法》第16条及公司章程的规定,该行为应属无效。但法院认为,从被上诉人招行金穗支行与原审第三人合众公司签订的《借款合同》载明的贷款用途看,是原审第三人合众公司向被上诉人招行金穗支行借款用于向上诉人京龙公司购买其产品,即作为保证人的上诉人京龙公司与作为主债务人的原审第三人合众公司存在商业合作关系,且该合作关系能否达成与案涉借款能否取得具有直接的关联关系。因此,法

* (2020)粤01民终8882号。

院认为，上诉人京龙公司为销售其产品，为帮助原审第三人合众公司获取贷款并向京龙公司支付货款，而为原审第三人合众公司向被上诉人招行金穗支行提供担保，符合正常商业逻辑，并非损害公司其他股东或债权人合法利益的行为，并未违反《公司法》第16条之规定；而上诉人京龙公司之章程，对相对人不具约束力。因此，对于上诉人京龙公司的上诉主张，法院不予支持。

117 强制执行公证出具执行证书后，在法院执行中，债权人与债务人、担保人达成和解协议，后债务人、担保人未按和解协议履行，如何处理？

实务总结

强制执行公证出具执行证书后，在法院执行中，债权人与债务人、担保人达成和解协议，后债务人、担保人未按和解协议履行，法院执行部门仍可按照原执行证书执行。《最高人民法院关于执行和解若干问题的规定》第9条有相关规定，即被执行人一方不履行执行和解协议的，申请执行人可以申请恢复执行原生效法律文书，也可以就履行执行和解协议向执行法院提起诉讼。这里债权人就有选择权，选择最适合自己的方案满足自身利益，但只能选择一种，未被选择的方案会被不予受理诉讼或者裁定终结原生效法律文书的执行。《最高人民法院关于执行和解若干问题的规定》第13条有规定，即恢复执行后，对申请执行人就履行执行和解协议提起的诉讼，人民法院不予受理。其第14条也有规定，即申请执行人就履行执行和解协议提起诉讼，执行法院受理后，可以裁定终结原生效法律文书的执行。执行中的查封、扣押、冻结措施，自动转为诉讼中的保全措施。

典型案例

山重融资租赁有限公司与魏某旺抵押合同纠纷一审民事判决书*

裁判要点:法院认为,山重公司与通泰公司、宏晟集团公司、福州海川物流有限公司、魏某旺签订的《融资租赁合同》、《财产抵押合同》及《执行和解协议》均是当事人的真实意思表示,均未违反法律法规的强制性规定,上述合同均合法有效。各当事人应当按照合同约定全面履行合同义务,否则应承担相应的违约责任。

涉诉《融资租赁合同》经北京市中信公证处出具执行证书,仅明确了山重公司对通泰公司享有的债权范围,并未处理抵押权事宜。后经债权人申请,朝阳区人民法院对该执行证书予以强制执行。执行过程中,债权人与债务人及各担保人签署了《执行和解协议》。因债务人和担保人未按照和解协议按时足额偿还欠款,故债务人仍须按原债权债务合同进行还款。根据现已查明的事实,截至2018年9月4日,扣除保证金后,通泰公司尚欠山重公司租金4 934 723元、违约金3 157 803元。

山重公司作为抵押权人,在债务人通泰公司不能按时偿还欠款时,有权就魏某旺提供的抵押财产优先受偿。本案中,山重公司主张要求实现抵押担保的剩余租金、违约金及诉讼费用均在合同约定的担保范围内,故对山重公司要求在上述范围内实现抵押权的诉讼请求予以支持。山重公司主张的违约金数额有误,具体数额以查明为准。

---

* (2018)京0102民初42608号。

118 在融资租赁业务中，承租人未能按约定履行租金支付义务，第三人与租赁公司签署《债务代偿协议》能否办理强制执行公证？

实务总结

在融资租赁业务中，承租人未能按约定履行租金支付义务，第三人与租赁公司签署《债务代偿协议》能否办理强制执行公证，这取决于该笔融资租赁业务有没有可能被认定为借贷。如果该笔融资租赁业务缺乏“融物”要素被认定为借贷，那么第三人与租赁公司签署《债务代偿协议》就不能办理强制执行公证。如果该笔融资租赁业务具有“融资”与“融物”要素，且为合格的租赁物并依据合同进行了转让，就是正常租赁业务，就可以办理强制执行公证。

典型案例

中信富通融资租赁有限公司与天津驼峰投资集团有限公司等合同纠纷二审民事判决书*

裁判要点：二审法院认为，已失效的5369号民事判决认定，中信富通公司与驼峰公司之间虽签订了《融资租赁合同》，但当事人之间并没有租赁标的物的转移交付。因驼峰公司在朝阳机械厂没有生产涉案标的物的情况下出具收货确认书，中信富通公司先办理抵押登记手续，后签订融资租赁合同。且中信富通公司没有证据证明存在其他属于驼峰公司设备的证据。从资金流向上看，中信富通公司向朝阳机械厂支付款项后，在中信富通公司与

---

* (2021)京02民终16538号。

朝阳机械厂共同控制下转走40 006 000元。该款项转入新奥公司与案外人账户,用于偿还驼峰公司债务。中信富通公司对于款项流向是明知的,中信富通公司与驼峰公司之间因缺乏“融物”要素而不能认定为融资租赁合同关系。中信富通公司与驼峰公司之间实际上是借钱还钱的民间借贷关系。该民间借贷合同并不违反法律、行政法规强制性规定,为有效合同。

因驼峰公司未履行《融资租赁合同》项下的还款义务,新奥公司在《保证合同》的基础上,又于2015年12月31日与中信富通公司签订《债务代偿协议》,明确约定新奥公司作为保证人同意继续对债务人驼峰公司在《融资租赁合同》项下的全部债务承担连带保证责任,并且按照代偿方案向债权人中信富通公司支付租金。上述协议内容合法有效,且新奥公司已依约支付了部分代偿款项。从《债务代偿协议》约定的内容来看,新奥公司在该协议项下的身份仍为保证人,中信富通公司上诉提出新奥公司通过签署《债务代偿协议》,与驼峰公司成为案涉《融资租赁合同》项下共同债务人的主张不能成立。

119 《融资租赁合同》《保证合同》都有强制执行公证条款与诉讼管辖条款,《融资租赁合同》办理强制执行公证,而《保证合同》未办理强制执行公证,《保证合同》的纠纷如何解决?

实务总结

《融资租赁合同》《保证合同》都有强制执行公证条款与诉讼管辖条款,《融资租赁合同》办理强制执行公证,而《保证合同》未办理强制执行公证,《保证合同》可以按照合同约定的诉讼管辖条款,通过诉讼解决纠纷。在强制执行公证条款与诉讼管辖条款并存的情况下,实务中一般约定强制执行公证条款优先适用,但也不排斥诉讼管辖条款。办理强制执行公证后,诉讼管辖条款仍可适用。例如,就公证涉及某些实体争议的,可以在执行期间起诉。又如,担保合同约定诉讼管辖条款适用主合同诉讼管辖条款,担保合同没有办理强制执行公证的情况,就担保合同的争议就要适用主合同诉讼管辖条款,到管辖法院起诉解决纠纷。

典型案例

四川升达林业产业股份有限公司与富嘉融资租赁有限公司保证合同纠纷民事裁定书*

裁判要点:法院认为,本案系债权人富嘉公司单独对保证人四川升达股份公司提起的保证合同纠纷诉讼,在性质上仍属于合同纠纷诉讼。依照《民事诉讼法》第34条的规定,"合同或者其他财产权益纠纷的当事人可以书面协议选择被告住所地、合同履行地、合同签订地、原告住所地、标的物所在地等与争议有实际联系的地点的人民法院管辖,但不得违反本法对级别管辖和专属管辖的规定"。案涉《保证合同》当事人可约定管辖法院,且约定管辖优先法定管辖适用。《最高人民法院关于适用〈中华人民共和国担保法〉若干问题的解释》第129条第1款"债权人向担保人主张权利的,应当由担保人住所地的法院管辖"之规定,在性质上,属于法定管辖规定,故上诉人四川升达股份公司关于本案应适用该规定确定管辖的主张,没有事实和法律依据。

《最高人民法院关于适用〈中华人民共和国民事诉讼法〉的解释》第30条第1款规定:"根据管辖协议,起诉时能够确定管辖法院的,从其约定;不能确定的,依照民事诉讼法的相关规定确定管辖。"案涉《保证合同》第13条第2款约定,凡因本合同引起的或与本合同有关的任何争议,双方当事人均应友好协商解决,如果协商不成,则应按照主合同所约定的争议解决方式处

* (2020)京民辖终13号。

理。主合同《融资租赁合同》第 19 条第 2 款约定,有关本合同的一切争议,如协商不能解决,应当向本合同签订地有管辖权的人民法院提起诉讼,且《融资租赁合同》载明签订地为北京市朝阳区。根据案涉《保证合同》争议解决条款,并结合《融资租赁合同》协议管辖条款,本案起诉时已能确定管辖法院,故本案应依据当事人约定,并结合北京市级别管辖标准确定管辖。鉴于北京市朝阳区属于一审法院辖区,本案属于一审法院地域管辖案件范围。

上诉人四川升达股份公司主张,《保证合同》当事人最终以诉讼方式解决争议,本案不能当然适用《融资租赁合同》第 19 条项下协议约定管辖法院,《保证合同》协议管辖条款因约定不明应为无效。法院认为,案涉《保证合同》第 13 条第 3 款约定,债权人、保证人自愿向北京市长安公证处办理赋予本合同强制执行效力的公证。《融资租赁合同》第 19 条第 3 款约定,合同各方申请办理赋予强制执行效力的公证。上述办理公证条款表明当事人有选择通过公证处理纠纷的意愿,涉及法院主管问题,案涉协议管辖条款则涉及诉讼管辖问题,因公证与诉讼并非绝对排斥关系,本案虽有办理公证条款,也不排除案涉协议管辖条款的适用。且鉴于《保证合同》实际并未办理公证,办理公证条款应视为已被《保证合同》当事人放弃适用。因此,相关办理公证条款不影响案涉协议管辖条款的效力,四川升达股份公司关于《保证合同》协议管辖条款因约定不明应为无效的主张,没有法律依据。

另,依照《最高人民法院关于调整高级人民法院和中级人民法院管辖第一审民商事案件标准的通知》(法发〔2015〕7 号)及《最高人民法院关于调整高级人民法院和中级人民法院管辖第一审民事案件标准的通知》(法发〔2019〕14 号)的相关规定,北京市所辖中级人民法院管辖诉讼标的额 1 亿元以上、50 亿元以下的,当事人住所地均在北京市行政辖区的第一审民商事案件。本案双方当事人住所地均不在北京市辖区内,应参照适用上述本地案件管辖标准确定级别管辖法院。因本案诉讼标的额超过 1 亿元,故属于一审法院级别管辖案件范围。

120 在车辆融资租赁业务中，车辆登记在承租人名下，是否影响办理融资租赁合同的强制执行公证？

实务总结

在车辆融资租赁业务中，车辆登记在承租人名下，不影响办理融资租赁合同的强制执行公证。融资租赁业务，不论是直租业务，还是售后回租业务，出租人与承租人签订转让合同或者其他合同约定车辆归出租人所有，由于车辆行政管理制度，车辆都是登记在承租人名下。根据《民法典》的规定，车辆转让自交付时发生效力，车辆转让要求未登记的不得对抗善意第三人。在现实中，车辆又往往被抵押给租赁公司，这些都是实务中的操作，都不能否定融资租赁业务的性质。车辆融资租赁业务在央行动产融资统一登记公示系统办理登记后，即使车辆没有抵押给融资租赁公司，因融资租赁业务的担保属性，融资租赁公司仍有优先受偿权。《最高人民法院关于适用〈中华人民共和国民法典〉有关担保制度的解释》第 1 条规定就明确了融资租赁的担保属性，即所有权保留买卖、融资租赁、保理等涉及担保功能发生的纠纷，适用本解释的有关规定。

典型案例

民生金融租赁股份有限公司、高某等融资租赁合同纠纷民事二审民事判决书*

裁判要点：法院认为，第二审人民法院应当围绕当事人的上诉请求进行

* （2023）鲁 07 民终 1807 号。

审理,本案二审争议的主要问题是:案涉融资租赁合同是否实际履行;一审判定高某、谭某欣应承担的租金及逾期利息数额的依据是否确实充分。案涉合同签订及履行争议事实发生于《民法典》施行前,故应当适用当时的法律、司法解释的规定;对于融资租赁法律关系的认定,应当根据合同法关于融资租赁合同的规定,结合标的物的性质、价值、租金的构成以及当事人的合同权利和义务作出认定;承租人将其自有物出卖给出租人,再通过融资租赁合同将租赁物从出租人处租回的,人民法院不应仅以承租人和出卖人系同一人为由认定不构成融资租赁法律关系。高某与寿光市德润汽车销售有限公司之间的《销售合同》、民生金融公司与高某之间的《工程机械设备融资租赁合同(售后回租)》及附件、山西通九洲运输有限公司与高某、高某青签订的《挂靠协议》均是相关当事人真实签署,高某是具有完全民事行为能力的自然人,其理应知悉在合同上签字的法律意义,即使如高某、谭某欣主张系在空白合同上签字,应视为其对合同空白部分内容的无限授权,高某应依据合同承担相应的法律责任。高某分别与寿光市德润汽车销售有限公司签署《销售合同》,与民生金融公司签署《工程机械设备融资租赁合同(售后回租)》,该两份合同中约定的车辆总价款、首付款、余款金额一致,融资租赁合同内容中明确载明系售后回租形式的融资租赁合同,《销售合同》中约定余款于销售合同签订后3个月内付清,结合高某在一审中提交的付款证据备注"车贷"、民生金融公司在一审中提交的其向徐州徐工汽车制造有限公司付款的银行电子回单、银行凭证,可以认定案涉车辆的融资款项由民生金融公司向徐州徐工汽车制造有限公司支付,高某系以归还车贷的方式融资购买案涉车辆,因此,本案当事人之间的履行行为具有融资的性质;案涉融资租赁合同约定,出租人向承租人或承租人指定的收款人支付租赁物转让价款之时,租赁物的所有权转移至出租人,但租赁物不转移占有,出租人将租赁物出租给承租人,由承租人继续占有和使用,案涉车辆系营运车辆,为保证案涉车辆能够实现营运收益,应当依法办理相应的营运手续,民生金融公司作为主要从事融资租赁业务的公司法人，不具有相应的资质，案涉车辆现由高某实际占有使用，案涉融资租赁合同已经对租赁物的所有权进行了约定，鉴于案涉车辆的性质，不能仅以案涉车辆未变更登记所有权人为民生金融公司而否定其融物的性质。综上，根据现有在案证据及查明的事实，一审法院认定高某与民生金融公司的融资租赁合同法律关系合法有效，并无不当，高某、谭某欣上诉主张案涉融资租赁合同未实际履行，应予驳回起诉，不予支持。诚然，案涉融资租赁合同中并未明确约定租赁费用收款账户，民生金融公司在本案审理过程中亦未提交其向承租人告知租赁费用收款账户的书面通知，是造成本案当事人对于合同法律关系性质、合同履行行为争议的重要原因，民生金融公司认可寿光市德润汽车销售有限公司的代收代付行为，考量案涉合同的签订、当事人的实际履行情况、过错程度等因素，一审法院将高某已支付的款项 187 243 元扣除首付款后的金额作为已付租金扣除，认定高某欠付民生金融公司租金 301 757 元，并自 2020 年 7 月 18 日起计算逾期利息，符合利益平衡原则，并无明显不妥。

121 公交公司的公交车能否办理售后回租业务，并办理强制执行公证？

实务总结

公交公司的公交车可以办理售后回租业务，并办理强制执行公证。《中国银保监会办公厅关于加强金融租赁公司融资租赁业务合规监管有关问题的通知》（银保监办发〔2022〕12 号）规定，加强构筑物作为租赁物的适格性监管。作为租赁物的构筑物，须满足所有权完整且可转移（出卖人出售前依法享有对构筑物的占有、使用、收益和处分权利，且不存在权利瑕疵）、可处置（金融租赁公司可取回、变现）、非公益性、具备经济价值（能准确估值、能为承租人带来经营性收入并偿还租金）的要求。严禁将道路、市政管道、水利管道、桥梁、坝、堰、水道、洞，非设备类在建工程、涉嫌新增地方政府隐性债务以及被处置后可能影响公共服务正常供应的构筑物作为租赁物。融资租赁的租赁物要求完整产权、可转移、可处置、非公益性、具备经济价值的特性。公交车虽然具有一定的公用性质，但更具有经营性质，与道路、市政管道、水利管道、桥梁、坝、堰、水道、洞这些公用设施有明显的区别，不影响其可以作为租赁物的属性。

典型案例

兰州公交集团有限公司与招银金融租赁有限公司融资租赁合同纠纷二审民事判决书*

裁判要点：首先，就《融资租赁合同》的性质和效力，租赁物应权属清晰、真实存在且能够产生收益，公交车用于城市公共交通运营，具有一定的公用性质，但公交车本身作为租赁物符合上述要求。双方之间属于售后回租，就租赁物所有权转移及交付均进行了约定，案涉项目租赁物在中国人民银行征信中心办理了融资租赁登记，案涉租赁物所作机动车登记系登记在兰州公交公司名下，并不影响双方就租赁物所有权转移至出租人名下之约定的效力。因此，本案《融资租赁合同》系各方真实意思表示，招银金租公司将案涉租赁物进行融资租赁并不违反法律强制性规定，双方构成有效的融资租赁合同关系。其次，兰州公交公司上诉主张合同解除后的损失赔偿仅能包括已到期的未付租金，但根据《最高人民法院关于审理融资租赁合同纠纷案件适用法律问题的解释》第 11 条的规定，出租人在请求解除融资租赁合同的同时，可以请求收回租赁物并赔偿损失，损失范围为承租人全部未付租金及其他费用与收回租赁物价值的差额。兰州公交公司上诉主张其应赔偿的

* （2023）沪 74 民终 472 号。

损失仅包括合同解除日前已到期未付租金与租赁物残值的差额，且租赁物的残值应通过评估确定，而不能通过双方协议折价或拍卖、变卖租赁物确定，上述主张均缺乏法律依据。一审认定双方应就租赁物进行协议折价或者拍卖、变卖，所得价款不足清偿损失赔偿债务的，由兰州公交公司继续清偿，超过债务的部分归兰州公交公司所有，实际上兰州公交公司所应承担的赔偿责任即为欠付租金及律师费与租赁物残值的差额。一审上述认定于法有据，予以支持。再次，就兰州公交公司应承担的违约金，兰州公交公司上诉主张认为其仅应承担以截至合同解除日已到期欠付租金中的本金为基数计算的违约金，且兰州公交公司违约系疫情原因造成，故应就合同约定的违约金利率进行调低。法院认为，《融资租赁合同》约定就兰州公交公司逾期支付的租金，招银金租公司有权按日万分之五的比例计收违约金，直至全部付清之日。因此，兰州公交公司认为其仅承担以到期欠付租金中的本金为基数计算的违约金，与合同约定不符；其要求调低违约金计算标准，亦缺乏依据，均难以支持。二审期间，招银金租公司自愿将违约金计收方式调整为仅以截至 2022 年 1 月 27 日合同解除之日已到期欠付租金 4 950 505.56 元为基数，按照日万分之五计算至实际清偿之日的违约金，系对其自身权利的处分，于法不悖，予以认可。

122 合同主体都不在北京，合同实际签署地也不在北京，仅合同约定签署地为北京，北京的公证处能否为其办理强制执行公证？

实务总结

合同主体都不在北京，合同实际签署地也不在北京，仅合同约定签署地为北京，北京的公证处可以为其办理强制执行公证。合同约定签署地也是与争议有实际联系的管辖连接点之一。《最高人民法院关于适用〈中华人民共和国合同法〉若干问题的解释(二)》第 4 条①的相关规定体现法院对合同约定的签订地与实际签订地不符情况下的认定,即采用书面形式订立合同,合同约定的签订地与实际签字或者盖章地点不符的,人民法院应当认定约定的签订地为合同签订地;合同没有约定签订地,双方当事人签字或者盖章不在同一地点的,人民法院应当认定最后签字或者盖章的地点为合同签订地。

典型案例

陕西省实业发展集团有限公司与西藏金融租赁有限公司融资租赁合同纠纷民事裁定书*

裁判要点:关于上诉人主张当事人约定的合同签署地与争议无实际联系故约定无效的上诉理由,法院认为,首先,根据一审查明的事实,西藏租赁公司主要办事机构所在地位于北京市西城区,合同签订地与争议有实际联系;其次,合同签订地即与争议有实际联系的管辖连接点之一,根据法律规定,书面合同约定的签订地与实际签订地不符的,人民法院应当认定约定的签订地为合同签订地。因此,合同约定签订地和实际签订地是否一致不影响法院按照约定签订地予以认定。故上诉人该项上诉理由不成立。

123 租赁物价值明显低值高估,能否办理强制执行公证?

实务总结

租赁物价值明显低值高估,就不能办理强制执行公证,因为这就没有形

① 对应《民法典》第 493 条。

* (2023)京民辖终 112 号。

成融资租赁合同关系。融资租赁要有“融物”与“融资”两个属性，租赁物价值明显低值高估，缺乏“融物”属性，低值的租赁物无法对债权提供担保作用，不能认定构成融资租赁法律关系，应按实际的借贷关系处理，不能办理强制执行公证。《最高人民法院关于审理融资租赁合同纠纷案件适用法律问题的解释》第1条规定了相关内容，即人民法院应当根据《民法典》第735条的规定，结合标的物的性质、价值、租金的构成以及当事人的合同权利和义务，对是否构成融资租赁法律关系作出认定。对名为融资租赁合同，但实际不构成融资租赁法律关系的，人民法院应当按照其实际构成的法律关系处理，也就是按借贷关系处理。

需要达到什么标准才能被认定为明显低值高估，一般认为高于评估价格或者原值的30%的，可以认定为明显低值高估。这个标准在《最高人民法院关于适用〈中华人民共和国民法典〉合同编通则若干问题的解释》第42条、第43条规定中有体现，即“对于民法典第五百三十九条规定的‘明显不合理’的低价或者高价，人民法院应当按照交易当地一般经营者的判断，并参考交易时交易地的市场交易价或者物价部门指导价予以认定。转让价格未达到交易时交易地的市场交易价或者指导价百分之七十的，一般可以认定为‘明显不合理的低价’；受让价格高于交易时交易地的市场交易价或者指导价百分之三十的，一般可以认定为‘明显不合理的高价’。债务人与相对人存在亲属关系、关联关系的，不受前款规定的百分之七十、百分之三十的限制”。“债务人以明显不合理的价格，实施互易财产、以物抵债、出租或者承租财产、知识产权许可使用等行为，影响债权人的债权实现，债务人的相对人知道或者应当知道该情形，债权人请求撤销债务人的行为的，人民法院应当依据民法典第五百三十九条的规定予以支持”。

典型案例

长城国兴金融租赁有限公司与山东玉玺炉料有限公司、中国银行股份有限公司邹平支行等破产债权确认纠纷二审民事判决书*

裁判要点：一审法院认为，本案的争议焦点为原告长城国兴公司与被告玉玺炉料公司之间是否形成融资租赁合同关系。

《最高人民法院关于审理融资租赁合同纠纷案件适用法律问题的解释》第1条规定，人民法院应当根据《合同法》第237条②的规定，结合标的物的性质、价值、租金的构成以及当事人的合同权利和义务，对是否构成融资租赁法律关系作出认定。对名为融资租赁合同，但实际不构成融资租赁法律关系的，人民法院应当按照其实际构成的法律关系处理。融资租赁法律关系具有融资和融物的属性，其中出租物的价值是确认融资金额的基础，如果融资金额明显背离出租物的价值，则与融资租赁法律关系中包含的融物属性相悖。在本案中，原告长城国兴公司与被告玉玺炉料公司是否属于售后回租类型的融资租赁合同，应当结合出租物的性质、价值、租金构成等进行综合判断。被告玉玺炉料公司提交的4000马力废钢破碎生产线的销售合同、增值税专用发票及废钢剪断机的订货合同、出卖方的债权申报表经原告质证对真实性均无异议，能够证实4000马力废钢破碎生产线新设备的价值为23 200 000元，废钢剪断机新设备的价值为8 500 000元，共计31 700 000元。原告陈述上述设备经过评估，但未能提交任何证据证实其主张。原告长城国兴公司作为专门从事融资租赁业务的融资租赁公司，未履行基本的审慎义务，未对租赁物的实际价值进行必要的审核或评估，即确认上述设备

* (2020)鲁16民终1731号。

② 对应《民法典》第735条。

的价值分别为42 000 000元和28 500 000元，共计70 500 000元，是设备价值的2.2倍，与实际价值明确不符，其对标的物价值的确定过于草率，即使按原告主张的以价格65 000 000元向被告玉玺炉料公司购买该设备，也足以导致《租赁物清单》中认定的租赁物价值与客观事实严重背离，双方实施的融资行为并非建立在对案涉租赁物价值进行客观判断的基础之上，租赁物价值明显低值高估，应认定双方是以融资租赁之名行借贷之实，原告长城国兴公司与被告玉玺炉料公司之间实际为借款合同关系，原告系债权人而非涉案设备的所有人。故本案原告以双方为融资租赁关系为由，主张确认对被告玉玺炉料公司4000马力破碎线及门式剪断机享有所有权的请求不能成立，依法不予支持；因原告长城国兴公司与被告玉玺炉料公司之间融资租赁关系不能确认，原告主张在债权范围内对租赁物处置价款优先受偿的请求于法无据，依法不予支持。

二审法院认为，本案的争议焦点是上诉人长城国兴公司主张对玉玺炉料公司4000马力破碎线享有所有权，并对该租赁物处置价款享有优先受偿权是否成立。二审法院认为，上诉人长城国兴公司与被上诉人玉玺炉料公司于2012年5月28日签订了《回租租赁合同》、《回租买卖合同》及相关附件，一审判决认定双方是以融资租赁之名行借贷之实，上诉人长城国兴公司与被上诉人玉玺炉料公司之间实际为借款合同关系。上诉人对此提出异议，然而即便认定双方为融资租赁合同关系，根据《最高人民法院关于审理融资租赁合同纠纷案件适用法律问题的解释》第9条的规定，承租人或者租赁物的实际使用人，未经出租人同意转让租赁物或者在租赁物上设立其他物权，第三人依据《物权法》第106条①的规定取得租赁物的所有权或者其他物权，出租人主张第三人物权权利不成立的，人民法院不予支持，但有下列情形之一的除外：(1)出租人已在租赁物的显著位置作出标识，第三人在与

① 对应《民法典》第311条。

承租人交易时知道或者应当知道该物为租赁物的;(2)出租人授权承租人将租赁物抵押给出租人并在登记机关依法办理抵押权登记的;(3)第三人与承租人交易时,未按照法律、行政法规、行业或者地区主管部门的规定在相应机构进行融资租赁交易查询的;(4)出租人有证据证明第三人知道或者应当知道交易标的物为租赁物的其他情形。本案中,上诉人长城国兴公司既未在涉案租赁物的显著位置作出标识,也未对租赁物办理过抵押登记,且于2015年6月3日融资租赁登记到期后未办理展期,而自2015年12月4日起,被上诉人玉玺炉料公司先后与中行邹平支行、吴岳、农行邹平支行、邹平浦发村镇银行、邹平农商行就4000马力废钢破碎生产线设定抵押权并办理了抵押登记。上诉人没有证据证实中行邹平支行、吴岳、农行邹平支行、邹平浦发村镇银行、邹平农商行办理抵押登记时知道或者应当知道交易标的物为租赁物,按照上述法律规定,上诉人长城国兴公司主张对玉玺炉料公司4000马力废钢破碎生产线享有所有权,并对该租赁物处置价款享有优先受偿权的理由不能成立,二审法院依法不予支持。

124 融资租赁业务登记或者动产抵押登记内容太过笼统,没有特定性和唯一性,能否出具执行证书?

实务总结

融资租赁业务登记或者动产抵押登记内容太过笼统,没有特定性和唯一性,就无法形成融资租赁法律关系或者动产抵押无法对抗善意第三人,无法出具执行证书,即使出具执行证书,在执行阶段也会因执行内容不具体明确而无法执行。担保权涉及担保物的,担保物必须特定,登记时对其名称、型号、数量、质量、状况、所在地、权属等要有详尽的描述,旨在实现担保物的特定化,这样才能体现融资租赁业务的担保属性。这样登记公示才能产生公示效力,才能宣示权属归属与维护交易安全。

典型案例

民生金融租赁股份有限公司、安徽华星化工有限公司破产债权确认纠纷民事二审民事判决书*

裁判要点:法院认为,本案二审争议焦点为:(1)民生租赁公司与华星公司因案涉《融资租赁合同》所形成的法律关系的性质、效力及对补充协议、抵押合同的影响问题;(2)原审判决对民生租赁公司债权金额认定是否正确;(3)民生租赁公司是否享有抵押权;(4)民生租赁公司主张的债权是否属于共益债务。

关于争议焦点一,《最高人民法院关于审理融资租赁合同纠纷案件适用法律问题的解释》(2020年修正)第1条规定:“人民法院应根据民法典第七百三十五条的规定,结合标的物的性质、价值、租金的构成以及当事人的合同权利义务,对是否构成融资租赁法律关系作出认定。对名为融资租赁合同,但实际不构成融资租赁法律关系的,人民法院应按照其实际构成的法律关系处理。”《民法典》第735条规定:“融资租赁合同是出租人根据承租人对出卖人、租赁物的选择,向出卖人购买租赁物,提供给承租人使用,承租人支付租金的合同。”从上述法律规定可以看出,融资租赁合同具有融资与融物相结合的特点,包含两个交易行为,即出卖人和出租人之间的买卖合同关系、承租人和出租人之间的租赁合同关系,两个合同互相结合,构成融资租赁合同关系。本案中,双方虽签订《融资租赁合同》,但该合同中并无融物的事实,理由如下:(1)民生租赁公司称华星公司采用“售后回租”方式租用案涉设备,并向民生租赁公司支付租金及其他应付款项,但其未提交买卖合同、案涉动产租赁物购买发票原件、不动产租赁物过户登记凭证等关键性证

* (2022)皖05民终2231号。

据予以佐证,其提交的证据不足以证明双方具有买卖案涉租赁物的意思表示;(2)就案涉《融资租赁合同》在中国人民银行征信中心办理的《动产权属统一初始登记》中载明的出售回租设备清单中有的只有型号和名称,无机身号,不具有特定性和唯一性。综上,民生租赁公司提交的证据不能证明买卖交易关系真实存在,更不能证明其实际取得清单上所载明的租赁物的所有权。虽然案涉《融资租赁合同》形式上有融资租赁合同相关条款的约定,但实际上并不存在融物的事实,双方实际上仅是"借钱还钱"的借贷融资关系,故对民生租赁公司称案涉合同系融资租赁合同的主张,不予支持。原审认定民生租赁公司和华星公司之间系企业间的借贷关系,并无不当。

关于华星公司提出案涉《融资租赁合同》系名为融资租赁实为借贷,因此《融资租赁合同》无效,进而认为补充协议、抵押合同无效的问题。法院认为:(1)《民法典》第 146 条规定:"行为人与相对人以虚假的意思表示实施的民事法律行为无效。以虚假的意思表示隐藏的民事法律行为的效力,依照有关法律规定处理。"根据该规定,即使虚假的意思表示认定为无效,对于其隐藏的民事法律行为的效力,仍应根据相关法律规定作出判断。本案中,即使民生租赁公司与华星公司在签订合同之时,融资租赁行为系其虚假的意思表示,但其隐藏的民间借贷法律行为,并不当然无效。(2)案涉合同系企业间的借款合同关系,应当按照该性质认定合同的效力。《最高人民法院关于审理民间借贷案件适用法律若干问题的规定》(2020 年 12 月 29 日修正)(以下简称民间借贷司法解释)第 10 条规定:"法人之间、非法人组织之间以及它们相互之间为生产、经营需要订立的民间借贷合同,除存在民法典第一百四十六条、第一百五十三条、第一百五十四条以及本规定第十三条规定的情形外,当事人主张民间借贷合同有效的,人民法院应予支持。"我国《民法典》第 153 条规定:"违反法律、行政法规的强制性规定的民事法律行为无效。但是,该强制性规定不导致该民事法律行为无效的除外。违背公序良俗的民事法律行为无效。"《民法典》第 154 条规定:"行为人与相对人恶意串通,损害他人合法权益的民事法律行为无效。”本案中,没有相关证据证明民生租赁公司与华星公司存在恶意串通,损害他人合法权益的事实,或违反法律、行政法规的强制性规定的情形。本案实际系企业法人之间的民间借贷合同关系。根据民间借贷司法解释第11条的规定,法人之间为生产、经营需要订立的民间借贷合同有效。原审以案涉融资租赁合同系当事人虚假意思表示为由,认定《融资租赁合同》及相关补充协议无效,《抵押合同》作为从合同也无效,系适用法律错误,依法予以纠正。

关于争议焦点二,因民生租赁公司和华星公司之间名为融资租赁实为借贷关系,故对于民生租赁公司主张的租金,按照本金和利息进行表述和分析。(1)民生租赁公司在本案中主张的债权总额为220 316 203.02元。华星公司认为,对民生租赁公司主张的债权中,包含2021年8月13日至8月15日的利息79 370.97元、2021年8月15日至2022年12月15日的利息13 626 958.33元以及延期付款罚息513 494.67元,上述三笔不应认定,华星公司管理人已依据容诚专字〔2021〕230Z2701号《华星公司审理报告》确认民生租赁公司的债权金额为206 096 379.05元。法院认为,因案涉《融资租赁合同》已明确约定年利率为5.225%,后通过补充协议形式变更为6.65%,双方根据合同期限,将本金和利息计算完毕后,以分期模式进行还款,每一期款项中包含了本金和利息两部分。管理人依据《企业破产法》第46条第1款的规定,对2021年8月13日之后应支付分期款项全部不予认定,缺乏事实和法律依据。因双方已将本金和利息杂糅在一起以租金形式分期还款,无法对每一期的本金及利息严格区分,结合案涉合同的履行情况、双方约定的利息计算标准,以及华星公司的违约程度,认为适用《企业破产法》第46条第1款规定,即“未到期的债权,在破产申请受理时视为到期”认定破产债权更为妥当。(2)关于延期付款罚息513 494.67元。《融资租赁合同》中明确约定如华星公司逾期支付到期应付租前息、租金及其他应付款项,则民生租赁公司可主张日万分之五的逾期利息。现民生租赁公司依据上述约定,要求华星公司支付延期付款罚息513 494.67元，具有事实和法律依据，应予支持。因此，民生租赁公司对华星公司享有破产债权应为220 316 203.02元，民生租赁公司的该项上诉理由成立，予以支持。原审法院未在裁判说理部分对判决确认的金额进行具体分析，虽不属于遗漏审理或漏判，但确有不妥，予以纠正。

关于争议焦点三，民生租赁公司是否享有抵押权问题。根据前述，案涉主合同有效，本案的各补充协议及《抵押合同》均是当事人真实意思表示，内容和形式不违反法律强制性规定，亦为有效合同。根据已查明的事实，民生租赁公司与华星公司在案涉《融资租赁合同》项下共签订了两份《抵押合同》，均在中国人民银行征信中心办理动产抵押登记。双方于2021年4月21日签订的编号为MSFL-2016-1264-S-HZ-BC-DY-003《抵押合同》已被(2022)皖05民终1839号生效民事判决予以撤销，故民生租赁公司依据2021年签订的《抵押合同》主张享有抵押权，缺乏事实和法律依据，不予支持。关于双方于2019年9月11日订立的编号为MSFL-2016-1264-S-HZ-BC-DY-002《抵押合同》，根据《民法典》第403条的规定，以动产抵押的，抵押权自抵押合同生效时设立，未经登记不得对抗善意第三人。根据民生租赁公司提交的登记编号为34052019004927的动产抵押登记书，载明民生租赁公司、华星公司已于2019年9月12日就有关动产在和县市场监督管理局办理动产抵押登记，故民生租赁公司主张基于2019年签订的《抵押合同》享有抵押权，具有事实和法律依据。因动产抵押中的财产多数为损耗品，民生租赁公司在明确知晓相关动产财产的报废率、损耗率较高的情况下，仍同意华星公司以上述财产抵押，造成的法律后果应由民生租赁公司自行承担。故民生租赁公司主张行使抵押权的财产范围，应以华星公司被法院裁定受理破产重整后，管理人接管时尚且存在的动产抵押财产为限，即对容诚专字〔2021〕230Z2701号《华星公司审理报告》中存在的案涉动产抵押财产享有优先受偿权。

关于争议焦点四，民生租赁公司主张的债权是否属于共益债务。共益债务是为了全体债权人的共同利益以及破产程序的顺利进行而负担的债务。我国《企业破产法》第42条规定:"人民法院受理破产申请后发生的下列债务,为共益债务:(一)因管理人或者债务人请求对方当事人履行双方均未履行完毕的合同所产生的债务;(二)债务人财产受无因管理所产生的债务;(三)因债务人不当得利所产生的债务;(四)为债务人继续营业而应支付的劳动报酬和社会保险费用以及由此产生的其他债务;(五)管理人或者相关人员执行职务致人损害所产生的债务;(六)债务人财产致人损害所产生的债务。"民生租赁公司认为案涉《融资租赁合同》属于未履行完毕合同,管理人继续使用租赁物,应按照合同约定履行全部的租金付款义务,且该租金债务属于共益债务。法院认为民生租赁公司主张的债权不属于共益债务性质,理由如下:首先,关于债务发生的时间。根据《融资租赁合同》,民生融资租赁主张的债权发生于2016年8月24日,在破产申请受理前,不符合认定共益债务的时间要件。其次,关于案涉《融资租赁合同》是否属于双方均未履行完毕的合同,因案涉《融资租赁合同》已被认定为名为融资租赁,实为借贷法律关系,合同签订后民生租赁公司已实际向华星公司提供4亿元借款,华星公司归还了部分借款本金及利息,故案涉合同不属于双方均未履行完毕的合同,仅华星公司负有还本付息义务,不存在合同解除或继续履行问题,民生租赁公司只能依据合同约定向华星公司管理人申报债权。综上,民生租赁公司关于其对华星公司的债权属于共益债务的主张,不予支持。

125 出租人租赁公司与设备厂商签署买卖合同,购买设备交付给承租人,设备厂商与出租人租赁公司签署涉及回购债权的合同,能否办理强制执行公证?

实务总结

出租人租赁公司与设备厂商签署买卖合同,购买设备交付给承租人,设备厂商与出租人租赁公司签署涉及回购债权的合同,可以办理强制执行公证。这种操作方式往往出现在直租业务中,设备厂商为出售设备,向融资租赁公司提供回购债权的担保。这里回购的是债权,租赁物的返还依照约定归承租人,设备厂商回购债权后可以向承租人主张债权。

典型案例

太原重工股份有限公司、中国外贸金融租赁有限公司等一般取回权纠纷民事二审民事判决书*

裁判要点:法院认为,本案相关法律行为均发生在《民法典》施行前且未持续至《民法典》施行后,依照《最高人民法院关于适用〈中华人民共和国民法典〉时间效力的若干规定》第 1 条的内容,应适用当时的法律、司法解释的规定。

太原重工在本案中主张对案涉《融资租赁合同》附件二《租赁物清单》项下全部设备的所有权,但根据查明的事实,太原重工前期只向华中铝业交付了部分租赁物,故对太原重工已交付设备和未交付设备的所有权归属分别予以论述。

对于太原重工已交付华中铝业的设备。《合同法》第 242 条①规定:“出租人享有租赁物的所有权。承租人破产的,租赁物不属于破产财产。”本案中,外贸金租系案涉《融资租赁合同》的出租人,并且已向出卖人太原重工足额支付租赁物的购买价款,故对太原重工已交付给承租人华中铝业的租赁物享有所有权。《物权法》第 23 条②规定:“动产物权的设立和转让,自交付时发生效力,但法律另有规定的除外。”《融资租赁合同》履行过程中,太原重

* (2022)豫民终 8 号。

① 对应《民法典》第 745 条。

② 对应《民法典》第 224 条。

工依约向外贸金租支付了回购价款,该公司据此主张自支付回购款之日起对华中铝业占有的租赁物享有所有权;但根据查明事实,外贸金租并未向太原重工交付前述租赁物,故太原重工所称对前述租赁物享有所有权的主张缺乏事实依据。此外,关于回购标的的问题,太原重工、外贸金租、华中铝业均认可太原重工支付的回购款系由华中铝业未付租金及违约金计算而来,而非对租赁物价值的评估对价,故对回购的标的认定为债权更符合本案查明的事实(《回购合同》,外贸金租为出租人、太原重工为回购人、华中铝业为承租人)。综上,太原重工主张对该公司已交付给华中铝业的租赁物享有所有权依据不足,不予支持。

对于太原重工尚未交付的设备。该设备在向华中铝业交付之前并不具备特定性,尚未实际成为案涉《融资租赁合同》的租赁物。太原重工主张对尚未成为租赁物的不特定设备享有所有权缺乏事实基础,亦不认可。

关于太原重工要求华中铝业返还租赁物的请求,因太原重工并未取得前述租赁物的所有权或其他用益物权,其该项请求缺乏依据,不予支持。关于太原重工要求外贸金租赔偿不能取回设备时相关损失的请求,因太原重工不享有返还设备的请求权,故对其返还不能时的赔偿请求权亦不支持。

126 融资租赁出具执行证书后,申请法院执行是否适用法院集中管辖的规定?

实务总结

融资租赁出具执行证书后,申请法院执行如遇法院集中管辖的,优先适用集中管辖,向裁定的集中法院申请执行;没有集中管辖的,可以按被执行人住所地或者财产所在地管辖。涉及被集中管辖的企业,因为涉案众多,集中管辖有利于统一裁判标准、统一化解债务、避免发生系统性风险。

典型案例

山东北大医疗鲁中医院有限公司等与北大医疗产业集团有限公司融资租赁合同纠纷民事裁定书*

裁判要点:法院经审查认为,《企业破产法》第21条规定,人民法院受理破产申请后,有关债务人的民事诉讼,只能向受理破产申请的人民法院提起。《最高人民法院关于适用〈中华人民共和国企业破产法〉若干问题的规定(二)》第47条第1款规定,人民法院受理破产申请后,当事人提起的有关债务人的民事诉讼案件,应当依据《企业破产法》第21条的规定,由受理破产申请的人民法院管辖。根据上述规定,破产程序在性质上属于一种概括式的债权债务处理方式,在破产程序进行中,有关债务人的民事诉讼,若由不同法院各自审理,难以协调其与破产案件的审理进度,也容易造成事实认定不一致,损害债权人权益,故有必要将这些诉讼集中于受理破产案件的人民法院一并审理。

本案中,北京市第一中级人民法院已于2020年7月31日作出(2020)京01破申530号民事裁定,对包括北大方正及北大医疗集团在内的五家公司实质合并重整,有关北大方正及北大医疗集团的民事诉讼,依法应由受理破产重整的人民法院受理。且鲁中医院提起本案诉讼系基于(2020)京01破申530号民事裁定作出以前当事人之间的合同关系,引发本案纠纷的事实或事件并非重整程序终止后新发生的事实或事件。因此,本案应当适用《企业破产法》第21条规定,由北京市第一中级人民法院集中管辖。故一审法院追加北大医疗集团、北大方正为共同被告后,将本案依法移送北京市第一中级人民法院并无不当,鲁中医院上诉主张"一审法院法律适用错误",没有事实和法律依据。

---

* (2022)京民辖终45号。

127 融资租赁公司注册地不在北京，但在北京有主要办事机构，北京的公证处能否办理该融资租赁公司的强制执行公证？

实务总结

融资租赁公司注册地不在北京，在北京有主要办事机构所在地，北京公证处可以办理该融资租赁公司的强制执行公证。《最高人民法院关于适用〈中华人民共和国民事诉讼法〉的解释》第3条规定，公民的住所地是指公民的户籍所在地，法人或者其他组织的住所地是指法人或者其他组织的主要办事机构所在地。法人或者其他组织的主要办事机构所在地不能确定的，法人或者其他组织的注册地或者登记地为住所地。所以，在北京只要有相关主要业务中心，该笔业务是在北京办理的，未来涉及出具执行证书也是北京业务中心最了解情况，即使可能公章在注册地，北京公证处对该笔业务也可以办理强制执行公证。

典型案例

德州市重点建设投资有限公司与华夏金融租赁有限公司等保证合同纠纷管辖裁定书*

裁判要点：法院认为，本案系合同纠纷。《民事诉讼法》第35条规定，合同当事人可以书面协议选择被告住所地、合同履行地、合同签订地、原告住所地、标的物所在地等与争议有实际联系的地点的人民法院管辖，但不得违反本法对级别管辖和专属管辖的规定。本案中，原审原告华夏租赁公司依

---

* (2022)京民辖终72号。

据其与二原审被告分别签订的同意为涉案《融资租赁合同》项下德州凯元热电有限责任公司所负债务承担连带保证责任的《保证合同》提起本案诉讼,请求二原审被告承担相应担保责任。涉案的两份《保证合同》均约定,凡本合同引起的或与本合同有关的任何争议,双方均同意提交甲方住所地的有管辖权的人民法院起诉。合同首部载明,甲方为华夏租赁公司。该协议管辖条款约定的"甲方住所地"即本案原审原告住所地,系符合《民事诉讼法》第35条规定的"与争议有实际联系的地点",且不违反专属管辖、级别管辖的相关法律规定,该协议管辖条款有效。故本案管辖权即属华夏租赁公司住所地有管辖权的法院。关于华夏租赁公司的住所地,《最高人民法院关于适用〈中华人民共和国民事诉讼法〉的解释》第3条第1款规定,公民的住所地是指公民的户籍所在地,法人或者其他组织的住所地是指法人或者其他组织的主要办事机构所在地。"办事机构所在地"是指执行法人业务活动,决定和处理组织事务的机构所在地。"主要办事机构所在地"应理解为统率法人业务的机构所在地。只有在法人或者其他组织的主要办事机构所在地不能确定时,才将其注册地或者登记地作为住所地。本案中,根据华夏租赁公司的主张及其提交的涉案两份《保证合同》签订期间的租赁合同、租赁费用支付凭证、现场影视资料等证据材料,可以认定本案原审原告华夏租赁公司虽然其注册地位于云南省昆明市,但其在涉案两份《保证合同》签订期间的主要办事机构所在地即住所地位于北京市西城区。本案诉讼标的额属于中级人民法院管辖范围,故北京市西城区所在中级人民法院对本案有管辖权。

本案系保证合同纠纷,不属于《最高人民法院关于北京金融法院案件管辖的规定》规定的应由北京金融法院集中管辖的案件范围,故本案应属普通中级人民法院管辖范围,一审法院对本案不具有管辖权。北京市西城区位于北京市第二中级人民法院辖区内,故北京市第二中级人民法院作为中级人民法院对本案有管辖权。

128 融资租赁公司与承租人签署售后回租合同，并办理强制执行公证，承租人之后将租赁物出租或者抵押的，对出具执行证书是否有影响？

实务总结

融资租赁公司与承租人签署售后回租合同，并办理强制执行公证，承租人之后将租赁物出租或者抵押的，不影响出具执行证书，融资租赁合同对租赁物优先受偿优先于之后的抵押权。这在《最高人民法院关于适用〈中华人民共和国民法典〉有关担保制度的解释》第 57 条有相关规定，即买受人取得动产但未付清价款或者承租人以融资租赁方式占有租赁物但是未付清全部租金，又以标的物为他人设立担保物权，该条第 1 款所列权利人为担保价款债权或者租金的实现而订立担保合同，并在该动产交付后 10 日内办理登记，主张其权利优先于买受人为他人设立的担保物权的，人民法院应予支持。同一动产上存在多个价款优先权的，人民法院应当按照登记的时间先后确定清偿顺序。该条款规定的就是购买价金担保权的超优先顺位即比较法上的"PMSI"。

典型案例

四川瑞都石油工程技术服务有限公司、华融金融租赁股份有限公司等案外人执行异议之诉二审民事判决书*

裁判要点：瑞都公司对案涉设备享有的权益是否可以排除法院基于华融公司的申请采取的执行行为。据上分析，在案证据尚不足以证明瑞都公

* (2022)浙民终 761 号。

司与科瑞机械公司存在真实的租赁合同关系存在高度可能性,因此瑞都公司以对案涉设备享有租赁权为由要求排除执行缺乏事实依据。退一步讲,即使瑞都公司关于其与科瑞机械公司存在真实租赁关系的主张成立,瑞都公司对案涉设备享有的租赁权亦不能排除法院基于所有权人华融公司的申请采取的执行行为。《民法典》第 745 条规定,出租人对租赁物享有的所有权,未经登记,不得对抗善意第三人。因此,在融资租赁情形下,出租人对租赁物享有的经依法登记的所有权,可以对抗此后向承租人租赁融资租赁财产并实际占有的善意承租人。根据查明的事实,2018 年 5 月 9 日,华融公司就案涉《融资租赁合同》所涉标的物在中国人民银行征信中心进行了动产权属统一登记——初始登记,此后瑞都公司于 2020 年 2 月 20 日与科瑞机械公司签订了《设备租赁合同》。因此,华融公司对案涉设备享有的经在先登记的所有权足以对抗瑞都公司后续享有的租赁权。此外,据上分析,考虑到《融资租赁合同》所涉标的物混砂车等物品原价高达 176 683 000 元,合同金额也高达 150 000 000 元,山东科瑞控股集团有限公司作为科瑞机械公司实际控制人应知晓科瑞机械公司与华融公司之间的融资租赁合同关系。由于当时山东科瑞控股集团有限公司同时系瑞都公司与科瑞机械公司的实际控制人,因此,2018 年 5 月《融资租赁合同》签订后,瑞都公司即应当知道科瑞机械公司与华融公司之间存在融资租赁合同关系。故 2020 年 2 月,瑞都公司与科瑞机械公司签订《设备租赁合同》时,亦属于知道或应当知道科瑞机械公司与华融公司之间的融资租赁合同关系。瑞都公司主张签订《设备租赁合同》时有理由相信科瑞机械公司有权出租案涉设备,缺乏依据。因此,即使瑞都公司关于其与科瑞机械公司存在真实租赁关系的主张成立,签订《设备租赁合同》时,瑞都公司亦非善意第三人,其以租赁权对抗华融公司在先经依法登记的所有权,依法亦不予支持。

129 融资租赁公司与承租人签署《融资租赁合同(直租)》并办理强制执行公证，承租人未按约定支付租金，直租的设备厂商从融资租赁公司收购《融资租赁合同(直租)》的债权与申请出具执行证书的权利，直租的设备厂商能否申请出具执行证书？

实务总结

融资租赁公司与承租人签署《融资租赁合同(直租)》并办理强制执行公证，承租人未按约定支付租金，直租的设备厂商从融资租赁公司收购《融资租赁合同(直租)》的债权与申请出具执行证书的权利，直租的设备厂商可以持收购合同、公证书向公证处申请出具执行证书。《司法部关于经公证的具有强制执行效力的合同的债权依法转让后，受让人能否持原公证书向公证机构申请出具执行证书问题的批复》(司复〔2006〕13 号)有相关规定，即债权人将经公证的具有强制执行效力的合同的债权依法转让给第三人的，受让人持原公证书、债权转让协议以及债权人同意转让申请人民法院强制执行的权利的证明材料，可以向公证机构申请出具执行证书。这里的转让可以是转让合同、回购合同、收购合同，只要合同内容是将经公证的具有强制执行效力的合同的债权依法转让，并将申请出具执行证书的权利一并转让。

典型案例

孙某东等与中国国机重工集团有限公司融资租赁合同纠纷再审审查与审判监督民事裁定书*

裁判要点：法院经审查认为，原判基于查明的事实，认定涉案《融资租赁

* (2022)京民申 1354 号。

合同》系各方当事人真实意思表示，内容合法有效具有事实及法律依据。孙某东所述涉案《融资租赁合同》只是一种伪装行为，应属无效的申请理由不能成立。孙某东所称的“原审法院故意屏蔽国机公司与设备生产厂商相互串通剥夺万熙公司对涉案设备的占有的事实”“国机公司伪造协议签署日期”等申请理由均缺乏事实依据，亦不能成立。关于二审审理程序，经查，本案二审审理中各方当事人均充分发表了辩论意见，二审审理程序符合法律规定。

《融资租赁合同》中约定出租人不对租赁物的任何质量问题承担责任。《采购申明函》载明万熙公司经过前期严格的选矿实验和实地考察后，指定涉案设备供应商，并承诺不因设备质量问题向国机公司索赔。《补充协议》约定产品质量等问题由万熙公司和其自身指定的设备生产厂家进行协商和解决。万熙公司出具《货物交接验收证明》，确认收到租赁物并验收合格。由此可见，涉案设备是向万熙公司指定的设备生产厂家购买的，万熙公司事先进行过严格的选矿实验和实地考察，货物交接时验收合格，上述合同、申明函、协议等亦是万熙公司签订，系万熙公司真实意思表示，万熙公司应当依约履行义务。故原判未采纳庄某婵、孙某东、卓某照关于国机公司瑕疵担保免责的辩称不能成立的主张并无不当。

国机公司按照《工程机械设备融资租赁合同（直接租赁）》向国银公司支付回购款后，依法取得国银公司作为出租方的权利，有权以出租人身份向万熙公司主张权利。万熙公司未按期支付租金构成违约，按照《融资租赁合同》的约定，国机公司有权要求万熙公司支付所有到期未付及未到期租金、违约金及名义价款。国机公司因维权所支出的律师费、保全保险费应由万熙公司承担。庄某婵、孙某东、卓某照承诺作为万熙公司的连带担保人对国机公司所负债务承担连带担保责任，原审判决上述三人承担连带责任亦无不当。

延伸阅读

长江联合金融租赁有限公司与北京东方园林环境股份有限公司其他合同纠纷一审民事判决书*

裁判要点：法院认为，根据本案查明的事实，案涉租金收益权转让合同系原告与第三人签订融资租赁合同之时，原、被告双方即达成的在第三人未能按期支付租金时，被告以与原告在融资租赁合同项下债权未受偿的同等金额，受让相应租金收益权的协议。案涉租金收益权转让合同对于原告融资租赁合同项下租金债权的实现的确发挥着一定的增信功能，原告与第三人签署的融资租赁合同中亦将其列为一项担保措施。但这并不意味着该合同必然构成保证担保。首先，该合同系原、被告双方就租金收益权转让达成的协议，属于原、被告双方之间独立的债权债务关系，与原告在融资租赁合同项下对第三人享有的债权不具有同一性。其次，原告在租金收益权转让合同项下享有的对被告的转让对价款支付请求权，与原告在融资租赁合同项下享有的对第三人的租金支付请求权，虽然在金额计付上存在一定关联，但两者之间并不存在主从关系，就被告不按约定支付转让价款，租金收益权转让合同也约定了单独的违约责任。最后，租金收益权转让合同明确约定该合同独立于融资租赁合同，在融资租赁合同无效的情形下租金收益权转让合同也并不随之无效。综上可见，案涉租金收益权转让合同与具有从属性的担保合同明显不同，原告在该合同项下的债权具有独立性。因此，被告主张租金收益权转让合同的性质为担保，并以此为由抗辩原告本案可予主张债权不应超过融资租赁合同项下债权，均不予采纳。

---

* (2021)沪74民初2861号。

130 融资租赁合同具有担保性质在执行证书中如何体现?

实务总结

正常的融资租赁业务,合规的租赁物,在中国人民银行征信中心的动产融资统一登记公示系统办理登记,在承租人违约时,出租人可就租赁物拍卖、变卖租赁物所得的价款优先受偿,这就体现了融资租赁所具有的担保功能。这些在《最高人民法院关于适用〈中华人民共和国民法典〉有关担保制度的解释》中都有规定。其第1条规定:"因抵押、质押、留置、保证等担保发生的纠纷,适用本解释。所有权保留买卖、融资租赁、保理等涉及担保功能发生的纠纷,适用本解释的有关规定。"第65条规定,"在融资租赁合同中,承租人未按照约定支付租金,经催告后在合理期限内仍不支付,出租人请求承租人支付全部剩余租金,并以拍卖、变卖租赁物所得的价款受偿的,人民法院应予支持"。具体以下述案例中执行证书的表述为例,即融资租赁公司对执行标的确定的债权,有权就合同编号为2021YYZL0203774-ZL-01号的《融资租赁合同》项下租赁物(详见《融资租赁合同》附件一《租赁物清单》),以折价、拍卖、变卖所得价款享有优先受偿权。

典型案例

永赢金融租赁有限公司、湖南东相智能装备有限公司等融资租赁合同纠纷一审民事判决书*

裁判要点:法院认为,本案所涉各合同均系各方当事人真实意思表示,

* (2023)浙0212民初3673号。

合法有效,各方当事人均应依约全面履行。现被告湖南东相智能装备有限公司未按约履行租金支付义务,原告有权依据《融资租赁合同》的约定要求被告湖南东相智能装备有限公司支付剩余租金、逾期利息等应付款项。根据约定,湖南东相智能装备有限公司已支付的风险金可用于抵扣租金、逾期利息等,故在剩余租金中直接扣除,同时逾期利息亦作相应调整。原告要求以折价、拍卖、变卖涉案租赁物所得的价款受偿,于法有据,予以支持。被告费某湘、朱某平、欧某成自愿为被告湖南东相智能装备有限公司的上述债务提供连带责任保证,应依法承担连带清偿责任。各被告经合法传唤,无正当理由拒不到庭,依法缺席审理。依照《民法典》第 389 条、第 509 条第 1 款、第 577 条、第 688 条、第 691 条、第 752 条,《最高人民法院关于适用〈中华人民共和国民法典〉有关担保制度的解释》第 65 条第 1 款,《最高人民法院关于审理融资租赁合同纠纷案件适用法律问题的解释》第 9 条,《民事诉讼法》第 67 条第 1 款、第 147 条之规定,判决如下:

(1)被告湖南东相智能装备有限公司支付原告永赢金融租赁有限公司 2021YYZL0203774-ZL-01 号《融资租赁合同》项下剩余未付租金 241 476.18 元、截至 2023 年 2 月 13 日的逾期利息 451 元、名义货价 1 元,并支付自 2023 年 2 月 14 日起至实际履行日止以未付租金为基数按日万分之五计算的逾期利息,于本判决生效之日起 10 日内付清;(2)原告永赢金融租赁有限公司有权折价、拍卖、变卖 2021YYZL0203774-ZL-01 号《融资租赁合同》项下租赁物所得价款受偿上述第一项中款项,如所得价款不足清偿上述第一项债务,则不足部分由被告湖南东相智能装备有限公司继续清偿;如所得价款超过上述第一项债务,则超过部分归被告湖南东相智能装备有限公司所有;(3)被告费某湘、朱某平、欧某成对被告湖南东相智能装备有限公司的上述第一项付款义务承担连带清偿责任;(4)驳回原告永赢金融租赁有限公司其他诉讼请求。

131 融资租赁公司与承租人办理运营车辆售后回租业务并办理强制执行公证后,承租人又将租赁物运营车辆抵押给其他机构,融资租赁公司还能否请求对车辆拍卖、变卖所得价款优先受偿?

实务总结

融资租赁公司与承租人办理运营车辆售后回租业务并办理强制执行公证后,承租人又将租赁物运营车辆抵押给其他机构或个人,只要融资租赁公司在该动产交付后10日内办理登记,融资租赁公司就可以请求对车辆拍卖、变卖所得价款优先受偿。这在《最高人民法院关于适用〈中华人民共和国民法典〉有关担保制度的解释》中有相关规定,即买受人取得动产但未付清价款或者承租人以融资租赁方式占有租赁物但是未付清全部租金,又以标的物为他人设立担保物权,相关权利人为担保价款债权或者租金的实现而订立担保合同,并在该动产交付后10日内办理登记,主张其权利优先于买受人为他人设立的担保物权的,人民法院应予支持。同一动产上存在多个价款优先权的,人民法院应当按照登记的时间先后确定清偿顺序。

典型案例

皖江金融租赁股份有限公司、王某民事一审民事判决书*

裁判要点:即使皖江金融租赁公司已催告王某支付租金,王某在合理期限内仍不支付。因鲁PD××××清障车未办理抵押登记,根据《民法典》第745

* (2023)皖0207民初2340号。

条的规定,出租人对租赁物享有的所有权,未经登记,不得对抗善意第三人,在出租人对租赁物享有的所有权未办理登记时,对于出租人请求以拍卖、变卖租赁物所得价款优先受偿的请求,人民法院不应支持,而仅支持其以拍卖、变卖租赁物所得价款受偿的请求。据此,皖江金融租赁公司主张优先受偿,于法无据,也不应获得支持。

132 融资租赁合同中如涉及保证金,在违约的情况下保证金如何抵扣计算?

实务总结

融资租赁合同中如涉及保证金,在违约的情况下有保证金,在出具执行证书时,该保证金要按照合同约定抵扣利息、租金、违约金等。合同约定不清楚的,按合同的通常理解抵扣;没有通常理解的,按有利于承租人的理解抵扣。在租赁期限届满,承租人履行完毕租金支付义务,出租人应当将保证金退回给承租人。

典型案例

锦银金融租赁有限责任公司与映瑞光电科技(上海)有限公司、北京北大高科技产业投资有限公司融资租赁合同纠纷一审民事判决书*

裁判要点:关于争议焦点一。《融资租赁合同》第 8.5 条约定,“承租人如无法及时支付租金或本合同项下其他债务,则出租人有权无须承租人同意自

* (2022)辽 01 民初 790 号。

行从保证金中扣除相应款项”;第8.6条约定,“出租人在抵扣相应款项后,有权向承担人发出《补足租赁保证金通知书》,告知保证金抵扣事宜并要求承租人在收到该通知书之日起15日内补足保证金。若承租人未按出租人要求及时补足保证金,承租人应按每日万分之五的利率自补足期限届满次日起至保证金实际补足之日止,就未补足部分向出租人支付利息”。被告自2019年3月开始未向原告支付过任何款项,如果原告将保证金抵扣本金,被告映瑞光电公司必然要补足保证金。而被告映瑞光电公司自2019年3月20日起未向原告支付过任何费用,说明其无法补足保证金。根据《融资租赁合同》第8.6条的规定,无法补足保证金的违约金更高,故原告将保证金抵扣罚息对被告更有利。事实上,原告在向被告发出《保证金抵扣通知书》时,已载明抵扣方式为抵扣罚息,被告未提出任何异议。综上,被告此项抗辩不予支持,原告此项诉求予以支持。

133 《民法典》实施前签订融资租赁合同并办理强制执行公证,并在中国人民银行征信中心动产融资统一登记公示系统办理登记,融资租赁公司对租赁物能否优先受偿?

实务总结

《民法典》实施前签订融资租赁合同并办理强制执行公证,并在中国人民银行征信中心动产融资统一登记公示系统办理登记,在《民法典》实施后出具执行证书时,融资租赁公司对租赁物有权优先受偿。《最高人民法院关于适用〈中华人民共和国民法典〉时间效力的若干规定》第3条对此有规定,即《民法典》施行前的法律事实引起的民事纠纷案件,当时的法律、司法解释没有规定而《民法典》有规定的,可以适用《民法典》的规定,但是明显减损当事人合法权益、增加当事人法定义务或者背离当事人合理预期的除外。这里融资租赁公司本身为租赁物的所有权人,可以要求返还租赁物,就租赁物拍卖、变卖所得价款优先受偿当然也不减损当事人合法权益、增加当事人法定义务或者背离当事人合理预期。

典型案例

太平石化金融租赁有限责任公司与大理水务产业投资有限公司等融资租赁合同纠纷民事一审案件民事判决书*

裁判要点：关于原告是否有权就案涉融资租赁物折价、拍卖变卖价款受偿的问题，《最高人民法院关于适用〈中华人民共和国民法典〉有关担保制度的解释》第 65 条规定，在融资租赁合同中，承租人未按照约定支付租金，经催告后在合理期限内仍不支付，出租人请求承租人支付全部剩余租金，并以拍卖、变卖租赁物所得的价款受偿的，人民法院应予支持。本案《融资租赁合同》虽签订于《民法典》施行前，但有关拍卖、变卖租赁物所得价款受偿的规定属于当时的法律、司法解释没有规定而《民法典》有规定的，可以适用《民法典》的规定。原告已就本案《融资租赁合同》及其租赁物于中国人民银行征信中心动产融资统一登记公示系统办理了登记，故可就拍卖、变卖租赁物所得的价款受偿。故原告主张就案涉融资租赁物（自来水厂设备）与大理水务公司协议折价或者拍卖、变卖租赁物的价款用于清偿其损失，予以支持。

134 融资租赁公司执行标的中要求支付到期及未到期的全部未付租金，还能否主张补足风险金？

实务总结

融资租赁公司执行标的中要求支付到期及未到期的全部未付租金，就

* （2021）沪 74 民初 4744 号。

不能再主张补足风险金。合同约定风险金的功能是用于担保合同项下债务的及时清偿,如当期不能支付租金可以从风险金中扣收当期租金,并在约定的时间内补足风险金,以待未来抵扣未能支付的租金。一旦加速到期或者期限届满,融资租赁公司要求承租人支付全部到期及未到期的租金,已经包含补足风险金所起的作用,所以也无须再另行主张风险金。

典型案例

甘肃兰银金融租赁股份有限公司、河南同源制药有限公司等融资租赁合同纠纷民事一审民事判决书*

裁判要点:法院认为,出租人兰银公司与承租人同源公司签订的融资租赁合同(回租)、买卖合同、补充协议 3 份,与辅仁集团公司、朱某臣签订的保证合同,与辅仁股份公司签订的保证合同,与开封制药公司签订的质押合同,是各方当事人真实意思表示,不违反法律及行政法规的规定,合法有效,各方应按照合同约定全面履行自己的义务。合同签订后,同源公司向兰银公司支付了风险金 500 万元,兰银公司向同源公司支付了租赁物转让价款 1 亿元并出具了起租通知书,同源公司向兰银公司出具了租赁物接收证明,双方之间形成融资租赁合同法律关系,同源公司除支付部分租赁费外,未按期足额地向兰银公司支付租赁费,导致兰银公司从同源公司交纳的风险金中扣收了部分租赁费后,尚欠到期的租赁费未清偿,已构成违约,应当承担违约责任,同源公司应当向兰银公司支付全部租金及欠付期间的违约金,并承担兰银公司支付的代理费;同源公司不能按期还款,则拍卖、变卖开封制药公司在开封东润化工有限公司持有的 2256.70 万元的股权,兰银公司对所得价款享有优先受偿权;辅仁股份公司、辅仁集团公司、朱某臣对同源公司的

---

* (2021)甘 01 民初 969 号。

上述债务承担连带清偿责任。现针对诉辩双方的意见,认定如下:

(1)关于本案是借款合同关系还是融资租赁合同关系的认定。同源公司认为本案案由应定为民间借贷纠纷,兰银公司认为本案为融资租赁合同关系,经审理认为,同源公司将其自有物出卖给兰银公司,再通过融资租赁合同将租赁物从兰银公司租回,双方除了资金往来,还有明确的租赁物存在,符合融资租赁合同的法律特征,且兰银公司采用回购又返租的形式,不违反法律规定,同源公司认为本案为民间借贷纠纷并主张无效不能成立,不予支持。

(2)关于原告兰银公司主张的租金及违约金的认定。兰银公司主张的租金包括欠付及未到期在内的全部租金,经审查认为,根据《合同法》第248条[①]的规定,"承租人应当按照约定支付租金。承租人经催告后在合理期限内仍不支付租金的,出租人可以要求支付全部租金;也可以解除合同,收回租赁物"。本案中,兰银公司在同源公司欠付租金的情况下,选择请求其支付全部租金,符合合同约定及法律规定,应予支持。经查,截至最后一期租期2023年5月18日,同源公司尚欠兰银公司租赁本金余额6235万元、租息8 632 963.67元,合计70 982 963.67元,应由同源公司支付给兰银公司。对于自2021年5月18日起至2021年8月17日止未清偿租赁本金余额6 927 777.78元、租息4 480 973.26元合计应付租金11 408 751.04元,应当支付违约金,但因违约金约定过高,依法应予调整,鉴于兰银公司未针对实际损失予以举证,按照中国人民银行授权全国银行间同业拆借中心公布的一年期贷款市场报价利率3.85%上浮50%计算逾期利息损失,再按照违约金不超过实际损失的30%进行计算。经核算如下:11 408 751.04元×3.85%×150%÷365天×91天×1.3倍=213 541元,并应支付自2021年8月18日起至租金付清为止以未付租金为基数按照年利率3.85%×150%×1.3倍=7.5075%计算的

① 对应《民法典》第752条。

违约金。同样,对于兰银公司主张的自2019年5月18日起至2019年5月31日止以2019年5月18日应付租金15万元为基数,并按照年利率3.85%×150%×1.3倍=7.5075%予以调整,经核算如下:15万元×3.85%×150%÷365天×13天×1.3倍=401元,应由同源公司负担。

(3)关于原告兰银公司主张的补足风险金及相应违约金的认定。双方签订融资租赁合同后,同源公司向兰银公司交纳了风险金500万元,当同源公司未及时支付租金时,兰银公司根据合同约定从收取的风险金中扣收了租金3 795 592.35元,现兰银公司主张同源公司须按照合同约定补足风险金并承担违约金,经审理认为,合同约定风险金的功能是用于担保合同项下债务的及时清偿,兰银公司从风险金中扣收租金的行为符合合同约定,鉴于兰银公司起诉主张的租金包括到期及未到期的全部未付租金,且该项请求已予以支持,风险金的补足已无必要。因此,对于兰银公司有关风险金及相应违约金的诉讼请求,不予支持。

135 光伏电站的收费权能否办理权利质押担保的强制执行公证,办理后如何执行?

实务总结

光伏电站的收费权只要明确具体可执行,就可以办理权利质押担保的强制执行公证。融资租赁公司与出质人签订《权利质押合同》,明确相应的监管账户,并在中国人民银行征信中心办理了质押登记,约定及登记的质押权利有效期相符,融资租赁公司就对光伏电站在质押登记期限内发生的监管账户的款项与电站收费权拍卖、变卖所得价款享有优先受偿权。金融租赁有限公司对出质人出质的某光伏电站在质押登记期限发生的电站收费权益就监管账户(开户行:中国农业银行股份有限公司;账号:×××)内款项及以该电站收费权拍卖、变卖所得价款在上述标的范围内享有优先受偿权。

典型案例

长城国兴金融租赁有限公司、金昌中新能电力有限公司等融资租赁合同纠纷民事一审民事判决书*

裁判要点:法院认为,融资租赁合同是出租人根据承租人对出卖人、租赁物的选择,向出卖人购买租赁物,提供给承租人使用,承租人支付租金的合同。承租人将其自有物出卖给出租人,再通过融资租赁合同将租赁物从出租人处租回的,人民法院不应仅以承租人和出卖人系同一人为由认定不构成融资租赁法律关系。

本案的争议焦点为:(1)长城国兴公司要求以本案起诉材料送达之日为加速到期日,判令中新能电力公司支付加速到期租金469 697 158.74元(第35期至第149期)及留购价款1000元,并以全部加速到期租金及其他欠付费用金额之和为基数,按照日利率0.05%计算逾期违约金,自加速到期之日起至实际付款之日止,有无事实及法律依据;(2)长城国兴公司请求中新能电力公司支付保证金逾期支付违约金,自2021年2月5日起至实际还款日止,以应付未付保证金6 850 000元为基数,按日利率0.05%计算有无事实及法律依据;(3)长城国兴公司请求确认在上述款项付清前,《租赁物清单》项下的所有租赁物的所有权归长城国兴公司所有有无事实及法律依据;(4)长城国兴公司请求就涉案租赁合同项下租赁物与中新能电力公司协议折价或者将该租赁物拍卖、变卖,所得价款用于清偿上述第1、2项付款义务有无事实及法律依据;(5)长城国兴公司要求各担保人在上述第1、2项诉讼请求范围内承担连带清偿责任有无事实及法律依据;(6)长城国兴公司请求

* (2021)新01民初189号。

判令其对中新能电力公司出质的中新能西坡光伏电站 2018 年 9 月 19 日至 2028 年 9 月 19 日收费权益就监管账户内款项在上述第 1、2 项诉讼请求范围内享有优先受偿权,账户内款项不足以清偿债务的,对电站的收费权折价、拍卖、变卖后价款在上述第 1、2 项诉讼请求范围内享有优先受偿权有无事实及法律依据;(7)长城国兴公司要求对谷欣资产公司持有的中新能电力公司 100%的股权以拍卖、变卖该股权的价款在上述第 1、2 项诉讼请求范围内享有优先受偿权有无事实及法律依据;(8)长城国兴公司要求本案被告共同支付其为诉讼支出的保全申请费 5000 元有无事实及法律依据。

(1)关于长城国兴公司要求以本案起诉材料送达之日为加速到期日,判令中新能电力公司支付加速到期租金 469 697 158.74 元(第 35 期至第 149 期)及留购价款 1000 元,并以全部加速到期租金及其他欠付费用金额之和为基数,按照日利率 0.05%计算逾期违约金,自加速到期之日至实际付款之日,有无事实及法律依据的问题。

《最高人民法院关于适用〈中华人民共和国民法典〉时间效力的若干规定》(以下简称《民法典时间效力规定》)第 20 条规定:"民法典施行前成立的合同,依照法律规定或者当事人约定该合同的履行持续至民法典施行后,因民法典施行前履行合同发生争议的,适用当时的法律、司法解释的规定;因民法典施行后履行合同发生争议的,适用民法典第三编第四章和第五章的相关规定。"本案中,长城国兴公司以中新能电力公司未能依照《期限重组协议》的约定于 2021 年 2 月 5 日向其支付保证金 6 850 000 元,构成严重违约为由,起诉主张中新能电力公司及谷欣资产公司、谷欣新能源公司、明大光伏公司、英电新能源公司、微山新能源公司、熠峰光能公司、彭庄新能源公司、朗瓦新能源公司承担相应的民事责任,依据上述法律规定,本案涉及融资租赁合同关系的部分应当适用《民法典》第三编第四章和第五章的规定进行审理。基于以上法律适用,针对争议焦点一分析认定如下:

第一,经审查,长城国兴公司与中新能电力公司签订的《回租租赁合同》

《回租买卖合同》及长城国兴公司与中新能电力公司、谷欣资产公司、案外人上海谷欣投资有限公司、案外人上海国之杰投资发展有限公司签订的《期限重组协议》均系各方当事人的真实意思表示,其内容不违反法律、行政法规的效力性强制性规定,合法有效,对合同各方当事人均具有法律约束力。

第二,《民法典》第752条规定:“承租人应当按照约定支付租金。承租人经催告后在合理期限内仍不支付租金的,出租人可以请求支付全部租金;也可以解除合同,收回租赁物。”本案中,依据《期限重组协议》第4条第5项“在期限重组后,如果出现下列情形之一的,视为乙方在本协议、主合同及相关合同项下根本违约:(1)乙方未按期归还任何一期租金、手续费或本协议项下约定的任何款项;(2)乙方未及时缴纳或补足保证金……乙方、担保人出现上述任一情形时,甲方均有权行使主合同、本协议及其他相关合同项下约定的所有救济手段,并有权要求乙方及担保人各方承担违约责任”的约定,中新能电力公司至今未依约向长城国兴公司支付保证金6 850 000元,已构成违约。另中新能电力公司虽在长城国兴公司提起本案诉讼时尚不存在逾期支付租金的行为,但在本案审理期间,中新能电力公司第35期应付租金开始出现逾期行为,长城国兴公司于2021年8月26日向其发出《租金逾期催收通知书》《催告函》进行催告,但中新能电力公司仍未在合理期限内予以支付,中新能电力公司的逾期付款行为处于一种持续状态。基于以上新的事实,法院认为,中新能电力公司经催告后在合理期限内仍未支付欠付的租金,长城国兴公司在不主张解除涉案融资租赁合同的前提下,依据《期限重组协议》的约定主张剩余全部租金以及留购价款1000元均加速到期,并请求判令债务人中新能电力公司予以支付符合上述合同约定及相关法律规定,予以支持。庭审中已查明,中新能电力公司已支付第34期租金,故本案剩余未付租金加速到期后,中新能电力公司应向长城国兴公司支付自第35期至第149期的租金合计469 697 158.74元(470 752 578.17-1 055 419.43=469 697 158.74)。对长城国兴公司该项诉讼请求予以支持。

第三,关于加速到期日的认定。在租赁期限内,承租人应当按照合同约定向出租人支付租金,这是承租人的基本义务。如承租人违反前述义务,未按约定而迟付、少付或拒付租金时,出租人可以进行催告,要求承租人支付已到期的欠付租金。承租人在合理期限内仍不支付租金的,出租人可以采取以下两种救济措施:其一,要求承租人支付全部租金。此种情形属于租金加速到期,合同并未解除,承租人在租赁期限届满前仍享有占有、使用租赁物的权利。其二,解除合同,收回租赁物。因为出租人通常对租赁物享有所有权,这一所有权具有担保其租金债权的功能,所以当承租人违约、出租人解除合同时,出租人可以收回租赁物。涉案《期限重组协议》第 8 条明确约定,"乙方应于 2021 年 2 月 5 日(不含)前向甲方支付 685 万元保证金,作为乙方和谷欣系列项目项下债务人履行本协议和相关合同的保证,甲方有权使用该等保证金冲抵乙方和谷欣系列项目项下债务人的任何债务,除本协议另有约定外,保证金的其他事宜,适用主合同第六条关于保证金的约定,与本协议不一致的,以本协议为准"。从该条约定来看,中新能电力公司虽然需要在 2021 年 2 月 5 日前向长城国兴公司支付保证金 6 850 000 元,但该笔款项的用途并非直接冲抵到期欠付的租金,主要还是用于担保包括涉案融资租赁合同在内的一系列关联合同得以正常履行。故在中新能电力公司未依约支付该笔保证金的情况下,长城国兴公司主张以本案起诉材料送达之日为租金加速到期日,与《民法典》第 752 条关于"承租人应当按照约定支付租金。承租人经催告后在合理期限内仍不支付租金的,出租人可以请求支付全部租金"的规定相悖,不予采信。考虑到本案审理期间出现新的事实,即中新能电力公司自第 35 期(应付款日期为 2021 年 8 月 5 日)开始出现逾期支付租金的行为,长城国兴公司于 2021 年 8 月 26 日向承租人中新能电力公司及各保证人谷欣资产公司、英电新能源公司、谷欣新能源公司、朗瓦能源公司、微山新能源公司、熠峰光能公司、彭庄新能源公司、明大光伏公司、案外人上海谷欣投资有限公司发出《催告函》催收租金,酌情认定《催告函》发出之日起1个月为中新能电力公司补缴租金的“合理期限”。据此,认定2021年9月27日为本案租金加速到期日。

第四,《最高人民法院关于审理融资租赁合同纠纷案件适用法律问题的解释》第9条规定:“承租人逾期履行支付租金义务或者迟延履行其他付款义务,出租人按照融资租赁合同的约定要求承租人支付逾期利息、相应违约金的,人民法院应予支持。”据此,法院对长城国兴公司依据合同约定,主张中新能电力公司向其支付逾期付款违约金的请求予以支持,但对于合同约定的日利率0.05%计算标准,以长城国兴公司的实际损失为基础,兼顾合同的履行情况、过错程度等因素,依照公平原则酌定中新能电力公司按照合同约定的固定租赁费率上浮50%即年利率10.8%(7.2%×150%)支付逾期付款违约金,因此中新能电力公司应当向长城国兴公司支付以全部加速到期租金469 697 158.74元及其他应付费用之和为基数,按照年利率10.8%计算的逾期付款违约金,对长城国兴公司的诉讼请求在该范围内予以支持。租金加速到期日应为2021年9月27日。

(2)关于长城国兴公司请求中新能电力公司支付保证金逾期支付违约金,自2021年2月5日起至实际还款日止,以应付未付保证金6 850 000元为基数,按日利率0.05%标准计算有无事实及法律依据的问题。

针对该问题,法院认为,法律依据前已述及,此处不再赘述。《期限重组协议》第8条约定,“乙方应于2021年2月5日(不含)前向甲方支付685万元保证金,作为乙方和谷欣系列项目项下债务人履行本协议和相关合同的保证,甲方有权使用该等保证金冲抵乙方和谷欣系列项目项下债务人的任何债务,除本协议另有约定外,保证金的其他事宜,适用主合同第六条关于保证金的约定,与本协议不一致的,以本协议为准”。因《回租租赁合同》第6条涉及的是双方当事人对租金、相关费用及其支付的约定,故对于保证金是否存在逾期支付违约金的认定,仍应依据《回租租赁合同》第13.3条约定,即“乙方未按本合同约定支付租金或其他款项,应向甲方支付逾期付款的违约金,逾期付款违约金以到期租金和/或其他款项应付未付部分每日0.05%的标准计,自逾期之日(不含)起计至清偿之日(含)止"进行认定。本案中,在涉案合同租金加速到期之前,中新能电力公司即负有向长城国兴公司缴纳保证金的义务,其逾期未付,理应依约承担相应的违约责任。各被告共同辩称,涉案中新能电力公司质押的电站收费权所产生的应收账款在另案中被采取执行措施,付款方亦停止与中新能电力公司的电费结算,导致中新能电力公司客观上无法按约支付保证金,并非其公司故意不履行支付保证金的义务。对此法院认为,中新能电力公司能否收取电费款项,并非其向长城国兴公司支付保证金的付款条件,亦不属于客观上无法履行的情形,其公司不能以此抗辩不履行或延迟履行支付保证金的义务,故对上述抗辩意见不予采纳。对于逾期付款违约金的计算标准,基于前述对逾期支付租金违约金调整的理由认定为年利率10.8%。同时,考虑到长城国兴公司在本案中主张了租金加速到期后的逾期支付违约金,亦对长城国兴公司该项诉请的合理部分予以支持,即自2021年9月27日起算至实际付款日止,故长城国兴公司在本案中同时主张债务人及担保人承担自2021年2月5日起算至实际还款日止的保证金逾期支付违约金会使双方当事人的合同利益明显失衡,有悖于公平原则,且存在同一时间段内的违约金双重计算问题,故对长城国兴公司该项请求的合理部分予以支持。法院认定中新能电力公司应自2021年2月5日起至2021年9月26日止(计233天),以未缴纳保证金6 850 000元为基数,按照年利率10.8%的标准向长城国兴公司支付保证金逾期支付违约金478 815元(6 850 000元×10.8%÷360天×233天)。

(3)关于长城国兴公司请求确认在上述款项付清前,《租赁物清单》项下所有租赁物归长城国兴公司所有有无事实及法律依据的问题。

本案所涉融资租赁合同系典型的售后回租合同,无论是租赁合同还是买卖合同的权利义务相对方均为长城国兴公司和中新能电力公司,因租赁物为中新能电力公司光伏电站项目资产,并无法定的物权登记机关,在中新能电力公司实际占有租赁物的情形下，往往会形成中新能电力公司仍然享有租赁物物权的假象，这将成为长城国兴公司的重大经营风险。长城国兴公司遂与中新能电力公司签订涉案《抵押合同》，又将租赁物抵押给自己，并在相关部门办理了动产抵押登记手续。结合审判实践，法院认为长城国兴公司将从中新能电力公司处购得的租赁物再行办理抵押登记，是对自身作为融资租赁合同关系中出租人的一种保护措施。该抵押登记行为与涉案《回租租赁合同》中约定租赁物所有权在融资租赁合同正常履行完毕且中新能电力公司支付留购价款前归长城国兴公司所有并无实质性矛盾。综上，对长城国兴公司请求确认在上述款项付清前，《租赁物清单》项下所有租赁物的所有权归长城国兴公司所有予以支持。

(4)关于长城国兴公司请求就涉案租赁合同项下租赁物与中新能电力公司协议折价或者将该租赁物拍卖、变卖，所得价款用于清偿上述第1、2项付款义务有无事实及法律依据的问题。

经查明，长城国兴公司与中新能电力公司订立抵押合同，将涉案租赁物抵押给出租人长城国兴公司，但登记的抵押物范围与抵押合同约定的范围不一致，因此对长城国兴公司该项诉讼请求，在办理抵押登记的租赁物范围内予以支持，长城国兴公司有权就登记范围内[详见抵押物(动产)清单]的租赁物与中新能电力公司协议折价或者将该租赁物拍卖、变卖，所得价款用于清偿上述第1、2项付款义务。

(5)关于长城国兴公司请求谷欣资产公司、谷欣新能源公司、明大光伏公司、英电新能源公司、徽山新能源公司、熠峰光能公司、彭庄新能源公司、朗瓦新能源公司对上述第1、2项诉讼请求范围内的债务承担连带清偿责任的问题。

《民法典时间效力规定》第1条第2款规定："民法典施行前的法律事实引起的民事纠纷案件，适用当时的法律、司法解释的规定，但是法律、司法解释另有规定的除外。"因《最高人民法院关于适用〈中华人民共和国民法典〉

有关担保制度的解释》(以下简称《民法典担保制度解释》)和《民法典》均自2021 年 1 月 1 日起施行,民法典有关担保制度是在担保法、物权法、担保法解释的既有规则基础之上重新整合,《民法典担保制度解释》是针对民法典有关担保制度在审判过程中如何具体应用问题进行的解释,属于对民法典有关担保制度的释明,亦应归属于民法典的有机组成部分,故《民法典时间效力规定》有关溯及效力的原则和适用规则均应适用于民法典担保制度解释。除法律、司法解释另有规定的外,对于《民法典担保制度解释》施行之前的法律事实引起的担保纠纷案件,应当适用当时的法律、司法解释的规定。据此,鉴于本案《期限重组协议》及各保证合同均签订于 2021 年 1 月 1 日前,故对于涉及担保法律关系的审理,仍应适用当时的法律、司法解释的规定。

《公司法》第 16 条规定:“公司向其他企业投资或者为他人提供担保,依照公司章程的规定,由董事会或者股东会、股东大会决议;公司章程对投资或者担保的总额及单项投资或者担保的数额有限额规定的,不能超过规定的限额。公司为公司股东或者实际控制人提供担保的,必须经股东会或者股东大会决议。前款规定的股东或者受前款规定的实际控制人支配的股东,不得参加前款规定事项的表决。该项表决由出席会议的其他股东所持表决权的半数通过。”据此可知,为防止法定代表人随意代表公司为他人提供担保给公司造成损失,损害中小股东利益,我国《公司法》第 16 条对法定代表人的代表权进行了限制。根据该条规定,担保行为不是法定代表人所能单独决定的事项,而必须以公司股东(大)会、董事会等公司机关的决议作为授权的基础和来源。《公司法》第 16 条对关联担保和非关联担保的决议机关作出了区别规定,相应地,在善意的判断标准上也应当有所区别。一种情形是,为公司股东或者实际控制人提供关联担保,《公司法》第 16 条明确规定必须由股东(大)会决议,未经股东(大)会决议,构成越权代表。在此情况下,债权人主张担保合同有效,应当提供证据证明其在订立合同时对股东(大)会决议进行了审查,决议的表决程序符合《公司法》第 16 条的规定,即在排除被担保股东表决权的情况下，该项表决由出席会议的其他股东所持表决权的过半数通过，签字人员也符合公司章程的规定。另一种情形是，公司为公司股东或者实际控制人以外的人提供非关联担保，根据《公司法》第十六条的规定，此时由公司章程规定是由董事会决议或股东（大）会决议。无论章程是否对决议机关作出规定，也无论章程规定决议机关为董事会还是股东（大）会，根据《民法总则》第61条[①]第3款关于“法人章程或者法人权力机构对法定代表人代表权的限制，不得对抗善意相对人”的规定，只要债权人能够证明其在订立担保合同时对董事会决议或者股东（大）会决议进行了审查，同意决议的人数及签字人员符合公司章程的规定，就应当认定其构成善意，但公司能够证明债权人明知公司章程对决议机关有明确规定的除外。债权人对公司机关决议内容的审查一般限于形式审查，只要求尽到必要的注意义务即可，标准不宜太过严苛。存在下列情形的，即便债权人知道或者应当知道没有公司机关决议，也应当认定担保合同符合公司的真实意思表示，合同有效：①公司是以为他人提供担保为主营业务的担保公司，或者是开展保函业务的银行或者非银行金融机构；②公司为其直接或者间接控制的公司开展经营活动向债权人提供担保；③公司与主债务人之间存在相互担保等商业合作关系；④担保合同系由单独或者共同持有公司2/3以上有表决权的股东签字同意。

本案中，谷欣资产公司与债权人长城国兴公司、债务人中新能电力公司签订《保证合同》，约定为涉案《回租租赁合同》项下债务承担连带责任，并在《期限重组协议》中承诺同意继续为变更后的合同提供担保。而谷欣新能源公司、明大光伏公司、英电新能源公司、微山新能源公司、熠峰光能公司、彭庄新能源公司、朗瓦新能源公司亦分别与长城国兴公司签订《保证合同》，约定为涉案《回租租赁合同》及《期限重组协议》项下债务提供连带责任保证。

① 对应《民法典》第61条。

上述保证合同约定的保证范围为债务人应付的租金、保证金、手续费、债务人因违反约定的义务而产生的违约金、损害赔偿金等,以及债权人为实现上述债权而发生的所有费用。债权人为实现债权而发生的所有费用是指债权人依据主合同及相应的从合同(包括但不限于本合同)行使任何权益、权利而发生的所有费用,包括但不限于诉讼费(或仲裁费)、律师代理费、差旅费、公证费、评估费、拍卖费、执行费等。另,经审查,谷欣资产公司在本案中的担保行为经该公司股东会议同意,其他各担保人为谷欣资产公司全资子公司或控股公司,且根据《期限重组协议》的约定,涉案回租租赁业务是"谷欣系列项目"之一,本案主债务人与各保证人在谷欣系列项目中存在互相担保的商业合作关系,故上述各保证合同符合法律规定,应属合法有效。综上,对长城国兴公司主张谷欣资产公司、谷欣新能源公司、明大光伏公司、英电新能源公司、微山新能源公司、熠峰光能公司、彭庄新能源公司、朗瓦新能源公司在本案中承担连带清偿责任予以支持。

《担保法》第31条[①]规定:"保证人承担保证责任后,有权向债务人追偿。"《最高人民法院关于适用〈中华人民共和国担保法〉若干问题的解释》第42条第1款规定:"人民法院判决保证人承担保证责任或者赔偿责任的,应当在判决书主文中明确保证人享有担保法第三十一条规定的权利。判决书中未予明确追偿权的,保证人只能按照承担责任的事实,另行提起诉讼。"据此,谷欣资产公司、谷欣新能源公司、明大光伏公司、英电新能源公司、微山新能源公司、熠峰光能公司、彭庄新能源公司、朗瓦新能源公司承担保证责任后,有权向债务人中新能电力公司追偿。

(6)关于长城国兴公司对中新能电力公司出质的中新能西坡100MV光伏电站在2018年9月20日至2028年9月19日发生的电站收费权益就监管账户内的款项在上述第1、2项诉讼请求范围内是否享有优先受偿权的问题。

① 对应《民法典》第700条。

《物权法》第223条[①]规定，“债务人或者第三人有权处分的下列权利可以出质：（一）汇票、支票、本票；（二）债券、存款单；（三）仓单、提单；（四）可以转让的基金份额、股权；（五）可以转让的注册商标专用权、专利权、著作权等知识产权中的财产权；（六）应收账款；（七）法律、行政法规规定可以出质的其他财产权利”；第228条第1款[②]规定，“以应收账款出质的，当事人应当订立书面合同。质权自信贷征信机构办理出质登记时设立”；第229条[③]规定，“权利质权除适用本节规定外，适用本章第一节动产质权的规定”；第219条第2款[④]规定，“债务人不履行到期债务或者发生当事人约定的实现质权的情形，质权人可以与出质人协议以质押财产折价，也可以就拍卖、变卖质押财产所得的价款优先受偿”。依据上述法律规定，本案中，长城国兴公司与中新能电力公司就涉案光伏电站收费权签订《权利质押合同》并在中国人民银行征信中心办理了质押登记，约定及登记的质押权利有效期均为2018年9月20日至2028年9月19日，质权自办理出质登记时已有效设立。现长城国兴公司请求行使其质押权合法有据，但质押的电站收费权期间应以登记为准，故确认其对中新能电力公司出质的光伏电站在2018年9月20日至2028年9月19日发生的电站收费权益，就监管账户内的全部款项及以该电站收费权折价或者拍卖、变卖所得价款在上述第1、2项给付范围内享有优先受偿权。另依据《物权法》第221条[⑤]“质押财产折价或者拍卖、变卖后，其价款超过债权数额的部分归出质人所有，不足部分由债务人清偿”的规定，涉案光伏电站收费权折价或者拍卖、变卖后的价款如超过债权数额，超出部分归出质人中新能电力公司所有，不足部分由债务人中新能电力公司清偿。

① 对应《民法典》第440条。
② 对应《民法典》第445条。
③ 对应《民法典》第446条。
④ 对应《民法典》第436条。
⑤ 对应《民法典》第438条。

(7)关于长城国兴公司对谷欣资产公司持有的中新能电力公司100%的股权拍卖、变卖所得的价款在上述第1、2项范围内是否享有优先受偿权的问题。

《物权法》第226条第1款[①]规定,“以基金份额、股权出质的,当事人应当订立书面合同。以基金份额、证券登记结算机构登记的股权出质的,质权自证券登记结算机构办理出质登记时设立;以其他股权出质的,质权自工商行政管理部门办理出质登记时设立”;第229条[②]规定,“权利质权除适用本节规定外,适用本章第一节动产质权的规定”。本案中,长城国兴公司与谷欣资产公司签订股权质押合同并在相关部门办理了私营股权出质设立登记手续,涉案质权已有效设立,长城国兴公司请求确认其对谷欣资产公司持有的中新能电力公司100%的股权以拍卖、变卖该股权的价款在第1、2项诉讼请求范围内享有优先受偿权合法有据,予以支持。另外,理由如前所述,上述股权折价或者拍卖、变卖后的价款如超过涉案债权数额,超出部分归出质人谷欣资产公司所有,不足部分由债务人中新能电力公司清偿。

(8)关于谷欣资产公司、谷欣新能源公司、明大光伏公司、英电新能源公司、微山新能源公司、熠峰光能公司、彭庄新能源公司、朗瓦新能源公司是否应当支付保全申请费5000元的问题。

《回租租赁合同》及涉案各担保合同中均明确约定,任何一方违约,则应当赔偿对方因此受到的损失,包括但不限于实际损失、逾期损失以及要求对方赔偿而支付的律师费、交通费等。据此,长城国兴公司在本案中主张谷欣资产公司、谷欣新能源公司、明大光伏公司、英电新能源公司、微山新能源公司、熠峰光能公司、彭庄新能源公司、朗瓦新能源公司共同支付保全申请费5000元合法有据,予以支持。

---

① 对应《民法典》第443条。
② 对应《民法典》第446条。

另《物权法》第176条[①]规定："被担保的债权既有物的担保又有人的担保的，债务人不履行到期债务或者发生当事人约定的实现担保物权的情形，债权人应当按照约定实现债权；没有约定或者约定不明确，债务人自己提供物的担保的，债权人应当先就该物的担保实现债权；第三人提供物的担保的，债权人可以就物的担保实现债权，也可以要求保证人承担保证责任。提供担保的第三人承担担保责任后，有权向债务人追偿。"因涉案担保合同中均明确约定，债权人长城国兴公司有权在各项担保中自主选择实现担保权利的顺序和额度，故依据上述法律规定及合同约定，长城国兴公司在本案中可同时主张其与各方当事人订立合同项下的权利。

综上所述，长城国兴公司的部分诉讼请求成立，予以支持。依照《物权法》第176条、第203条第1款、第206条、第219条第2款、第222条、第223条、第226条、第228条第1款、第229条，《合同法》第248条，《担保法》第31条，《公司法》第16条，《最高人民法院关于适用〈中华人民共和国担保法〉若干问题的解释》第42条第1款，《最高人民法院关于适用〈中华人民共和国民法典〉时间效力的若干规定》第1条第2款，《民事诉讼法》第134条的规定，判决如下：

(1)金昌中新能电力有限公司于本判决生效之日起10日内向长城国兴金融租赁有限公司支付加速到期租金469 697 158.74元以及留购价款1000元；并自租金加速到期日2021年9月27日起，以未付租金469 697 158.74元、留购价款1000元为基数，按照年利率10.8%计算至实际付清之日止的违约金。

(2)金昌中新能电力有限公司于本判决生效之日起10日内向长城国兴金融租赁有限公司支付保证金逾期支付违约金478 815元(以未缴纳保证金6 850 000元为基数，自2021年2月5日起计算至2021年9月26日止，按照年利率10.8%计算)。

---

① 对应《民法典》第392条。

(3)上述款项付清前,涉案《回租租赁合同》附件一中《租赁物清单》项下租赁物归长城国兴金融租赁有限公司所有。

(4)长城国兴金融租赁有限公司可就登记的抵押物[详见抵押物(动产)清单]与金昌中新能电力有限公司协议折价或者将该抵押物拍卖、变卖,所得价款用于清偿金昌中新能电力有限公司上述第1、2项债务;如所得价款不足以清偿上述债务,则不足部分由金昌中新能电力有限公司继续清偿,如所得价款超过上述债务,则超过部分归金昌中新能电力有限公司所有。

(5)上海谷欣资产管理有限公司、青岛谷欣新能源有限公司、长岭县明大光伏科技有限公司、巨野英电新能源有限公司、微山中广新能源有限公司、山东熠峰光能有限公司、郓城彭庄中广新能源有限公司、泰安朗瓦能源有限公司对金昌中新能电力有限公司上述第1、2项债务承担连带清偿责任;上海谷欣资产管理有限公司、青岛谷欣新能源有限公司、长岭县明大光伏科技有限公司、巨野英电新能源有限公司、微山中广新能源有限公司、山东熠峰光能有限公司、郓城彭庄中广新能源有限公司、泰安朗瓦能源有限公司在承担保证责任后有权向金昌中新能电力有限公司追偿。

(6)长城国兴金融租赁有限公司对金昌中新能电力有限公司出质的中新能西坡100MV光伏电站在2018年9月20日至2028年9月19日发生的电站收费权益就监管账户(开户行:中国农业银行股份有限公司;账号:×××)内款项及以该电站收费权折价或者拍卖、变卖所得价款在上述第1、2项应付款项范围内享有优先受偿权。

(7)长城国兴金融租赁有限公司对上海谷欣资产管理有限公司持有的金昌中新能电力有限公司100%股权以拍卖、变卖该股权所得价款,在上述第1、2项应付款项范围内享有优先受偿权;上述股权折价或者拍卖、变卖后所得价款如超过上述第1、2项应付款项数额,超出部分归上海谷欣资产管理有限公司所有。

(8)金昌中新能电力有限公司、上海谷欣资产管理有限公司、青岛谷欣新能源有限公司、长岭县明大光伏科技有限公司、巨野英电新能源有限公司、微山中广新能源有限公司、山东熠峰光能有限公司、郓城彭庄中广新能源有限公司、泰安朗瓦能源有限公司于本判决生效之日起10日内向长城国兴金融租赁有限公司支付保全申请费5000元。

136 经营性宾馆及相关经营设施能否作为租赁物，签署售后回租合同并办理强制执行公证？

实务总结

经营性宾馆及相关经营设施作为租赁物，签署售后回租合同并办理转让的产权登记，就可以办理强制执行公证，并出具执行证书。该商业性不动产具有经营性质并转让到出租人名下，如果承租人违约不支付租金，出租人就可以就该承租人交付该不动产及附属物，并对该不动产拍卖或变卖所得价款优先受偿。在执行证书中就可以表述为融资租赁公司对上述执行标的确定的债权，有权就合同编号为××号的《融资租赁合同》项下租赁物（详见《融资租赁合同》附件一《租赁物清单》），以折价、拍卖、变卖所得价款享有优先受偿权。

典型案例

中国金融租赁有限公司、九寨沟格桑宾馆有限责任公司等融资租赁合同纠纷民事一审民事判决书*

裁判要点：2015年1月30日，中金租公司与格桑宾馆签署编号为ZJZ-

* （2021）津03民初2543号。

2014-057-HZ 的《融资租赁合同》、编号为 ZJZ-2014-057-HZ(YS)的《预收租金合同》、编号为 ZJZ-2014-057-HZ(SXF)的《手续费支付协议》,中金租公司作为出租人与格桑宾馆开展售后回租业务,租赁物为房产及该等房产的全部构筑物、附着物以及上述房产及土地上扩建及新增的房产,且所有权已经转让给中金租公司,中金租公司已取得"九房权证 2015 字第××××号"房屋所有权证、"九国用(2015)第××××号"国有建设用地土地使用权证。

(1)关于涉案融资租赁合同是否应当予以解除的问题。依照《民法典》第 752 条的规定,承租人应当按照约定支付租金。承租人经催告后在合理期限内仍不支付租金的,出租人可以请求支付全部租金;也可以解除合同,收回租赁物。涉案融资租赁合同签订后,中金租公司依约履行了购买并向格桑宾馆交付租赁物的义务,格桑宾馆亦应按照合同约定的方式按期支付租金。截至起诉之日,格桑宾馆已逾期 11 期租金未付,经催告后在合理期限内仍不支付租金,中金租公司有权解除合同。佳鼎公司虽辩称格桑宾馆遭受疫情、泥石流、地震等影响,但经审查,格桑宾馆自第 1 期租金即 2015 年 7 月 15 日起即出现逾期支付的行为,中金租公司分别于 2015 年 9 月 30 日、12 月 22 日使用预收租金抵充了部分逾期租金,又于 2017 年 12 月 31 日对第 7~9 期租金作出只收取利息、对第 10~13 期租金作出只计息不收息的调整,已经多次为格桑宾馆放宽还款条件,但格桑宾馆仍不能按约支付,如果继续履行合同将导致中金租公司的权益难以得到保障,故对佳鼎公司的抗辩理由不予采纳。中金租公司主张解除合同应当通知对方,合同自通知到达对方时解除。《民法典》第 565 条第 2 款规定,当事人一方未通知对方,直接以提起诉讼或者申请仲裁的方式依法主张解除合同,人民法院或者仲裁机构确认该主张的,合同自起诉状副本或者仲裁申请书副本送达对方时解除。因此,确认自 2021 年 11 月 19 日向格桑宾馆公告送达载明中金租公司解除合同意思表示的起诉状之时,中金租公司与格桑宾馆签订的编号为 ZJZ-2014-057-HZ

的《融资租赁合同》解除。

(2)关于中金租公司的损失金额应当如何确定的问题。《最高人民法院关于审理融资租赁合同纠纷案件适用法律问题的解释》第11条规定:"出租人依照本解释第五条的规定请求解除融资租赁合同,同时请求收回租赁物并赔偿损失的,人民法院应予支持。前款规定的损失赔偿范围为承租人全部未付租金及其他费用与收回租赁物价值的差额。合同约定租赁期间届满后租赁物归出租人所有的,损失赔偿范围还应包括融资租赁合同到期后租赁物的残值。"涉案融资租赁合同已于2021年11月19日解除,中金租公司要求格桑宾馆返还涉案租赁物,即房屋所有权证号为九房权证2015字第××××号的房产、国有土地使用证号为九国用(2015)第××××号的土地使用权及上述房产的全部构筑物、附着物,于法有据,予以支持。

判决如下:

(1)确认原告中国金融租赁有限公司与被告九寨沟格桑宾馆有限责任公司签订的编号为ZJZ-2014-057-HZ的《融资租赁合同》于2021年11月19日解除;

(2)被告九寨沟格桑宾馆有限责任公司于本判决生效之日起10日内向原告中国金融租赁有限公司返还涉案租赁物,即房屋所有权证号为九房权证2015字第××××号的房产、国有土地使用证号为九国用(2015)第××××号的土地使用权及上述房产的全部构筑物、附着物;

(3)被告九寨沟格桑宾馆有限责任公司于本判决生效之日起10日内赔偿原告中国金融租赁有限公司损失,损失赔偿范围为全部未付租金202 710 101.4元、手续费9 690 000元、补偿金1 714 278.49元、保险费324 000元及违约金(截至2021年11月19日的违约金合计23 337 193.66元,自2021年11月20日起至实际给付之日止的违约金,以83 697 432.86元为基数,按照日万分之五的标准计算)与收回租赁物价值的差额(租赁物价值按本判决第4项确定);

(4)涉案租赁物价值由原告中国金融租赁有限公司与被告九寨沟格桑宾馆有限责任公司协商确定,或者通过司法评估确定,或者以拍卖、变卖租赁物所得价款确定,如果租赁物价值超过全部债务,超过部分归被告九寨沟格桑宾馆有限责任公司所有;

(5)若被告九寨沟格桑宾馆有限责任公司未在判决规定的期限内履行上述第 3 项给付义务,则原告中国金融租赁有限公司有权以被告四川佳鼎投资管理有限公司持有的被告九寨沟格桑宾馆有限责任公司 100%股权(质权登记编号:略)折价或者拍卖、变卖所得的价款优先受偿;

(6)若被告九寨沟格桑宾馆有限责任公司未在判决规定的期限内履行上述第 3 项给付义务,则原告中国金融租赁有限公司有权以被告九寨沟格桑宾馆有限责任公司出质的应收账款(自 2015 年 3 月 11 日起至主合同项下全部债务履行完毕之日止的营业收入、演艺收入及其他服务收入的总收入)优先受偿;

(7)被告四川汇洋投资有限公司、李某、胡某勤对上述第 3 项债务承担连带保证责任;

(8)驳回原告中国金融租赁有限公司的其他诉讼请求。

137 以医院大楼包括电梯、空调等动产作为租赁物,签署售后回租合同,医院大楼未办理转让登记,能否出具执行证书?被认定为借款合同后资金如何返还?

实务总结

以医院大楼包括电梯、空调等动产作为租赁物,签署售后回租合同,医院大楼能办理产权转让的未办理转让登记,不能满足融资租赁合同的转让要求,所以该合同不构成融资租赁合同,应认定为借款合同。被认定为借款合同后，就没有租金支付义务，产生的是资金占用费。合同中约定的违约金的标准日 0.5‰可以作为资金占用费的标准。从债务到期日起算，按融资剩余本金而非剩余租金为标准计算，计算公式为：资金占用费=逾期还款本金×逾期天数×0.5‰。

典型案例

皖江金融租赁股份有限公司、讷河市人民医院等金融借款合同纠纷民事一审民事判决书*

裁判要点：法院认为，皖江金融租赁公司依据《融资租赁合同》的约定主张权利；讷河医院反驳，《融资租赁合同》并无融资租赁物，不具有融物性，实为借款合同。

《最高人民法院关于审理融资租赁合同纠纷案件适用法律问题的解释》第 1 条第 1 款规定，人民法院应当根据《民法典》第 735 条的规定，结合标的物的性质、价值、租金的构成以及当事人的合同权利和义务，对是否构成融资租赁法律关系作出认定。皖江金融租赁公司通过购买《融资租赁合同》附件一《租赁物清单》约定的资产，再出租讷河医院，与讷河医院形成售后回租式融资租赁关系。《金融租赁公司管理办法》第 32 条规定，金融租赁公司应当合法取得租赁物的所有权。《金融租赁公司管理办法》第 33 条规定，租赁物属于国家法律法规规定所有权转移必须到登记部门进行登记的财产类别，金融租赁公司应当进行相关登记。租赁物不属于需要登记的财产类别，金融租赁公司应当采取有效措施保障对租赁物的合法权益。《金融租赁公司管理办法》第 34 条规定，售后回租业务的租赁物必须由承租人真实拥有并有权处分……据此，售后回租作为融资租赁交易的一种特殊形式，在本质

---

* （2022）皖 0207 民初 3502 号。

上仍应当符合融资租赁融物与融资并重的本质特征,即融物具有真实性。该特征是认定融资租赁法律关系的重要标准,也是认定《融资租赁合同》性质的重要因素。售后回租交易中融物真实性的判断,应以租赁物真实确定、承租人对租赁物享有所有权,以及租赁物所有权从承租人转移至出租人作为主要认定标准。首先,《资产评估报告书》第 11 条第 1 款载明委托方讷河医院未提供委托资产相关权属证明资料,皖江金融租赁公司也未提供讷河医院对相关租赁物享有所有权的凭证、租赁物买卖合同、销售发票等证明。其次,《物权法》第 2 条第 2 款[①]规定,本法所称物,包括不动产和动产……第 9 条第 1 款[②]规定,不动产物权的设立、变更、转让和消灭,经依法登记,发生效力;未经登记,不发生效力,但法律另有规定的除外。《不动产登记暂行条例》第 2 条规定,本条例所称不动产登记,是指不动产登记机构依法将不动产权利归属和其他法定事项记载于不动产登记簿的行为。本条例所称不动产,是指土地、海域以及房屋、林木等定着物。该条例第 5 条第 2 项规定,房屋等建筑物、构筑物所有权,依照本条例的规定办理登记。案涉租赁物中的门诊大楼房屋构筑物系不动产,应当完成所有权变更登记,但皖江金融租赁公司未提供其取得该不动产权利的凭证,权利未发生转移。虽然案涉租赁物中也包含电梯、空调设施等动产,但其附着于建筑物之上,所有权也无法转移至皖江金融租赁公司。

综上,皖江金融租赁公司既未能提供证据证明讷河医院对案涉租赁物享有所有权,也未能提供其取得案涉租赁物所有权的证据;故皖江金融租赁公司与讷河医院之间不具有融资租赁法律关系。根据《最高人民法院关于审理融资租赁合同纠纷案件适用法律问题的解释》第 1 条第 2 款的规定,对名为融资租赁合同,但实际不构成融资租赁法律关系的,人民法院应按照其实际构成的法律关系处理。故本案应当按照金融借款合同纠纷处理。讷河

---

① 对应《民法典》第 115 条。

② 对应《民法典》第 9 条。

医院的反驳意见成立，予以采纳。

关于金融借款合同的效力，皖江金融租赁公司作为融资租赁机构，虽未取得发放贷款的资质，但没有证据证明其以发放贷款为主要业务或主要利润来源，且该借款合同不违反法律、行政法规的强制性规定，故皖江金融租赁公司与讷河医院之间的借款合同有效。

皖江金融租赁公司主张讷河医院立即支付到期未付租金 22 648 866.03 元、未到期租金 2 700 593.22 元（加速到期）、迟延利息（2022 年 4 月 14 日前 5 779 220.13 元，自 2021 年 4 月 15 日起，以 25 349 559.25 元为基数、按日 0.5‰计算至租金清偿完毕时止）；抵扣剩余风险抵押金 250 万元后，以上各项暂合计为 28 628 779.38 元。皖江金融租赁公司关于租金、逾期利息、迟延利息的诉讼请求，将按照借款合同纠纷中关于本金、利息等请求予以处理；《融资租赁合同》约定的利率标准、宣布租金提前到期等，虽系无效条款，但可以参照并作为认定借款还款时间、借款利息标准适用，因讷河医院未按约付款，皖江金融租赁公司主张案涉债务于 2022 年 4 月 14 日到期，可以作为借款的还款时间，利率标准可以作为借款的利息标准。日 0.05‰的迟延利息标准与合同性质无关，为有效条款。

迟延利息计算方式为：迟延利息=逾期还款本金×逾期天数×0.5‰（以逾期还款本金为基数，日 0.5‰为标准）。第 1、4~10 期的逾期天数分别为 1 天、33 天、374 天、813 天、592 天、500 天、380 天、196 天，故迟延利息分别为 2500 元、8.25 万元、454 220.36 元、87 598.33 元、153.92 万元、125 万元、95 万元、49 万元。皖江金融租赁公司主张的第 4 期和第 5 期的迟延利息分别为 39 251.09 元、31.15 万元，少于计算的金额，故确认皖江金融租赁公司主张的第 4 期和第 5 期迟延利息为 39 251.09 元、31.15 万元；故 2022 年 4 月 14 日前的迟延利息合计 4 670 049.42 元（2500 元+39 251.09 元+31.15 万元+87 598.33 元+153.92 万元+125 万元+95 万元+49 万元）。2022 年 4 月 14 日以后的迟延利息以未还本金 20 486 508.2 元为基数，自 2022 年 4 月 15 日起,按照日0.5‰计算至本金实际付清之日止。

《保证合同》为确保皖江金融租赁公司与讷河医院签订的《融资租赁合同》及其附件项下讷河医院义务的正常履行,讷河城投公司自愿为《融资租赁合同》项下讷河医院对皖江金融租赁公司所负全部债务承担连带保证责任,皖江金融租赁公司同意接受讷河城投公司提供的连带保证。此为《保证合同》订立的目的和意义,虽然皖江金融租赁公司与讷河医院之间不构成融资租赁法律关系,但双方之间具有金融借款关系。根据《融资租赁合同》第7条第1款的约定,如果主合同不成立、不生效、无效、部分无效或被撤销、被解除,则讷河城投公司在本合同约定的担保范围内对承租人因返还财产或赔偿损失而形成的债务与承租人承担连带责任。《融资租赁合同》转性为金融借款合同,为《融资租赁合同》项下债务担保签订的《保证合同》也转为金融借款合同项下债务担保,讷河城投公司应对金融借款关系的债务承担连带责任。《保证合同》并未因《融资租赁合同》转性而无效。

138 融资租赁公司在融资租赁业务办理强制执行公证后,进入法院执行程序,对租赁物进行查封、扣押后作出的另案生效判决,能否排除融资租赁公司的执行?

实务总结

融资租赁公司在融资租赁业务办理强制执行公证后,进入法院执行程序,对租赁物进行查封、扣押后作出的另案生效判决,不能排除融资租赁公司的执行证书。这在《最高人民法院关于人民法院办理执行异议和复议案件若干问题的规定》第26条中有所规定,即金钱债权执行中,案外人依据执行标的被查封、扣押、冻结后作出的另案生效法律文书提出排除执行异议的,人民法院不予支持。此时就体现了强制执行公证的高效率,可以快速进入法院执行程序，采取查封、冻结，对抗之后产生的生效法律文书。

典型案例

中关村科技租赁股份有限公司、中牟县人民政府等案外人执行异议之诉民事二审民事判决书*

裁判要点：第一，中关村租赁主张其对案涉标的物进行了权属标识。对此，其提供的权属标识的证据系照片，中牟县人民政府对此不予认可，且其提供的照片与中牟县人民政府提供的照片存在不同，原审判决认为该权属标识张贴时间不明，其主张不能成立，并无不当。第二，关于案涉机器设备的编号等问题。原审法院查明，《融资租赁合同》中其出租给河南国能的分容柜的编码及规格型号与查封公告载明的分容线的编码以及该设备产品铭牌所显示的产品型号不一致；《自动化线设备采购合同》载明的分容线的规格型号虽与设备铭牌上载明的规格型号一致，但又与发票所载明的分容柜的规格型号不同。对于此种差别，中关村租赁作为主张案涉标的物所有权人主张排除执行的一方，负有作出充分、合理解释的义务，但其并未对此作出充分、合理的解释。第三，关于另案生效判决的问题。《最高人民法院关于人民法院办理执行异议和复议案件若干问题的规定》第26条规定，金钱债权执行中，案外人依据执行标的被查封、扣押、冻结后作出的另案生效法律文书提出排除执行异议的，人民法院不予支持。中关村租赁提供的另案生效判决，在案涉标的物查封之后作出，按照上述司法解释的规定，其不能依据该法律文书排除执行。因此，原审判决以中关村租赁提供证据不能证明其对查封的涉案设备具有排除强制执行的民事权益，并无不当。

---

* (2022)豫民终109号。

139 抵押人以同一抵押物分别对借款人向银行的前后两笔借款提供抵押担保，后一笔借款为借新还旧，仅对第一笔借款办理了抵押登记，对新借款的抵押未办理抵押登记，是否影响其效力？

实务总结

抵押人以同一抵押物分别对借款人向银行的前后两笔借款提供抵押担保，后一笔借款为借新还旧，仅对第一笔借款办理了抵押登记，对新借款的抵押未办理抵押登记，也不影响新借款的就抵押物优先受偿的权利。《最高人民法院关于适用〈中华人民共和国民法典〉有关担保制度的解释》第16条有相关规定，即"主合同当事人协议以新贷偿还旧贷，债权人请求旧贷的担保人承担担保责任的，人民法院不予支持；债权人请求新贷的担保人承担担保责任的，按照下列情形处理：（一）新贷与旧贷的担保人相同的，人民法院应予支持"。也就是说，借款合同双方约定以新贷偿还旧贷，新贷与旧贷的担保人相同的情况下，可以要求旧贷的担保人承担担保责任。

典型案例

中民国际融资租赁股份有限公司等与友利银行（中国）有限公司等金融借款合同纠纷二审民事判决书*

裁判要点：就第二项争议，依照2007年《物权法》第24条①的规定，航空器等特殊动产物权的设立、变更、转让和消灭，未经登记，不得对抗善意第三

---

* （2022）沪74民终835号。

① 对应《民法典》第225条。

人。案涉三架航空器在设立抵押登记时，神鹰一号公司是航空器登记所有权人，其与友利银行订立《抵押合同》并办理抵押登记，并无违反法律规定之情形。虽然作为《2019-008 借款合同》的从合同 YYB-公担抵 2019-006《抵押合同》所设立的抵押权未登记，但《2019-008 借款合同》系用于偿还《2019-003 借款合同》项下旧贷，且案涉三架航空器在为《2019-003 借款合同》担保的 YYB-公担抵 2019-002《抵押合同》项下已经进行了抵押登记，神鹰一号以其自有动产为借款提供担保，抵押人和抵押权人前后也未发生变化，故 YYB-公担抵 2019-006《抵押合同》所设立的担保应属有效（其中，神鹰一号公司提供的航空器国籍标志和登记标志分别为 B-70JZ、B-70KA、B-70KC，神鹰八号公司提供的航空器国籍标志和登记标志为 B-7785。前述抵押物均已办妥抵押权登记，B-70JZ 航空器的抵押权登记号码为 MI03739、B-70KA 航空器的抵押权登记号码为 MI03741、B-70KC 航空器的抵押权登记号码为 MI03740，B-7785 航空器的抵押权登记号码为 MI03738，登记日期为 2019 年 10 月 29 日，抵押担保的受偿期限为 18 个月，四家直升机共同担保金额为 30 800 000 元。四份抵押权登记证中“债权描述”部分记载的“B-70JA”应为“B-70JZ”，中国××局为此出具了书面说明）。另外，麦特公司、九九九公司与神鹰一号公司之间系融资租赁法律关系，其仅在结清租金后依约取得租赁物之所有权，而本案中麦特公司、九九九公司在本案二审期间才结清租金，其物权期待权之形成远迟于抵押权设立时间，且案涉航空器所有权仍需通过登记变更方能转移。因此，上诉人麦特公司、九九九公司认为友利银行不得就案涉三架航空器行使担保权，缺乏事实根据和法律依据，不予支持。因担保物实现抵押权造成融资租赁合同项下租赁物使用障碍的，麦特公司、九九九公司可依法另行向出租人主张，而其对抵押权人并无抗辩之权利。

就第三项争议，麦特公司、九九九公司主张其根据另案生效判决已将融资租赁租金支付给神鹰一号公司，故 YYB-公账质 2019-006《应收账款质押合同》项下的应收账款债务已经履行完毕,一审判决第6项应于撤销。法院认为,《最高人民法院关于适用〈中华人民共和国民法典〉有关担保制度的解释》第61条第3款规定:“以现有的应收账款出质,应收账款债务人已经向应收账款债权人履行了债务,质权人请求应收账款债务人履行债务的,人民法院不予支持,但是应收账款债务人接到质权人要求向其履行的通知后,仍然向应收账款债权人履行的除外。”《应收账款质押合同》虽系神鹰一号公司与友利银行签署,但本案一审受理并向各当事人送达副本后,可以视为应收账款质权人已经向应收账款债务人履行了通知义务,而麦特公司、九九九公司仍向神鹰一号公司其他账户直接支付租金,显属不当,不应就此免除其向质权人所负义务。如质权人就麦特公司、九九九公司案涉应收账款实现优先权后,因神鹰一号公司双重受偿,麦特公司、九九九公司仍可向其主张相应权利。

140 在融资租赁业务中,承租人在租赁期间违约未支付租金,租赁公司能否不提出加速到期,而是履行期届满后再要求承租人支付全部到期未付租金?

实务总结

在融资租赁业务中,承租人在租赁期间违约未支付租金,租赁公司可以不提出加速到期,而是履行期届满后再要求承租人支付全部到期未付租金。是选择加速到期还是在履行期届满后要求承租人支付全部到期未付租金,是租赁公司的自由,租赁公司有权选择,这种选择不影响承租人的利益,也在承租人的预期之内。

典型案例

李某琴等与海通恒信国际融资租赁股份有限公司等融资租赁合同纠纷二审民事判决书*

裁判要点：法院认为，本案的争议焦点在于：(1)海通恒信对损失的扩大是否存在过错；(2)李某琴、徐某平应承担的担保责任范围和责任形态为何。

(1)关于海通恒信对损失的扩大是否存在过错。

第一，关于海通恒信在宏鼎创公司停止支付第15期及后续租金后是否应立即采取违约处置措施。李某琴、徐某平主张，海通恒信没有及时追究宏鼎创公司违约责任，导致其后逾期利息的发生，海通恒信对此存在过错。法院认为，承租人未按期向出租人足额支付租金构成违约，出租人在违约事件发生后，有权选择采取解除合同或者加速到期等救济措施，此系海通恒信作为出租人享有的权利而非应当履行的义务。海通恒信在《融资租赁合同》履行期届满后要求承租人支付全部到期未付租金，而非在合同履行期间内要求解除合同或者加速到期，于法不悖，系其自主处分其民事权益，予以尊重。

至于逾期利息，《融资租赁合同》约定，如承租人迟延付款，则自支付日起，每迟延一日，按所欠金额计算万分之五的逾期利息。根据《最高人民法院关于审理融资租赁合同纠纷案件适用法律问题的解释》的相关规定，承租人逾期履行支付租金义务或者迟延履行其他付款义务，出租人按照融资租赁合同的约定要求承租人支付逾期利息、相应违约金的，人民法院应予支持。且案涉融资租赁总体利率并不超过法定上限，应受法律保护。故海通恒信有权依据《融资租赁合同》的约定，向承租人宏鼎创公司收取逾期利息。

第二，关于海通恒信对租赁物灭失是否存在过错。李某琴、徐某平主张

* (2022)沪74民终792号。

其在宏鼎创公司擅自转移租赁物后已经向海通恒信提供相应线索,并带领海通恒信员工进行实地确认,但海通恒信怠于注意,致使租赁物随后灭失。对此,李某琴、徐某平并未提供证据予以证明,难以认定海通恒信存在疏忽且其怠于及时取回租赁物与租赁物灭失之间存在因果关系。依据1999年《合同法》第247条[①]的规定,承租人应当妥善保管、使用租赁物。在融资租赁法律关系中,租赁物对于出租人的债权具有担保功能,但出租人并无保管租赁物的义务,承租人擅自处分租赁物或者疏忽大意致使租赁物灭失,应当由承租人对出租人承担违约责任。本案中,海通恒信由于租赁物灭失无法对其拍卖、变卖以收回其主债权,相应的逾期利息由此产生,但李某琴、徐某平不能举证证明海通恒信的行为与租赁物灭失之间存在因果关系,对其关于海通恒信对租赁物灭失、损失扩大存在过错的主张,难以支持。

(2)关于李某琴、徐某平的担保责任范围和责任形态。

第一,关于担保类型。李某琴、徐某平出具的《担保书》明确承诺提供连带责任担保,其要求承担按份担保责任,缺乏合同依据,难以支持。

第二,关于担保范围。李某琴、徐某平出具的《担保书》明确承诺担保范围为《融资租赁合同》项下宏鼎创公司对海通恒信负有的所有债务,包括但不限于全部租金、逾期利息、其他应付款项等。李某琴、徐某平主张海通恒信未及时要求其承担担保责任,故其仅应对全部到期未付租金承担担保责任。法院认为,海通恒信一审起诉宏鼎创公司及其连带保证人,并未超出《担保书》承诺的保证期间,保证人李某琴、徐某平不能免除其保证责任。海通恒信作为主债权人,有权在保证期间内向连带保证人主张保证责任,主债务到期后立即向连带保证人主张保证责任并非主债权人的法定或者合同义务。李某琴、徐某平作为连带保证人对于其所担保的主债务履行情况亦应予以留意,其关于将担保范围限制于全部到期未付租金之主张,难以支持。

---

① 对应《民法典》第750条。

八、担保公司涉及的强制执行公证司法实务

141 办理《委托保证合同》强制执行公证，出具执行证书后，在法院执行过程中，委托保证人出售自己房产在未过户到买受人名下前被查封，该房产如何执行？

实务总结

办理《委托保证合同》强制执行公证，出具执行证书后，在法院执行过程中，委托保证人出售自己房产在未过户到买受人名下前，担保公司申请法院进行了查封，此房产如何执行要看买受人是否符合《最高人民法院关于人民法院办理执行异议和复议案件若干问题的规定》第 28 条的规定，看是否符合以下四个条件：(1) 在人民法院查封之前已签订合法有效的书面买卖合同；(2) 在人民法院查封之前已合法占有该不动产；(3) 已支付全部价款，或者已按照合同约定支付部分价款且将剩余价款按照人民法院的要求交付执行；(4) 非因买受人自身原因未办理过户登记。如果符合这四个条件，就可以排除担保公司的执行；如果不符合，就无法排除担保公司的执行，买受人只能主张债权损失。

典型案例

叶荔等非与执行审查执行裁定书*

裁判要点：《最高人民法院关于人民法院办理执行异议和复议案件若干

* (2023) 京 01 执异 208 号。

问题的规定》第28条规定:“金钱债权执行中,买受人对登记在被执行人名下的不动产提出异议,符合下列情形且其权利能够排除执行的,人民法院应予支持:(一)在人民法院查封之前已签订合法有效的书面买卖合同;(二)在人民法院查封之前已合法占有该不动产;(三)已支付全部价款,或者已按照合同约定支付部分价款且将剩余价款按照人民法院的要求交付执行;(四)非因买受人自身原因未办理过户登记。”本案中,郭某于2017年1月12日与被执行人泰禾房地产公司签订了涉案房屋书面买卖合同,根据发票等相关证据材料,其已经向泰禾房地产公司支付了涉案房屋的全部价款。被执行人泰禾房地产公司于2019年1月19日前向郭某交付了涉案房屋。上述签订书面买卖合同、交付涉案房屋的时间均在2020年7月22日查封泰禾房地产公司名下位于北京市石景山区×的房产之前。根据双方签订的商品房预售合同的约定,在郭某交清办理商品房权属转移登记所需的资料及税费并办理完毕涉案房屋交付使用手续之日起720日内,泰禾房地产公司协助办理完毕涉案房屋的权属转移登记。在上述约定期间届满前,即查封了涉案房屋,亦无其他证据证明涉案房屋至今未办理过户登记系郭某原因导致。故郭某提出的案外人异议符合上述法律规定,予以支持。

延伸阅读

叶某麟等与中合中小企业融资担保股份有限公司案外人执行异议之诉一审民事判决书*

裁判要点:法院认为,本案的争议焦点是周某云、叶某麟对涉案房屋是否享有能够排除执行的权利。《最高人民法院关于人民法院办理执行异议和复议案件若干问题的规定》第28条规定:“金钱债权执行中,买受人对登

* (2022)京01民初448号。

记在被执行人名下的不动产提出异议,符合下列情形且其权利能够排除执行的,人民法院应予支持:(一)在人民法院查封之前已签订合法有效的书面买卖合同;(二)在人民法院查封之前已合法占有该不动产;(三)已支付全部价款,或者已按照合同约定支付部分价款且将剩余价款按照人民法院的要求交付执行;(四)非因买受人自身原因未办理过户登记。"上述条款规定了关于无过错不动产买受人物权期待权的保护条件。本案中,周某云、叶某麟主张其对中合融资担保公司与泰禾嘉盈公司、泰禾集团股份有限公司、泰禾投资集团有限公司、济南泰禾置业集团有限公司、黄某森、叶某之间的金钱债权所指向的执行标的具有排他性的民事权益,周某云、叶某麟的主张是否成立,应按照上述规定的四方面条件进行判断和认定。

首先,周某云、叶某麟与泰禾嘉盈公司于2017年1月9日就涉案411房屋、412房屋签订两份《商品房预售合同》并办理了商品房预售合同网上签约。两份《商品房预售合同》均系双方当事人真实意思表示,且不违反法律、行政法规的强制性规定,应为合法有效。后在执行过程中,于2020年7月依法查封涉案房屋。故可以认定,周某云、叶某麟与泰禾嘉盈公司之间的《商品房预售合同》签订于人民法院查封之前。

其次,关于涉案房屋占有情况。周某云、叶某麟提交的《泰禾长安中心交付(入伙)通知书》《证明》《泰禾长安中心业户钥匙(门禁卡)托管协议书》等证据,可以证明在涉案房屋被查封前,泰禾嘉盈公司实际向周某云、叶某麟进行了房屋交付,且周某云、叶某麟已能够对涉案房屋进行管理和控制。中合融资担保公司虽不认可周某云、叶某麟在法院查封前实际占有两套房屋,但未能提交证据推翻周某云、叶某麟上述证据的证明效力,故对于周某云、叶某麟的事实主张,予以采信。

再次,关于涉案房屋价款的支付情况。周某云、叶某麟提供的款项支付凭证显示其自2016年12月23日至2017年12月25日,向泰禾嘉盈公司支付411房屋购房款10 402 066元,支付412房屋购房款5 439 309元,且泰禾嘉盈公司向周某云、叶某麟开具房款发票及面积补差款收据,可以证明周某云、叶某麟已经支付了两份《商品房预售合同》约定的全部价款。

最后,关于周某云、叶某麟是否因其自身原因未办理过户登记。现有证据显示,泰禾嘉盈公司于2019年1月通知周某云、叶某麟接收房屋,涉案房屋办理完毕交付使用手续的时间应在该交付通知书发出之后。直至涉案房屋被查封时,《商品房预售合同》约定的办理商品房权属转移登记的期限,即办理完毕商品房交付使用手续之日起720日内,尚未届满。此外,商品房权属转移登记的办理需出卖人予以配合,且周某云、叶某麟已向泰禾嘉盈公司交纳产权登记费,由开发商通知买受人办理产权过户登记符合一般交易习惯。现并无证据显示泰禾嘉盈公司曾通知办理产权登记,或周某云、叶某麟存在拒绝办理产权登记的情形。故涉案房屋在法院查封前未能过户至周某云、叶某麟名下,并非二人自身原因。

基于以上分析,周某云、叶某麟在法院查封涉案房屋前签订真实的《商品房预售合同》,并支付完毕全部购房款,取得对涉案房屋的合法占有,其对涉案房屋享有的物权期待权,应当优先于中合融资担保公司的债权得到保护。周某云、叶某麟就涉案房屋享有的民事权益,可以排除强制执行,对其要求停止执行的诉讼请求,应予支持。

142 办理《委托保证合同》《最高额抵押反担保合同》等强制执行公证,出具执行证书后,在法院执行中,如果抵押反担保的不动产经拍卖、变卖后仍无人购买,应如何处理?

实务总结

办理《委托保证合同》《最高额抵押反担保合同》等强制执行公证,出具执行证书后,在法院执行中,如果抵押反担保的不动产经过三次流拍后,变卖也无人竞买,申请执行人就可以按第三次流拍的保留价进行以物抵债。

在法院执行过程中，只有经过严格程序，才能通过以物抵债，保障申请执行人的债权。这样做的目的是既要保障申请执行人的债权，也要保障公平、公正、公开地处分被执行人的财产。

典型案例

成都高投融资担保公司与四川省天谷企业管理有限公司、四川泓锦工贸股份有限公司（原四川泓锦工贸有限责任公司）、谢某香、杨某云公证债权文书纠纷执行裁定书*

裁判要点：被执行人未履行还款义务，法院依法委托四川国信拍卖有限公司对抵押物进行拍卖，第一、二、三拍均因无人报名而流拍，第三拍的保留价为 11 437 700 元，第三拍流拍后，申请执行人成都高投融资担保有限公司要求法院对上述财产进行变卖。法院委托西南联合产权交易所有限责任公司对上述财产进行变卖，因变卖期无人报名未果。申请执行人成都高投融资担保公司 2016 年 4 月 7 日申请，自愿以第三拍的保留价 11 437 700 元抵偿债务。扣除申请执行人垫付的评估费 35 750 元和被执行人应交的执行费用 82 265.91 元。上述财产抵偿给申请执行人成都高投融资担保公司清偿被执行人所欠债务 11 319 000 元，不足部分被执行人应继续履行。

143 担保公司员工利用公司漏洞，携带担保公司公章与法人人名章对外签署担保合同，效力如何认定？

实务总结

担保公司员工利用公司漏洞，携带担保公司公章与法人人名章对外签

* （2015）金堂执恢字第 4-2 号。

署担保合同。担保公司作为以提供担保为主营业务的公司,其员工持有公司印章及法定代表人私章并在公证机构的见证下签订《借款合同》,即便未出具公司授权,对一般合同相对人而言,也不影响其作出担保是担保公司真实意思表示的相应判断。担保公司或是对印章管理不善、流程不严,或是用人不察、监督不力,其自身亦存在过错。担保公司业务经理正是利用公司管理方面的漏洞以公司名义对外进行担保,造成合同相对人有足够理由相信其具有代理权,出借人系善意的,担保的效力及于出借人。这在《民法典》第172条有相关规定,即行为人没有代理权、超越代理权或者代理权终止后,仍然实施代理行为,相对人有理由相信行为人有代理权的,代理行为有效。

典型案例

乌鲁木齐北园春融资性担保有限责任公司与周某荣、新疆瑞丰医疗设备有限公司等借款合同纠纷二审民事判决书*

裁判要点:二审法院查明的其他事实与一审法院认定的事实一致。

法院认为,《民事诉讼法》第168条规定:"第二审人民法院应当对上诉请求的有关事实和适用法律进行审查。"《最高人民法院关于适用〈中华人民共和国民事诉讼法〉的解释》第323条规定:"第二审人民法院应当围绕当事人的上诉请求进行审理。当事人没有提出请求的,不予审理,但一审判决违反法律禁止性规定,或者损害国家利益、社会公共利益、他人合法权益的除外。"针对北园春公司的上诉请求,本案二审争议焦点为:北园春公司是否应对案涉借款本金、利息、违约金承担连带保证责任。

(1)《合同法》第32条①规定:"当事人采用合同书形式订立合同的,自

* (2019)新民终206号。

① 对应《民法典》第490条。

双方当事人签字或者盖章时合同成立。”公司法人印章是公司行为的主要证明，在民商事活动中，单独加盖公司法人印章或加盖公司法人印章同时加盖法定代表人私章均属于公司行为，具有证明行为人主体、确认民事法律行为等效力。本案中，案涉《借款合同》、《借据》及《担保书》中北园春公司与合同相对人周某荣、瑞丰公司等分别对保证方式、担保范围、担保期限等保证人义务作出明确约定或承诺。北园春公司工作人员张某涛分别在经过公证的《借款合同》及《借据》文本保证人处加盖其公司法人印章和法定代表人私章，张某涛亦在保证人处签名捺印并在《担保书》上加盖了公司法人印章。上述情形显然已具备了公司行为以及合同成立的基本形式要件。但行为人实施加盖公司法人印章、法定代表人私章的行为本身客观上是否代表公司自愿真实的意思表示，能否产生合同有效的预期效果，还应当结合相关法律规定及行为人有无代理权或代表权等事实进行综合判断。

(2)北园春公司一审及上诉中对其公司保证行为的效力予以否定，主张其工作人员张某涛系盗用公司法人印章和法定代表人私章并与周某荣、翟某君等人恶意串通办理案涉担保业务，北园春公司不应当承担担保责任。

第一，《民法总则》第161条第1款[①]规定：“民事主体可以通过代理人实施民事法律行为。”《民法通则》第43条[②]规定：“企业法人对它的法定代表人和其他工作人员的经营活动，承担民事责任。”根据(2017)兵1101刑初18号刑事判决认定的事实，张某涛在2014年7月至2015年8月担任北园春公司业务二部客户经理期间，利用经办业务的职务便利，在翟某君实际控制的瑞丰公司与包括周某荣等个人或公司在内的多笔委托贷款业务中，采取改变调查结论、不走公司担保审批程序、私自盖章的方法，违规办理担保业务，非法收受翟某君贿送的人民币20万元。由此可以确认，本案所涉北园春公司担保行为系其公司工作人员张某涛未经公司授权或批准擅自所为，事后

① 对应《民法典》第161条。
② 对应《民法典》第61条。

亦未得到北园春公司的追认。因此,张某涛基于其职务身份并持有公司印章违规办理案涉担保业务,其行为本质上并非履行职务行为,其不具有代理权。

第二,《合同法》第49条[①]规定:“行为人没有代理权、超越代理权或代理权终止后以被代理人名义订立合同,相对人有理由相信行为人有代理权的,该代理行为有效。”根据该条关于表见代理制度的规定,在无权代理的情形下,如果行为人的行为足以使无过错的合同相对人相信其具有代理权而与之实施民事法律行为,则法律使该表征的代理行为发生与有权代理同样的法律后果。适用表见代理须同时符合两项要件:一是权利外观要件,即行为人无权代理行为在客观上形成具有代理权的表象;二是主观因素要件,即合同相对人善意且无过失地相信行为人有代理权。合同相对人主张构成表见代理的,应当承担举证责任。

关于张某涛的无权代理行为在客观上是否形成具有代理权的表象。北园春公司的主要经营范围就是各类担保业务,张某涛作为北园春公司业务二部客户经理,其工作职责之一是负责担保业务的办理,故张某涛持北园春公司公章、法定代表人私章以及加盖了以上印章的北园春公司授权委托书等相关手续,以北园春公司的名义与相对人周某荣等订立《借款合同》《借据》,出具《担保书》并且在公证处进行公证,《借款合同》及《借据》中约定的北园春公司的合同义务系为周某荣及瑞丰公司之间的借款提供连带责任保证,亦未超出北园春公司的经营范围。上述订立合同已具备的形式要素均易造成张某涛被公司授予代理权的表象,客观上使合同相对人有理由相信张某涛具有代理权。虽然公证处在办理公证的程序上存在提供的证明材料与公证申请表中勾选内容不完全一致、北园春公司填写的公证申请表落款日期与公证时间不一致、北园春公司法定代表人姓名填写有误等瑕疵,但二

---

① 对应《民法典》第172条。

审期间公证处经办人员对上述问题已作出说明,上述情形亦非周某荣能够完全掌控与判断,不能以此作为否定合同相对人周某荣有理由相信张某涛被公司授权的依据。

关于周某荣是否善意且无过失地相信张某涛有代理权。

其一,虽然周某荣在本案借款发生前并不认识张某涛,也未与北园春公司发生过业务关系,但周某荣一审提交的《公证书》证明案涉《借款合同》、《借据》和《担保书》系在公证机构见证下签订或出具,表明周某荣在办理案涉借款、担保业务时,已尽到合理注意义务。

其二,北园春公司二审提交《北园春公司章程》及《北园春公司担保业务审核委员会工作细则》,主张张某涛私自盖章的担保行为不符合公司的担保审核章程及相关规定因而无效。对此,法院认为,《北园春公司章程》中并未明确规定公司对外担保审核流程,《北园春公司担保业务审核委员会工作细则》是北园春公司的内部规定,不能以此约束善意的合同相对人。况且北园春公司作为以提供担保为主营业务的担保公司,其业务经理张某涛系持有公司印章及法定代表人私章并在公证机构的见证下签订《借款合同》,即便未出具公司章程或相关机构决议,对一般合同相对人而言,也不影响其作出担保是北园春公司真实意思表示的相应判断。

其三,北园春公司上诉称周某荣身份系小贷公司的监事,属于借贷业务方面的专业人员,其对于融资性担保公司的业务流程应当完全了解与熟知,其与翟某君、张某涛在办理公证手续的过程中存在恶意串通骗取北园春公司提供保证担保的行为。法院认为,根据《最高人民法院关于民事诉讼证据的若干规定》第 2 条的规定,“当事人对自己提出的诉讼请求所依据的事实或者反驳对方诉讼请求所依据的事实有责任提供证据加以证明。没有证据或者证据不足以证明当事人的事实主张的,由负有举证责任的当事人承担不利后果”。北园春公司提交的(2017)新 01 民初 363 号民事判决以及(2017)新 01 执异 125 号执行裁定可以证实周某荣对外出借大额款项的事实,但上述借款并非发生在案涉担保行为的 2015 年,与本案并无关联性,无法据此判断周某荣系职业放贷人。而 2019 年 1 月 27 日第十二师公安局刑侦支队向一审法院出具的函件证实,公安机关对周某荣、张某涛涉嫌合同诈骗已经立案侦查,因认为其二人不构成犯罪,最终作出撤销案件的处理决定,确认周某荣无犯罪事实。本次审理中,北园春公司再次诉称周某荣与翟某君、张某涛存在恶意串通、欺诈行为,该主张不能成立。

其四,乌鲁木齐市沪新小额贷款股份有限公司企业信用信息公示报告显示周某荣确系该公司股东及监事,但无论是借贷从业人员还是一般相对人,其对合同的订立均应当负有审慎注意的义务。周某荣系以个人身份对外借款,从案涉合同订立过程来看,其已经尽到一个善良注意人的谨慎义务。至于北园春公司内部管理不严致其工作人员私自使用印章的行为,亦不是合同相对人所能掌握和了解的。因此,在对张某涛具有代理权作出相应判断时,相对人周某荣已尽到合理注意义务,不存在明显的疏忽或懈怠。至于借款人瑞丰公司在《借款合同》履行中不及时归还本息的行为并不能否定合同订立时出借人周某荣已尽到合理注意义务这一事实,现有证据无法判定周某荣在上述行为中存在主观恶意。

此外,案涉担保行为发生时,北园春公司或是对印章管理不善、流程不严,或是用人不察、监督不力,其自身亦存在过错。张某涛正是利用公司管理方面的漏洞以公司名义对外进行担保,造成合同相对人有足够理由相信其具有代理权。因此,张某涛以北园春公司名义签订的案涉《借款合同》《借据》,出具的《担保书》的效力及于北园春公司,被代理人北园春公司应当按照合同约定对瑞丰公司的借款本金、利息、违约金承担连带保证责任。根据《担保法》第 31 条①的规定,"保证人承担保证责任后,有权向债务人追偿"。保证人北园春公司承担连带保证责任后,依法有权向债务人瑞丰公司追偿。

① 对应《民法典》第 700 条。

144 担保合同中往往约定无论主合同效力如何，不影响担保合同效力，是否能认定为独立担保，能否办理强制执行公证？

实务总结

担保合同中往往约定无论主合同效力如何，不影响担保合同效力，不能认定为独立担保，仍为从担保合同，能办理强制执行公证。根据《全国法院民商事审判工作会议纪要》的规定，从属性是担保的基本属性，但由银行或者非银行金融机构开立的独立保函除外。银行或者非银行金融机构之外的当事人有关排除担保从属性的约定，应当认定无效。但是，根据“无效法律行为的转换”原理，在否定其独立担保效力的同时，应当将其认定为从属性担保。如果主合同有效，则担保合同有效。此时，担保公司进行有关排除担保从属性的约定，可以办理强制执行公证。

典型案例

中国建设银行股份有限公司深圳市分行、四川乾亨建设工程有限公司等合同纠纷民事申请再审审查民事裁定书*

裁判要点：法院经审查认为，本案系申请再审案件，应当围绕再审申请人的再审申请事由是否成立进行审查。本案中，建行深圳分行和乾亨公司均提出了再审申请。《民事诉讼法》第206条规定：“当事人对已经发生法律效力的判决、裁定，认为有错误的，可以向上一级人民法院申请再审……”《民事诉讼法》第59条第1款和第2款规定：“对当事人双方的诉讼标的，第

* （2021）最高法民申5896号。

三人认为有独立请求权的,有权提起诉讼。对当事人双方的诉讼标的,第三人虽然没有独立请求权,但案件处理结果同他有法律上的利害关系的,可以申请参加诉讼,或者由人民法院通知他参加诉讼。人民法院判决承担民事责任的第三人,有当事人的诉讼权利义务。”综合上述规定,未被人民法院判决承担民事责任的第三人,无权对已经发生法律效力的裁判提出再审申请。本案中,乾亨公司虽以第三人的身份参加了一审、二审诉讼,但其并非案涉两份保函的开立人或受益人,一审、二审法院亦未判决其承担民事责任,乾亨公司无权对本案申请再审。因此,仅围绕建行深圳分行的再审申请事由是否成立进行审查。

(1)中铁十五局是否具备起诉的主体资格。本案各方当事人均为中华人民共和国境内法人,虽然《履约担保》《预付款担保》担保的《施工合同》履行地在沙特阿拉伯,但双方当事人在诉讼中均未对适用我国法律处理本案争议提出异议,一审、二审法院适用我国法律处理本案争议正确。中铁十五局在一审中提交了一系列证据证明中铁十五局沙特公司为其在沙特阿拉伯设立的分公司。依照《公司法》第 14 条关于分公司的民事责任由公司承担的规定,案涉《施工合同》项下中铁十五局沙特公司的权利义务应由中铁十五局享有和承担。中铁十五局作为案涉《施工合同》的民事权利义务主体以及两份保函的受益人,具备提起本案诉讼的主体资格。建行深圳分行在再审申请中提出中铁十五局需举证证明依据沙特阿拉伯法律其设立的沙特公司不能独立承担责任、在承包活动中受到的损失已经由中铁十五局承担,没有法律依据。

(2)中铁十五局起诉时是否已经超过诉讼时效。在案涉《履约担保》和《预付款担保》的有效期届满前,中铁十五局于 2012 年 5 月 16 日向建行深圳分行发出两份《索赔通知》,建行深圳分行于 2013 年 3 月 29 日向中铁十五局发出《关于索赔的复函》。中铁十五局起诉时有效的《最高人民法院关于审理民事案件适用诉讼时效制度若干问题的规定》第 10 条第 1 款规定,“具有下列情形之一的，应当认定为民法通则第一百四十条规定的‘当事人一方提出要求’，产生诉讼时效中断的效力：(一)当事人一方直接向对方当事人送交主张权利文书，对方当事人在文书上签字、盖章或者虽未签字、盖章但能够以其他方式证明该文书到达对方当事人的”。据此，双方的上述函件往来发生诉讼时效中断的效力。鉴于建行深圳分行在《关于索赔的复函》中明确表示“在仲裁结果出来之前无法判定承包人是否违约的情况下，我行暂无法判断是否赔付及赔付金额”，并表达了将“积极地协调处理此事”的意愿，中铁十五局在案涉仲裁协议于2016年7月19日作出后，在2016年8月1日再次提出索赔申请，不构成怠于行使权利的情形，其后于同年10月提起本案诉讼，亦不应视为超过诉讼时效。二审法院对诉讼时效的认定并无不当。

(3)案涉《履约担保》和《预付款担保》是否属于独立保函。《最高人民法院关于审理独立保函纠纷案件若干问题的规定》第3条第1款规定：“保函具有下列情形之一，当事人主张保函性质为独立保函的，人民法院应予支持，但保函未载明据以付款的单据和最高金额的除外：(一)保函载明见索即付；(二)保函载明适用国际商会《见索即付保函统一规则》等独立保函交易示范规则；(三)根据保函文本内容，开立人的付款义务独立于基础交易关系及保函申请法律关系，其仅承担相符交单的付款责任。”认定保函的性质是否属于独立保函，关键在于考察保函文本是否为开立人设定了相符交单情形下的独立付款义务。案涉《履约担保》中载明“我行愿意无条件地、不可撤销地就承包人履行与你方订立的合同，向你方提供担保”“我方在收到你方以书面形式提出的在担保金额内的赔偿要求后，在7天内无条件支付”，《预付款担保》中载明“我方在收到你方的书面通知后，在7个工作日内无条件支付”。两份保函应当认定为作出了见索即付的意思表示。尽管《履约担保》中同时载明“因承包人违反合同约定的义务给你方造成经济损失时”，《预付款担保》中同时载明“因承包人违反合同约定的义务而要求收回预付款时”，但并未同时约定受益人在提出兑付请求时需要出具关于违反合同造成损失的任何证明文件或履行任何证明义务,即索赔通知只需要受益人作出“因承包人违反合同约定的义务给我方造成经济损失”或者“因承包人违反合同约定的义务我方要求收回预付款”的声明。因此,不能由该表述得出案涉两份保函未独立于基础法律关系的结论。结合《最高人民法院关于审理独立保函纠纷案件若干问题的规定》第3条第2款“当事人以独立保函记载了对应的基础交易为由,主张该保函性质为一般保证或连带保证的,人民法院不予支持”的规定,二审法院将案涉两份保函认定为独立保函,适用法律并无不当。

(4)建行深圳分行是否应当向中铁十五局承担《预付款担保》项下的担保责任。本案所涉保函为独立保函,其他并非独立保函项下纠纷所要审查的事项。建行深圳分行认为无须承担该项责任的主要理由是预付款已经物化到工程产值中,并在结算中进行了抵扣,无须再返还。然而,本案所涉保函为独立保函,《预付款担保》的索赔条件是中铁十五局向建行深圳分行发出索赔通知,声明因乾亨公司违反合同约定的义务而要求收回预付款,并未要求其提交任何其他证明文件。因此,预付款是否已经全部用于案涉工程,并非独立保函项下纠纷所要审查的事项。同时,《预付款担保》中也没有关于随着施工进度,承包人可以从发包人处取得同意保函减额的文件并送交建行深圳分行确认的约定。其中关于“担保有效期自预付款支付给承包人起生效,至发包人签发的进度付款证书说明已完全扣清止”的约定,不足以认定为减额条款。即使在案涉《施工合同》中,亦没有以预付款冲抵工程款的明确约定。《施工合同》中虽然在“第六条履约和预付款保函”部分约定了“保函的有效期一直要到甲方将支付给乙方的预付款项扣完为止”,但在“第七条进度款支付条件”及其前后各条款中,均没有关于以预付款冲抵工程款的具体约定及相应方案。因此,建行深圳分行主张根据乾亨公司的已完成工程量可以直接推定预付款已经抵扣,因而无须承担《预付款担保》项下责任,缺乏合同依据和法律依据。此外,中铁十五局已经支付了工程预付款,尽管各方当事人对是否足额支付该款项存在一定争议，但并不足以符合《施工合同》中约定的“没有收到预付款，保函自动失效”这一条件。本案不构成《最高人民法院关于审理独立保函纠纷案件若干问题的规定》第 11 条关于独立保函权利义务终止的情形。二审法院认定建行深圳分行应当向中铁十五局承担《预付款担保》项下责任并无不当，二审判决建行深圳分行承担的付款义务，并未超出其依据案涉保函应当承担的责任范围。建行深圳分行的该项再审申请理由不能成立。

145 担保公司代偿后能否按约定向委托保证人主张承担逾期利息并按代偿款金额的特定比例支付违约金？

实务总结

担保公司代偿后可以按约定向委托保证人主张承担逾期利息并按代偿款金额的特定比例支付违约金，经强制执行公证后，在执行证书中也可以得到支持，只是逾期利息、违约金等的金额不能超过代偿金额的年化 24%。逾期利息与违约金系双方的真实意思表示，内容不违反法律、行政法规的强制性规定，合法有效，对双方当事人均具有约束力。

典型案例

防城港市小微企业融资担保有限公司、东兴市华鸿光学科技有限公司等追偿权纠纷民事二审民事判决书*

裁判要点：法院认为，根据《最高人民法院关于适用〈中华人民共和国民

* (2023)桂 06 民终 173 号。

事诉讼法〉的解释》第321条规定,“第二审人民法院应当围绕当事人的上诉请求进行审理。当事人没有提出请求的,不予审理,但一审判决违反法律禁止性规定,或者损害国家利益、社会公共利益、他人合法权益的除外”,对上诉人担保公司上诉请求提出的三个问题予以逐项认定。

(1)关于违约金及利息应否支持问题。上诉人担保公司主张华鸿公司应按约定承担逾期利息并按代偿款的10%承担违约责任。本案中,华鸿公司与担保公司签订的《最高额委托担保合同》系双方的真实意思表示,内容不违反法律、行政法规的强制性规定,合法有效,对双方当事人均具有约束力。《最高额委托担保合同》约定华鸿公司未履行债务使担保公司代偿的,应按代偿总额的10%向担保公司支付违约金;华鸿公司在担保公司代偿发生后的5日内未全部支付代偿款及违约金的,应以代偿总额按代偿当日中国人民银行规定的流动资金同期同档次贷款利率的4倍向担保公司支付利息。法院认为,违约金是发生代偿事实后华鸿公司应向担保公司支付的款项,担保公司诉请华鸿公司按代偿款6 499 300.68元的10%支付违约金649 930.07元,符合双方合同约定和法律规定,应予支持,一审判决认定担保公司代偿后的损失为代偿款法定孳息并对违约金予以调整不当,予以纠正。因华鸿公司未及时支付代偿款及违约金,担保公司诉请并在其提交的《补充代理词(2)》中明确要求华鸿公司以代偿款6 499 300.68元为基数,按照代偿当日即2022年7月14日全国银行间同业拆借中心公布的一年期贷款市场报价利率3.7%的4倍即14.8%从2022年7月19日(代偿之日起5日后)起计至实际清偿之日止,符合合同约定及法律规定,予以支持。一审判决有误,予以纠正。

(2)关于担保费是否属于担保范围问题。上诉人担保公司主张担保费属于案涉土地、房屋的担保物权担保范围以及刘某兴、刘某科、刘某明的保证责任范围。法院认为,《民法典》第389条规定,“担保物权的担保范围包括主债权及其利息、违约金、损害赔偿金、保管担保财产和实现担保物权的费用。当事人另有约定的，按照其约定”；第 691 条规定，“保证的范围包括主债权及其利息、违约金、损害赔偿金和实现债权的费用。当事人另有约定的，按照其约定”。本案中，担保公司（甲方）与华鸿公司（乙方）签订的《最高额抵押反担保合同》约定“乙方以其抵押物的全部价值就甲方对债务人的债权本金、甲方为实现债权本金而支付的费用以及主合同中约定的债务人应向甲方支付的违约金、利息及其他款项等提供担保”，担保公司（甲方）分别与刘某兴、刘某科、刘某明作为乙方签订的三份《最高额保证反担保合同》均约定“乙方以连带责任保证方式就甲方对债务人的债权本金、甲方为实现债权本金而支付的费用以及主合同中约定的债务人应向甲方支付的违约金、利息及其他款项等提供担保”，而担保费 74 100 元属于主合同《最高额委托担保合同》中约定应由华鸿公司向担保公司支付的款项，故应属于案涉土地、房屋的担保物权担保范围以及刘某兴、刘某科、刘某明的保证责任范围，一审判决认定担保费 74 100 元不属于担保范围有误，予以纠正。

（3）关于案涉担保权的实现顺序问题。第一，上诉人担保公司主张一审判决第 3 项错误，担保公司可直接对案涉抵押土地房产直接享有优先受偿权，而不是当华鸿公司不履行债务时才享有该权利。法院认为，《民法典》第 392 条规定，“被担保的债权既有物的担保又有人的担保的，债务人不履行到期债务或者发生当事人约定的实现担保物权的情形，债权人应当按照约定实现债权”。本案中，担保公司（甲方）与华鸿公司（乙方）签订的《最高额抵押反担保合同》约定“债务人不履行主合同项下到期债务或不履行被宣布提前到期的债务，或违反主合同的其他约定……甲方有权处分抵押物”，而华鸿公司并未履行主合同《最高额委托担保合同》产生的债务，故上诉人担保公司的该项上诉请求符合合同约定，予以支持。一审判项表述有误，予以纠正。第二，上诉人担保公司主张刘某兴、刘某科、刘某明应对本案全部债务直接承担连带清偿责任，而不是对案涉土地房产抵押权实现后无法清偿的部分承担清偿责任。法院认为，《民法典》第 392 条规定，“被担保的债权既有物的担保又有人的担保的，债务人不履行到期债务或者发生当事人约定的实现担保物权的情形，债权人应当按照约定实现债权”。本案中，担保公司与刘某兴、刘某科、刘某明分别签订的三份《最高额保证反担保合同》均约定无论担保公司对主合同项下的债权是否拥有其他担保，担保公司均可直接要求刘某兴、刘某科、刘某明依照合同约定在其担保范围内承担担保责任。故担保公司可以按约定直接要求刘某兴、刘某科、刘某明承担保证责任，而无须先对案涉土地房产实现抵押权。上诉人担保公司的该项上诉诉请有事实和法律依据，应予支持，一审判决有误，予以纠正。

146 担保公司代偿后能否要求按委托保证人与银行签署的贷款合同约定的利息支付资金占用利息？

实务总结

担保公司代偿后不能要求按委托保证人与银行签署的贷款合同约定的利息支付资金占用利息，因为贷款合同与委托保证合同是两个不同的法律关系，担保公司向银行代偿后，贷款合同履行完毕，借款人与银行的债权债务消灭。担保公司依据委托保证合同向借款人主张代偿款、利息等款项，利息标准有约定的从约定，没有约定的，只有法院可以酌定按全国银行间同业拆借中心公布的一年期贷款市场报价利率计算。

典型案例

重庆市小微企业融资担保有限公司与赵某碧、王某明等追偿权纠纷一审民事判决书*

裁判要点：法院认为，本案系《民法典》施行前的法律事实持续至《民法

* （2023）渝0111民初2281号。

典》施行后的法律事实引起的民事纠纷案件,应当适用《民法典》及其司法解释的相关规定。被告王某明为在农商行大足支行申请贷款,而申请原告重庆小微担保公司提供担保,原告重庆小微担保公司也为该笔贷款向农商行大足支行出具《担保承诺函》,是各方当事人的真实意思表示,故原告重庆小微担保公司与被告王某明的担保合同成立并有效。农商行大足支行与被告王某明、陈某群签订的《个人贷款合同》,系双方当事人的真实意思表示,且不违反法律、行政法规的强制性规定,应为合法、有效,双方当事人应按照合同约定全面履行义务。

根据《民法典》第700条之规定,保证人承担保证责任后,除当事人另有约定外,有权在其承担保证责任的范围内向债务人追偿,享有债权人对债务人的权利。本案中因被告王某明未按照与银行的约定履行还款义务,原告重庆小微担保公司代为清偿债务200 978.5元,现原告重庆小微担保公司诉请被告王某明支付代偿款符合法律规定,予以支持。原告主张按照被告王某明与农商行大足支行贷款合同约定的年利率5.35%承担资金占用利息,法院认为,原告与农商行大足支行系担保人与担保权人的关系,担保人承担担保责任后,原借款关系因清偿而消灭,原告依据已经消灭的原债权债务关系主张利息,于法无据。原告也未提交证据材料佐证其损失情况,原告代偿后,被告王某明未及时偿还,确给原告造成了损失,被告王某明填写的申请表上也载明原告可以向被告王某明主张资金占用费,故酌定资金占用利息以200 978.5元为基数,按照2022年9月全国银行间同业拆借中心公布的一年期贷款市场报价利率3.65%,从原告代偿之日即2022年9月26日起计算至清偿时止。另,原告委托北京德恒(重庆)律师事务所作为其代理人产生律师服务费11 053元,因被告王某明贷款时填写的申请表上载明原告可以向被告王某明主张律师费,故对原告已经产生的律师服务费,予以支持。

关于原告重庆小微担保公司诉请被告陈某群承担共同偿还责任的请

求。在被告王某明与被告陈某群婚姻关系存续期间,被告陈某群在《个人贷款合同》中作为保证人签字,其行为足以证明其对被告王某明向农商行大足支行贷款的事实知晓并对贷款作出了同意的意思表示,故被告王某明的上述债务系夫妻共同债务,被告陈某群应当承担共同还款责任。

延伸阅读

陕西省农业信贷融资担保有限公司与薛某、任某波追偿权纠纷二审民事判决书*

裁判要点:法院认为,本案争议焦点为被上诉人任某波、薛某是否应当向上诉人农贷担保公司支付资金占用费用,如应当支付,应按照什么标准计算。经查,被上诉人任某波、薛某与中国农业银行股份有限公司甘泉支行签订的《农户贷款借款合同》约定,借款期限内的利率为 4.35%,逾期利率为 6.525%,即在借期内利率的基础上上浮 50%。任某波、薛某违约致使上诉人农贷担保公司于 2021 年 9 月 26 日向农业银行甘泉支行偿还贷款本息 242 184.25 元。农贷担保公司承担保证责任后,造成农贷担保公司资金被占用,故任某波、薛某应当向农贷担保公司支付从 2021 年 9 月 26 日起至实际给付之日止的资金占用费用。若农贷担保公司不承担保证责任,任某波、薛某仍应当向农业银行甘泉支行支付逾期利率 6.525%,而农贷担保公司主张按全国银行间同业拆借中心公布的一年期贷款市场报价利率的 1.5 倍计算资金占用费用并未超过 6.525%,故任某波、薛某应当按照全国银行间同业拆借中心公布的一年期贷款市场报价利率的 1.5 倍向农贷担保公司支付资金占用利率。综上,农贷担保公司的上诉请求成立,应予支持。

---

* (2023)陕 06 民终 77 号。

147 通过互联网金融平台签订数据电文形式的《最高额委托担保合同》及《借款及担保合同》，效力能否被法院认可？

实务总结

通过互联网金融平台签订数据电文形式的《最高额委托担保合同》及《借款及担保合同》，如果是各方当事人的真实意思表示，也不违反法律、行政法规的强制性规定，上述合同合法有效。数据电文的形式在《民事诉讼法》及其司法解释中都有规定。《民事诉讼法》第66条第1款规定："证据包括：（一）当事人的陈述；（二）书证；（三）物证；（四）视听资料；（五）电子数据；（六）证人证言；（七）鉴定意见；（八）勘验笔录。"另外，《最高人民法院关于适用〈中华人民共和国民事诉讼法〉的解释》第116条规定："视听资料包括录音资料和影像资料。电子数据是指通过电子邮件、电子数据交换、网上聊天记录、博客、微博客、手机短信、电子签名、域名等形成或者存储在电子介质中的信息。存储在电子介质中的录音资料和影像资料，适用电子数据的规定。"所以，互联网线上签署的合同所形成的数据电文，只要保证真实性，都是合法有效的。

典型案例

广西中小企业融资担保有限公司、许某美

追偿权纠纷民事一审民事判决书*

裁判要点：法院认为，原被告通过金投互联网金融平台签订数据电文形

* (2023)桂0603民初1284号。

式的《最高额委托担保合同》及《借款及担保合同》,是各方当事人的真实意思表示,不违反法律、行政法规的强制性规定,上述合同合法有效。在许某美逾期偿还出借人款项的情况下,中小企业公司履行了代偿义务,按照合同约定对许某美享有追偿权。金投公司作为平台服务方出具《代偿证明》证明中小企业公司代偿款项金额为 25 301.3 元,故中小企业公司要求许某美偿还 25 301.3 元款项有事实和法律依据,对此予以支持。

关于利息的问题。《最高额委托担保合同》第 5 条明确约定,如许某美未依约履行债务致使中小企业公司代偿款项及违约金的,应自中小企业公司代偿之次日起,以其代偿总额为计算基数,按照代偿当日中国人民银行规定的流动资金同期同档次贷款利率的 4 倍向其支付利息。中小企业公司于 2022 年 5 月 11 日代许某美偿还了 25 301.3 元款项,应当自 2022 年 5 月 12 日起,以 25 301.3 元为基数计算利息。因代偿时(2022 年 5 月 11 日)已经没有中国人民银行贷款利率,故计息标准调整为按全国银行间同业拆借中心公布的一年期贷款市场报价利率的 4 倍。2022 年 5 月 11 日一年期贷款市场报价利率为 3.7%,4 倍即为 14.8%,故被告许某美应当以中小企业公司的代偿款 25 301.3 元为基数,从 2022 年 5 月 12 日起按年利率 14.8%向中小企业公司支付利息至款项实际清偿之日止。

148 《民法典》生效前办理的抵押登记及强制执行公证,《民法典》生效后出具执行证书,能否适用《最高人民法院关于适用〈中华人民共和国民法典〉有关担保制度的解释》第 15 条第 2 款的规定?

实务总结

《民法典》生效前办理的抵押登记及强制执行公证,《民法典》生效后出具执行证书，应该适用《民法典》生效前的规定。就法律适用方面，《最高人民法院关于适用〈中华人民共和国民法典〉时间效力的若干规定》第 1 条第 2 款有相关规定，即《民法典》施行前的法律事实引起的民事纠纷案件，适用当时的法律、司法解释的规定，但是法律、司法解释另有规定的除外。如何使用？《最高人民法院关于适用〈中华人民共和国民法典〉有关担保制度的解释》第 47 条规定，不动产登记簿就抵押财产、被担保的债权范围等所作的记载与抵押合同约定不一致的，人民法院应当根据登记簿的记载确定抵押财产、被担保的债权范围等事项。《民法典》生效后不动产担保范围以不动产登记簿为准。《民法典》生效前，根据《全国法院民商事审判工作会议纪要》的相关规定，不动产担保范围以合同约定为准。

典型案例

居然之家（天津）融资担保有限公司与赵某等追偿权纠纷二审民事判决书*

裁判要点：依据双方签订的《最高额抵押合同（反担保合同）》，赵某以涉案房屋在《委托保证合同（最高额保证合同）》约定的追偿范围内向居然之家担保公司提供最高额抵押反担保，且相应抵押登记已办理完毕，故居然之家担保公司所享有的抵押权已设立。居然之家公司上诉称一审法院认定的最高受偿范围有误，故二审争点为合同约定的担保范围与登记簿记载不一致时，应以何者为准。关于法律适用，《最高人民法院关于适用〈中华人民共和国民法典〉时间效力的若干规定》第 1 条第 2 款规定："民法典施行前的法律事实引起的民事纠纷案件，适用当时的法律、司法解释的规定，但是法律、司法解释另有规定的除外。"双方当事人签订合同及办理涉案房屋抵押登记时

---

* （2023）京 02 民终 153 号。

间均发生于《民法典》施行前，届时双方对《民法典》施行之后的法律及法律解释规定并无心理预期，故一审法院以抵押登记状态持续至今及居然之家公司于 2022 年行使追偿权为由适用《最高人民法院关于适用〈中华人民共和国民法典〉有关担保制度的解释》第 15 条第 2 款的规定，登记的最高债权额与当事人约定的最高债权额不一致的，人民法院应当依据登记的最高债权额确定债权人优先受偿权的范围，系适用法律错误，予以纠正。根据《全国法院民商事审判工作会议纪要》的相关规定，以登记作为公示方式的不动产担保物权的担保范围，一般应当以登记的范围为准。但是，人民法院在审理案件时应充分注意登记制度设计上的实际情况，作出判断。本案中，双方设立抵押权登记时，“债权数额”一栏只能填写固定数字，并无担保范围等内容设定。当事人在合同中又约定担保物权的担保范围包括主债权及其利息、违约金等附属债权，致使合同约定的担保范围与登记不一致。显然，这种不一致是登记系统设置及登记规则造成的现象。因此，本案中以合同约定认定担保物权的担保范围更符合双方的真实意思表示。

149 担保公司收取委托保证人的担保定金，在委托保证人履行完还款义务后，担保公司无法返还的，担保公司与委托保证人能否就上述担保定金的返还办理强制执行公证？

实务总结

担保公司收取委托保证人的担保定金，在委托保证人履行完还款义务后，担保公司无法返还的，担保公司与委托保证人可以就上述担保定金的返还办理强制执行公证，担保公司承诺如未按期返还定金，则接受法院的强制执行。这样操作不违反《司法部关于公证执业“五不准”的通知》第 2 条不准办理非金融机构融资合同公证的规定，也能更好地保护金融秩序，化解纠纷。下述案例充分体现了公证债权文书制度应用的灵活，也体现了其预防化解纠纷的功能。

典型案例

李某高、海南金桥融资担保有限公司
保证合同纠纷民事一审民事判决书*

裁判要点：法院认为，《民法典》第509条规定，当事人应当按照约定全面履行自己的义务；第577条规定，当事人一方不履行合同义务或者履行合同义务不符合约定的，应当承担继续履行、采取补救措施或者赔偿损失等违约责任。本案中，原告、被告虽未签订书面的保证合同，但结合贷款合同和被告向原告出具的《承诺书》可以认定，原告、被告之间就原告向万宁农商行借款400万元，形成了事实的保证关系。原告依约向被告缴纳了担保定金40万元，原告在2022年12月9日完成还款义务后，被告应依《承诺书》载明的15日内，即2022年12月25日前返还原告的担保定金40万元。被告逾期返还担保定金，给原告造成了资金占用损失，原告可主张资金占用利息，按全国银行间同业拆借中心公布的一年期贷款市场报价利率计付，但原告主张的时间节点有误，应以2022年12月26日（逾期次日）起算。

150 与担保公司签署《房地产最高额抵押反担保合同》，如何才能实现为一定期间内将要连续发生的债权提供的抵押反担保？

实务总结

《房地产最高额抵押反担保合同》实现其基本功能主要有两点，即合同

* (2023)琼9006民初814号。

详细约定和抵押登记明确具体。最高额抵押权是为一定期间内将要连续发生的债权提供的担保,即设定最高额抵押时,债权尚未发生,为保证将来债权的实现,抵押权人与抵押人协议商定担保的最高债权额度,抵押人以其抵押财产在此额度内对债权作担保。首先,在《委托保证合同》与《房地产最高额抵押反担保合同》中对抵押事宜约定清楚,做到主合同与担保合同对应。其次,在不动产中心进行抵押登记,要做到《房地产最高额抵押反担保合同》与抵押登记的内容相一致,现行法律的规定是要严格以抵押登记簿描述的担保范围为准。在实践中,《委托保证合同》有约定担保的本金金额,《房地产最高额抵押反担保合同》有约定最高额担保的金额,最高额担保的金额往往超过担保本金金额,且相差比较大,通过这样的约定来保障担保公司的利益。

典型案例

孙某兵、杨某芳等追偿权纠纷民事二审民事判决书*

裁判要点:法院认为,最高额抵押权是为一定期间内将要连续发生的债权提供的担保,即设定最高额抵押时,债权尚未发生,为保证将来债权的实现,抵押权人与抵押人协议商定担保的最高债权额度,抵押人以其抵押财产在此额度内对债权作担保。而一般抵押权所担保的债权是已经发生的特定债权,且该债权是独立的而非连续债权。本案上诉人对顺丰公司 2019 年 1 月 24 日向浦发银行泰州分行借款 1000 万元提供了反担保,上诉人提供的担保不属于最高额抵押担保,属于一般抵押权担保,故上诉人对顺丰公司 2020 年 1 月 22 日向浦发银行泰州分行借款 1000 万元,不应承担反担保责任。

(1)智光公司与顺丰公司于 2019 年 1 月 15 日签订的《委托担保合同》约定:顺丰公司因生产经营需要拟向浦发银行泰州分行申请借款 1000 万元,借款期限为 1 年,利率按银行借款合同约定,智光公司同意就顺丰公司的上

* (2023)苏 12 民终 1513 号。

述借款向银行提供保证担保，顺丰公司应在银行放贷前按借款本金的1.5%向智光公司缴纳担保费15万元，顺丰公司向智光公司提供孙某兵、杨某芳共有房产反担保，并办理抵押登记。《委托担保合同》中明确了智光公司是对顺丰公司2019年1月向浦发银行泰州分行借款1000万元提供担保，同时也明确了孙某兵、杨某芳共有房产对该笔借款1000万元提供反担保，并未约定孙某兵、杨某芳以共有房产提供最高额抵押担保。《委托担保合同》中约定智光公司所提供保证担保借款即为顺丰公司与浦发银行泰州分行2019年1月24日签订的《流动资金借款合同》借款的1000万元。

(2)智光公司依据《委托担保合同》与上诉人签订《房地产最高额抵押反担保合同》，约定本抵押合同对应的主合同为甲乙双方订立的《委托担保合同》，抵押期限自2019年1月至2020年1月，合同内容未约定最高额抵押条款。因《房地产最高额抵押反担保合同》对应的主合同为《委托担保合同》，故《委托担保合同》的担保范围也就是《房地产最高额抵押反担保合同》反担保范围，《房地产最高额抵押反担保合同》应是对顺丰公司2019年1月24日向浦发银行泰州分行借款1000万元提供反担保。

(3)上诉人与智光公司签订《房地产最高额抵押反担保合同》时，顺丰公司向浦发银行泰州分行借款1000万元尚未发放，故《房地产最高额抵押反担保合同》抵押期限约定自2019年1月至2020年1月，未明确到具体哪一日。而上诉人与智光公司于2019年1月31日办理不动产登记证明时，顺丰公司向浦发银行泰州分行借款1000万元已于2019年1月24日发放，借款期限自2019年1月24日至2020年1月24日，故不动产登记证明登记债权确定期限也为2019年1月24日至2020年1月24日，与借款期限一致，也证明上诉人是对顺丰公司2019年1月24日向浦发银行泰州分行借款1000万元提供反担保。

(4)顺丰公司与浦发银行泰州分行于2020年1月22日签订《流动资金借款合同》向浦发银行泰州分行借款1000万元，智光公司与顺丰公司再次签订《委托担保合同》，智光公司与丁某纲、张某芬、孙某兵、张某芬签订《反担保保证合同》,但智光公司与上诉人未再签订《房地产抵押反担保合同》,故上诉人不应对顺丰公司 2020 年 1 月 22 日向浦发银行泰州分行借款 1000 万元承担反担保责任。

151 对担保公司提供不动产抵押反担保,抵押权未设立造成的损失如何分担?

实务总结

对担保公司提供不动产抵押反担保,未办理抵押登记,导致抵押权未设立,即使办理强制执行公证,也无法出具执行证书,只能通过诉讼解决。《最高人民法院关于适用〈中华人民共和国民法典〉有关担保制度的解释》有规定,即不动产抵押合同生效后未办理抵押登记手续,债权人请求抵押人办理抵押登记手续的,人民法院应予支持。抵押人转让抵押财产或者其他可归责于抵押人自身的原因导致不能办理抵押登记,债权人请求抵押人在约定的担保范围内承担责任的,人民法院依法予以支持,但是不得超过抵押权能够设立时抵押人应当承担的责任范围。也就是说,在诉讼中债权人可以起诉要求抵押人办理抵押登记手续,如果基于抵押人原因无法进行抵押登记,债权人可以请求抵押人在约定的抵押范围内承担责任,这里就没有优先受偿。

典型案例

都拉塔口岸金福利商贸有限责任公司、霍尔果斯财信融资担保有限公司等追偿权纠纷民事二审民事裁定书*

裁判要点:关于金福利公司对涉案抵押应当承担何种责任。涉案《房地

* (2023)新民申 490 号。

产反担保抵押合同》第3条第2款约定"合同签订后五日内,金福利公司负责到有关房地产管理机关办理抵押物登记手续,财信公司予以协助",涉案《土地使用权抵押合同》第15条约定"合同签订之日起十五日内,甲、乙双方应向土地管理部门申请办理抵押登记",即办理涉案抵押登记系金福利公司和财信公司的共同义务,原审法院认定财信公司与金福利公司对涉案抵押未办理登记存在同等程度的违约,并根据《合同法》第120条[①]"当事人双方都违反合同的,应当各自承担相应的责任"之规定,判令金福利公司以抵押物价值的1/2为限,对伊犁辉隆彩钢钢构有限公司不能清偿部分承担赔偿责任,金福利公司承担赔偿损失责任后,有权向债务人伊犁辉隆彩钢钢构有限公司追偿,并无不当。

152 电子签名能否办理强制执行公证?如何认定其效力?

实务总结

电子签名可以办理强制执行公证,一旦达到相应的要求就可以视为可靠的电子签名。可靠的电子签名与手写签名或者盖章具有同等法律效力。如果对电子签名存疑,还可以邀请合格的第三方电子认证服务提供者提供认证服务。在什么条件下才能形成可靠的电子签名?《电子签名法》第13条规定:"电子签名同时符合下列条件的,视为可靠的电子签名:(一)电子签名制作数据用于电子签名时,属于电子签名人专有;(二)签署时电子签名制作数据仅由电子签名人控制;(三)签署后对电子签名的任何改动能够被发现;(四)签署后对数据电文内容和形式的任何改动能够被发现。当事人也可以选择使用符合其约定的可靠条件的电子签名。"这些条件在现今技术条

① 对应《民法典》第592条。

件和严格程序下,可以达到《电子签名法》的要求。另外,《电子签名法》第14条规定了电子签名效力,即可靠的电子签名与手写签名或者盖章具有同等的法律效力;而第16条规定了电子签名的认证,即电子签名需要第三方认证的,由依法设立的电子认证服务提供者提供认证服务。

典型案例

常某蒙与北京天合润建筑规划设计有限公司等追偿权纠纷二审民事判决书*

裁判要点:法院认为,本案为追偿权纠纷,首创公司代天合润公司向工行宣武支行履行了款项清偿义务,依法有权向天合润公司追偿。同时,天合润公司与首创公司签订的《委托保证合同》以及常某蒙以电子签名形式出具的《承诺函》均系各方当事人真实意思表示,不违反法律、行政法规的强制性规定,合法有效,各方均应依约履行。

关于常某蒙提出的其仅为"挂名法人",未签订过《个人无限连带责任承诺函》,不应承担连带责任的上诉意见,根据本案查明的事实,常某蒙以电子签名形式出具《承诺函》,天威公司针对该《承诺函》出具《意见书》,认定该函件电子数据能够有效地表现文书的签署主体及内容并可供调取查用,满足《电子签名法》中关于数据电文原件形式及数据电文可靠性的规定,可以认定该电子文书的完整性、真实性及可靠性,常某蒙虽不认可《承诺函》的真实性,但未提交有效证据对其上诉意见予以证明,故其上诉意见缺乏事实和法律依据,不予采纳。

关于首创公司提出的关于违约金部分的上诉请求,法院认为,为诉讼的便宜考虑,在担保公司行使追偿权的纠纷中可以同时解决担保公司与主债务人之间基于担保合同产生的法律责任。本案中,首创公司代天合润公司

---

* (2023)京74民终165号。

向工行宣武支行履行了款项清偿义务,可以在代为清偿的债务范围内向天合润公司主张偿还代偿款项。同时,《委托保证合同》中明确约定了天合润公司的法律责任、常某蒙在《承诺函》中承诺就首创公司履行担保义务提供反担保,一审法院同时在追偿权纠纷中予以审理,不违反法律规定。关于违约金与利息损失,《合同法》第 107 条①规定,当事人一方不履行合同义务或者履行合同义务不符合约定的,应当承担继续履行、采取补救措施或者赔偿损失等违约责任。《委托保证合同》中约定"如天合润公司未能按照主合同约定完全履行主合同项下债务,天合润公司应该按照首创公司担保总额的30%向首创公司支付违约金",该违约金实则为天合润公司一旦出现未完全履行与工行宣武支行之间借款合同的违约行为后,则触发《委托保证合同》约定条款,应向首创公司履行的合同义务,该约定清晰、明确。违约金属于各方在事先约定预设的违约责任,兼具补偿性与惩罚性的双重功能,一审法院仅以违约金与代偿款利息同属违约责任,在法院已支持关于利息的诉请外首创公司未举证证明存在超过代偿款利息以外的其他损失为由驳回了首创公司关于违约金的诉讼请求,处理不当,应予纠正。代偿款利息性质上属于资金占用期间的利息,属于损害赔偿的范围,与违约金的性质和功能均有一定差异。当事人可以约定一方违约时应当根据违约情况向对方支付一定数额的违约金,也可以约定因违约产生的损失赔偿额的计算方法。约定的违约金低于造成的损失的,当事人可以请求人民法院或者仲裁机构予以增加;约定的违约金过分高于造成的损失的,当事人可以请求人民法院或者仲裁机构予以适当减少。综合本案情形,对首创公司在代偿款利息外依照合同约定主张违约金的诉讼请求予以支持,但是关于违约金的标准,天合润公司在一审中即主张违约金过高,请求法院予以适当减少。认定约定违约金是否过高,一般应当以《合同法》第 113 条②规定的损失为基础进行判断,考虑到本案中双方约定的代偿利息已经对首创公司的相应资金占用损失进行

① 对应《民法典》第 577 条。

② 对应《民法典》第 584 条。

了弥补,兼顾合同履行情况、当事人过错程度以及预期利益等因素,酌情综合确定调整本案违约金为 4 万元。首创公司超过上述范围的诉讼请求,不再予以支持。

延伸阅读

上海麦迈国际贸易有限公司等与上海邦汇商业保理有限公司合同纠纷二审民事判决书*

裁判要点:法院认为,根据一审法院查明的事实,2016 年 8 月 9 日,邦汇保理公司(保理商)与麦迈公司(卖方)签订了《上海邦汇商业保理有限公司国内保理池融资业务合同(有追索权)》,合同签章为电子签章。合同签订后,麦迈公司分 11 次向邦汇保理公司提交《国内保理应收账款池融资业务申请书》,按照合同约定申请了保理融资,每一笔申请均有电子签章。案涉合同第 4.2 条约定:"卖方应直接登录保理商网站(网址为 https://loan.jd.com/scf/)进行注册并通过实名认证,获得数字安全证书。卖方通过数字安全证书验证身份之后加盖电子签名,以此作为合法有效印鉴。"第 4.3 条约定:"……保理商及卖方均认可保理业务中采取数字证书方式的合法性、有效性和安全性……"一审中,邦汇保理公司同时提交了其长期合作的提供数字证书及电子合同签署服务合同的天威诚信公司相关资质证明等证据,证明电子签章的合法性。《电子签名法》第 3 条第 2 款规定:"当事人约定使用电子签名、数据电文的文书,不得仅因其采用电子签名、数据电文的形式而否定其法律效力。"因此,麦迈公司上诉称案涉保理合同没有该公司签字盖章,进而否认合同效力没有事实和法律依据,不予认可。据此,认可案涉保理合同的效力,双方均应依照合同约定履行相应的义务。同理,麦迈公司以合同未实际签署为由主张的利息、罚息条款未生效,案涉三份保证担保函未

* (2022)京 74 民终 1198 号。

生效缺乏事实依据，亦不予认可。

153 在办理强制执行公证过程中，保证期间约定不明的情况下，如何认定保证期间？

实务总结

在保证期间约定不明的情况下，《民法典》实施后有以下规定：债权人与保证人可以约定保证期间，但是约定的保证期间早于主债务履行期限或者与主债务履行期限同时届满的，视为没有约定；没有约定或者约定不明确的，保证期间为主债务履行期限届满之日起6个月。债权人与债务人对主债务履行期限没有约定或者约定不明确的，保证期间自债权人请求债务人履行债务的宽限期届满之日起计算。也就是说，保证期间可以约定，约定短于或者等于债务履行期限的，视为没有约定。没有约定或者约定不明的，按6个月，起算点是债务履行届满之日或者宽限期届满之日。这些规定就与《民法典》生效前的保证期间按二年算有很大改变，体现了充分保护保证人的利益，也督促债务人尽快履行自己的权利。

典型案例

杨某军、金某林与兰州高科创业投资担保有限公司、兰州世泰物资有限责任公司等追偿权纠纷二审民事判决书*

裁判要点：关于焦点一，根据杨某军、金某林向高科公司出具的《个人（股东）无限连带保证责任承诺书》，杨某军、金某林承诺对高科公司与兰州

* （2022）甘01民终4687号。

世泰公司签订的担保合同中兰州世泰公司的所有债务承担无限连带清偿责任，故杨某军、金某林应当对兰州世泰公司未按时偿还借款导致高科公司承担代偿款及由此产生的违约金承担连带责任。杨某军在《个人(股东)无限连带保证责任承诺书》中承诺人配偶处签字的行为，应当视为其对承诺书内容的确认，一审判决杨某军承担连带责任并无不当。关于保证期间，根据《最高人民法院关于适用〈中华人民共和国民法典〉时间效力的若干规定》第1条第2款的规定，本案事实发生在《民法典》实施之前，应适用当时的法律、司法解释的规定。金某林、杨某军出具的《个人(股东)无限连带保证责任承诺书》第6条约定："本承诺函自本人签字之日起生效，直至本承诺函项下全部债务履行完毕为止。"根据《最高人民法院关于适用〈中华人民共和国担保法〉若干问题的解释》第32条第2款的规定，杨某军、金某林在《个人(股东)无限连带保证责任承诺书》中对保证期间约定不明，保证期间应为二年。高科公司最后一笔代偿款发生于2020年2月18日，保证期间应于2022年2月18日届满，高科公司于2020年9月23日起诉立案，未超过保证期间。

154 融资再担保公司在主债权的担保责任之外另行与反担保人约定新的违约责任，能否出具执行证书并得到支持？

实务总结

融资再担保公司在主债权的担保责任之外另行与反担保人约定新的违约责任，则不能出具执行证书并得到支持。这种情况就是在主合同约定本金、利息、逾期利息等主债权范围，在担保合同中新增如果担保人不履行担保责任除了承担上述主债权的担保责任，还要承担主债权本金金额一定比例的违约金。如果这个违约责任在主合同中未约定，而在担保合同中新增，加重担保责任，这违反了担保合同作为从合同的定位。担保人的最大责任范围为主债务的全部债务，在承担担保责任时可以小于或者等于全部主债务。但是反担保合同虽然约定担保金额远高于主债务本金等金额，但实际承担担保责任仍以主合同全部债务金额为准。这些内容在《民法典》中都有规定。例如，《民法典》第681条规定，“保证合同是为保障债权的实现，保证人和债权人约定，当债务人不履行到期债务或者发生当事人约定的情形时，保证人履行债务或者承担责任的合同”；第682条规定，“保证合同是主债权债务合同的从合同”。《最高人民法院关于适用〈中华人民共和国民法典〉有关担保制度的解释》第3条有关于担保从属性的相关规定，即当事人对担保责任的承担约定专门的违约责任，或者约定的担保责任范围超出债务人应当承担的责任范围，担保人主张仅在债务人应当承担的责任范围内承担责任的，人民法院应予支持。担保人承担的责任超出债务人应当承担的责任范围，担保人向债务人追偿，债务人主张仅在其应当承担的责任范围内承担责任的，人民法院应予支持；担保人请求债权人返还超出部分的，人民法院依法予以支持。

典型案例

广东省融资再担保有限公司与福建海西中科建设有限公司、中科建设开发总公司追偿权纠纷一审民事判决书*

裁判要点：融资再担保公司主张，依照《反担保保证合同》第6条第1款的约定，中科公司、中科金控公司、同丰公司违反合同约定，未及时向融资再担保公司承担保证责任的，应支付担保债务金额10%的违约金。《担保法》第5条①规定，“担保合同是主合同的从合同，主合同无效，担保合同无效”。据此规定，担保合同是主合同的从合同，其实质是对债务人义务的替代履

* （2018）粤民初101号。

① 对应《民法典》第388条。

行,承担债务的最终责任主体是债务人。如担保人已经对主债务承担了担保责任,则已完全保证了债权人的利益,实现了担保制度的目的。同时,《担保法》第21条[①]规定:“保证担保的范围包括主债权及利息、违约金、损害赔偿金和实现债权的费用。保证合同另有约定的,按照约定。当事人对保证担保的范围没有约定或者约定不明确的,保证人应当对全部债务承担责任。”依此,担保人的最大责任范围为主债务的全部债务。在当事人另有约定的情况下,担保责任可小于主债务范围,但不得超出主债务范围。因此,融资再担保公司与中科公司、中科金控公司、同丰公司在保证责任之外另行约定了违约责任,超出了福建中科公司所负主债务的范围,不符合上述法律规定。故融资再担保公司诉请中科公司、中科金控公司、同丰公司支付《反担保保证合同》约定的违约金,没有法律依据。且融资再担保公司与福建中科公司之间已约定了代偿款的利息和违约金,若再判令中科公司、中科金控公司、同丰公司承担违约金,则融资再担保公司因同一债务取得两项违约金,明显过分高于融资再担保公司的损失。中科公司、同丰公司关于其不应支付保证合同违约金的主张,应视为对违约金过高应予调整的请求。在此情形下,依据《合同法》第114条第2款[②]的规定,中科公司、中科金控公司、同丰公司无须向融资再担保公司支付《反担保保证合同》约定的违约金。综上,融资再担保公司诉请中科公司、中科金控公司、同丰公司支付《反担保保证合同》约定的违约金,没有事实与法律依据,不予支持。

---

① 对应《民法典》第691条。

② 对应《民法典》第585条。

九、保理公司涉及的强制执行公证司法实务

155 保理商与债权人、应收账款债务人签署《三方协议》，约定应收账款债务人向保理商还款，这种无追索权保理合同《三方协议》能否办理强制执行公证？

实务总结

保理商、债权人、应收账款债务人签署《三方协议》，约定应收账款债务人向保理商还款，这种无追索权保理合同《三方协议》可以办理强制执行公证。在强制执行公证实务中，常见的是有追索权的保理合同办理强制执行公证，而无追索权的保理合同对于债权人不能办理强制执行公证，但对于应收账款债务人则可以办理强制执行公证。保理公司的营业范围大致都有以受让应收账款的方式提供贸易融资；应收账款的收付结算、管理与催收，在应收账款的债务人同意的情况下，与保理商就应收账款的还款办理强制执行公证，也是符合保理商的营业范围。

典型案例

上海摩山商业保理有限公司与深圳市索菱实业股份有限公司、广东索菱电子科技有限公司等其他案由执行审查类执行裁定书*

裁判要点：根据《三方协议》约定，上海摩山公司受让的应收账款总金额

---

* （2020）粤执复55号。

为 236 288 893.01 元，上海摩山公司向索菱电子支付的保理融资款为 20 000 万元，应收账款到期日为 2019 年 2 月 28 日；应收账款到期或者被甲方宣布提前到期时，如果索菱实业、索菱电子和保证人肖某亦、叶某娟不履行、不适当履行或未完全履行债务，上海摩山公司有权就索菱实业应付未付款项、违约金等向公证机构申请出具《执行证书》，并凭《公证书》和《执行证书》向有管辖权的人民法院申请强制执行，而无须经过诉讼程序，索菱实业、索菱电子和保证人肖某亦、叶某娟自愿接受强制执行，并承诺自愿放弃一切抗辩权。因此，根据上述约定，上海摩山公司有权在出现约定事由时宣布债权提前到期、申请公证机关出具《执行证书》并申请强制执行。上海摩山公司认为出现债权提前到期事由并要求债务人于 2018 年 11 月 9 日前提前履行义务，公证机关就此出具《执行证书》，上海摩山公司于 2019 年 2 月 22 日向深圳中院申请强制执行，符合法定条件。

156 有追索权的保理合同及其担保办理强制执行公证，到期后融资人未还款，保理商、融资人、担保人签署《展期协议》，该《展期协议》仅约定展期，其他没有变化，也约定与主合同及担保合同一样有强制执行公证效力，但没有办理强制执行公证，在这种情况下，有追索权的保理合同及其担保能否出具执行证书？

实务总结

有追索权的保理合同及其担保办理强制执行公证，到期后融资人未还款，保理商、融资人、担保人签署《展期协议》，该《展期协议》仅约定展期，其他没有变化，也约定与主合同及担保合同一样有强制执行公证效力，但没有办理强制执行公证，在这种情况下，有追索权的保理合同及其担保可以出具执行证书。该《展期协议》仅约定展期内容，没有增加融资人、担保人的负担，只是对原合同内容的确认，没有超出原合同内容，未对原合同进行变更，就原合同，即有追索权的保理合同及其担保可以出具执行证书且执行效力及于《展期协议》。

典型案例

郭某1等非与执行审查执行裁定书*

裁判要点：郭某1、郭某2认为《展期还款协议》的签署导致(2019)京中信内经证字第06327-06334号公证书赋予强制执行效力的债权文书全部失效，公证机关不应再出具执行证书，各方当事人应当重新办理强制执行公证或由债权人向法院提起诉讼，但《展期还款协议》仅约定协议各方同意向公证处申请对本协议办理具有强制执行效力的公证，并无全部合同应当重新办理公证的约定，故郭某1、郭某2的该主张缺乏事实依据，不予采信。

157 有追索权的保理合同的应收账款的债务人为保理合同提供连带保证担保，但应收账款的债务人作为公司未出具股东会决议，该连带保证合同的效力如何？

实务总结

有追索权的保理合同的应收账款的债务人为保理合同提供连带保证担保，但应收账款的债务人作为公司未出具股东会决议，该连带保证合同的效力为有效。保理合同的应收账款的债务人本身就是这笔债务的付款义务

* (2022)京02执复318号。

人，其为这笔债务提供担保，同样具有交换和有偿的因素，与一般意义上的无偿担保并不相同，没有额外增加公司负担，也不会损害公司的股东利益，即使未出具股东会决议，亦应有效。

典型案例

安徽中安商业保理有限责任公司与安徽省江北开发有限责任公司等合同纠纷再审民事判决书*

裁判要点：法院再审认为，本案再审争议的焦点为：(1)中安保理公司与江北公司签订保证合同的效力如何认定；(2)中安保理公司要求江北公司承担保证责任是否超过保证期间。

关于争议焦点一，需要审查中安保理公司是否属于保证合同的善意方，对保证合同的成立是否尽到注意义务。《公司法》第 16 条规定，公司向其他企业投资或者为他人提供担保，依照公司章程的规定，由董事会或者股东会、股东大会决议。从该条的性质分析，其并不属于因法律行为逾越私法自治的界限，违反相关命令和社会规范而无效的效力性强制性规定，也不属于行为规范的范畴；《公司法》作为组织法，其规定既有组织规范又有行为规范，《公司法》第 16 条属于组织规范中的代表权限制规范，仅涉及对主体资格的限制，所以公司章程可以约定对外担保无须股东(大)会、董事会决议，或由股东会决定对外担保合同的效力，从而排除《公司法》第 16 条的适用。本案江北公司提交的股东会决议、公司章程证明公司对外担保需经股东会批准，与《公司法》第 16 条的规定一致，这不仅是公司章程对法定代表人权限的约定限制，同时也是《公司法》规定的法定义务。一审判决认为“江北公司的公司章程仅系内部规定，其效力不及于第三人，对中安保理公司并无约

---

* (2020)皖民再 223 号。

束力”,有失恰当。在此意义上,本案也应适用《企业国有资产法》第 30 条关于企业对外担保应当遵守法律、行政法规以及企业章程的规定。因此,对于法定代表人越权担保的,其行为效果归属不是简单地以“违反《公司法》第 16 条并非违反效力性强制性规定”为依据来认定合同的效力,而应按《合同法》第 50 条①关于法定代表人越权代表的规定处理,区分订立合同时债权人是否善意分别认定合同效力:债权人善意的,合同有效;反之,合同无效。

从本案事实来看,江北公司委托银泰公司对工程施工,由江北公司承担工程款,后江北公司拖欠银泰公司工程款 2036.5 万元,导致银泰公司拖欠中林公司工程款 2036.5 万元,由中林公司向中安保理公司融资 1500 万元,江北公司既未按照《应付账款余额确认函》的承诺在 2017 年 2 月 28 日前支付给银泰公司工程款,也未在保理合同展期届满时向中安保理公司清偿债务,致使本诉讼发生。由此可见,本案保理合同的转让标的应收账款的最终付款义务人是江北公司,中安保理公司为中林公司提供保理融资款实质上缓解了江北公司的资金压力,江北公司的担保符合其公司利益,应认定为公司的真实意思表示。《公司法》第 16 条的立法本意是防止大股东未通过公司决议擅自对外担保,侵犯小股东利益,本案担保虽不属于《全国法院民商事审判工作会议纪要》第 19 条规定的无须机关决议的例外情形,但同样具有交换和有偿的因素,与一般意义上的无偿担保并不相同,没有额外增加江北公司负担,也不会损害江北公司的股东利益。另,《保证合同》第 5 条约定江北公司承诺已按有关规定和程序取得本合同担保所需要的授权,合同加盖的江北公司印章和法定代表人签章均是真实的,在此情况下,江北公司法定代表人虽是越权担保,但并不违反为公司最佳利益行事的忠实义务,中安保理公司有理由相信江北公司法定代表人的行为系职务行为,其行为构成表见代理。综上,《保证合同》有效,江北公司应承担保证责任。

---

① 对应《民法典》第 61 条第 2 款、第 170 条第 2 款。

关于争议焦点二,中安保理公司与江北公司签订的保证合同约定,中安保理公司与中林公司就保理合同项下应收账款付款期限达成展期协议的,江北公司继续承担保证责任,保证期间自展期协议约定的应收账款付款期限届满之日起二年。2017年3月7日,中安保理公司与中林公司签订了《保理展期合同》,中安保理公司将展期事宜以确认函的方式告知了江北公司,并提出保理合同达成展期协议后江北公司继续按照合同约定承担保证责任,江北公司回函称"确认以上信息无误"。根据确认函和回函的内容,能够认定中安保理公司与江北公司就保理合同展期、江北公司继续按照保证合同的约定承担保证责任达成了一致意思表示,江北公司承担保证责任的保证期间为展期协议约定的应收账款付款期限届满之日起二年,即2018年3月7日至2020年3月7日,中安保理公司于2019年9月22日向一审法院起诉,在保证合同约定的保证期间内。江北公司关于保证期间已经超过的理由不能成立。

158 强制执行公证进入执行程序后,执行法院经过什么程序才能裁定终结本次执行程序?

实务总结

强制执行公证进入执行程序后,执行法院经过一些程序才能裁定终结本次执行程序。首先向各被执行人发出执行通知书及报告财产令,责令其限期履行生效法律文书所确定的义务,并报告财产状况。接着通过最高人民法院"总对总"系统向自然资源部、金融机构、车辆登记部门、证券机构、网络支付机构等发出查询通知,查询被执行人名下的财产,并查封、冻结、裁定拍卖、变卖。对被执行人的住所地进行现场调查,未发现可供执行的财产,申请执行人也无被执行人财产线索提供的,法院裁定终结本次执行程序。

申请执行人发现被执行人有可供执行财产的，可以再次申请执行；再次申请不受申请执行时效期间的限制。被执行人也负有继续履行本案债务的义务，并将履行情况及时告知。

典型案例

江铜国际商业保理有限责任公司与上海贵灵实业集团有限公司、太仓灵合商贸有限公司、宁波甬灵实业投资有限公司、上海天诚置业有限公司、张某进公证债权文书纠纷执行裁定书*

裁判要点：（1）2021 年 9 月 15 日，向各被执行人发出执行通知书及报告财产令，责令其限期履行生效法律文书所确定的义务，并报告财产状况，但被执行人未按执行通知书履行给付义务。

（2）通过最高人民法院“总对总”系统向自然资源部、金融机构、车辆登记部门、证券机构、网络支付机构等发出查询通知，查询被执行人名下的财产。2021 年 12 月 22 日，法院依法冻结被执行人上海天诚置业有限公司持有的上海××公司出资额为 700 万元的股权，因申请执行人暂未选择垫付评估费，无法处置。2021 年 10 月 14 日，依法裁定拍卖、变卖被执行人宁波甬灵实业投资有限公司名下坐落于浙江省慈溪市××镇××路××号及××号地下车库的房屋。2022 年 1 月 7 日 10 时至 2022 年 1 月 10 日 10 时，在“淘宝网”司法拍卖平台对前述房屋进行第一次公开拍卖，因无竞买人参与竞价而流拍。流拍后，2022 年 2 月 23 日 10 时至 2022 年 2 月 26 日 10 时，在“淘宝网”司法拍卖平台对前述房屋进行第二次公开拍卖，仍无竞买人参与竞价而流拍。流拍后，申请执行人申请将前述房屋以第二次公开拍卖流拍价 125 272 000.00 元，抵偿被执行人所负债务，经审查予以准许。执行中依法扣划被执行人银

* （2021）沪 74 执恢 75 号之二。

行存款扣除相关费用后向申请执行人共发放 872 107.27 元。

(3)已对各被执行人的住所地进行现场调查,未发现可供执行的财产。

159 2017 年有追索权保理合同的 1500 万元融资款未还,保理商与融资人 2018 年在此基础上签署新的有追索权保理合同,能否办理强制执行公证?

实务总结

2017 年有追索权保理合同的 1500 万元融资款未还,保理商与融资人 2018 年在此基础上签署新的有追索权保理合同,能办理强制执行公证。2018 年再签署新的有追索权保理合同,1500 万元融资款前期已支付,合同已实际履行,因为是新的合同,还要在中国人民银行征信中心动产融资统一登记公示系统进行登记。

典型案例

新疆西龙土工新材料股份有限公司与乌鲁木齐经济技术开发区汇盈信商业保理有限责任公司、张某等合同纠纷再审审查与审判监督民事裁定书*

裁判要点:西龙公司主张汇盈信公司未支付 2018 年保理合同的 1500 万元融资款,因此 2018 年保理合同未实际履行。法院认为,鉴于西龙公司认可其未偿还 2017 年保理合同的 1500 万元融资款,双方以此为基础签订 2018 年保理合同,应视为双方以该笔融资款在新的合同期间内设立独立的保理

* (2021)新民申 1394 号。

关系,1500 万元融资款前期已支付,合同已实际履行。西龙公司至今未偿还 2018 年保理合同融资款,汇盈信公司据此提起诉讼要求其支付相关款项,原审法院依据事实和法律判决西龙公司支付保理融资款、利息及违约金并无不当。西龙公司的再审理由不能成立。

160 保理合同中涉及的应收账款项下的商业承兑汇票发生纠纷,如何确定管辖?

实务总结

在保理业务中的应收账款往往涉及商业承兑汇票,即应收账款的债务人开具给融资人的商业承兑汇票,一旦就该商业承兑汇票发生纠纷,要根据保理合同的约定管辖确定商业承兑汇票的管辖。因为保理合同中一般都会约定全部权利转让条款,即受核准应收账款所从属的一切权利和权益均一并转让给保理商,包括取得受核准应收账款项下结算工具如票据等。保理合同中管辖条款一般会约定对转让应收账款引起的或与之有关的纠纷,由保理商所在地人民法院管辖。此时保理合同中约定的管辖法院就适用该票据引发的纠纷,即由保理商所在地人民法院管辖。

典型案例

中国中丝集团海南公司因与被上诉人江铜国际商业保理有限责任公司、原审被告中国中丝集团公司票据付款请求权纠纷案*

裁判要点:法院经审查认为,根据当事人提交的民事起诉状及《国内保

* (2017)沪民辖终 100 号。

理合同》《应收账款转让通知书》《应收账款转让申请暨确认书》《回执》《商业承兑汇票》等证据材料,本案系被上诉人基于《国内保理合同》权利的受让人,因上诉人为付款人开具的商业承兑汇票票款5241.1万元未能兑付,请求上诉人支付相应金额票款并承担逾期付款的违约金而提起的诉讼。2017年《民事诉讼法》第34条规定,合同或者其他财产权益纠纷的当事人可以书面协议选择被告住所地、合同履行地、合同签订地、原告住所地、标的物所在地等与争议有实际联系的地点的人民法院管辖,但不得违反本法对级别管辖和专属管辖的规定。本案系票据付款请求权纠纷,作为其他财产权益纠纷,属法律规定可约定管辖的范围。本案中,《国内保理合同》《应收账款转让申请暨确认书》《应收账款转让通知书》《回执》均载明,对转让应收账款引起的或与之有关的纠纷,由保理商所在地人民法院管辖。其中,《国内保理合同》第5条"全部权利转让"之5.1载明:受核准应收账款所从属的一切权利和权益均一并转让给保理商,包括取得受核准应收账款项下结算工具如票据等。本案所涉票据为《商业承兑汇票》,是基础交易合同的结算方式,也是应收账款转让的标的,在应收账款转让的相关文件中,均特指向合同号码为GB-ZS-TBF××××××××的《商业承兑汇票》,故本案当事人在转让应收账款中约定的管辖法院适用该票据引发的纠纷。根据上述约定,保理商江铜国际商业保理有限责任公司地址在上海自由贸易试验区业盛路,属原审法院辖区,被上诉人向原审法院提起本案诉讼并无不当。原审法院对本案具有管辖权。

延伸阅读

上海城开集团龙城置业有限公司与上海国坤商业保理有限公司保理合同纠纷管辖民事裁定书*

裁判要点:法院经审查认为,本案系保理合同纠纷,2021年《民事诉讼

* (2022)沪民辖终65号。

法》第35条规定，合同或者其他财产权益纠纷的当事人可以书面协议选择被告住所地、合同履行地、合同签订地、原告住所地、标的物所在地等与争议有实际联系的地点的人民法院管辖，但不得违反本法对级别管辖和专属管辖的规定。本案案涉主合同为鑫汇达商业保理有限公司（以下简称鑫汇达公司）与原审被告福建中庚置业有限公司签署的3份《隐蔽性有追索权国内保理合同》（以下简称《保理合同》）。上述《保理合同》明确约定合同纠纷由合同签署地上海市徐汇区有管辖权的法院管辖。根据上述的管辖约定，可以明确具体的管辖法院，管辖约定合法有效。本案被上诉人与鑫汇达公司签订《债权转让协议》，约定将鑫汇达公司在《保理合同》项下的债权全部转移给被上诉人。《最高人民法院关于适用〈中华人民共和国民事诉讼法〉的解释》第33条规定，合同转让的，合同的管辖协议对合同受让人有效，但转让时受让人不知道有管辖协议，或者转让协议另有约定且原合同相对人同意的除外。据此，本案当事人均受案涉《保理合同》约定的管辖条款约束。《最高人民法院关于调整中级人民法院管辖第一审民事案件标准的通知》规定，当事人一方住所地不在受理法院所处省级行政辖区的，中级人民法院管辖诉讼标的额1亿元以上的第一审民事案件。本案的诉讼标的额为1.7亿元及利息，且上诉人、被上诉人住所地位于上海市，原审被告福建中庚置业有限公司、原审被告中庚置业集团有限公司、原审被告连江中庚房地产开发有限公司、原审被告福州中庚旺福房地产开发有限公司、原审被告梁衍锋的住所地均不在上海市，本案符合上海市中级人民法院受理一审案件的标准。上海市徐汇区属原审法院辖区，故原审法院适用约定管辖，根据《最高人民法院关于上海金融法院案件管辖的规定》对本案行使管辖权，并无不当。

161 以医疗美容服务作为保理融资标的保理合同,能否办理强制执行公证?

实务总结

保理合同中涉及的应收账款要适格,要合法、真实、有效,也要明确具体。整形美容是一种与人身安全密切相关的医疗服务,国家对医疗服务有着严格的管理规范,提供整形美容服务应具有医疗机构执业许可证和相应的资质。另外,该应收账款不是普通的商事领域债权,它是涉及医学伦理、道德的医疗服务费,不建议对此办理强制执行公证。

典型案例

中全商业保理有限责任公司与吴某清保理合同纠纷二审民事判决书*

裁判要点:法院认为,根据双方当事人提交的证据,吴某清在 2021 年 6 月 19 日以 45 000 元的价格在美臻公司接受眼睛和鼻子的整形美容服务后,又于次日以同样的价格在长沙市雨花区派生医疗美容门诊部有限公司接受了同样项目的美容整形服务,显然不符合常理。此外,本案《医美保理服务协议》对保理融资款或保理服务报酬的金额和支付方式并没有约定,不符合保理合同的特征。还有,医疗机构提供整形手术服务应制作有包含术前检查情况、手术过程、使用药物和材料、术后情况等在内的完整病案资料。但本案中,中全保理公司所提交的《手术知情同意书》中"术前诊断""拟行手

* (2022)云 25 民终 510 号。

术""运用材料"等栏的内容均为空白,所提交的《整形美容手术消费单》《项目通知单》也仅主要载明的是服务费用的金额,故以上证据不足以证明美臻公司为吴某清完整地提供了合同所约定的整形美容服务。因此,吴某清签署《医美保理服务协议》的真实目的是借款的可能性较大。另外,更为重要的是,在保理服务合同中,保理人为债权人提供保理融资服务的前提是,所涉应收账款必须为合法债权。本案是以医疗美容服务作为保理融资标的保理合同纠纷,所涉应收账款并不是商事领域的普通债权,而是医疗美容服务费。而整形美容是一种与人身安全密切相关的医疗服务,国家对医疗服务有着严格的管理规范,提供整形美容服务应具有医疗机构执业许可证和相应的资质。本案中,中全保理公司未提交证据证明美臻公司有行政管理部门颁发的医疗机构执业许可证和对鼻子和眼睛进行整形手术的资质。因此,本案中全保理公司提交的证据不足以证明其提供保理服务所涉债权为合法的债权。

162 借款人向银行借款,担保公司与借款人签署委托保证合同,借款人未按约定向银行还款,银行向担保公司追偿,担保公司代偿后,将这笔债权转让给保理公司,并签署《有追索权的保理合同》,该业务能否办理强制执行公证?

实务总结

借款人向银行借款,担保公司与借款人签署委托保证合同,借款人未按约定向银行还款,银行向担保公司追偿,担保公司代偿后,将这笔债权转让给保理公司,并签署《有追索权的保理合同》,该业务能办理强制执行公证。该应收账款的债权符合保理业务要求,即保理合同中涉及的应收账款要适格,要合法、真实、有效,也要明确具体。

典型案例

李某文、广州网商商业保理有限责任公司行纪合同纠纷二审民事判决书*

裁判要点:法院认为,根据一审、二审法院查明的事实及上诉人的上诉主张,本案争议焦点是:(1)本案案由的确定;(2)被上诉人请求上诉人支付利息的计算标准问题;(3)被上诉人请求上诉人按月支付融资服务费能否支持。

关于争议焦点一。本案立案案由为追偿权纠纷,但根据被上诉人一审诉讼请求及一审、二审查明的事实可知,被上诉人除了依据其从深圳深国融融资担保有限公司处受让的担保责任追偿权向上诉人主张借款本金、罚息、利息,还基于双方签订的《融资服务协议》向上诉人主张融资服务费。该协议约定被上诉人向上诉人提供融资服务,上诉人支付服务费并在通过被上诉人与出借人形成借贷关系时与出借人签署合同等,即被上诉人居中为上诉人与出借人提供了订立借款合同的媒介服务,双方形成中介合同法律关系。故本案存在两个法律关系,案由应为追偿权纠纷及中介合同纠纷。一审确定案由不当,予以纠正。

关于争议焦点二。本案中,案外人深圳深国融融资担保有限公司为上诉人李某文与出借人四川新网银行股份有限公司之间的贷款提供担保,后上诉人李某文未按约定及时还款,深圳深国融融资担保有限公司承担保证责任,于 2021 年 4 月 7 日为李某文向四川新网银行股份有限公司代偿了 98 056.42 元。据此,深圳深国融融资担保有限公司有权向上诉人李某文进行追偿。后被上诉人向深圳深国融融资担保有限公司支付了 98 056.42 元,

---

* (2022)粤 14 民终 1208 号。

取得了该担保责任追偿权。故上诉人请求被上诉人支付 98 056.42 元有事实和法律依据,予以支持。但对该款项利息的计算,被上诉人主张按照《个人借款合同》的利息标准计算。经查,上诉人签订的《个人借款合同》及《融资服务协议》约定了担保人有权向借款人追偿的范围包括利息,但未约定按照《个人借款合同》的利息计算标准追偿,故对被上诉人该项请求不予支持,被上诉人偿还 98 056.42 元后的利息损失可按全国银行间同业拆借中心公布的贷款市场报价利率为标准计算。

关于争议焦点三。被上诉人请求上诉人继续按月支付融资服务费,上诉人则上诉主张其只需支付融资服务补偿费即可。对此,上诉人作为甲方与被上诉人作为乙方签订的《融资服务协议》约定:"如甲方提前还款或贷款被宣布提前到期而需甲方提前还款的,已付服务费不退还,且未满一期的按照一期收取。除此之外,乙方有权于甲方支付的提前还款额中获得融资服务补偿费。融资服务补偿费=提前还款本金×3%。"经审查,上诉人与四川新网银行股份有限公司签订的《个人借款合同》约定贷款期限为贷款发放之日(2020 年 5 月 15 日)至 2022 年 5 月 10 日。上诉人自 2021 年 3 月开始未按时足额偿付本息,而 2021 年 4 月 7 日出借人从担保人深圳深国融融资担保有限公司划扣上诉人尚欠的借款本息时,涉案借款并未到期。因此,法院认为在《融资服务协议》中并未详细约定何为"提前还款"及"贷款被宣布提前到期而需甲方提前还款"的情况下,出借人在双方约定的贷款期限内直接从担保人账户内划扣剩余欠款总额的行为,应视为其提前宣布借款到期。被上诉人请求上诉人继续按月支付融资服务费依据不足,不予支持。结合上述合同约定和上诉人的还款情况,上诉人需支付融资服务补偿费 2901.2 元(96 705.06 元×3%)及 2021 年 3 月的融资服务费 1247.5 元(96 705.06 元×1.29%),共计 4148.7 元。

163 《有追索权的保理合同》办理强制执行公证进入法院执行程序后,被执行公司财产不足以清偿债务,能否追加公司股东承担责任?

实务总结

《有追索权的保理合同》办理强制执行公证进入法院执行程序后,被执行公司财产不足以清偿债务,能否追加公司股东承担责任,这要取决于公司股东是否完成出资义务。如果公司股东未缴纳或未足额缴纳出资,可以申请追加股东为被执行人,该股东在尚未缴纳出资的范围内依法承担责任。该情况在《最高人民法院关于民事执行中变更、追加当事人若干问题的规定》第 17 条有相关规定,即作为被执行人的营利法人,财产不足以清偿生效法律文书确定的债务,申请执行人申请变更、追加未缴纳或未足额缴纳出资的股东、出资人或依公司法规定对该出资承担连带责任的发起人为被执行人,在尚未缴纳出资的范围内依法承担责任的,人民法院应予支持。

典型案例

江铜国际商业保理有限责任公司等与上海顿展实业有限公司执行审查类执行裁定书*

裁判要点:法院认为,《最高人民法院关于民事执行中变更、追加当事人若干问题的规定》第 17 条规定:"作为被执行人的营利法人,财产不足以清偿生效法律文书确定的债务,申请执行人申请变更、追加未缴纳或未足额缴

---

* (2022)沪 74 执异 115 号。

纳出资的股东、出资人或依公司法规定对该出资承担连带责任的发起人为被执行人,在尚未缴纳出资的范围内依法承担责任的,人民法院应予支持。”本案被执行人顿展实业经查无财产可供执行终结本次执行,但根据顿展实业公司章程及2019年年报显示,该公司初始股东李某、袁某二人均在2019年5月14日按照公司章程约定分别实缴了相应出资。在有证据证明李某、袁某已在认缴期限前实缴完毕出资额的情况下,申请人以未足额缴纳出资为由申请追加李某、袁某为被执行人,其主张并无相应依据。申请人称出资额超过约定金额即不认可股东出资事实,缺乏依据。在已有李某、袁某实际出资的情况下,申请人援引《最高人民法院关于民事执行中变更、追加当事人若干问题的规定》第19条规定,以李某、袁某未履行相应出资义务即转让股权为由,应追加股权受让人为被执行人,同样缺乏依据。

164 强制执行公证进入法院执行时,能否因评估报告的原因提出执行异议?

实务总结

强制执行公证进入法院执行时,能否因评估报告的原因提出执行异议,这要根据对评估报告异议的具体情况区分。如果对评估报告的参照标准、计算方法、评估结果提出书面异议,应由评估机构予以书面说明或由相关行业协会进行专业技术评审,不属于执行异议程序的审查范围。如果涉及延期出具的异议可以提,法院根据客观原因、当时特殊情况等,认可评估报告延期出具不属于程序严重违法的情形,不影响执行程序。

典型案例

江铜国际商业保理有限责任公司等与哈尔滨胜华房地产开发有限公司执行审查类执行裁定书*

裁判要点:法院认为,因胜华房地产公司不履行生效判决所确定的义务,根据生效判决对中新公司的财产进行强制执行,符合法定程序。《最高人民法院关于人民法院确定财产处置参考价若干问题的规定》规定了对评估报告提出书面异议的审查程序。异议人如对评估报告的参照标准、计算方法、评估结果提出书面异议,应由评估机构予以书面说明或由相关行业协会进行专业技术评审,不属于执行异议程序的审查范围。本案中胜华房地产公司对案涉房产的评估报告提出异议,评估机构已经作出了书面说明,且已委托相关行业协会组织复审,故异议人已经行使了相应的救济权利,异议人认为审查评估异议申请书的程序违法,难予支持。胜华房地产公司主张本案中评估公司出具的《估价对象实地勘察情况》无勘验人员、见证人或当事人签名,故《评估报告》结果不具有参考性。但《估价对象实地勘察情况》系《评估报告》附件,《评估报告》有落款签章和时间,异议人主张的该问题尚不足以构成《最高人民法院关于人民法院确定财产处置参考价若干问题的规定》第 22 条第 1 款第 4 项规定的评估程序严重违法的情形。此外,《评估报告》虽延期出具,但评估公司已作说明,本案委托评估的范围原本是案涉房产共计 34 套,但最终由于部分房产位置无法确定,直至 2022 年年末才重新确定评估范围为其中 24 套,且当时正值全国新冠疫情蔓延的高峰期,各行各业均受严重影响,故《评估报告》延期完成具有客观合理的理由。异议人所举的证据,不能证明本案评估程序严重违法。

---

* (2023)沪 74 执异 76 号。

165 强制执行公证进入法院执行程序，冻结股权后，案外人主张其为股权所有人，应当如何处理？

实务总结

强制执行公证进入法院执行程序，冻结股权后，案外人主张其为股权所有人，需要满足以下三个条件才能排除执行：第一，是否办理变更登记程序。这里的变更是指公司股东名册的变更。第二，是否实际行使股东权利、参与经营。第三，未办理股权变更登记非因其自身原因所致。如果没有满足上述三个条件，就不能提出确权及排除执行，只能要求转让方承担违约责任。

典型案例

上海平越投资有限公司与江铜国际商业保理有限责任公司案外人执行异议之诉一审民事判决书*

裁判要点：本案争议的焦点为原告对系争股权是否享有排除强制执行的实体权利。本案中，原告主张其与张某飞就系争股权已签订有效的《股转协议》且按约付清了股权转让价款，原告为系争股权的实际权利人，故其对系争股权的所有权可排除法院对该股权的强制执行。法院对此认为，首先，原告虽与张某飞签订了《股转协议》，亦向张某飞支付了相应款项，但双方并未办理股权转让的变更登记。对系争股权采取保全冻结措施时，原告并非登记于融和小贷公司股东名册的股东，亦未向公司登记机关办理变更登记，该股权仍登记在张某飞名下，故对系争股权采取的保全冻结措施并无不当。

---

* （2022）沪74民初3684号。

其次,原告在本案中并未提交证据证明对系争股权采取冻结措施之前原告已实际行使系争股权相应的股东权利,原告所提交的股东会决议系在系争股权被冻结后作出,相关内容亦有规避执行之嫌,对其主张不予采纳。最后,原告并未提交相应证据证明未办理股权变更登记非因其自身原因所致,且也未提供证据证明作为申请执行人的被告在本案中明知或应知存在股权转让的事实,原告应自行承担未办理变更登记导致的不利后果。故原告对系争股权并不享有足以排除执行的实体权利,对其据此提出的确权及排除执行的诉讼请求均不予支持。

166 保理商与融资人签署有追索权的保理合同,约定融资人直接还款,又不涉及应收账款转让,该保理合同能否办理强制执行公证?

实务总结

保理商与融资人签署有追索权的保理合同,约定融资人直接还款,又不涉及应收账款转让,不能认定为保理法律关系,不能办理强制执行公证。如果保理融资款承担直接归还的义务、借款人与还款未行分离、保理融资的第一还款来源非债务人支付应收账款、保理人与融资申请人也未涉及应收账款债权转让,这些内容均与保理合同成立的要件不符,应当认定双方当事人之间不成立保理合同法律关系,该法律关系也不具有担保性质。保理人与融资申请人之间的权利义务关系应当按照当事人之间真实意思表示,并结合查明的事实加以确定,系以保理之名行借贷之实的民间借贷合同关系,所以不能办理强制执行公证。

典型案例

某保理公司与谷城某宾馆、彭某民间借贷纠纷一审民事判决书*

裁判要点:法院认为,2016年4月20日及29日,某保理公司与蘭庭公司及其代表彭某在合意一致的基础上签订的《商业保理协议书》、《商业保理确认书》及《应收账款转让登记协议》成立。就合同的外观和名称而论,双方之间似乎存在保理法律关系,但是从协议内容及记载事项的实质内容审视:由融资申请人谷城某宾馆及彭某(应收账款债权人)向保理人某保理公司借款、谷城某宾馆及彭某对保理融资款承担直接归还的义务、借款人与还款未行分离、保理融资的第一还款来源非债务人支付应收账款、保理人与融资申请人也未涉及应收账款债权转让,该诸内容均与保理合同成立的要件不符,应当认定双方当事人之间不成立保理合同法律关系。保理人与融资申请人之间的权利义务关系应当按照当事人之间真实意思表示并结合查明的事实加以确定,系以保理之名行借贷之实的民间借贷合同关系。

因民间借贷合同的性质归属于实践性合同,民间借贷合同的生效应当以出借人给付钱款为条件。某保理公司依据约定在履行其所负出借义务后,有权要求合同相对人谷城某宾馆及彭某支付相应对价。根据本案案情以及已查明的事实进行如下认定:谷城某宾馆从事工商业经营,经依法登记为个体工商户,由于谷城某宾馆属彭某个人经营,故彭某应当就同一债务并以个人财产对某保理公司出借款项承担清偿之责。某保理公司将谷城某宾馆作为主债务人、将彭某作为担保人,属列举当事人不当,不予支持。某保理公司在协议中约定提供预付款41 000元,其在事先扣除1148元的综合管

* (2020)鄂0625民初952号。

理服务费(费率为 2.8%)及办理征信业务登记支出的 60 元的费用后,实际向彭某交付 39 792 元。彭某应当按照实际借款数额返还借款并计算利息。因征信账款转让业务登记费 60 元已约定由彭某或谷城某宾馆负担,该约定系当事人真实意思表示,属于自然债务,且不违反《合同法》的相关规定,应当由彭某偿付。根据合同文本记载,案涉当事人约定综合管理服务费率为 2.8%、综合保理手续费率为月 1.65%以及融资申请人未按约定返还保理预付款,按全部未返还款项及保理手续费的日 1‰收取逾期违约金,诸条款属于出借人与借款人既约定了逾期利率,又约定了违约金或其他费用,根据 2020 年 8 月 20 日起施行的《最高人民法院关于审理民间借贷案件适用法律若干问题的规定》第 32 条第 2 款"借贷行为发生在 2019 年 8 月 20 日之前的,可参照原告起诉时一年期贷款市场报价利率四倍确定受保护的利率上限"之规定,借款人所负义务应以不超过合同成立时的年利率 24%为限计算利息或是承担逾期还款违约责任至 2020 年 6 月 2 日。之后的逾期利息依据某保理公司起诉之日即 2020 年 6 月 3 日起,按一年期贷款市场报价利率 4 倍为限计算至付清之日止。

167 在保理业务办理强制执行公证后出具执行证书时,应收账款的债务人能否要求以保理融资贷款本息为限承担责任?

实务总结

在保理业务中,应收账款的债务人不能要求以保理融资贷款本息为限承担责任。在无追索权保理合同中,应收账款转让给保理商,应收账款的债务人应该以应收账款的金额向保理商还款,与保理合同无关。在有追索权保理合同中,保理商行使追索权就是要求融资人回购该应收账款,保理商将应收账款反转让给融资人,此时应收账款重归融资人,与保理商无关,除非保理商与应收账款的债务人重新签订协议,但保理商也只能二选一,向融资人与应收账款的债务人选一方请求支付,因为保理商不能接受双重支付。

典型案例

重庆巨能建设(集团)有限公司、重庆市金科商业保理有限公司合同纠纷再审审查与审判监督民事裁定书*

裁判要点:法院经审查认为,巨能建司的再审申请事由均不能成立。具体评析如下:

关于金科保理公司与巨能建司债权债务确认依据的问题。彤阳建司按15号保理合同的约定向金科保理公司转让其对巨能建司的债权并通知了巨能建司,该债权转让对巨能建司产生效力。巨能建司不是15号保理合同的相对方,不受该保理合同约束。15号保理合同项下8000万保理融资贷款本金及利息是否已经足额归还,不影响金科保理公司依据债权转让向巨能建司主张债权。故巨能建司主张金科保理公司对其享有的债权范围应以保理融资贷款本息为限没有合同和法律依据。同理,巨能建司对金科保理公司提交的《确认函》《声明》真实性有异议,因与《确认函》《声明》相关的29号保理合同是否实际履行,只影响15号保理合同贷款本息偿还的认定,并不影响金科保理公司依据债权转让关系向巨能建司主张债权,《确认函》《声明》的真实性对本案处理无实质影响,故原审对巨能建司的相关鉴定及调查取证申请不予准许并无不当。巨能建司与此相关的申请事由均不能成立。

关于巨能建司是否已全部支付相关款项问题。巨能建司提交的户名为重庆巨能建设(集团)有限公司开阳旺德时代广场工程项目部的中国建设银行股份有限公司活期存款明细账及对公活期存款交易明细报表、中信银行

---

* (2019)最高法民申2686号。

《国内保理业务合同》(2016 渝银国内保理字第 550001 号)及转账凭证,即便上述证据真实,巨能建司向中信银行股份有限公司重庆分行支付了保理融资贷款,向彤阳建司支付了工程款,但上述行为均发生在金科保理公司受让了彤阳建司对巨能建司的债权之后,上述款项并非向金科保理公司支付的,不能视为是巨能建司就案涉债权债务向金科保理公司进行的偿付,不能用来冲抵巨能建司对金科保理公司的债务。故巨能建司提交的新证据不足以推翻原判决相关认定。

168 在保理合同中融资人与债务人虚构应收账款,是否导致保理合同无效,不能出具执行证书?

实务总结

在保理合同中融资人与债务人虚构应收账款,如果保理商不明知该应收账款为虚构,那么保理合同是有效的,就可以出具执行证书。《民法典》第763 条有明确规定,应收账款债权人与债务人虚构应收账款作为转让标的,与保理人订立保理合同的,应收账款债务人不得以应收账款不存在为由对抗保理人,但是保理人明知虚构的除外。

典型案例

融信租赁股份有限公司、深圳市乐赚鑫商业保理有限公司合同纠纷再审审查与审判监督民事裁定书*

裁判要点:关于案涉保理合同的效力问题,经查,本案一审认定案涉保

* (2020)最高法民申 5893 号。

理合同和《担保函》有效并判令融信公司承担保证后，融信公司作为保证人并未提出上诉。本案二审维持一审判决后，融信公司申请再审主张案涉保理合同无效的理由是，案涉保理合同所对应的应收账款为虚构债权并已纳入刑事侦查范围。对此，从事实上看，在案涉保理合同履行期间，浩瀚公司已向保理人乐赚鑫公司保证了案涉应收账款合法有效，浩瀚公司在其出具的《应收账款转让申请书》中明确："我公司现申请向贵公司转让《应收账款转让清单》所列应收账款，并附上相关商务合同、商业发票等单据。我公司保证已完全履行应收账款项下应尽的义务，并且无瑕疵地拥有上述应收账款债权。"由此可见，浩瀚公司在本案审理期间关于案涉应收账款虚构的抗辩理由，与其案涉交易过程中的上述承诺并不相符；加之浩瀚公司在二审提交的《合同扣押清单》并未经生效刑事判决确认，尚未达到证明案涉应收账款全部或者部分为虚构债权的法定证据标准，二审法院对其调查取证的申请不予准许，并不影响本案事实认定；从法律上看，保理法律关系中债权人与债务人虚构应收账款，也并不必然导致保理合同无效，判断标准在于保理人是否属善意第三人，即保理人是否明知应收账款系虚构。结合前述事实，浩瀚公司、融信公司在本案审理过程中提出的抗辩事由均不能证明乐赚鑫公司在保理合同签订时案涉应收账款系虚构，故原审判决认定案涉保理合同有效，事实和法律依据充分，并无不当。

169 应收账款的债务人向融资人开具商业承兑汇票，该商业承兑汇票被质押给保理商进行融资，如何判断应收账款的债务人履行了还款义务？

实务总结

应收账款的债务人向融资人开具商业承兑汇票，该商业承兑汇票被质押给保理商进行融资,在该商业承兑汇票得到顺利承兑后,就是应收账款的债务人履行了还款义务。如果仅是开具商业承兑汇票,并将汇票质押给保理商,银行或者债务人还没有承兑,此时商业承兑汇票能否被承兑还是不确定的。还有一种就是应收账款的债务人直接将应收账款支付给保理商,这也是履行义务的方式。

典型案例

上海际华物流有限公司、国核商业保理股份有限公司等合同纠纷民事裁定书*

裁判要点:本案中,国核公司与璃澳公司签订的《保理合同》载明,璃澳公司将现有或将来的应收账款债权转让给国核公司,国核公司为璃澳公司提供额度为 1.5 亿元的保理融资资金。璃澳公司向国核公司发出应收账款转让申请,国核公司在《应收账款转让申请暨确认书》上加盖己方印章后,该等应收账款转让生效。国核公司有权合并或分别行使对璃澳公司和受核准买方(应收账款债务人)的追索权。可见,双方就国核公司作为保理商与璃澳公司作为应收账款债权人之间成立保理关系的意思表示明确。其后,国核公司审核了案涉《保理合同》项下《购销合同》《货权转移证明》《收货凭证》《应收账款转让通知书》《回执》等相关文件,并办理本案应收账款转让征信登记。故国核公司、璃澳公司、际华公司之间的保理合同关系依法成立并有效。

际华公司主张,案涉《保理合同》项下《购销合同》交易关系并不存在,应收账款亦不存在。经原审查明,2017 年 1 月 3 日,璃澳公司作为供方与际华公司作为需方签订《购销合同》(合同编号 MEG-LA-JF-20170103)。上述

* (2021)最高法民申 4612 号。

合同依法有效。后璃澳公司向国核公司出具了3份《应收账款转让申请暨确认书》,载明:基础交易合同为《购销合同》;受核准买方为"上海际华物流有限公司"。璃澳公司作为申请人、国核公司作为保理商分别盖章确认。在璃澳公司、国核公司向际华公司发出3份《应收账款转让通知书》后,际华公司均出具相应的《回执》,对应收账款的种类、金额和到期日予以确认。此外,在国核公司向际华公司发出的《应收账款催收通知书》中,际华公司亦在《应收账款催收通知确认栏》盖章确认。在一审质证过程中,际华公司亦明确认可《购销合同》的真实性、合法性,可见,际华公司对案涉应收账款的真实性并无异议。原审认定本案应收账款转让合计金额为9375万元,并无不当。际华公司在再审申请阶段虽然向法院提交新证据《上海际华物流客户交割明细》,但该证据并不足以推翻原审认定的事实。故际华公司关于本案不存在真实的乙二醇货物及交易关系、案涉应收账款不存在的主张,缺乏事实和法律依据,不予支持。

际华公司还主张,其已经向璃澳公司背书转让商业承兑汇票,完成了货物款项的支付,同样证明应收账款不存在。至于案涉票据因承兑人账户余额不足被拒付,应当由国核公司向承兑人行使付款请求权,不能要求际华公司继续承担付款义务。法院认为,本案中,案涉票据由际华公司交付璃澳公司后,后者将其质押给国核公司用于担保《保理合同》,其并非对国核公司的清偿;且案涉票据被拒付后,《购销合同》项下璃澳公司的债权并未获得清偿,案涉《保理合同》项下转让的应收账款债权亦未被消灭,实际上璃澳公司与国核公司也均未能收回基于《购销合同》的应收账款,故不能认定际华公司履行了付款义务,本案应收账款债务已结清。况且,际华公司承诺其向国核公司履行应收账款转让的义务,并承诺对其承担应收账款转让的付款义务不进行任何抗辩、抵销、反请求,故际华公司的该项再审理由,亦不予支持。

关于国核公司作为保理商是否尽到审慎核查义务的问题。际华公司主张,案涉《货权转移证明》仅有璃澳公司盖章,《收货凭证》系伪造,且根据新证据《上海际华物流客户交割明细》,足以证明国核公司放款前并不存在乙二醇货物在长江港务公司交易,国核公司未能在发放融资款前要求璃澳公司提交该交易流水进行核实,属于未履行核查义务,对虚假应收账款系明知。法院认为,《货权转移证明》与《收货凭证》的证明效力已经原审认定,际华公司并未提交相反证据推翻原审认定的相关事实。本案中,国核公司通过审核案涉《购销合同》《货权转移证明》《收货凭证》《应收账款转让通知书》《回执》,已经尽到了保理商的一般审慎核实义务。在上述文件均为真实的前提下,要求国核公司进一步向璃澳公司核实交易流水,系不必要增加核查成本,亦缺乏合同和法律依据。故际华公司的相关申请理由,缺乏事实和法律依据,不予支持。

170 《民法典》实施前审结的案件,在后续申诉或再审时,适用什么法律法规?

实务总结

《民法典》实施前审结的案件,在后续申诉或再审时,应当适应《民法典》实施前的法律法规。因为不能用未来的法律对以前的案件进行再审。这在《最高人民法院关于适用〈中华人民共和国民法典〉时间效力的若干规定》中有明确规定。其第1条第2款规定:“民法典施行前的法律事实引起的民事纠纷案件,适用当时的法律、司法解释的规定,但是法律、司法解释另有规定的除外。”其第5条规定:“民法典施行前已经终审的案件,当事人申请再审或者按照审判监督程序决定再审的,不适用民法典的规定。”下述案例涉及的就是关于《民法典》生效后规定的上市公司对外担保强制披露制度,这种强制性披露规定就不能适用于《民法典》生效前的案件。

典型案例

青岛中天能源集团股份有限公司、中兴天恒能源科技（北京）股份公司等合同纠纷申请再审审查民事裁定书*

裁判要点：法院认为，青岛中天公司、中天恒公司主张《差额支付承诺》无效的理由不能成立。青岛中天公司基于《液化天然气供货合同》对湖北九头风公司负有付款义务，该项债务系青岛中天公司与湖北九头风公司开展经营活动而产生。因湖北九头风公司向正奇保理公司转让应收账款债权，青岛中天公司对正奇保理公司负有付款义务。二审判决据此认定中天恒公司为青岛中天公司开展经营活动向债权人提供担保，并无不当。依据《民法总则》第 61 条第 2 款、第 3 款①的规定，法定代表人以法人名义从事的民事活动，其法律后果由法人承受。法人章程或者法人权力机构对法定代表人代表权的限制，不得对抗善意相对人。本案中，正奇保理公司与中天恒公司签订了两份由中天恒公司及其法定代表人签章的《差额支付承诺》。中天恒公司主张对《差额支付承诺》不知情，《差额支付承诺》未经公司董事会或股东大会通过不产生效力，但其未对《差额支付承诺》的内容、公司及法定代表人签章的真实性提出异议，亦未提交相反证据推翻《差额支付承诺》所记载的内容，且青岛中天公司系中天恒公司的控股子公司，正奇保理公司有理由相信上述《差额支付承诺》所载事项系中天恒公司的真实意思表示，应当认定正奇保理公司已经尽到了审查注意义务，属于善意相对人。中天恒公司主张其未公示案涉担保信息，正奇保理公司在此情形下仍与中天恒公司签订《差额支付承诺》未尽到审慎审查义务，不构成善意，依据不足。本案所涉法律事实、纠纷发生及当事人提起诉讼均在《民法典》实施之前。根据《最高

* （2021）最高法民申 2775 号。

① 对应《民法典》第 61 条第 2 款、第 3 款。

人民法院关于适用〈中华人民共和国民法典〉时间效力的若干规定》第 1 条第 2 款“民法典施行前的法律事实引起的民事纠纷案件，适用当时的法律、司法解释的规定，但是法律、司法解释另有规定的除外”及第 5 条“民法典施行前已经终审的案件，当事人申请再审或者按照审判监督程序决定再审的，不适用民法典的规定”的规定，本案应适用法律事实及纠纷发生当时的法律。《最高人民法院关于适用〈中华人民共和国民法典〉有关担保制度的解释》属于《民法典》配套的司法解释，对于本案当事人的再审申请，不适用该司法解释。关于上市公司对外担保应当披露的强制性规定，目的在于规范上市公司对外担保行为，有效防范上市公司对外担保风险，保护投资者的合法权益。作为上市公司的中天恒公司明知相关规定，应首先遵守，而不能将自己违反规定的责任推诿成正奇保理公司的过错，其保证责任不能因对外担保未披露而免除。二审判决认定《差额支付承诺》有效，并无不当。

171 融资人与保理商签署保理合同并办理强制执行公证，融资人将债务人开具的商业承兑汇票质押给保理商，出具执行证书法院进入执行过程中，法院能否直接扣划债务人账户中对应商业承兑汇票金额的款项？

实务总结

融资人与保理商签署保理合同并办理强制执行公证，融资人将债务人开具的商业承兑汇票质押给保理商，出具执行证书法院进入执行过程中，法院不能直接扣划债务人账户中对应商业承兑汇票金额的款项。融资人将债务人开具的商业承兑汇票质押给保理商，保理商对商业承兑汇票享有质权并享有优先受偿权，可以按流程进行承兑。一旦票据未获付款，就可能产生票据法律关系纠纷，就是持票人依法可向出票人行使追索权，但该追索权是否确定产生以及应如何行使，在未经诉讼等实体处理程序确认前，执行程序无权认定，当事人亦不得要求执行法院据此直接执行，也不能直接扣划出票人账户资金。

典型案例

山东如意商业保理有限公司、中交一航局第一工程有限公司等案外人执行异议之诉民事二审民事判决书*

裁判要点：法院认为，本案二审争议的焦点问题为：一审判决不得执行中交一航一公司3500万元银行存款是否正确。首先，根据原审法院查明的事实，二审法院也已作出(2020)鲁民终3119号民事裁定，认为中交一航一公司符合案外人提起执行异议之诉的法定条件，故中交一航一公司作为本案原告提起案外人执行异议之诉，主体适格。其次，根据《票据法》第35条第2款的规定，汇票可以设定质押；被背书人依法实现其质权时，可以行使汇票权利。《票据法》第4条第4款规定，本法所称票据权利，是指持票人向票据债务人请求支付票据金额的权利，包括付款请求权和追索权。《票据法》第61条第1款规定，汇票到期被拒绝付款的，持票人可以对背书人、出票人以及汇票的其他债务人行使追索权。根据上述法律规定，票据质权人可以行使付款请求权和追索权，持票人向承兑人提示承兑而被拒绝付款的情况下，持票人可以行使追索权，但其没有权利要求执行法院直接对承兑人采取扣划银行存款的执行措施。本案中，涉案的执行依据为济仲调字(2018)第1082号调解书，该调解书第4项确认的是如意保理公司对中长卓永公司质押给其的4张电子商业承兑汇票享有质权并享有优先受偿权，并未确认中交一航一公司对如意保理公司负有直接支付3500万元的承兑义务，一审法院

---

* (2022)鲁民终1514号。

的执行程序中直接扣划中交一航一公司 3500 万元银行存款超越了执行依据的内容。对此,在最高人民法院公布的第 117 号指导案例即(2017)最高法执复 68 号案件生效文书中亦指出,当票据未获付款时,可能产生的票据法律关系后果是持票人依法可向出票人行使追索权,但该追索权是否确定产生以及应如何行使,在未经诉讼等实体处理程序确认前,执行程序无权认定,当事人亦不得要求执行法院据此直接执行。现一审法院直接扣划中交一航一公司的 3500 万元银行存款,相当于中交一航一公司和如意保理公司之间的票据追索权纠纷未经审判即直接执行,与上述法律规定相悖。因此,一审判决不得执行中交一航一公司的 3500 万元银行存款,并无不当。

延伸阅读

国中医药有限责任公司、中信商业保理有限公司票据纠纷二审民事判决书*

裁判要点:法院认为,本案争议焦点在于中信保理公司是否享有案涉 6 张汇票载明的票据权利。票据作为一种文义证券、设权证券,其创设的权利义务由票据上所记载的文字的意义决定。案涉 6 张商业承兑汇票对表明“汇票”的字样、无条件支付的委托、确定的金额、付款人名称、收款人名称、出票日期、出票人签章等汇票的绝对应记载事项均有记载,国中医药公司对案涉汇票的真实性亦无异议。案涉汇票记载的付款人均为国中医药公司,国中医药公司在案涉汇票的承兑人签章处进行签章,收款人分别为安力博发公司、星纪开元公司,安力博发公司、星纪开元公司分别作为背书人将案涉汇票背书转让给中信保理公司。中信保理公司持背书连续的案涉汇票和汇票到期被拒绝付款的证据,同时以其与安力博发公司签订的中信保

---

* (2015)民二终字第 134 号。

(2012)XM1-5《保理合同》、与星纪开元公司签订的中信保(2013)XM1-4《保理合同》、中信保(2012)XM1-5《保理合同》的相应对账单、银行单据及汇总表等证据,证明其是基于与安力博发公司、星纪开元公司之间的保理业务关系,分别从安力博发公司、星纪开元公司处背书受让了案涉6张商业承兑汇票,主张行使追索权,要求国中医药公司支付案涉汇票金额和汇票金额自到期日起至实际清偿日止的利息,符合《票据法》的规定,应当予以支持。

172 保理合同中保理商起诉,绝大部分诉讼请求得到支持,能否要求融资人承担全部诉讼费?

实务总结

保理合同中保理商因融资人违约向人民法院起诉,绝大部分诉讼请求得到法院支持,可以要求融资人承担全部诉讼费。若诉讼标的较大,保理商的绝大部分诉讼请求获得支持,没被支持那部分诉讼请求所占诉讼费和保全保险费由谁承担,是法院自由裁量的范围。另外,融资人也不能仅因诉讼费提起上诉。

典型案例

邹平西王玉米油有限公司、西王淀粉有限公司等
保理合同纠纷民事二审民事判决书*

裁判要点:法院认为,本案争议焦点为:一审判决海尔保理公司所支付的律师费及诉讼保全保险费由西王淀粉公司承担是否正确的问题。海尔保

* (2022)鲁民终2307号。

理公司与西王淀粉公司于2020年6月24日签订的《保理合同》第12.8条明确约定,“转让人违约的,除应按照本合同约定承担相应责任外,还应承担受让人为实现合同权益及其附属担保权益而支出的律师费、诉讼费、保全费等一切费用”,海尔保理公司、西王淀粉公司、西王玉米油公司于2021年9月27日签订的《协议书》又进一步约定“因诉讼发生的一切费用(包括诉讼费、律师费、诉讼保全保险费及其他有关的费用),由败诉方承担”。上述约定明确清晰,不存在约定不明情形。本案系因西王淀粉公司未按期支付保理融资费用的违约行为所引起,海尔保理公司为此所支付的律师费和保全保险费系合理必要的实现债权费用,根据上述合同约定,应由违约方暨败诉方西王淀粉公司承担。关于一审判决驳回了海尔保理公司的部分诉讼请求,海尔保理公司是否应自行分担部分律师费和诉讼保全保险费的问题,本案诉讼标的额较大,且海尔保理公司的诉讼请求绝大部分已获得支持,而海尔保理公司所支付的律师费和保全保险费标准相对较低,故综合全案情况一审法院未予分担,并无明显不当。

173 保理合同的融资人系应收账款的实际债权人,能否办理强制执行公证?

实务总结

保理合同的融资人系应收账款的实际债权人,可以办理强制执行公证。现实中合同有时会发生挂靠、借名等情况,造成合同实际债权人与名义债权人不一致。只有名义债权人与债务人提供认可实际债权人的文件,如确认书、付款记录、发票等材料,实际债权人将应收账款转让通知发送到债务人,此时它才能是保理业务中认可的适格的应收账款转让,才能办理强制执行公证。

典型案例

北京建工集团有限责任公司等与中信商业保理有限公司合同纠纷再审审查与审判监督民事裁定书*

裁判要点：法院经审查认为，本案中，中信保理公司与天津荷意公司签订的《保理合同》及《保理服务协议》约定的主要内容是天津荷意公司将其应收账款转让给中信保理公司，中信保理公司向天津荷意公司提供销售结算账户管理、贸易融资等服务并收取保理费和保理服务费。上述协议是双方当事人的真实意思表示，且内容不违反法律及行政法规的强制性规定，应属合法有效。中信保理公司向建工集团主张还款的依据是其受让的天津荷意公司对建工集团的债权。

关于建工集团与天津荷意公司之间是否存在基础合同关系，根据《最高人民法院关于民事诉讼证据的若干规定》第10条第1款第6项、第2款的规定，已为人民法院发生法律效力的裁判所确认的基本事实，当事人无须举证证明，当事人有相反证据足以推翻的除外。本案中，唐山市丰润区人民法院作出的(2014)丰执字第360号执行裁定和唐山市中级人民法院作出的(2014)唐执复字第21号执行裁定认定，建工集团与东政达公司所签《商品混凝土供应合同》及《商品混凝土供应合同补充协议》均是天津荷意公司以东政达公司名义签订，建工集团所付工程款均是直接拨付给天津荷意公司，建工集团欠东政达公司(实为天津荷意公司)工程款。建工集团并无相反证据推翻上述认定。虽然《商品混凝土供应合同》及《商品混凝土供应合同补充协议》系以东政达公司的名义与建工集团签订，但东政达公司出具书面文件表示建工集团应向天津荷意公司履行付款义务，由天津荷意公司提供合

---

* (2022)京民申4681号。

法发票,建工集团对此明确知晓,且其实际付款对象均为天津荷意公司。二审法院认定建工集团负有向天津荷意公司支付合同款项的义务,并无不当,建工集团关于与天津荷意公司之间不存在基础合同关系的主张不能成立。

关于是否应当认定建工集团收到债权转让通知,根据《合同法》第80条[①]的规定,债权人转让权利的,应当通知债务人。未经通知,该转让对债务人不发生效力。本案中,天津荷意公司与中信保理公司共同向建工集团发送了《应收账款转让通知书》,其中载明天津荷意公司将与建工集团之间的应收账款2600万元和将来截至2014年9月25日发生的应收账款及相关权益全部转让给中信保理公司,在应收账款期满或付款条件成就时建工集团应直接付款至共管账户。建工集团申请再审称,天津荷意公司与中信保理公司的通知方式及回执盖章不合常理。关于建工集团是否收到该通知书,法院认为,《最高人民法院关于适用〈中华人民共和国民事诉讼法〉的解释》第108条第1款、第2款规定,对负有举证证明责任的当事人提供的证据,人民法院经审查并结合相关事实,确信待证事实的存在具有高度可能性的,应当认定该事实存在。对一方当事人为反驳负有举证证明责任的当事人所主张事实而提供的证据,人民法院经审查并结合相关事实,认为待证事实真伪不明的,应当认定该事实不存在。本案《应收账款转让通知书》的回执部分加盖的项目部印章经鉴定系真实的印章,结合建工集团对天津荷意公司的付款义务主要针对天津远洋国际中心项目等事实,足以达到高度盖然性标准,证明《应收账款转让通知书》上加盖公章的行为系建工集团对收到债权转让通知的确认。建工集团申请再审,称前述盖章不合常理,通知行为存在疑点,但印章管理及使用系建工集团的内部行为,收到债权转让通知书后的处理亦属于内部流程,建工集团内部对公章和通知书的流转关系不能对抗外部债权转让人和受让人。建工集团对盖章行为的各种质疑均无证据支持,法院难予采信。天津荷意公司将其对建工集团的债权转让给中信保理

① 对应《民法典》第546条。

公司后,建工集团应向中信保理公司履行到期债务。

关于建工集团应还款的数额,建工集团申诉主张其在基础合同中因天津远洋国际中心A地块工程与天津荷意公司总结算金额是19 716 381元,且建工集团已支付1350万元,加之天津荷意公司欠付第三人款项,建工集团被第三人申请唐山市丰润区法院扣划的款项,建工集团对天津荷意公司应付的货款已全部付清,故中信保理公司无权依据《应收账款转让通知书》要求建工集团履行偿还义务。建工集团提供的证据显示,在案涉应收账款转让之前,建工集团已支付基础合同项下款项900万元,天津荷意公司的应收账款并非2600万元。尽管如此,建工集团仍在天津荷意公司与中信保理公司共同向其发送的《应收账款转让通知书》回执处盖章确认,《应收账款转让通知书》上明确记载了已经发生但尚未到期的应收账款金额为2600万元,回执部分载明"我方已知晓《应收账款转让通知书》全部内容,同意按其记载的付款方式支付相应的应收账款款项"。该确认和承诺表明建工集团对基础合同项下的应收账款不持异议,亦使中信保理公司产生合理信赖。基于诚实信用原则,在建工集团未举证证明中信保理公司明知应收账款系虚构的情况下,建工集团应当就其对债权转让通知内容所作的确认和承诺承担责任,二审法院认定其仍应按照《应收账款转让通知书》的内容向中信保理公司支付2600万元应收账款,并无明显不当。

关于建工集团主张的已经归还款项,建工集团提供证据证明,其在天津荷意公司与他人的债务诉讼过程中,被其他法院执行扣划或判决给付对天津荷意公司的应收账款,但上述情形均发生在应收账款转让后,并不影响其履行自己盖章确认的《应收账款转让通知书》项下的义务对中信保理公司承担偿还责任,其承担偿还责任后可另行向天津荷意公司追偿,建工集团仍存在法律救济途径。

建工集团再审审查期间提供的证据材料并未提出或证实新的案件事实,不能证明一审、二审法院认定事实错误。

综上,建工集团主张天津荷意公司对其不享有债权,其并未收到东政达公司发出的债权转让通知、其与东政达公司的债权债务已经全部履行完毕,其他主体向建工集团发送的债权转让通知无效等主张,缺乏合理依据,且与生效的法院文书认定的事实不符。一审、二审法院依据查明的事实,所作处理并无不当,建工集团申请再审的理由不能成立。

依照《民事诉讼法》第211条第1款,《最高人民法院关于适用〈中华人民共和国民事诉讼法〉的解释》第393条第2款的规定,裁定如下:驳回北京建工集团有限责任公司的再审申请。

174 应收账款与保理款差额部分的权利归属问题,在有追索权的保理与无追索权的保理中各有什么不同?

实务总结

应收账款与保理款差额部分的权利归属问题,根据有追索权的保理与无追索权的保理而有所不同。在无追索权的保理中,融资人将应收账款转让给保理商,应收账款的债权人就成为保理商,应收账款能追回多少都是属于保理商的,即使超过保理融资与利息的部分也是属于保理商的。在有追索权的保理中,保理商向融资人行使追索权,保理商就只能获得保理融资与约定利息的部分,超出的归融资人。

典型案例

鑫晟保理有限公司、上海周贤房地产开发有限公司合同纠纷再审审查与审判监督民事裁定书*

裁判要点:法院经审查认为:(1)关于二审判决对案涉《国内保理业务合

* (2018)最高法民申1513号。

同(有追索)》的性质及效力的认定是否正确问题。保理合同作为无名合同,并无明文法律规定可供适用。《合同法》第124条[①]规定:"本法分则或者其他法律没有明文规定的合同,适用本法总则的规定,并可以参照本法分则或者其他法律最相类似的规定。"故在判断各方当事人的权利义务时,原则上尊重当事人在合同中约定的内容,但对有争议的合同内容,除直接适用《合同法》总则的相关规定外,应综合考虑保理制度价值、当事人利益状态及交易惯例,公平合理地确定当事人的权利义务。本案中,鑫晟公司、中科公司、周贤公司共同签订案涉《国内保理业务合同(有追索)》,根据该保理合同及其相关附件约定,鑫晟公司受让中科公司对周贤公司5000万元应收账款债权后,支付中科公司4000万元保理款,如周贤公司未能依约履行偿付应收账款等义务,鑫晟公司有权向中科公司追索。该合同系当事人真实意思表示,不违反法律、行政法规强制性规定,合法有效。鑫晟公司起诉要求周贤公司偿付应收账款,中科公司对周贤公司相关债务承担连带清偿责任,可见鑫晟公司的权利主张是基于债权转让的法律关系。二审判决关于启动追索的保理合同的性质转换为借款合同以及按借款关系判令中科公司返还借款的认定,既不符合案涉保理合同约定,也缺乏法律依据,且与当事人诉讼请求不相对应。对此,应予纠正。

(2)关于二审判决对鑫晟公司有权主张的本金范围的认定是否正确的问题。有追索权的保理业务所包含的债权转让合同的法律性质并非纯正的债权让与,在保理商行使追索权的情况下,其不应再享有超出保理款部分的债权。本案鑫晟公司行使追索权后,其对周贤公司所能主张的权利范围应限缩至其支付给中科公司的4000万元保理款及相应利息的范围内。关于中科公司、周贤公司在本案中合计支付的1640万元保证金,二审判决认定因鑫晟公司并未采取法定方式特定化该款项,1640万元款项不能产生担保效力,

① 对应《民法典》第467条第1款。

并无不当。鑫晟公司收取 1640 万元款项后,可通过占有、使用该款项获利,但就周贤公司而言,其作为应收账款债务人,因此丧失对该资金的收益,就中科公司而言,其通过转让应收账款而可获得的保理款减少,故该 1640 万元保证金应从鑫晟公司支付的保理款中扣除。据此,二审判决认定鑫晟公司可主张的本金数额为 2360 万元,并无不妥。

(3)关于鑫晟公司主张的各项费用问题。鑫晟公司要求中科公司支付迟延回购利息、罚息,但其并未要求中科公司回购,故二审法院对其该主张未予支持,并无不当。综合考虑案涉保理合同所约定的权利义务内容,鑫晟公司支付给中科公司的保理款具有资金融通性质,鑫晟公司向中科公司行使追索权等因素,可以参照《最高人民法院关于审理民间借贷案件适用法律若干问题的规定》第 26 条、第 29 条、第 30 条的规定,将鑫晟公司主张的保理系统年度使用费、杂费等视作利息,以鑫晟公司实际支付的保理款为基数,自 2015 年 4 月 25 日起至实际清偿之日止,按年利率 24%计算鑫晟公司应获得的保理款利息。鑫晟公司关于其主张的各项费用不应认定为利息的理由,不能成立。

(4)关于应收账款与保理款差额部分的权利归属问题。如前文所述,鑫晟公司行使追索权后,其对应收账款债权与保理款之间的差额部分就不再享有权益。故鑫晟公司关于其系应收账款受让方,有权享有应收账款与保理款的 1000 万元差额的主张,不能成立。二审判决驳回了鑫晟公司该项诉讼请求,其主张二审判决遗漏处理其该项诉讼请求,不符合事实。

(5)关于律师费问题。二审法院在充分尊重案涉合同约定的基础上,综合考虑律师费用的必要性、合理性,认定鑫晟公司有权要求获得其因委托律师参与诉讼而产生的 80 万元费用,并无不当。

175 保理融资人在签订合同中不用备案的法人人名章，而用常用的未备案的法人人名章，能否办理强制执行公证？

实务总结

保理融资人在签订合同中不用备案的法人人名章，而用常用的未备案的法人人名章，可以办理强制执行公证。保理融资人的法定代表人有多个法人人名章的，保理融资人可以选择使用，只要经保理融资人确认效力，就可以使用，就可以发生效力，也就可以办理强制执行公证。

典型案例

甘肃刚泰控股（集团）股份有限公司等与嘉茂通商业保理（深圳）有限公司合同纠纷二审民事判决书*

裁判要点：法院认为，本案二审期间争议的焦点为《委托收付资金协议》上加盖的徐某刚的人名章的认定问题。

对于《委托收付资金协议》上加盖的徐某刚的人名章的认定问题，法院认为：首先，甘肃刚泰公司认可其与嘉茂通公司签订了案涉保理合同，而案涉保理合同上既加盖了甘肃刚泰公司的公章，也加盖了徐某刚的人名章。甘肃刚泰公司称案涉保理合同上加盖的徐某刚的人名章不是徐某刚本人加盖，但如甘肃刚泰公司所言，自案涉保理合同签订至今，甘肃刚泰公司持有加盖有徐某刚人名章的保理合同文本，但甘肃刚泰公司始终未对案涉保理合同上加盖的徐某刚的人名章提出异议。故甘肃刚泰公司关于案涉保理合

* （2021）京民终599号。

同上加盖的徐某刚的人名章不是徐某刚本人加盖的解释,明显不符合常理,不予采信。其次,《委托收付资金协议》上加盖有甘肃刚泰公司的公章和徐某刚的人名章,甘肃刚泰公司的公章虽经鉴定与案涉保理合同上该公司的公章不一致,但是《委托收付资金协议》上加盖的徐某刚的人名章经鉴定与案涉保理合同及相关附件上加盖的徐某刚的人名章一致。再次,嘉茂通公司和甘肃刚泰公司达成了嘉茂通公司向甘肃刚泰公司提供融资的合意,双方还确定了融资的金额、期限、利率等内容。嘉茂通公司称甘肃刚泰公司委托臻前公司收取了约定的融资款项。甘肃刚泰公司则称并未收到融资款项,但该公司因经营不善并未向嘉茂通公司催促发放融资款项。显然,嘉茂通公司的陈述更具合理性,甘肃刚泰公司的陈述不符合常理。最后,嘉茂通公司提交证据证明通过刚泰保理公司收取了保理首付款使用费,甘肃刚泰公司与刚泰保理公司存在关联关系,但是对于刚泰保理公司的还款也不能作出合理解释。综合上述因素,可以确定徐某刚通过加盖人名章的形式签署了《委托收付资金协议》。因徐某刚为甘肃刚泰公司的时任法定代表人,其行为后果应当由甘肃刚泰公司承担。故甘肃刚泰公司的相关上诉理由不成立,不予采信。案件能出具执行证书也要建立在债权债务清楚明确的基础上,如果涉及案情特别复杂,公证处无法查实的,公证处也可以根据情况作出不予出具执行证书的决定。

176 保理融资人与应收账款的债务人虚构应收账款骗取保理融资款,涉及刑事犯罪,如何处理?

实务总结

保理融资人与应收账款的债务人虚构应收账款骗取保理融资款,涉及刑事犯罪。如果刑事案件与民事案件涉及的主体、基本事实相关,就需要先刑后民。这里也分具体情况,即民事案件要以刑事案件的认定进行处理的,刑事案件吸收民事案件等情况。如果刑事案件与民事案件涉及的主体、基本事实都无关,那就是刑事案件与民事案件相互无影响,各自处理。下述案例中所涉及的基本事实相关,所以要等待刑事程序解决后再处理保理纠纷。

典型案例

广州鼎越商业保理有限公司、广州市浪奇实业股份有限公司等保理合同纠纷民事申请再审审查民事裁定书*

裁判要点:法院经审查认为,本案审理的焦点问题是人民法院驳回鼎越公司的起诉是否正确。从一审、二审法院查明的事实看,公平公司和浪奇公司的工作人员因涉嫌刑事犯罪已经被有关部门立案侦查,鼎越公司、公平公司和浪奇公司签订保理合同所依据的基础交易关系可能属于虚构交易,有经济犯罪嫌疑,鼎越公司在本案中诉请的款项与前述刑事案件相关,属于刑事案件调查的范围。据此可以认定,本案与公平公司、浪奇公司相关工作人员涉嫌刑事案件是基于同一事实产生。所以,本案应先通过刑事程序解决。一审、二审法院驳回鼎越公司本次起诉、上诉,有事实依据,并无不当。

177 保理公司通过银行通道向证券公司融资,保理公司将商业承兑汇票出质给银行,并办理强制执行公证,证券公司能否直接向保理公司主张票据权利?

实务总结

保理公司通过银行通道向证券公司融资,保理公司将商业承兑汇票出

* (2022)粤民申3111号。

质给银行,并办理强制执行公证,证券公司不能直接向保理公司主张票据权利。证券公司成立证券资产管理计划,通过银行对保理公司进行委托贷款,此时虽然实际的贷款人是证券公司,但根据合同的相对性与票据的特点,银行才是票据的质权人,只有银行才可以主张票据的追索权。

典型案例

华创证券有限责任公司、瑞高商业保理(上海)有限公司票据追索权纠纷二审民事判决书*

裁判要点:关于华创证券是否为涉案汇票的合法持票人,其是否有权向瑞高公司、星瀚信德公司行使票据追索权的问题。涉案 1266 号电子商业承兑汇票背书显示出质人为瑞高公司,质权人为中信银行上海分行,并无华创证券的相关记载,华创证券并非涉案票据权利人。依据华创证券与中信银行上海分行签订的《票据服务协议》,涉案 1266 号电子商业承兑汇票直接由瑞高公司背书质押给中信银行上海分行,华创证券没有取得并持有该票据。根据已查明的事实,中信银行上海分行也已经向前手即瑞高公司、星瀚信德公司、齐星集团有限公司行使了票据追索权。《票据法》第 4 条第 2 款规定:“持票人行使票据权利,应当按照法定程序在票据上签章,并出示票据。”第 31 条第 1 款规定:“以背书转让的汇票,背书应当连续。持票人以背书的连续,证明其汇票权利;非经背书转让,而以其他合法方式取得汇票的,依法举证,证明其汇票权利。”华创证券称中信银行上海分行只是其票据权利的代理人,华创证券才是真正的票据权利人。但票据具有严格文义性,涉案票据上记载中信银行上海分行为权利人,并未记载中信银行上海分行为华创证券代理人的字样,无法推导出华创证券为涉案票据权利人的结论。华创证券既未按照法定程序在票据上签章,又未以其他合法方式取得票据,在票据上也看不出有中信银行上海分行代理其持有票据的字样,故其并非涉案票据的合法持票人,不享有票据权利。由

* (2018)最高法民终 890 号。

于华创证券并非案涉票据的合法持票人,其向瑞高公司、星瀚信德公司行使票据追索权无事实和法律依据。华创证券可待中信银行上海分行行使票据追索权后,根据其与中信银行上海分行签订的《华创证券瑞高保理(财盈三期)资产支持专项计划票据服务协议》,向中信银行上海分行主张相应权利。

178 保理合同中既约定强制执行公证条款,也约定仲裁条款,在没有实际办理强制执行公证的情况下,如何解决纠纷?

实务总结

保理合同中既约定强制执行公证条款,也约定仲裁条款,在没有实际办理强制执行公证的情况下,如果双方协商补办强制执行公证手续,就优先适用强制执行公证程序。如果双方不同意补办公证手续,要看仲裁条款是否有无效情形或者约定因合同履行而产生争议可以向仲裁机构申请仲裁,也可以向人民法院起诉。如果没有上述情形,就可以通过仲裁程序解决。如果有仲裁条款无效情形或者有约定因合同履行而产生争议,可以向仲裁机构申请仲裁,也可以向人民法院起诉,那么只能通过诉讼程序解决纠纷。

典型案例

广州莱泰制药有限公司、博实(深圳)商业保理有限公司申请确认仲裁协议效力民事裁定书*

裁判要点:法院认为,本案为申请确认国内仲裁协议效力纠纷。本案双方当事人之间签订的《保理服务合同》中约定有仲裁协议,又同时约定了办理强制执行公证,但双方当事人并没有在合同中同时约定因合同履行而产生争议

* (2019)粤03民特1463号。

可以向仲裁机构申请仲裁,也可以向人民法院起诉,且《保理服务合同》签订之后双方当事人并没有实际办理强制执行公证。双方当事人签订的《保理服务合同》约定的仲裁协议具有请求仲裁的意思表示、明确的仲裁事项及选定的仲裁机构,符合《仲裁法》第 16 条对于仲裁协议内容及形式的要求,且不具有《仲裁法》第 17 条规定的仲裁协议无效情形,合法有效。综上,申请人广州莱泰制药有限公司申请确认仲裁协议无效,没有事实和法律依据,不予支持。

179 保理合同办理强制执行公证并出具执行证书,其中保证合同未办理强制执行公证,保证合同如何处理?

实务总结

保理合同办理强制执行公证并出具执行证书,其中保证合同未办理强制执行公证,保证合同可以通过诉讼程序解决纠纷。但因为保证合同系保理合同的担保合同,系从合同,在裁判结果上要参考执行证书的金额,如下述案例这样表述:就《执行证书》确定的保理预付款金额、保理预付款利息金额、自 2019 年 12 月 7 日起至全部保理融资款清偿之日止(以保理预付款、保理预付款利息之和为基数,按年利率 24%计算)的滞纳金、公证费向江铜保理公司承担相应的连带保证责任。

典型案例

江铜国际商业保理有限责任公司与国本控股有限公司保证合同纠纷一审民事判决书*

裁判要点:法院认为,案涉《保证合同》系当事人真实意思表示,合法有

---

* (2020)沪 74 民初 1647 号。

效，当事人理应恪守。作为《保证合同》主合同的《保理合同》，已经公证机关办理《具有强制执行效力的债权文书公证书》赋予强制执行效力，并出具《执行证书》，现当事人对于《保理合同》的履行情况亦无异议，故国本控股公司应根据《保证合同》的约定，就《执行证书》确定的保理预付款 50 000 000.00 元、保理预付款利息 2 638 888.89 元、自 2019 年 12 月 7 日起至全部保理融资款清偿之日止（以保理预付款、保理预付款利息之和 52 638 888.89 元为基数，按年利率 24%计算）的滞纳金、公证费 50 000.00 元向江铜保理公司承担相应的连带保证责任。国本控股公司主张，本案滞纳金利率过高，国本控股公司不应承担公证费。对此法院认为，首先，《保证合同》约定滞纳金属于担保范围，《执行证书》所确定的滞纳金利率并未超过《保证合同》的约定及法律规定，国本控股公司关于滞纳金利率过高的主张缺乏相应的事实与法律依据，不予采纳；其次，《保理合同》明确，在卖方违约时，保理商有权通过申请执行具有强制执行效力的公证文书寻求救济。公证费属于上述救济方式下发生的必要费用，国本控股公司作为保证人对此应属明知，且公证费属于《保证合同》约定的担保范围，国本控股公司亦应按约承担相应担保责任。关于律师费及保全担保费，江铜保理公司认为，因该两笔费用在办理《执行证书》时尚未实际发生，故未在《执行证书》中予以主张，但《保理合同》及《保证合同》对上述费用的负担均有明确约定，现国本发展公司已构成《保理合同》项下违约情形，应承担相应的费用，而国本控股公司作为连带责任保证人，江铜保理公司有权直接向其主张相应费用。对此法院认为，江铜保理公司与国本控股公司之间的《保证合同》约定，保证范围包括律师费，江铜保理公司已提交证据证明支付相应的律师费用，故对江铜保理公司的该项诉讼请求，予以支持。关于保全担保费用负担问题，案涉《保理合同》《保证合同》对此均未做明确约定，故江铜保理公司要求国本控股公司对保全担保费承担连带清偿责任的主张缺乏依据，不予采纳。

180 银行能否办理保理业务并办理强制执行公证?

实务总结

如果银行经营范围里有保理业务,就可以办理相关业务并办理强制执行公证。原中国银行业监督管理委员会曾发布《商业银行保理业务管理暂行办法》,规范商业银行保理业务经营行为,加强保理业务审慎经营管理,促进保理业务健康发展。上述文件规定,保理业务是以债权人转让其应收账款为前提,集应收账款催收、管理、坏账担保及融资于一体的综合性金融服务。债权人将其应收账款转让给商业银行,由商业银行向其提供下列服务中至少一项的,即为保理业务:(1)应收账款催收:商业银行根据应收账款账期,主动或应债权人要求,采取电话、函件、上门等方式或运用法律手段等对债务人进行催收。(2)应收账款管理:商业银行根据债权人的要求,定期或不定期向其提供关于应收账款的回收情况、逾期账款情况、对账单等财务和统计报表,协助其进行应收账款管理。(3)坏账担保:商业银行与债权人签订保理协议后,为债务人核定信用额度,并在核准额度内,对债权人无商业纠纷的应收账款,提供约定的付款担保。(4)保理融资:以应收账款合法、有效转让为前提的银行融资服务。以应收账款为质押的贷款,不属于保理业务范围。

典型案例

招商银行股份有限公司长沙分行、湖南旭日有色金属有限公司合同纠纷二审民事判决书*

裁判要点:《最高人民法院关于适用〈中华人民共和国担保法〉若干问题

* (2020)湘民终1588号。

的解释》第39条规定,主合同当事人双方协议以新贷偿还旧贷,除保证人知道或者应当知道的外,保证人不承担民事责任。新贷与旧贷系同一保证人的,不适用前款的规定。招商银行长沙分行上诉认为,该条司法解释中关于以新贷偿还旧贷是指借款人向银行贷款以清偿先前所欠同一银行贷款的行为,前后的两次融资合同必须是借款合同,而保理合同的融资不属于"借新",且保理合同与借款合同在法律特征、放款条件、融资用途、还款来源及适用法律上不同,案涉《国内保理业务协议(有追偿权)》的融资款用于归还旭日公司先前借款,不是《担保法》所指的"借新还旧",不要求保证人知道或应当知道,故一审判决适用《担保法》第30条①以及《最高人民法院关于适用〈中华人民共和国担保法〉若干问题的解释》第39条的规定错误。法院认为,首先,从《担保法》第1条、第2条关于立法目的、适用范围及担保方式来看,其立法目的为促进资金融通和商品流通,保障债权的实现,发展社会主义市场经济。其适用范围及担保方式是在借贷、买卖、货物运输、加工承揽等经济活动中,债权人需要以担保方式保障其债权实现的,可以依照该法规定设定担保。本案中,案涉《国内保理业务协议(有追偿权)》约定的保理融资本质上属于一种资金融通行为,而金石公司、吕某香向招商银行长沙分行出具的《不可撤销担保书》,系为保障招商银行长沙分行涉案债权的实现所设定的担保。因此,金石公司、吕某香的担保行为应受《担保法》的规制。其次,案涉《国内保理业务协议(有追偿权)》主要内容为旭日公司向招商银行长沙分行转让应收账款债权、向招商银行长沙分行借款,主要涉及债权转让及借款两个法律关系。虽然从表面形式来看,上述保理合同的融资方式与单纯的金融借款合同有所不同,但招商银行长沙分行的本案债权源于其向旭日公司所发放的借款及由此产生的相关费用。金石公司、吕某香担保的正是上述借款及相关费用不能按期返还所产生的责任。可见,保理融资与

① 此条《民法典》无对应。

金融借款的本质均是资金融通,二者仅是在资金融通的方式上有所区别。一审判决根据金石公司、吕某香所担保债权的性质,认定案涉《国内保理业务协议(有追偿权)》约定的保理融资款系用于"借新还旧"并无不当。再次,本案中,《国内保理业务协议(有追偿权)》《不可撤销担保书》并未约定融资款用途,且招商银行长沙分行也未提供相应的证据证明金石公司、吕某香明知案涉保理融资款系用于归还旭日公司"旧贷"。虽然旭日公司时任法定代表人吕某文与吕某香系兄妹关系,但并不能以此推定吕某香知道或者应当知道案涉保理融资系用于"借新还旧"。最后,虽然邱某登既是旭日公司的股东,又在金石公司担任监事,但亦不能以此认定旭日公司与金石公司之间存在《公司法》所规定的关联关系,进而推定金石公司知道或者应当知道案涉保理融资的用途。招商银行长沙分行称金石公司、吕某香知道或应当知道案涉保理融资款系用于归还旧贷款的主张亦无相应的事实依据。招商银行长沙分行提出应由金石公司、吕某香对旭日公司的案涉债务承担保证责任的上诉理由不能成立,不予支持。

十、典当公司涉及的强制执行公证司法实务

181 房地产抵押典当业务办理强制执行公证未办理抵押登记，能否出具执行证书？

实务总结

房地产抵押典当业务办理强制执行公证未办理抵押登记，不能出具执行证书。因为典当是指当户将其动产、财产权利作为当物质押或者将其房地产作为当物抵押给典当行，交付一定比例费用，取得当金，并在约定期限内支付当金利息、偿还当金、赎回当物的行为。《典当管理办法》规定，典当行经营房地产抵押典当业务，应当和当户依法到有关部门先行办理抵押登记，再办理抵押典当手续。没有办理抵押登记，就不能形成典当法律关系，也不能就抵押物优先受偿，实质就是借贷关系，所以不能出具执行证书。

典型案例

刘某、张掖市金鑫典当有限公司典当纠纷
执行审查类执行裁定书*

裁判要点：法院认为，本案的争议焦点是本案据以执行的公证债权文书是否确有错误。

---

* （2018）最高法执监375号。

本案的执行依据为(2016)张市公内字第 814 号、第 1087 号、第 1088 号、第 1089 号、第 1596 号公证书所公证的债权文书，8 号执行证书是对债务履行情况的证明。刘某主张公证债权文书确有错误，请求解除张掖中院(2017)甘 07 执 66 号执行裁定书涉及的相关执行措施，其实质是要排除公证债权文书的执行效力，即申请不予执行公证债权文书。

《民事诉讼法》第 238 条第 2 款规定，公证债权文书确有错误的，人民法院裁定不予执行。《最高人民法院关于适用〈中华人民共和国民事诉讼法〉的解释》第 480 条规定，有下列情形之一的，可以认定为《民事诉讼法》第 238 条第 2 款规定的公证债权文书确有错误：(1)公证债权文书属于不得赋予强制执行效力的债权文书的；(2)被执行人一方未亲自或者未委托代理人到场公证等严重违反法律规定的公证程序的；(3)公证债权文书的内容与事实不符或者违反法律强制性规定的；(4)公证债权文书未载明被执行人不履行义务或者不完全履行义务时同意接受强制执行的。人民法院认定执行该公证债权文书违背社会公共利益的，裁定不予执行。根据上述规定，本案重点审查(2016)张市公内字第 814 号、第 1087 号、第 1088 号、第 1089 号、第 1596 号公证书所公证的债权文书是否确有错误。

(2016)张市公内字第 814 号、第 1087 号、第 1088 号、第 1089 号、第 1596 号公证书赋予强制执行效力的债权文书均为《典当合同》，并以典当法律关系对当事人双方的权利义务关系进行公证。关于典当法律关系，《物权法》等法律、行政法规均没有明确规定，公安部、商务部于 2005 年颁布了《典当管理办法》，对典当行业进行规范和管理，对于典当关系当事人之间的权利义务，可参照《典当管理办法》予以确定。《典当管理办法》第 3 条第 1 款规定："本办法所称典当，是指当户将其动产、财产权利作为当物质押或者将其房地产作为当物抵押给典当行，交付一定比例费用，取得当金，并在约定期限内支付当金利息、偿还当金、赎回当物的行为。"第 42 条第 1 款规定："典当行经营房地产抵押典当业务，应当和当户依法到有关部门先行办理抵押登记,再办理抵押典当手续。"本案中,抵押房产未办理抵押登记,不符合上述规定。本案金鑫公司与刘某签订的典当合同,其实质为借款合同关系。

《最高人民法院关于审理民间借贷案件适用法律若干问题的规定》(以下简称《民间借贷规定》)第1条第1款规定:"本规定所称的民间借贷,是指自然人、法人、其他组织之间及其相互之间进行资金融通的行为。"第2款规定:"经金融监管部门批准设立的从事贷款业务的金融机构及其分支机构,因发放贷款等相关金融业务引发的纠纷,不适用本规定。"本案中金鑫公司不属于经金融监管部门批准设立的从事贷款业务的金融机构,其发放贷款引发的纠纷应按民间借贷处理。对于借款本金、最高利率标准、违约金等的计算,均应适用民间借贷的相关法律、司法解释予以确定。对于超出司法解释限制的部分,属于"公证债权文书的内容与事实不符或者违反法律强制性规定"的情形,应当不予执行。

关于借款本金的确定,《民间借贷规定》第27条规定:"借据、收据、欠条等债权凭证载明的借款金额,一般认定为本金。预先在本金中扣除利息的,人民法院应当将实际出借的金额认定为本金。"本案中,根据双方在典当合同中的约定,典当月综合服务费在发放当金时一次性扣收。根据当票的记载,实付金额也扣除了第一月的综合服务费。因此,其本金应当以扣除综合服务费后的实际付款金额为准,对超出的部分,应当不予执行,并不得以此部分为基数计算息费。

关于借款的利息及逾期利息计算,《民间借贷规定》第26条规定:"借贷双方约定的利率未超过年利率24%,出借人请求借款人按照约定的利率支付利息的,人民法院应予支持。借贷双方约定的利率超过年利率36%,超过部分的利息约定无效。借款人请求出借人返还已支付的超过年利率36%部分的利息的,人民法院应予支持。"第30条规定:"出借人与借款人既约定了逾期利率,又约定了违约金或者其他费用,出借人可以选择主张逾期利息、违约金或者其他费用,也可以一并主张,但总计超过年利率24%的部分,人民法院不予支持。"本案中,五笔借款均约定了当期,该当期即借款期间。2015年8月27日的三笔借款,月综合服务费为2.796%,月利息为0.404%,月息费合计3.2%,年息费合计38.4%。2015年12月8日、2016年5月17日发放的两笔借款,月综合服务费为2.7%,月利息为0.383%,月息费合计3.083%,年息费合计36.996%。当期内的综合服务费及利息,是借款的利息。此外,本案五份典当合同还约定了超过当期没有归还当金及息费的法律后果,即约定了借款的逾期利息。执行中,对于刘某自动履行的部分,利息或逾期利息未超过年利率36%的部分应予认可,已支付超过年利率36%的部分,应当折抵本金,在本金中予以扣除。对于刘某未支付的部分,利息或逾期利息超过年利率24%的部分,应不予执行。

182 房地产抵押典当业务出具执行证书后,法院查封该房产,异议人持查封后签署的租赁合同排除执行,如何处理?

实务总结

房地产抵押典当业务出具执行证书后,法院查封该房产,异议人持查封后签署的租赁合同不能排除执行。根据《最高人民法院关于人民法院民事执行中查封、扣押、冻结财产的规定》第24条的规定,第三人未经人民法院准许占有查封、扣押、冻结的财产或者实施其他有碍执行的行为的,人民法院可以依据执行申请人的申请或者依职权解除其占有或者排除其妨碍。法院查封该房产后,该房产只有经查封法院批准才可以占有使用该房产,未经法院批准的租赁合同无效,法院还可以根据执行申请人的申请或者依职权进行清退。

典型案例

扬州跃中鞋业有限公司、兰某松等典当纠纷执行异议执行裁定书*

裁判要点：法院认为，根据《最高人民法院关于人民法院民事执行中查封、扣押、冻结财产的规定》第 24 条，第三人未经人民法院准许占有、查封、扣押、冻结的财产或者实施其他有碍执行的行为的，人民法院可以依据执行申请人的申请或者依职权解除其占有或者排除其妨碍。本案中，根据异议人扬州跃中鞋业有限公司提供的厂房租赁合同，其于 2016 年 7 月 18 日与吴某福签订厂房租赁合同，约定租用厂房期限 10 年，被执行人所欠异议人的 82 万元作为租金预付款，扣清为止，后异议人使用厂房至今，而案涉房产于 2009 年 1 月 14 日便已经设立抵押，且于 2010 年 5 月 17 日对上述房产进行了查封，均早于异议人与被执行人签订租赁合同的时间。故对于异议人的异议申请不予支持。

183 典当房产办理抵押登记并取得他项权证，登记机关工作人员因工作失误注销该典当房产抵押权，如何保护抵押权人？

实务总结

典当房产办理抵押登记并取得他项权证，登记机关工作人员因工作失误注销该典当房产抵押权，抵押权人可以申请登记机关更正登记，有证据证明登记确有错误的，登记机构应当予以更正。这种情况下就不是以不动产

* （2021）苏 1003 执异 226 号。

登记簿为准，因为有证据证明登记错误，那就应当以真实登记情况为准。这在《民法典》中有规定。《民法典》第 217 条规定："不动产权属证书是权利人享有该不动产物权的证明。不动产权属证书记载的事项，应当与不动产登记簿一致；记载不一致的，除有证据证明不动产登记簿确有错误外，以不动产登记簿为准。"《民法典》第 220 条第 1 款规定："权利人、利害关系人认为不动产登记簿记载的事项错误的，可以申请更正登记。不动产登记簿记载的权利人书面同意更正或者有证据证明登记确有错误的，登记机构应当予以更正。"

典型案例

黄某与何某红、泰兴市诚信典当有限公司、中国工商银行股份有限公司姜堰支行其他案由执行裁定书*

裁判要点：法院认为，《物权法》第 17 条[①]规定，不动产权属证书是权利人享有该不动产物权的证明。不动产权属证书记载的事项，应当与不动产登记簿一致；记载不一致的，除有证据证明不动产登记簿确有错误外，以不动产登记簿为准。《物权法》第 19 条[②]规定，权利人、利害关系人认为不动产登记簿记载的事项错误的，可以申请更正登记。不动产登记簿记载的权利人书面同意更正或者有证据证明登记确有错误的，登记机构应当予以更正。由此可知，权利人有充分证据证明不动产登记确有错误的，应依法认定标的物的真实物权归属。本案中，诚信典当依法持有涉案房屋的他项权证书，虽然其在不动产登记簿上的抵押权被注销，但该注销行为已经为相关行政判决确认违法，现有证据能够充分证明不动产登记簿记载的事项错误。因此，诚信典当的抵押权不因泰兴市房管处工作人员违法注销行为而消灭。

---

* (2019)苏执监 1219 号。

① 对应《民法典》第 217 条。

② 对应《民法典》第 220 条。

184 作为被执行人的公民死亡或者被宣告死亡后，公证处能否出具执行证书？

实务总结

作为被执行人的公民死亡或者被宣告死亡后，一般情况下，公证处就无法出具执行证书。如果被执行人的全部遗嘱继承人与法定继承人达成一致，办理继承公证，继承人在继承范围内承担债务。如果在法院执行过程中被执行人死亡，依据《最高人民法院关于民事执行中变更、追加当事人若干问题的规定》第10条的规定，可以追加该公民的遗嘱执行人、继承人、受遗赠人或其他因该公民死亡或被宣告死亡取得遗产的主体为被执行人，在遗产范围内承担责任的，人民法院应予支持。继承人放弃继承或受遗赠人放弃受遗赠，又无遗嘱执行人的，人民法院可以直接执行遗产。

典型案例

潮州市恒通典当有限公司、陈某燕典当纠纷执行审查类执行裁定书*

裁判要点：本案中，恒通公司依据《最高人民法院关于民事执行中变更、追加当事人若干问题的规定》第10条，请求变更被执行人陈某胜的继承人陈某燕、陈某宏为被执行人。《最高人民法院关于民事执行中变更、追加当事人若干问题的规定》第10条规定："作为被执行人的公民死亡或被宣告死亡，申请执行人申请变更、追加该公民的遗嘱执行人、继承人、受遗赠人或其

* (2019)粤执复273号。

他因该公民死亡或被宣告死亡取得遗产的主体为被执行人,在遗产范围内承担责任的,人民法院应予支持。继承人放弃继承或受遗赠人放弃受遗赠,又无遗嘱执行人的,人民法院可以直接执行遗产。"根据该规定,恒通公司应当提交证据证明继承人继承遗产的情况,以此确定继承人承担责任的范围。由于陈某燕已出具《说明》,放弃对涉案房屋的继承,而恒通公司也未提供证据证明陈某燕应当就其继承的其他遗产对本案承担责任,故恒通公司要求将陈某燕变更为被执行人,理据不足,不予支持。

185 绝当后还能否收取综合服务费?损失如何计算?

实务总结

在具体实践中,典当合同绝当后,如果典当合同约定绝当后仍可收取综合服务费,遵守合同约定与保障守约方的利益,应当支持典当公司的综合服务费的主张。但是,典当公司不能为获取当金利息、典当综合费用而故意延迟行使权利,导致当物残值因此受到侵蚀,损害当户利益。也就是说,绝当后典当公司应当尽快申请出具执行证书或者尽快诉讼,不能无故拖延造成损失扩大。

典型案例

马鞍山市鸿泰典当有限公司、刘某军典当纠纷
民事二审民事判决书*

裁判要点:法院认为,综合双方当事人的诉辩意见,归纳本案二审争议焦

* (2023)皖05民终243号。

点为:鸿泰公司主张绝当后按照20‰的标准支付月综合费,依据是否充分。

第一,鸿泰公司与刘某军于2020年7月15日签订编号为马鞍山市鸿泰有限公司第2020007号《典当(借款)合同》,该合同约定典当借款期限为6个月,即2020年7月15日至2021年1月15日。月综合费率为20‰,典当期内,借款人应于每月25日前按月向贷款人支付月综合费。典当期内或典当期满(含被宣布立即到期)后,如果刘某军不全面或者不适当履行合同的,刘某军承诺承担赔偿责任,支付包括当金、综合费用或逾期综合费用、利息、逾期利息、违约金及鸿泰公司实现债权发生的相关费用(包括并不限于评估费、拍卖费、律师费等其他费用)。本案中,鸿泰公司认可刘某军已按照《典当(借款)合同》约定的月综合费率20‰支付综合费至2021年4月。刘某军在典当期限届满后5日内,既不续当也不赎当,即为绝当。依据《典当管理办法》第38条的规定,典当综合费用包括各种服务及管理费用。动产质押典当的月综合费率不得超过当金的42‰。房地产抵押典当的月综合费率不得超过当金的27‰。财产权利质押典当的月综合费率不得超过当金的24‰。案涉《典当(借款)合同》约定的月综合费率符合上述法律规定。鸿泰公司主张刘某军应按照20‰的标准支付月综合费,符合合同约定和法律规定。

第二,从典当行为的性质看,根据《典当管理办法》,典当行资金来源只能是商业银行借款或自有资金,典当行通过典当出借资金,主要经营收入是息费和综合服务费,绝当后支付费用是借款人未按期偿还出借人资金情形下需要支出的成本。一审以案涉典当关系形成绝当为由未支持综合费,酌定刘某军赔偿鸿泰公司资金占用期间利息损失(自2021年4月16日起按一年期银行贷款市场报价利率LPR计算至抵押房产实际变现之日止),上述做法明显不利于保护守约方,其后果不仅纵容了当户的违约行为,也不利于典当行业的健康持续发展。

第三,《最高人民法院关于审理民间借贷案件适用法律若干问题的规定》第31条规定,“2020年8月20日之后新受理的一审民间借贷案件,借贷合同成立于2020年8月20日之前,当事人请求适用当时的司法解释计算自合同成立到2020年8月19日的利息部分的,人民法院应予支持;对于自2020年8月20日到借款返还之日的利息部分,适用起诉时本规定的利率保护标准计算”。虽然本案系典当纠纷,但为更好平衡双方利益,经本庭询问,鸿泰公司同意适用上述规定的利率保护标准计算逾期综合费用。经查询2021年4月16日全国银行间同业拆借中心受权公布贷款市场报价利率一年期LPR为3.85%,案涉综合费率按照一年期LPR的4倍即15.4%予以计算,自2021年4月16日起至实际还款之日止,予以支持。

延伸阅读

新疆天顺典当有限公司、宋某奎等典当纠纷民事审判监督民事裁定书*

裁判要点:(1)关于绝当后是否应支付综合服务费的问题。首先,按照《典当管理办法》第38条的规定,典当综合费用是指在动产质押典当、房地产抵押典当、财产权利质押典当等典当法律关系中,典当行收取的各种服务及管理的费用。绝当后,典当关系终止,典当行可依法或依约处置当物以优先清偿自身债权,已不存在典当行仍需按照合同约定继续为当户提供服务、管理当物并收取相应典当综合费用的问题。其次,《房地产抵押典当借款合同》中虽然约定了在全部债权尚未完全清偿之前,综合服务费应按照合同约定的标准连续计算,但根据《典当管理办法》第40条、第43条之规定,绝当后,典当关系终止,典当行应根据《典当管理办法》的规定处理绝当物品。而《典当管理办法》第43条第1项规定,对于估价金额在3万元以上的当物,拍卖收入在扣除拍卖费用及当金本息后,剩余部分应当退还当户,不足部分

* (2023)新民申93号。

向当户追索。故绝当后,在处理当物时,典当行只能收取拍卖费用及当金本息,而不能收取典当综合费用。典当行在绝当后再收取典当综合费用没有依据,当户在支付当金本息后无须支付典当综合费用。原审人民法院对天顺典当公司主张的绝当后继续收取综合服务费的诉讼请求不予支持并无不当。

(2)关于绝当之后利息及滞纳金的支付问题。典当业具有营利性,且典当行可以收取当金利息、典当综合费用。为防止典当行为获取当金利息、典当综合费用而故意延迟行使权利,导致当物残值因此受到侵蚀,损害当户利益,应当对典当行请求当户给付绝当之后的利息、违约金等的权利行使期限加以限制。故在绝当后,典当行应当在合理期限内及时处置绝当物品,以避免损失扩大。本案中,并无证据证明天顺典当公司及时行使了权利,或者存在宋某奎、李某珍阻碍天顺典当公司行使权利的情形。因此,原审人民法院考虑案涉绝当物品(抵押物)系房地产、对该绝当物品进行处置需要一定的时间等因素,认定绝当后处理绝当物品的合理期限为三个月,并计算三个月的利息及滞纳金并无不当。

186 典当合同办理强制执行公证后,双方办理续当手续后,能否出具执行证书?

实务总结

典当合同办理强制执行公证后,双方办理续当手续后,如果合同中也约定双方可以办理续当并适用强制执行公证,就可以出具执行证书。续当作为典当业务的常规操作方法,这在典当合同中都有约定,是对典当借款的延期,其他条件都没有变化,不损害典当借款人的权益,如果典当行与典当借款人同意也可以多次续当后,仍可以出具执行证书。

典型案例

卢某等与北京泰昌典当有限责任公司典当纠纷二审民事判决书*

裁判要点:法院认为,《房地产抵押(典当)合同》及当票、续当凭证未违反相应法律法规的强制性规定,是双方真实意思表示,应属有效合同。双方均应依照合同约定行使权利、履行义务。卢某上诉称在签订合同的过程中存在欺骗行为,但并未提交相应证据,对于其该项主张,不予认可。合同具有相对性,卢某与泰昌典当公司签订案涉合同,根据《民法典》第 509 条、第 585 条的规定,卢某与泰昌典当公司签订案涉典当合同的时间为 2021 年 4 月 8 日,双方签订合同时卢某与赵某林已离婚,且赵某林在合同中仅在抵押房产的共有人处签字,并未有证据表明其有共同借款人的意思表示,且泰昌典当公司的当金亦转账至卢某本人的账户,故卢某、赵某林主张钱款实为赵某林所借,并无充分证据。同时,双方在合同中约定了抵押条款,泰昌典当公司亦办理了抵押登记,其作为抵押权人要求优先受偿的主张具有事实和法律依据,上诉人卢某的上诉主张缺乏法律依据,不予支持。

187 典当合同办理强制执行公证时,预扣综合服务费,如何处理?

实务总结

典当合同办理强制执行公证时,如果合同约定预扣综合服务费,认可双方约定,对综合服务费不予扣除,仍按典当借款金额计算借款金额。《典当管理办法》明确规定利息不得预扣,对综合服务费的预扣没有禁止性规定,

* (2023)京 74 民终 105 号。

在典当实务中常常对综合服务费进行预扣，所以预扣综合服务费并不违规，可以办理强制执行公证，并按典当金额出具执行证书。

典型案例

邹某定等与上海通速典当有限公司典当纠纷二审民事判决书*

裁判要点：法院认为，2015年11月18日通速公司与龙铸公司签订的《支票质押借款合同》约定，龙铸公司向通速公司典当借款100万元，月综合费率为2%，月综合费2万元；龙铸公司未在当票及合同约定的借款期限届满之日起5日内结清当金、息费等全部款项的，自第6日起，每日须按未结清前述款项总额的1.5‰支付违约金。同日，通速公司向龙铸公司转账100万元。次日，通速公司向龙铸公司开具了《当票》，载明典当金额为100万元，综合费用为2万元。据此，上诉人主张一审查明的典当金额存在错误，本金应为96万元，缺乏依据，不予支持。通速公司在绝当后主张违约金，具有合同依据，上诉人认为其仅应偿还本金及综合费用，故全部债务已结清，该主张与合同约定不符，不予支持。

188 典当公司签署《汽车质押借款合同》后，典当公司将车辆借回给典当人并在车辆上安装GPS定位，能否出具执行证书？

实务总结

典当公司签署《汽车质押借款合同》后，典当公司将车辆借回给典当人并在车辆上安装GPS定位，不能出具执行证书。因为车辆典当合同需要办

* （2023）沪74民终334号。

理质押登记,并将车辆交付给典当公司,一旦车辆不受典当公司控制,质权自出质人交付质押财产时设立。一旦质物返还给典当人,就不是典当法律关系,只能认定为借贷关系。认定借贷关系后,利息及违约金计算应当按以下标准办理:属于借贷合同成立于2020年8月20日之前,自合同成立到2020年8月19日的利息部分应适用当时的司法解释计算,即最高不超过年利率24%;自2020年8月20日到借款清偿之日的利息部分,适用2020年《最高人民法院关于审理民间借贷案件适用法律若干问题的规定》,即按最高不超过LPR的4倍;2020年8月20日之后成立的借贷合同,适用2020年《最高人民法院关于审理民间借贷案件适用法律若干问题的规定》,即按最高不超过LPR的4倍。

典型案例

滋钰(上海)商务咨询有限公司与上海宝盈典当有限公司等借款合同纠纷二审民事判决书*

裁判要点:法院认为,本案的争议焦点有二:(1)宝盈典当公司能否主张车辆质权;(2)《汽车质押借款合同》项下借款利率是否超过法律保护上限。

(1)关于被上诉人宝盈典当公司主张实现车辆质权。《汽车质押借款合同》签订后,上诉人滋钰公司将车辆交付宝盈典当公司并办理了车辆质押登记,法院认为,车辆质权已经成立。合同履行过程中,滋钰公司的法定代表人李某征得宝盈典当公司同意后借回了质物车辆,宝盈典当公司通过安装GPS定位系统等试图对质物进行最终的占有和控制。然而,本案审理中经法院释明后宝盈典当公司表示现今无法取回系争车辆,法院认为系争车辆的质权客观上已经无法实现,因此对于宝盈典当公司要求行使车辆优先受偿权的主张,不予支持。

---

* (2023)沪74民终352号。

(2)关于系争《汽车质押借款合同》项下利率收取上限,一审法院认为案涉合同项下各方成立借款法律关系,宝盈典当公司主张借款利率超过了法定利率保护上限,故按照年利率24%予以调减。上诉人滋钰公司认为,被上诉人宝盈典当公司从事高利放贷行为,本案借贷应属无效,因此滋钰公司仅需返还欠付本金12万元。对此,法院认为,滋钰公司自述为购买车辆与宝盈典当公司签订《汽车质押借款合同》,而后滋钰公司法定代表人向宝盈典当公司租借系争车辆并按期支付了11期本息,因此滋钰公司签订系争合同出于真实意思表示,《汽车质押借款合同》真实有效。一审法院按照双方实际履行情况认定系争合同所涉法律关系为借款关系,并将借款利率调整至按照年利率24%计收,法院认为本案中的典当公司从事借贷业务超越了《典当管理办法》规定的经营范围,因此应按照民间借贷利率予以调整。本案属于2020年8月20日之后新受理的民间借贷案件,借贷合同成立于2020年8月20日之前,因此自合同成立到2020年8月19日的利息部分应适用当时的司法解释计算,自2020年8月20日到借款清偿之日的利息部分,适用2020年《最高人民法院关于审理民间借贷案件适用法律若干问题的规定》。按此利率调整后,上诉人滋钰公司尚欠付宝盈典当公司本金为230 655元,自2021年2月19日至2021年3月25日的利息3406.11元,以及自2021年3月26日起至实际清偿之日止的违约金(以230 655元为基数,按照同期全国银行间同业拆借中心公布的一年期贷款市场报价利率的4倍计算)。

延伸阅读

甘肃金通典当有限责任公司、酒泉市珏洋房地产有限公司典当纠纷民事二审民事判决书*

裁判要点:关于金通典当公司与珏洋公司之间的典当关系是否成立的

* (2023)甘02民终287号。

问题。《典当管理办法》第3条第1款规定:"本办法所称典当,是指当户将其动产、财产权利作为当物质押或者将其房地产作为当物抵押给典当行,交付一定比例费用,取得当金,并在约定期限内支付当金利息,偿还当金,赎回当物的行为。"故典当关系的成立必须以当物是否存在且合法有效为前提,不动产应办理抵押登记手续,动产应交付,只有具备上述条件,借款关系才能形成实践中的典当关系。本案中,金通典当公司虽与珏洋公司签订《房地产抵押典当合同》,但案外人惠某萍诉珏洋公司、金通典当公司确认合同无效纠纷一案中,一审法院作出的(2022)甘0271民初2401号民事判决书,判决金通典当公司与珏洋公司于2019年1月31日签订的两份《房地产抵押典当合同》及2月1日签订的两份《不动产价值协议》中的抵押部分无效。金通典当公司不服该判决提起上诉,于2022年12月15日作出(2022)甘02民终664号民事判决书,判决驳回上诉,维持原判,因案涉《房地产抵押典当合同》及《不动产价值协议》中的抵押部分被生效判决书认定为无效,故本案不具有典当法律关系的特征,金通典当公司与珏洋公司之间系民间借贷法律关系,金通典当公司关于双方之间系典当关系的上诉理由不成立,不予采纳。关于利息的问题,法释〔2015〕18号《最高人民法院关于审理民间借贷案件适用法律若干问题的规定》第26条规定:"借贷双方约定的利率未超过年利率24%,出借人请求借款人按照约定的利率支付利息的,人民法院应予支持。借贷双方约定的利率超过年利率36%,超过部分的利息约定无效。借款人请求出借人返还已支付的超过年利率36%部分的利息的,人民法院应予支持。"法释〔2020〕17号《最高人民法院关于审理民间借贷案件适用法律若干问题的规定》第25条规定:"出借人请求借款人按照合同约定利率支付利息的,人民法院应予支持,但是双方约定的利率超过合同成立时一年期贷款市场报价利率四倍的除外。前款所称'一年期贷款市场报价利率',是指中国人民银行授权全国银行间同业拆借中心自2019年8月20日起每月发布的一年期贷款市场报价利率。"第31条规定:"本规定施行后,人民法院新受理的一审民间借贷纠纷案件,适用本规定。2020 年 8 月 20 日之后新受理的一审民间借贷案件,借贷合同成立于 2020 年 8 月 20 日之前,当事人请求适用当时的司法解释计算自合同成立到 2020 年 8 月 19 日的利息部分的,人民法院应予支持;对于自 2020 年 8 月 20 日到借款返还之日的利息部分,适用起诉时本规定的利率保护标准计算。本规定施行后,最高人民法院以前作出的相关司法解释与本规定不一致的,以本规定为准。”本案中,虽然金通典当公司主张与珏洋公司签订的《房地产抵押典当合同》中的抵押部分被认定无效,但不影响合同其他条款的效力,该合同中约定的月利率 3‰、月综合费率 22‰,合计 25‰超过了司法保护的上限,对超过部分不予支持,故对金通典当公司主张的利息自 2019 年 7 月 1 日至 2019 年 8 月 19 日以 120 万元为基数,按年利率 24%计算,自 2019 年 8 月 20 日起至实际履行完毕之日止,以 120 万元为基数,按照全国银行间同业拆借中心自 2019 年 8 月 20 日起每月发布的一年期贷款市场报价利率的 4 倍计算,金通典当公司的上诉请求部分成立,予以支持。

189 房地产抵押典当仅约定综合服务费不收取利息,能否办理强制执行公证并出具执行证书?

实务总结

房地产抵押典当仅约定综合服务费不收取利息,可以办理强制执行公证并出具执行证书。《典当管理办法》第 37 条规定:“典当当金利率,按中国人民银行公布的银行机构 6 个月期法定贷款利率及典当期限折算后执行。典当当金利息不得预扣。”《典当管理办法》第 38 条规定:“典当综合费用包括各种服务及管理费用。动产质押典当的月综合费率不得超过当金的 42‰。房地产抵押典当的月综合费率不得超过当金的 27‰。财产权利质押典当的月综合费率不得超过当金的 24‰。当期不足 5 日的,按 5 日收取有关费用。"《典当管理办法》没有禁止只收取月综合服务费不收取利息的,只要月综合服务费不超过《典当管理办法》的规定,就可以办理强制执行公证并出具执行证书。

典型案例

刘某霏等与北京市华夏典当行有限责任公司执行异议之诉二审民事判决书*

裁判要点:关于案涉公证债权文书是否存在应不予执行的情形。法院认为,典当是指当户将其动产、财产权利作为当物质押或者将其房地产作为当物抵押给典当行,交付一定比例费用,取得当金,并在约定期限内支付当金利息、偿还当金、赎回当物的行为。根据本案查明的事实,本案基础法律关系即为典当纠纷。根据《最高人民法院关于新民间借贷司法解释适用范围问题的批复》的规定,本案不适用新民间借贷司法解释的规定。本案应适用《典当管理办法》的规定。《典当管理办法》第 37 条规定,典当当金利率,按中国人民银行公布的银行机构 6 个月期法定贷款利率及典当期限折算后执行。典当当金利息不得预扣。第 38 条规定,典当综合费用包括各种服务及管理费用。房地产抵押典当的月综合费率不得超过当金的 27‰。第 40 条规定,典当期限或者续当期限届满后,当户应当在 5 日内赎当或者续当。逾期不赎当也不续当的,为绝当。当户于典当期限或者续当期限届满至绝当前赎当的,除须偿还当金本息、综合费用外,还应当根据中国人民银行规定的银行等金融机构逾期贷款罚息水平、典当行制定的费用标准和逾期天数,补交当金利息和有关费用。据此典当公司开展典当借款业务,可以通过与当户协商,在上述标准范围内收取当金利息与综合费用,且当事人双方作

* (2023)京 03 民终 1410 号。

出预扣综合服务费的约定不在禁止之列。本案中,边某宝、刘某霏与华夏典当行签订《典当借款合同》,约定了借款本金、期限、息费、罚息及违约责任等,其中息费和金额以当期当票记载的内容为准,月综合费用华夏典当行放款时可以预先扣除,当票及各期续当凭证均约定月综合费率为2.5%,月利息为0%。从合同约定的内容看,其并不违反《典当管理办法》关于房地产抵押典当的月综合费率不得超过当金的27‰的规定,在双方有明确约定的情况下,应当严格遵守意思自治。边某宝、刘某霏所主张的被扣除的278 000元均有合同依据,不能认定为其二人提前偿还的本金,其二人于二审审理中向华夏典当行的转款亦不能认定为支付的本金。同时,执行证书载明,各项执行标的最终以法院认可为准,以受法律保护为限。综上,本案不存在边某宝、刘某霏主张的不合理收费、变相收取高息的情形,不适用《最高人民法院关于充分发挥审判职能作用为企业家创新创业营造良好法治环境的通知》第5条规定。边某宝、刘某霏提出的阻却涉案公证债权文书执行的理由不成立,对边某宝、刘某霏的上诉请求不予支持。

延伸阅读

宁波民和那萨尔丁典当有限公司、蒋某远典当纠纷二审民事判决书*

裁判要点:法院认为,案涉《机动车质押典当合同》并未约定利息,而是约定了3%的综合服务费率。根据庭审调查,利息即包含在了综合服务费率中。因此,一审认为民和典当公司预先进行扣减,故当金应按照实际支付的金额予以确定,并无不当。因无法确定综合服务费所含具体项目、比例,而典当合同原则上属于借贷纠纷,故一审参照《最高人民法院关于审理民间借贷案件适用法律若干问题的规定》中关于逾期利率的规定,予以调整,并无不当。

* (2023)浙02民终918号。

190 办理强制执行公证后,典当行系通过他人账号将借款转给借款人,能否出具执行证书?

实务总结

办理强制执行公证后,典当行系通过他人账号将借款转给借款人,如果在合同中有明确约定,通过他人账号转给借款人,可以出具执行证书;如果在合同没有约定或者合同中有不同约定,借款人认可该笔借款及三方各自转账记录完备,也可以出具执行证书;如果在没有合同约定且借款人不承认的情况下,就不可以出具执行证书。需要强调的是,出具执行证书的前提是典当行能提供证据证明其已实际支付了当金。

典型案例

何某与张某源等不当得利纠纷二审民事判决书*

裁判要点:本案中,何某主张华夏典当行接收其转账还款构成不当得利,但根据在案证据,华夏典当行与何某之间签订有典当借款合同及抵押合同,且何某已签署典当借款400万元的当票,华夏典当行提交的转账记录亦显示其公司实际支付了该笔借款,该笔资金经中间人周转后,已由张某源支付给何某;现张某源明确其与何某不存在借贷关系,二人之间全部资金往来均基于何某向华夏典当行借款400万元的事实。以上事实、证据及当事人陈述相结合,能够认定华夏典当行与何某存在借款合同关系,且华夏典当行已履行出借款项义务。何某认可收到张某源支付的款项,其虽主张其与张某源形成借贷关系,但并未提交证据证明二人之间存在借款合同或具备借款合意,张某源亦不认可,故法院难以采信。综上所述,一审法院认定何某向

---

* (2023)京02民终3301号。

华夏典当行转账系归还借款本息，并对何某要求华夏典当行返还不当得利并支付资金占用费的诉讼请求未予支持，认定及处理并无不当。何某的上诉意见缺乏充分的事实及法律依据，不予采纳。

延伸阅读

杨某通、伊吾县西部小额贷款有限责任公司等借款合同纠纷民事二审民事裁定书*

裁判要点：关于杨某通与西部小贷公司之间是否存在借款关系的问题。2016 年 3 月 14 日，杨某通与西部小贷公司签订了案涉《借款合同》，同日，杨某通收到西部小贷公司监理束某柏向其转账的 873 000 元，并向西部小贷公司出具了 90 万元的借款借据。因杨某通并无证据证明其签订《借款合同》的行为违背其真实意思表示，西部小贷公司作为出借方已经履行了向杨某通交付借款的义务，根据合同相对性，杨某通与西部小贷公司之间存在合法的借款关系。杨某通在收到借款后将款项转账给张某玉，系其对自身权利的处分，杨某通一直作为借款人向西部小贷公司支付利息，案涉借款的实际用途如何认定与本案不属于同一基础法律关系，不能作为其并非案涉合同借款人的抗辩理由。

191 出具执行证书后，在法院执行过程中，能否查封被执行人已经转让的债权？

实务总结

出具执行证书后，在法院执行中可以查封被执行人已经转让的债权。但是，如果查封前，该债权已经以合理对价转让，且已经通知债务人的，该债

---

* (2022)新民申 2044 号。

权转让行为没有规避执行的情况，该笔债权此时已经不是被执行人的财产，该债权受让人就可以排除此债权的强制执行。另外，该债权转让的通知不得撤销，除非经受让人同意才可以撤销。

典型案例

吉林市汇丰典当有限责任公司、肇某恺等申请执行人执行异议之诉民事二审民事判决书*

裁判要点：法院认为，本案争议焦点为案涉49 250元债权是否为被执行人九强旅游公司可供执行的责任财产，以及肇某恺对上述49 250元债权是否享有足以排除强制执行的民事权益。经查明，案涉49 250元债权（客车通勤费）系九强旅游公司对双吉中学享有，并于2021年2月7日转让给肇某恺（客车司机之一），且已向双吉中学送达了债权转让通知，双吉中学对此并无异议。汇丰典当公司于2021年12月15日申请冻结案涉九强旅游公司对双吉中学享有的49 250元债权，此时案涉债权已于冻结前转让给肇某恺，通过债权转让，九强旅游公司消减了相应负债，其责任财产并未发生不当减损，故案涉49 250元债权已不属于九强旅游公司可供执行的责任财产，肇某恺对上述49 250元债权享有足以排除强制执行的民事权益。

192 法院如何认定被执行人列为失信被执行人和发出限制消费令？

实务总结

经向不动产登记部门、最高人民法院“总对总”网络查询平台、车管所等

---

* （2023）吉02民终39号。

进行查询后,没有可供执行的财产是不能被列入失信被执行人的,只有存在有履行能力拒不履行、隐匿转移财产规避执行、以暴力方法抗拒执行等情况的,才能被列入失信被执行人,而且有些情形还有期限限制。《最高人民法院关于公布失信被执行人名单信息的若干规定》第 1 条明确规定了应当将其纳入失信被执行人名单的情形,即"被执行人未履行生效法律文书确定的义务,并具有下列情形之一的,人民法院应当将其纳入失信被执行人名单,依法对其进行信用惩戒:(一)有履行能力而拒不履行生效法律文书确定义务的;(二)以伪造证据、暴力、威胁等方法妨碍、抗拒执行的;(三)以虚假诉讼、虚假仲裁或者以隐匿、转移财产等方法规避执行的;(四)违反财产报告制度的;(五)违反限制消费令的;(六)无正当理由拒不履行执行和解协议的"。《最高人民法院关于公布失信被执行人名单信息的若干规定》第 2 条规定了纳入失信被执行人名单的期限,即"被执行人具有本规定第一条第二项至第六项规定情形的,纳入失信被执行人名单的期限为二年。被执行人以暴力、威胁方法妨碍、抗拒执行情节严重或具有多项失信行为的,可以延长一至三年"。发出限制消费令,就是当被执行人未按执行通知书指定的期间履行生效法律文书确定的给付义务,或者列入失信被执行人名单时,人民法院可以签署限制消费令,限制其高消费及非生活或者经营必需的有关消费。被限制消费后,会产生如下后果。被执行人为自然人的,被采取限制消费措施后,不得有以下高消费及非生活和工作必需的消费行为:(1)乘坐交通工具时,选择飞机、列车软卧、轮船二等以上舱位;(2)在星级以上宾馆、酒店、夜总会、高尔夫球场等场所进行高消费;(3)购买不动产或者新建、扩建、高档装修房屋;(4)租赁高档写字楼、宾馆、公寓等场所办公;(5)购买非经营必需车辆;(6)旅游、度假;(7)子女就读高收费私立学校;(8)支付高额保费购买保险理财产品;(9)乘坐 G 字头动车组列车全部座位、其他动车组列车一等以上座位等其他非生活和工作必需的消费行为。被执行人为单位的,被采取限制消费措施后,被执行人及其法定代表人、主要负责人、影响债务履行的直接责任人员、实际控制人不得实施前款规定的行为。因私消费以个人财产实施前款规定行为的,可以向执行法院提出申请。执行法院审查属实的,应予准许。

典型案例

潮州市华厦典当有限公司、赖某雄典当纠纷执行实施类执行裁定书*

裁判要点:本案在执行过程中,依法扣划被执行人赖某雄在银行存款14 968 元缴纳应负担受理费 6589 元及保全费 1670 元和付还申请执行人典当费 6709 元,被执行人赖某雄现尚欠申请执行人典当费 176 891 元及全款典当利息、综合费,被执行人赖某雄被查封的位于潮州市××区××房,案外人杨某敏已对该房产提出异议,该案尚在审查中,该房产暂不宜执行,经向不动产登记部门及最高人民法院“总对总”网络查询平台进行查询,被执行人赖某雄没有其他财产可供执行,申请执行人同意终结本次执行,已将被执行人赖某雄列入失信被执行人名单和发出限制消费令。法院认为,执行期间,申请执行人同意本案终结本次执行。本案应予裁定终结本次执行。依照《民事诉讼法》第 257 条的规定,裁定如下:终结本次执行程序。申请执行人发现被执行人有可供执行财产或者财产线索的,可以向人民法院申请恢复执行。本裁定送达后即发生法律效力。

193 出具执行证书后,能否执行被执行人唯一住房?

实务总结

出具执行证书后,被执行人名下唯一住房如果符合《最高人民法院关于

* (2019)粤 5102 执 408 号。

人民法院办理执行异议和复议案件若干问题的规定》第20条规定的条件就可以被执行,即"金钱债权执行中,符合下列情形之一,被执行人以执行标的系本人及所扶养家属维持生活必需的居住房屋为由提出异议的,人民法院不予支持:(一)对被执行人有扶养义务的人名下有其他能够维持生活必需的居住房屋的;(二)执行依据生效后,被执行人为逃避债务转让其名下其他房屋的;(三)申请执行人按照当地廉租住房保障面积标准为被执行人及所扶养家属提供居住房屋,或者同意参照当地房屋租赁市场平均租金标准从该房屋的变价款中扣除五至八年租金的"。

典型案例

赵某雨、吉林省金诚典当有限责任公司与马某元典当纠纷一案执行裁定书*

裁判要点:第一,执行查封措施不存在违法情形。诉讼过程中,法院在保全查封了被执行人马某元名下的两处房屋后,已及时向其送达了民事裁定书。在该案自2013年6月进入诉讼程序至2014年6月终审判决长达一年的时间里,案外人赵某雨作为与被执行人马某元已经建立夫妻关系、共同生活的具有完全民事行为能力的自然人,并未对该查封行为提出过任何异议,后续执行过程中对该房屋的查封亦是对首次查封的延续。案外人赵某雨现在以共有人身份主张不知房屋被查封和执行程序违法的理由难以采信。第二,法院未对房屋进行分割处置未侵犯案外人权益。其一,2009年,被执行人马某元与案外人赵某雨在向申请执行人金诚典当提交的房(地)产典当申请书中已明确表示,自愿用上述房屋担保如期偿还借款及相关费用。在此后的典当合同、当票及收条中又一再作出相同的意思表示。在原审已

* (2017)吉0105执异13号。

经查明且无相反证据推翻生效判决的情况下,应当认为案外人赵某雨作出的是真实意思表示,其能够认知到是以夫妻共有房屋作为借款担保,亦能够预见到逾期不能偿还借款所产生的不利后果。因此,其不是纯粹意义上的与案件执行毫无关联的共有人,更不能简单凭借共有人身份直接免除以夫妻共有财产偿还债务的责任。其二,《最高人民法院关于人民法院民事执行中查封、扣押、冻结财产的规定》第 14 条虽然作出了共有人协议分割共有财产、共有人提起析产诉讼或者申请执行人代位提起析产诉讼的规定,但该规定并非指未经共有人协议分割或析产诉讼,法院即不能执行共有财产。在法院告知共有人有权协议分割共有财产或提出析产诉讼后,共有人没有协议分割或诉讼分割,法院仍可依照相关实体法并结合案情对共有物强制分割,继续执行。共有人对分割份额有异议的,可依照《民事诉讼法》第 227 条规定救济。第三,是否存在超标的查封问题。本案中,长房权字第××××58 价值为 2 222 514 元,长房权字第××××59 价值为 1 829 550 元。依据(2013)二民二初字第 224 号民事判决书判决结果,本案执行标的应包括典当本金 78 万元、月利 3.2%即 24 960 元(自 2011 年 6 月 9 日至 2014 年 7 月 3 日),该笔债权完全实现前的综合费用、利息,以及一审保全费、公告费、案件受理费和后续发生的评估费、执行费等,上述款项累计已超过单个房屋的评估价值。加之拍卖过程中可能面临流拍、依法降价拍卖等不确定因素,申请执行人的债权能否全部实现尚未可知。此外,《最高人民法院关于人民法院民事执行中查封、扣押、冻结财产的规定》第 21 条也规定了查封财产为不可分物且被执行人无其他可供执行财产或者其他财产不足以清偿债务的,即使该财产价值明显超过金钱债权标的,也可以整体查封。故现阶段案外人赵某雨以超出标的为由要求解除对某一房屋的查封于法无据。第四,被执行人名下唯一房产并非不可执行。《最高人民法院关于人民法院民事执行中查封、扣押、冻结财产的规定》第 5 条第 2 项规定的是被执行人及其所扶养家属所必需的生活费用不得查封、扣押、冻结。本案查封的是被执行人马某元名下的房屋，与该规定所保护的内容有本质区别。该规定第6条虽然规定了对被执行人及其所扶养家属生活所必需的居住房屋不得拍卖、变卖或抵债，但2015年5月5日起施行的《最高人民法院关于人民法院办理执行异议和复议案件若干问题的规定》第20条规定已对此作出了变动。申请执行人金诚典当如按照当地廉租房保障面积标准提供居住房屋，或者参照房屋租赁市场平均租金标准从房屋变价款中扣除5~8年租金，则仍可执行唯一房产。综上，案外人赵某雨提出的异议请求缺少足够的事实和法律依据，不予支持。依照《民事诉讼法》第227条、《最高人民法院关于适用〈中华人民共和国民事诉讼法〉执行程序若干问题的解释》第15条、《最高人民法院关于人民法院办理执行异议和复议案件若干问题的规定》第17条的规定，裁定如下：驳回案外人赵某雨的异议请求。案外人、当事人对裁定不服，认为原判决、裁定错误的，应当依照审判监督程序办理；与原判决、裁定无关的，可以自本裁定书送达之日起15日内提起诉讼。

194 有财产无法变现，申请执行人也不要求以物抵债的，未发现被执行人有其他可供执行的财产，能否终结本次执行程序？

实务总结

有财产无法变现，申请执行人也不要求以物抵债的，未发现被执行人有其他可供执行的财产，执行法院可以终结本次执行程序。待该财产处置条件成就或今后发现被执行人其他可供执行财产后，申请执行人可申请恢复执行。所以，终结本次执行程序的原因除了无财产，还有无可供执行的财产。这里的无可供执行的财产，不仅有无法拍卖变价的财产，还有申请人不接受以物抵债的财产。

典型案例

张家港市锦泰典当有限公司与王某如、王某兰典当纠纷执行裁定书*

裁判要点:法院认为,本案申请执行人享有的债权依法受法律保护,但债权的实现取决于被执行人是否有履行债务的能力。在本次执行程序中,依职权对被执行人的财产进行了调查,对被执行人王某如、王某兰名下位于张家港市锦丰镇沙钢新村42幢505室、阁楼05(房产证号为张房权证锦字第××)进行了评估、拍卖,经三次公开拍卖,均流拍,未发现被执行人有其他可供执行的财产。申请执行人未对上述被执行人的财产作出处置意见,亦未提供被执行人其他可供执行的财产线索,本次执行程序应予终结。据此,依照《民事诉讼法》第154条第1款第11项的规定,裁定如下:终结(2014)张商初字第01079号民事判决书的本次执行程序。待上述财产处置条件成就或今后发现被执行人其他可供执行财产后,申请执行人可申请恢复执行。如不服本裁定,可依照《最高人民法院关于人民法院办理执行异议和复议案件若干问题的规定》第6条第1款的规定,在收到本裁定之日起60日内,递交异议申请书及副本一式三份,申请异议。

195 强制执行公证在法院执行时,不动产抵押权与不动产租赁发生冲突如何处理?

实务总结

强制执行公证在法院执行时,不动产抵押权与不动产租赁发生冲突,如

* (2015)张执字第00863-2号。

果不动产租赁设立先于不动产抵押权，租赁关系不受抵押权的影响。这在《民法典》第405条中有规定，即抵押权设立前，抵押财产已经出租并转移占有的，原租赁关系不受该抵押权的影响。如果不动产抵押权设立先于不动产租赁关系，该租赁关系不得对抗已登记的抵押权，法院查封后进行拍卖时，法院有权要求承租人迁出，因此而造成承租人的损失可以向出租人主张。《最高人民法院关于人民法院民事执行中拍卖、变卖财产的规定》第28条第2款也有相关规定，即拍卖财产上原有的租赁权及其他用益物权，不因拍卖而消灭，但该权利继续存在于拍卖财产上，对在先的担保物权或者其他优先受偿权的实现有影响的，人民法院应当依法将其除去后进行拍卖。

典型案例

异议人江苏太平洋电子商城有限公司与申请执行人江苏钟山典当有限责任公司、被执行人南京助业投资担保有限公司等借款合同纠纷的执行裁定书*

裁判要点：法院认为，《物权法》第190条①规定，订立抵押合同前抵押财产已出租的，原租赁关系不受该抵押权的影响。抵押权设立后抵押财产出租的，该租赁关系不得对抗已登记的抵押权。关于异议人太平洋公司的租赁权。异议人太平洋公司与崇安公司分别签订了《租赁协议》及《补充协议》。2000年签订的《租赁协议》，租赁期限为10年，至2010年4月15日租赁期限结束。《补充协议》为2008年12月20日签订，租赁期限延长至2020年4月15日。2008年12月20日签订的协议名称为《补充协议》，但该协议就租赁期限从2010年4月15日延长至2020年4月15日，变更了租赁合同的主要合同条款，并就2010年4月15日至2020年4月15日的房租支付作

---

* (2015)鼓执异字第35号。

① 对应《民法典》第405条。

出了约定,该《补充协议》应视为一份新的租赁协议。故异议人现享有租赁权的依据为《补充协议》。《补充协议》签订时,太平洋公司已实际占有房屋多年,租赁权的起算日期即《补充协议》签订时间。综上,太平洋公司享有本市玄武区珠江路×××号4楼房屋的租赁权,租赁起算时间为2008年12月20日,租赁期限至2020年4月15日,租金已全部支付。本案中,申请执行人钟山典当公司享有的抵押权设立时间为2008年12月16日,早于太平洋公司租赁权设立的2008年12月20日。故异议人太平洋公司对本市玄武区珠江路×××号4楼房屋享有的租赁权,不能对抗申请执行人钟山典当公司享有的抵押权。在拍卖本市玄武区珠江路655号4楼房屋过程中,要求异议人迁出该房屋,具有法律依据。异议人的异议请求不能成立。据此,依据《民事诉讼法》第227条之规定,裁定如下:驳回案外人太平洋公司的异议请求。本裁定送达后立即生效。如不服本裁定,认为原判决、裁定错误的,依照审判监督程序办理;与原民事判决书无关的,可以自裁定送达之日起15日内提起诉讼。

延伸阅读

北京万国码头商贸有限公司与北京市华夏典当行有限责任公司朝外分公司案外人执行异议之诉二审民事判决书*

裁判要点:法院认为,本案的争议焦点为万国码头公司对案涉房屋享有的租赁权能否对抗华夏典当行对案涉房屋享有的抵押权。因案涉事实发生于《民法典》施行前,故适用当时的法律规定。《物权法》第190条①规定,抵押权设立后抵押财产出租的,该租赁关系不得对抗已登记的抵押权。《最高人民法院关于适用〈中华人民共和国担保法〉若干问题的解释》第66条规

* (2022)京74民终1502号。

① 对应《民法典》第405条。

定,抵押人将已抵押的财产出租的,抵押权实现后,租赁合同对受让人不具有约束力。京煤总公司于2017年11月27日为案涉房屋办理了以华夏典当行为抵押权人的抵押登记,此时抵押权有效设立。而万国码头公司于2018年11月23日与京煤总公司签订了房屋租赁合同,租赁了案涉房屋,并于2020年3月1日实际占有使用该案涉房屋。万国码头公司在承租案涉房屋时应对房屋上是否具有抵押权等情形尽到注意义务,应当对可能产生的权利损害有所预见。万国码头公司在案涉房屋抵押权设立后与京煤总公司签订房屋租赁合同,该租赁权不能对抗抵押权的实现。《最高人民法院关于人民法院民事执行中拍卖、变卖财产的规定》第28条第2款规定,拍卖财产上原有的租赁权及其他用益物权,不因拍卖而消灭,但该权利继续存在于拍卖财产上,对在先的担保物权或者其他优先受偿权的实现有影响的,人民法院应当依法将其除去后进行拍卖。一审法院为实现案涉房屋变价价值的最大化,裁定评估拍卖上述京煤总公司所有的房屋及土地使用权,责令京煤总公司及实际占用人将上述房屋腾空,并无不当。故万国码头公司上诉请求停止要求其腾退北京市海淀区×路×号楼一层、二层及地下室的房屋执行,于法无据,不予支持。

196 典当合同将当户以外的第三人股权质押于典当行,能否办理强制执行公证?

实务总结

典当合同将当户以外的第三人股权质押于典当行,不能办理强制执行公证。根据《典当管理办法》第3条的规定,典当是指当户将其动产、财产权利作为当物质押或者将其房地产作为当物抵押给典当行的行为。这里的抵押物或质押物必须是当户本人财产,只有这样才能办理典当业务,开具当票。第三人的财产可以作为从合同,对主合同典当合同提供担保,第三人财产不能作为当物使用。

典型案例

内蒙古蒙川绿色食品有限责任公司、内蒙古及时雨典当有限公司执行审查类执行裁定书*

裁判要点:法院认为,对于典当行业能否办理抵押借款业务公证无法律明文规定,公证机关对典当抵押借款办理公证于法无据。根据《典当管理办法》第3条的规定,典当是指当户将其动产、财产权利作为当物质押或者将其房地产作为当物抵押给典当行……而本案典当合同将当户以外的第三人股权抵押于典当行违反上述规定。该办法第40条规定逾期不赎当也不续当的为绝当,第43条规定了处理绝当物品的具体办法,即对物权的处置而非对债权的执行。在本案据以执行的文书中,没有当票,其签署的典当合同不符合法律规定的形式要件,是违反《典当管理办法》签订的协议要求。典当是用益物权,而不是债权。本案公证机关对违规抵押股权的典当办理具有强制执行效力债权文书公证及出具执行证书于法无据,不符合《最高人民法院、司法部关于公证机关赋予强制执行效力的债权文书执行有关问题的联合通知》的要求,公证机关出具执行证书未尽到审查核实的责任。综上,申请复议人内蒙古蒙川绿色食品有限责任公司的主要复议理由成立,内蒙古自治区托克托县人民法院(2016)托执异字第4号裁定认定事实错误,适用法律不当,应予撤销。依据《民事诉讼法》第238条第2款、《最高人民法院关于适用〈中华人民共和国民事诉讼法〉的解释》第480条、《最高人民法院关于人民法院办理执行异议和复议案件若干问题的规定》第23条第1款第

* (2017)内01执复48号。

2 项之规定,裁定如下:

(1)撤销内蒙古自治区托克托县人民法院(2016)托执异字第 4 号裁定;

(2)不予执行内蒙古呼和浩特市青城公证处(2011)呼青证内字第 2181 号公证债权文书。

197 绝当物品如何处理?如何保护债务人利益?

实务总结

典当是有担保借款的特殊形式,法律允许典当行在绝当后处置典当物品,是为了保障典当行债权实现而赋予的权利,但是也禁止流质条款,即禁止约定质物所有权因债务履行期满未受清偿而转移为债权人所有。当物绝当后处理要严格遵循《典当管理办法》第 43 条的规定,即典当行应当按照下列规定处理绝当物品:(1)当物估价金额在 3 万元以上的,可以按照《担保法》[①]的有关规定处理,也可以双方事先约定绝当后由典当行委托拍卖行公开拍卖。拍卖收入在扣除拍卖费用及当金本息后,剩余部分应当退还当户,不足部分向当户追索。(2)绝当物估价金额不足 3 万元的,典当行可以自行变卖或者折价处理,损溢自负。(3)对国家限制流通的绝当物,应当根据有关法律、法规,报有关管理部门批准后处理或者交售指定单位。(4)典当行在营业场所以外设立绝当物品销售点,应当报省级商务主管部门备案,并自觉接受当地商务主管部门监督检查。(5)典当行处分绝当物品中的上市公司股份应当取得当户的同意和配合,典当行不得自行变卖、折价处理或者委托拍卖行公开拍卖绝当物品中的上市公司股份。

① 已被《民法典》废止。

典型案例

杨某兴、成都市新都区拓展典当行有限责任公司财产损害赔偿纠纷再审民事判决书*

裁判要点:拓展典当行处置车辆行为性质。双方合同约定典当期满后,杨某兴既未赎当也未续当,则拓展典当行依照合同约定有权处理杨某兴用于典当的车辆,但处理典当车辆应当符合法律规定和行业管理规范。拓展典当行认为其处置车辆行为符合《担保法》关于行使质押权的规定,对此法院认为,典当是有担保借款的特殊形式,法律允许典当行在绝当后处置典当物品,是为了保障典当行债权实现而赋予的权利,行使该项权利应当严格受制于规范,《担保法》第 63 条①规定了债权人享有就质押物品折价或者以拍卖、变卖该动产的价款优先受偿的权利,但第 66 条②也明确规定了禁止流质条款,质物所有权不因债务履行期满未受清偿而转移为债权人所有。本案双方当事人签订的《典当合同》约定若杨某兴不能按期赎当则拓展典当行有权"处理或拍卖"杨某兴所典当的物品,但无论采用"折价""处理"等何种表述,均不同于基于所有权所作处分,对死当物品所采取的处置程序、处置行为应受中国人民银行 1996 年 4 月 3 日发布的《典当行管理暂行办法》(银发〔1996〕119 号)第 34 条规定约束,即"死当物品,应委托当地拍卖行公开拍卖;当地无拍卖行的应当由公证部门现场监督公开拍卖",拓展典当行处置车辆未委托拍卖行或经公证部门现场监督公开拍卖,违反该项规定,已经构成违约。

---

* (2018)川 0114 民再 4 号。

① 对应《民法典》第 425 条。

② 对应《民法典》第 428 条。

十一、小额贷款公司涉及的强制执行公证司法实务

198 借款合同办理强制执行公证并出具执行证书后，被执行人以借款合同效力与利息等实体原因，起诉借款合同无效，被A法院驳回后，是否可以向B法院再以合同无效为由起诉？

实务总结

借款合同办理强制执行公证并出具执行证书后，被执行人以借款合同效力与利息等实体原因，起诉借款合同无效，被A法院驳回后，被执行人就不能再以合同无效等相同理由向法院起诉，再以合同无效起诉就构成重复起诉。被执行人重复起诉的，裁定不予受理；已经受理的，裁定驳回起诉。这里值得注意的是，被执行人提起诉讼，不影响人民法院对公证债权文书的执行。

典型案例

西安聚华网络小额贷款有限公司、高某划申请执行人执行异议之诉民事申请再审审查民事裁定书*

裁判要点：本案中，再审申请人高某划、李某芳以雁塔公证处作出的公证债权文书所涉及的借款合同存在实体违法事由，向新城区法院提起诉讼，请求判决认定借款合同无效，并退回已付的超额利息。新城区法院、西安中院分别就该案作出一、二审判决，驳回了二人的诉讼请求。高某划遂向西安

---

* (2021)陕民申1821号。

市人民检察院申请检查监督，亦被驳回。债权人聚华小贷公司向长安区法院申请执行，在执行过程中，高某划、李某芳、高某以公证债权文书的内容违法为由诉至该院，请求不予执行该公证债权文书。长安区法院经审理作出(2019)陕0116民初6633号民事判决，驳回该诉讼请求。高某划、李某芳、高某不服上诉至西安中院，西安中院作出裁定撤销了长安区法院上述一审判决，驳回了三人的起诉。高某划、李某芳、高某再次以公证债权文书所涉借款合同存在实体违法事由向长安区法院提起诉讼，诉请判决借款合同无效。在此之前，高某划、李某芳已就公证债权文书所涉借款合同的效力及利息问题向新城区法院提起诉讼，该案业经新城区法院、西安中院审理并经西安市人民检察院检查监督，均未支持其诉讼请求。现高某划、李某芳、高某以公证债权文书所涉借款合同无效为由向长安区法院起诉，按照《最高人民法院关于适用〈中华人民共和国民事诉讼法〉的解释》第247条"当事人就已经提起诉讼的事项在诉讼过程中或者裁判生效后再次起诉，同时符合下列条件的，构成重复起诉：(一)后诉与前诉的当事人相同；(二)后诉与前诉的诉讼标的相同；(三)后诉与前诉的诉讼请求相同，或者后诉的诉讼请求实质上否定前诉裁判结果。当事人重复起诉的，裁定不予受理；已经受理的，裁定驳回起诉，但法律、司法解释另有规定的除外"的规定，该起诉已构成重复起诉，故再审申请人高某划、李某芳、高某主张其起诉不构成重复起诉的再审理由不能成立，不予支持。

199 强制执行公证在执行过程中，在法院达成执行和解后，被执行人一方不履行执行和解协议的，该和解协议中的内容能否被作为认定事实的依据？

实务总结

强制执行公证在执行过程中，在法院达成执行和解后，被执行人一方不履行执行和解协议的，该和解协议中的内容不能被作为认定事实的依据。强制执行公证在执行过程中，在法院达成执行和解后，被执行人一方不履行执行和解协议的，申请执行人可以申请恢复执行原执行证书，也可以根据和解协议向法院起诉，判决后执行和解协议。和解协议是各方调解与妥协的结果，不能作为对和解人不利的证据。

典型案例

陕西文化产业小额贷款有限公司、西安闻天科技实业集团有限公司等小额借款合同纠纷民事申请再审审查民事裁定书*

裁判要点：原审中，文贷公司提交还款协议，用以证明闻天公司有对JK20130001-2号借款合同承担连带责任的意思表示。经询问，各方当事人均认可还款协议系在法院执行阶段达成的执行和解协议。还款协议是当事人为了达成和解协议作出妥协而认可的事实，不能在本案中作为对闻天公司不利的证据，文贷公司的再审申请理由不能成立。

延伸阅读

宁夏中卫市银河冶炼有限公司、中卫市乐农生态移民产业发展小额贷款有限公司借款合同纠纷执行审查执行裁定书**

裁判要点：法院认为，本案执行过程中，乐农公司与银河公司达成执行和解，乐农公司申请撤回执行申请，中卫中院于2018年6月26日终结本案

* (2021)最高法民申2831号。

** (2022)宁执复8号。

执行。后乐农公司以银河公司未履行和解协议为由申请恢复执行原生效法律文书。根据《最高人民法院关于执行和解若干问题的规定》第 9 条“被执行人一方不履行执行和解协议的,申请执行人可以申请恢复执行原生效法律文书,也可以就履行执行和解协议向执行法院提起诉讼”的规定,中卫中院恢复执行后,应当依据原生效法律文书执行。银河公司的付款行为是对原生效法律文书的履行,其所付款项未达到公证债权文书确定的数额,故银河公司、胡某灵、王某要求按照结案处理的复议请求不能成立。中卫中院(2021)宁 05 执异 107 号执行裁定认定事实清楚,适用法律正确,应予维持。

200 强制执行公证进入执行程序,被执行人的其他债权人申请参与分配的时间是什么?

实务总结

被执行人的其他债权人申请参与分配的时间,必须在执行程序开始后、被执行人的财产执行终结前,必须持有有效的执行依据。2022 年《最高人民法院关于适用〈中华人民共和国民事诉讼法〉的解释》第 506 条规定,被执行人为公民或者其他组织,在执行程序开始后,被执行人的其他已经取得执行依据的债权人发现被执行人的财产不能清偿所有债权的,可以向人民法院申请参与分配。对人民法院查封、扣押、冻结的财产有优先权、担保物权的债权人,可以直接申请参与分配,主张优先受偿权。如果涉及财产的拍卖,《最高人民法院关于适用〈中华人民共和国民事诉讼法〉的解释》第 491 条规定,拍卖成交或者依法定程序裁定以物抵债的,标的物所有权自拍卖成交裁定或者抵债裁定送达买受人或者接受抵债物的债权人时转移。而此时该财产的执行即告终结,被执行人的其他债权人就不能就该财产申请参与分配。

典型案例

沈某华等非与执行审查执行裁定书*

裁判要点：法院认为，2020年《最高人民法院关于适用〈中华人民共和国民事诉讼法〉的解释》第508条规定，被执行人为公民或者其他组织，在执行程序开始后，被执行人的其他已经取得执行依据的债权人发现被执行人的财产不能清偿所有债权的，可以向人民法院申请参与分配。对人民法院查封、扣押、冻结的财产有优先权、担保物权的债权人，可以直接申请参与分配，主张优先受偿权。2020年《最高人民法院关于适用〈中华人民共和国民事诉讼法〉的解释》第509条规定，申请参与分配，申请人应当提交申请书。申请书应当写明参与分配和被执行人不能清偿所有债权的事实、理由，并附有执行依据。参与分配申请应当在执行程序开始后，被执行人的财产执行终结前提出。2020年《最高人民法院关于适用〈中华人民共和国民事诉讼法〉的解释》第493条规定，拍卖成交或者依法定程序裁定以物抵债的，标的物所有权自拍卖成交裁定或者抵债裁定送达买受人或者接受抵债物的债权人时转移。根据上述规定，被执行人的其他债权人申请参与分配必须持有有效的执行依据，且必须在被执行人的财产执行终结前提出。被执行人的财产经拍卖成交的，其所有权自拍卖成交裁定送达买受人时即已转移，该财产的执行即告终结。本案中，沈某华所持的(2019)沪0115民初1022号民事判决于2019年11月26日生效，而昌平法院于2019年11月11日将案涉房屋的拍卖成交裁定送达买受人，沈某华所持的上述民事判决生效时，昌平法院对案涉房屋的执行程序已经终结，沈某华申请参与分配不符合上述司法解释规定的条件，昌平法院未准许沈某华参与分配并无不当。昌平法院

* (2021)京执监42号。

在案件执行完毕后,将剩余拍卖款予以返还并无不当。沈某华的申诉理由不能成立,其申诉请求不予支持。

201 强制执行公证在出具执行证书时,被申请执行人申请不予执行的理由涉及实体问题理由有哪些?

实务总结

《最高人民法院关于公证债权文书执行若干问题的规定》第 12 条第 2 款规定,被执行人以公证债权文书的内容与事实不符或者违反法律强制性规定等实体事由申请不予执行的,人民法院应当告知其依照该规定第 22 条第 1 款的规定提起诉讼。这里的实体理由即公证债权文书的内容与事实不符、违反法律强制性规定等,公证债权文书的内容与事实不符主要是合同主体、内容、金额、意思表示等存在纠纷,而违反法律强制性规定主要涉及可能存在导致合同无效的情形。被执行人诉讼不影响原执行,也不影响被执行人预交诉讼费等情况。

典型案例

厦门永榕置业有限公司、厦门思明百应小额贷款有限公司、陈某明等其他案由执行审查类执行裁定书*

裁判要点:法院认为,根据 2018 年 10 月 1 日起施行的《最高人民法院关于公证债权文书执行若干问题的规定》第 12 条第 2 款的规定,被执行人以公证债权文书的内容与事实不符或者违反法律强制性规定等实体事由申请不

* (2018)闽执复 110 号。

予执行的,人民法院应当告知其依照本规定第22条第1款的规定提起诉讼。该规定明确了被执行人申请不予执行公证债权文书的审查程序,并将申请不予执行的理由区分为程序问题和实体问题,程序问题由执行程序审查,实体问题由诉讼程序审理。本案中,永榕公司提出的《最高额保证合同》及《补充协议》保证人处永榕公司的印章系伪造、该保证并非永榕公司真实意思表示,以及公证债权文书、执行证书的内容与事实不符等均为实体事由,不应在执行程序中审查。永榕公司可在执行程序终结前,按照法律规定另行提起诉讼。三明中院在异议审查中对永榕公司提出的实体事由进行审查,违反了《最高人民法院关于公证债权文书执行若干问题的规定》的规定,予以纠正。另永榕公司在复议中以公证债权文书违反法定公证程序为由申请不予执行,但未能提供相应的证据予以证明,不予采纳。

202 让与担保的担保物能否优先受偿?

实务总结

让与担保是指债务人或者第三人为担保债务的履行,将担保物的所有权转移给担保权人,在债务清偿后,担保权人将担保物返给债务人或者第三人,如果债务没有获得清偿,担保权人可就担保物优先受偿的一种担保形式。让与担保中的转移担保物所有权仅具有担保作用,不是真正的所有权转让,在债务未清偿的情况下,直接判决担保物所有权归担保权人。对于此类让与担保的合同,通过登记等方式进行公示,即具有对抗效力,债权人可以优先受偿。《最高人民法院关于适用〈中华人民共和国民法典〉有关担保制度的解释》第68条中对让与担保有详细规定,即债务人或者第三人与债权人约定将财产形式上转移至债权人名下,债务人不履行到期债务,债权人有权对财产折价或者以拍卖、变卖该财产所得价款偿还债务的,人民法院应当认定该约定有效。当事人已经完成财产权利变动的公示,债务人不履行到期债务,债权人请求参照民法典关于担保物权的有关规定就该财产优先受偿的,人民法院应予支持。债务人或者第三人与债权人约定将财产形式上转移至债权人名下,债务人不履行到期债务,财产归债权人所有的,人民法院应当认定该约定无效,但是不影响当事人有关提供担保的意思表示的效力。当事人已经完成财产权利变动的公示,债务人不履行到期债务,债权人请求对该财产享有所有权的,人民法院不予支持;债权人请求参照民法典关于担保物权的规定对财产折价或者以拍卖、变卖该财产所得的价款优先受偿的,人民法院应予支持;债务人履行债务后请求返还财产,或者请求对财产折价或者以拍卖、变卖所得的价款清偿债务的,人民法院应予支持。债务人与债权人约定将财产转移至债权人名下,在一定期间后再由债务人或者其指定的第三人以交易本金加上溢价款回购,债务人到期不履行回购义务,财产归债权人所有的,人民法院应当参照第 2 款规定处理。回购对象自始不存在的,人民法院应当依照《民法典》第 146 条第 2 款的规定,按照其实际构成的法律关系处理。

典型案例

王某军、阜新蒙古族自治县丰泽小额贷款有限公司等小额借款合同纠纷民事二审民事判决书*

裁判要点:经审理查明,一审法院查明的事实属实。另查明,中大伟业为担保案涉 4 份《贷款合同》的履行,以其开发建设的 23 套房产作为债务履行的担保,与王某军签订 14 份《商品房买卖合同》,合同编号及签订的时间

* (2023)辽 09 民终 818 号。

分别如下：编号 ZDWY-0291、ZDWY-0292、ZDWY-0293、ZDWY-0295、ZDWY-0298 为 2014 年 12 月 30 日；编号 ZDWY-0286、ZDWY-0287、ZDWY-0289、ZDWY-0290 为 2015 年 1 月 21 日；编号 ZDWY-0288 为 2015 年 1 月 23 日；编号 ZDWY-0294、ZDWY-0296、ZDWY-0297、ZDWY-0299 为 2015 年 2 月 5 日。

法院认为，根据《最高人民法院关于适用〈中华人民共和国民法典〉时间效力的若干规定》第 1 条第 2 款“民法典施行前的法律事实引起的民事纠纷案件，适用当时的法律、司法解释的规定，但是法律、司法解释另有规定的除外”之规定，因本案引起民事纠纷案件的法律事实发生在《民法典》施行前，故本案应当适用《民法典》施行前的法律、司法解释。依照《民法总则》第 146 条①“行为人与相对人以虚假的意思表示实施的民事法律行为无效。以虚假的意思表示隐藏的民事法律行为的效力，依照有关法律规定处理”的规定，本案王某军与中大伟业签订的《商品房买卖合同》所隐藏的真实意思为让与担保即为被上诉人向上诉人借款提供担保，虚假的意思表示即商品房买卖合同，商品房买卖合同因系当事人虚假意思表示而无效，而隐藏的行为即让与担保行为则要根据有关的法律规定来确认其效力。故一审法院判决结果合适，应予维持。

203 互联网小额贷款公司众多贷款合同的管辖如何确定？

实务总结

互联网小额贷款公司众多贷款合同通过互联网方式与借款人签订，其

① 对应《民法典》第 146 条。

中该类合同大多约定因履行合同发生争议、不能协商解决时,双方当事人同意向合同签订地人民法院提起诉讼,此合同签订地多为协议签订地,而非实际签订地。此类互联网借贷纠纷,出借方一方主体特定、借款方一方主体不特定,分散于全国各地,虽然有协议约定签署地,但实际签署地不好确定,如果任由该类合同通过协议管辖进入约定法院,则会对当地审判工作造成意外冲击。而借款合同纠纷,争议标的为给付货币,接受货币一方所在地即出借人所在地,出借人起诉即在出借人的住所地法院,其作为合同履行地人民法院和被告住所地人民法院,对本案均有管辖权。法院的意见是为便于统一裁判尺度、服务金融监管,以出借人即互联网小额贷款公司注册地法院管辖为宜。

典型案例

重庆市千方小额贷款有限公司、黄某强等小额借款合同纠纷民事指定管辖管辖裁定书*

裁判要点:法院认为,本案系互联网借贷引发的合同纠纷。《民事诉讼法》第35条规定,合同或者其他财产权益纠纷的当事人可以书面协议选择被告住所地、合同履行地、合同签订地、原告住所地、标的物所在地等与争议有实际联系的地点的人民法院管辖,但不得违反本法对级别管辖和专属管辖的规定。案涉《最高额循环贷款合同》系通过互联网方式签订,其中,案涉合同明确约定因履行合同发生争议、不能协商解决时,双方当事人同意向合同签订地北京市海淀区人民法院提起诉讼。出借人千方公司、借款人黄某强住所地均不在北京市海淀区,现有证据材料无法证明当事人系在北京市海淀区签订。此类互联网借贷纠纷,出借方一方主体特定、借款方一方主体

* (2022)最高法民辖61号。

不特定,存在面广量大的情形,虽然协议选择所谓的协议签订地北京市海淀区人民法院管辖,系双方当事人在案涉合同中进行的明确约定,但是在无证据材料可以证明北京市海淀区系案涉合同签订地的情况下,如就此认定北京市海淀区人民法院是本案的管辖法院,势必造成大量案件通过协议管辖进入约定法院,破坏正常的民事诉讼管辖秩序,故案涉协议管辖条款无效。《民事诉讼法》第 24 条规定,因合同纠纷提起的诉讼,由被告住所地或者合同履行地人民法院管辖。本案系小额借款合同纠纷,争议标的为给付货币,接受货币一方所在地,即千方公司的住所地重庆市南岸区人民法院作为合同履行地人民法院和来宾市忻城县人民法院作为被告黄某强住所地人民法院对本案均有管辖权。鉴于本案系互联网借贷引发的纠纷,出借方一方住所地在重庆市南岸区,与本案情形类似的借款方众多且住所地分散,为便于统一裁判尺度、服务金融监管,本案由重庆市南岸区人民法院管辖为宜。

204 在办理强制执行公证过程中,连带共同保证人之间如何分配责任?

实务总结

在办理强制执行公证过程中,连带责任保证的债权人未在保证期间请求保证人承担保证责任的,保证人不再承担保证责任。连带保证与一般保证的诉讼时效计算开始时间不同。一般保证的债权人在保证期间届满前对债务人提起诉讼或者申请仲裁的,从保证人拒绝承担保证责任的权利消灭之日,即债务人不能清偿债务之日起,开始计算保证债务的诉讼时效。连带责任保证的债权人在保证期间届满前请求保证人承担保证责任的,从债权人请求保证人承担保证责任之日起,开始计算保证债务的诉讼时效。在连带共同保证中,保证人作为一个整体共同对债权人承担保证责任,债权人在主张保证责任时可以向任何一个保证人主张权利,其效力及于其他尚在保证期间的保证人。被要求承担保证责任的连带保证人承担责任后,按合同约定有权要求承担连带责任的其他保证人清偿或者要求债务人清偿。

典型案例

高某飞、府谷县远通小额贷款有限责任公司等民间借贷纠纷民事申请再审审查民事裁定书*

裁判要点:本案中,高某飞、高某林、刘某作为保证人共同在借款展期合同中签字,并承诺为借款提供连带责任保证,故高某飞、高某林、刘某为案涉借款的连带共同保证人。《担保法》第 12 条①规定:"同一债务有两个以上保证人的,保证人应当按照保证合同约定的保证份额,承担保证责任。没有约定保证份额的,保证人承担连带责任,债权人可以要求任何一个保证人承担全部保证责任,保证人都负有担保全部债权实现的义务。已经承担保证责任的保证人,有权向债务人追偿,或者要求承担连带责任的其他保证人清偿其应当承担的份额。"《最高人民法院关于适用〈中华人民共和国担保法〉若干问题的解释》第 20 条第 1 款规定:"连带共同保证的债务人在主合同规定的债务履行期届满没有履行债务的,债权人可以要求债务人履行债务,也可以要求任何一个保证人承担全部保证责任。"根据上述规定,在连带共同保证中,保证人作为一个整体共同对债权人承担保证责任,债权人在主张保证责任时可以向任何一个保证人主张权利,都是债权人要求保证人承担保证责任的行为,其效力及于其他尚在保证期间的保证人。被要求承担保证责任的保证人承担责任后,有权要求承担连带责任的其他保证人清偿,其他保证人的保证责任不会因债权人未在保证期间内向其主张权利而免除。本案

* (2022)最高法民申 145 号。

① 对应《民法典》第 699 条。

中，远通公司在保证期间内向保证人刘某主张了保证责任，高某飞作为其他保证人对案涉借款的保证责任不因远通公司未在保证期间内向其主张权利而免除。综上，原判决认定高某飞对案涉借款与其他保证人共同承担连带保证责任，并无不妥。

205 办理强制执行公证后，如果抵押人破产，不动产抵押物如何执行？

实务总结

办理强制执行公证后，如果抵押人破产，不动产抵押物不属于破产财产，不动产抵押物有依照法律规定存在优先权的财产。依据《企业破产法》第 109 条的规定，对破产人的特定财产享有担保权的权利人，对该特定财产享有优先受偿的权利。也就是说，即使抵押人破产，只要抵押权人没有放弃优先权，抵押权人仍可以对不动产抵押物进行优先受偿。如果债务人破产，根据《最高人民法院关于适用〈中华人民共和国民法典〉有关担保制度的解释》第 23 条的规定，人民法院受理债务人破产案件，债权人在破产程序中申报债权后又向人民法院提起诉讼，请求担保人承担担保责任的，人民法院依法予以支持。担保人清偿债权人的全部债权后，可以代替债权人在破产程序中受偿；在债权人的债权未获全部清偿前，担保人不得代替债权人在破产程序中受偿，但是有权就债权人通过破产分配和实现担保债权等方式获得清偿总额中超出债权的部分，在其承担担保责任的范围内请求债权人返还。债权人在债务人破产程序中未获全部清偿，请求担保人继续承担担保责任的，人民法院应予支持；担保人承担担保责任后，向和解协议或者重整计划执行完毕后的债务人追偿的，人民法院不予支持。

典型案例

张某川、张某宇等小额借款合同纠纷民事申请再审审查民事裁定书*

裁判要点:(1)关于张某川是否应承担保证责任的问题。《最高人民法院关于适用〈中华人民共和国担保法〉若干问题的解释》第44条规定:“保证期间,人民法院受理债务人破产案件的,债权人既可以向人民法院申报债权,也可以向保证人主张权利。债权人申报债权后在破产程序中未受清偿的部分,保证人仍应当承担保证责任。债权人要求保证人承担保证责任的,应当在破产程序终结后六个月内提出。”该条并未规定仅适用于一般保证的情形,张某川关于其系连带保证的保证人而不适用该条规定的再审申请理由不能成立。张某川的保证期间为2015年3月29日至2017年3月28日,重庆五中院于2016年7月26日裁定受理债务人英达公司的破产重整申请,向南小贷公司可依据《最高人民法院关于适用〈中华人民共和国担保法〉若干问题的解释》第44条的规定,就破产案件中未受清偿的利息债权,在英达公司破产程序终结后6个月内要求保证人承担保证责任。虽然重庆五中院于2018年5月2日裁定终止英达公司重整程序,但重整程序只是破产程序中的一个环节,重整程序的终止并不等于破产程序的终结。因张某川在本案中未举证证明向南小贷公司主张保证责任超过了英达公司破产程序终结后的6个月期间,故二审法院认定张某川应承担保证责任并无不当。

(2)关于抵押权是否已经消灭的问题。《企业破产法》第92条第1款规定:“经人民法院裁定批准的重整计划,对债务人和全体债权人均有约束力。”第3款规定:“债权人对债务人的保证人和其他连带债务人所享有的权

---

* (2022)最高法民申60号。

利，不受重整计划的影响。”据此，能够根据重整计划减免债务的对象仅为债务人，并不包括保证人和抵押人。本案中，张某川与向南小贷公司签订抵押合同约定的担保范围为借款本金、利息、违约金等，现向南小贷公司的利息债权在英达公司的重整计划中未受清偿，故其仍对抵押物享有抵押权，二审法院认定向南小贷公司有权就张某川提供的抵押物行使抵押权并无不当。

206 强制执行公证在法院执行过程中，查封焦化产能指标，如何执行？

实务总结

强制执行公证在法院执行过程中，查封焦化产能指标，可以通过法院进行拍卖。竞买人取得焦化产能指标后，其就取得相应产能增量。根据《最高人民法院关于人民法院民事执行中拍卖、变卖财产的规定》第15条的规定，拍卖的多项财产在使用上不可分，或者分别拍卖可能严重减损其价值的，应当合并拍卖。单独拍卖焦化产能指标符合要求，但涉及被执行人产能背后的焦炉等设施，法院应明确告知被执行人在焦化产能指标拍卖给竞买人后，被执行人应当按照相关规定进行减产或者拆除焦炉等设施，确保竞买人竞买目的的实现。

典型案例

中国铝业股份有限公司、晋中市明亮小额贷款有限公司等借款合同纠纷执行监督执行裁定书*

裁判要点：第一，《民事诉讼法》第249条规定，被执行人未按执行通知

* (2022)最高法执监23号。

履行法律文书确定的义务,人民法院有权查封、扣押、冻结、拍卖、变卖被执行人应当履行义务部分的财产。根据上述法律规定,被执行人逾期不履行法律文书确定的义务,执行法院有权对被执行人名下财产采取查封、拍卖、变卖等强制执行措施。本案被执行人路鑫能源公司未履行生效法律文书确定的义务,晋中中院作出(2020)晋07执恢47号执行裁定,拍卖该院查封的路鑫能源公司名下的110万吨焦化产能指标,符合上述法律规定。

第二,关于单独拍卖焦化产能是否减损相关焦炉价值的问题。《最高人民法院关于人民法院民事执行中拍卖、变卖财产的规定》第15条规定,拍卖的多项财产在使用上不可分,或者分别拍卖可能严重减损其价值的,应当合并拍卖。本案中,焦化产能与相关的焦炉为不同的财产类型,不存在使用上不可分的情形。山西省人民政府办公厅印发的《山西省焦化产业打好污染防治攻坚战推动转型升级实施方案》主要从节约社会资源的角度出发,本着最大化实现社会资源价值的原则,鼓励将焦化产能及配套资产整体处置,但该地方政府的管理性规定尚不足以否定司法拍卖的效力,且晋中中院在竞买公告中已载明对被执行人名下的产能进行拍卖处置后,相应焦炉的所有权人应按照相关规定要求进行拆除,以确保焦化产能能够交付。因此,山西高院认定晋中中院对焦化产能进行单独拍卖不符合撤销情形并无不当。

207 强制执行公证进入法院执行程序后,查封土地使用权与查封土地使用权上的房屋发生冲突,在存在预查封的情况下如何确定首封法院?

实务总结

强制执行公证进入法院执行程序后,查封土地使用权与查封土地使用权上的房屋发生冲突,要看哪个查封在前,就认为那个是首封法院。基于查封地上建筑物的效力及于该地上建筑物使用范围内的土地使用权,查封土地使用权的效力及于地上建筑物的原则,首封房产及于土地使用权,首封土地使用权及于房产。预查封是对尚未在登记机关进行物权登记但又履行了一定的批准或者备案等预登记手续、被执行人享有物权期待权的房地产所采取的控制性措施。预查封及于房产与土地使用权转为正式查封就成为对房产与土地使用权的首次查封。

典型案例

赵某琪、定州市盛银科技小额贷款有限公司等借款合同纠纷执行监督执行裁定书*

裁判要点:根据查明的事实,保定中院于2015年2月27日向石家庄市国土资源局发出协助执行通知书,预查封新巨基公司名下的案涉土地价值3207万元的部分。预查封是对尚未在登记机关进行物权登记但又履行了一定的批准或者备案等预登记手续、被执行人享有物权期待权的房地产所采取的控制性措施,此时因案涉土地及其地上房产尚无不动产登记,故保定中院的预查封效力及于全部案涉土地及地上建筑物。后因案涉土地确被登记在新巨基公司名下,故该院对案涉土地的查封已转为正式查封,查封期限从预查封之日2015年2月27日起开始计算。同时,按照《最高人民法院关于人民法院民事执行中查封、扣押、冻结财产的规定》第21条第1款"查封地上建筑物的效力及于该地上建筑物使用范围内的土地使用权,查封土地使用权的效力及于地上建筑物"的规定,该查封效力及于案涉土地上的建筑物。而石家庄中院系于2016年4月29日作出(2016)冀01执174号执行裁定进行查封,故保定中院对案涉房产的查封早于石家庄中院对案涉房产的查封。

---

* (2021)最高法执监283号。

208 规避主管部门利息限额的补充协议能否办理强制执行公证?

实务总结

规避主管部门利息限额的补充协议,不能办理强制执行公证。金融机构开展业务需要许可并接受监管,规避主管部门的监管政策规定的利息限额,收取超额利息,就是违反监管政策。不论是违反国家部委还是省级部门的监管政策,该合同都不能办理强制执行公证。

典型案例

兰州新区陇能小额贷款股份有限公司、甘肃陇原露天煤业有限公司普通破产债权确认纠纷民事二审民事判决书*

裁判要点:2015年12月8日,甘肃省人民政府金融工作办公室、甘肃省工商行政管理局、中国人民银行兰州中心支行及原中国银行业监督管理委员会甘肃监管局共同发布了《甘肃省小额贷款公司管理办法》,该管理办法第26条规定,"小额贷款公司贷款利率不得超过中国人民银行同期同档次人民币基准利率的4倍"。虽然该规定效力层级较低,不构成导致合同无效的强制性规范,但省政府金融工作办公室作为批准设立小额贷款公司的政府主管部门,负责小额贷款公司的风险处置,其所规定的贷款利率标准,辖区内由其批准设立的小额贷款公司应当遵守。陇能小贷公司作为甘肃省人民政府金融工作办公室批准设立的小额贷款公司,与借款人在短期借款合

* (2022)甘民终239号。

同中约定利息为年利率16.8%,又在同一天以补充协议的形式变更利息约定为年利率36%,存在规避主管部门利息标准规定的情形,这种规避行为会增加金融风险,违背公序良俗,不应予以肯定,根据《民法总则》第153条[①]第2款的规定,陇能小贷公司与陇原煤业公司等签订的《短期借款合同补充协议》属无效合同,对于陇能小贷公司基于该补充协议的利息主张不予支持。

延伸阅读

温泉县新宝小额贷款有限责任公司、冯某芝等借款合同纠纷民事二审民事裁定书*

裁判要点:关于本案借款利息应当如何认定的问题。小额贷款公司应当在获批的经营区域内开展贷款业务,因案涉《借款合同》签订地与实际履行地均在伊犁哈萨克自治州,而新宝小额贷款公司未举证证明其公司经营区域包括伊犁哈萨克自治州,原审法院参照《最高人民法院关于审理民间借贷案件适用法律若干问题的规定》(法释〔2020〕17号)第31条之规定认定本案借款利息,并无不当。

209 强制执行公证出具执行证书时如何认定超出保证期间?

实务总结

强制执行公证出具执行证书时,要确认连带责任保证的债权人是否在保证期间内向保证人主张权利,如果没有在保证期间内向保证人主张权利,

---

① 对应《民法典》第153条。

* (2022)新民申1402号。

保证责任免除,保证人不再承担保证责任。另外,保证期间不存在中止、中断和延长情形。向保证人主张权利的方式可以是送达清收通知等方式。连带责任保证的债权人在保证期间届满前请求保证人承担保证责任的,从债权人请求保证人承担保证责任之日起,开始计算保证债务的诉讼时效。如果涉及诉讼或仲裁,就要通过起诉或者提起仲裁申请。《最高人民法院关于适用〈中华人民共和国民法典〉有关担保制度的解释》第 31 条第 2 款已明确规定,连带责任保证的债权人在保证期间内对保证人提起诉讼或者申请仲裁后,又撤回起诉或者仲裁申请,起诉状副本或者仲裁申请书副本已经送达保证人的,人民法院应当认定债权人已经在保证期间内向保证人行使了权利。也就是说,即使起诉后撤诉或者申请仲裁后撤回仲裁申请,只要起诉状副本或者仲裁申请书副本已经送到保证人,也可以认定向保证人行使了权利。

典型案例

青岛经济技术开发区恒信城市发展小额贷款有限公司、薛某等金融借款合同纠纷民事申请再审审查民事裁定书*

裁判要点:法院经审查认为,本案借款于 2016 年 2 月 19 日到期,根据《最高额保证担保合同》的约定,保证期间至 2018 年 2 月 18 日届满。2018 年 2 月 12 日和 2019 年 4 月 4 日,申请人曾就本案借款先后两次向人民法院提起诉讼。故本案当事人的争议焦点为,申请人两次提起诉讼的行为能否认定为在保证期间内向被申请人主张了权利。对此,法院认为,保证期间与诉讼时效不同,连带责任保证的债权人未在保证期间内向保证人主张权利的,保证责任免除,保证人不再承担保证责任,且保证期间不存在中止、中断和延长情形。关于债权人向保证人主张权利的方式,《最高人民法院对〈关

* (2022)鲁民申 11871 号。

于担保期间债权人向保证人主张权利的方式及程序问题的请示〉的答复》(〔2002〕民二他字第32号)规定,向保证人主张权利可以包括“提起诉讼”和“送达清收债权通知书”等。本案中,申请人于2018年2月12日所提起的诉讼,虽在保证期间内提起,但因申请人没有在规定的期限内缴纳相关费用,被法院按撤诉处理,也即视为没有起诉,且该案的起诉状副本也未送达被申请人,所以申请人于2018年2月12日所提起的诉讼不能产生向被申请人主张权利的法律效果。对此,自2021年1月1日起实施的《最高人民法院关于适用〈中华人民共和国民法典〉有关担保制度的解释》第31条第2款已明确规定,“连带责任保证的债权人在保证期间内对保证人提起诉讼或者申请仲裁后,又撤回起诉或者仲裁申请,起诉状副本或者仲裁申请书副本已经送达保证人的,人民法院应当认定债权人已经在保证期间内向保证人行使了权利”。根据该规定,连带责任保证的债权人在保证期间内对保证人提起诉讼后撤回起诉,且起诉状副本未送达保证人的情况下,不能认定债权人已经在保证期间内向保证人行使了权利;而在未撤回起诉的情况下,即使起诉状副本送达保证人的时间晚于保证期间,也可以认定债权人已经在保证期间内向保证人行使了权利。对于申请人于2019年4月4日所提起的诉讼,因已超过《最高额保证担保合同》所约定的保证期间,同样不能认定为在保证期间内向保证人主张权利。故原审法院认定申请人未在保证期间内向被申请人主张权利,并判决驳回申请人对被申请人的诉讼请求,并无不当。

210 在借款业务中办理完强制执行公证,如果出现实际借款人与名义借款人不一致的情形,如何处理?

实务总结

在借款业务中办理完强制执行公证,如果出现实际借款人与名义借款人不一致的情形,实务中,需要具体情况具体分析,对因投资理财被骗涉非法吸收公众存款等刑事犯罪案件的,公证机构根据司法机关作出的立案通知等法律文书不予出具执行证书;对当事人无法提供相关法律文书且无证据证明涉刑事犯罪案件的,公证机构依法审查后决定是否出具执行证书。一旦无法出具执行证书,各方可以通过诉讼解决,为方便一次性解决纠纷,实务中,一般由出借人与名义借款人、实际借款人共同参与诉讼,并判决确认实际借款人承担还款义务。

典型案例

忻府区秀容办事处东街村村民委员会与忻州市锦昌时代小额贷款有限公司、刘某香等被继承人债务清偿纠纷二审民事判决书*

裁判要点:一审法院认定事实:刘某香系被继承人王某双之妻,王某伟、王某1、王某2系被继承人子女。2013年10月17日,王某双与锦昌贷款公司签订一份借款合同,向锦昌贷款公司借款100万元,按月息27‰计算,约定还款日期为2014年4月16日。同日,锦昌贷款公司与焦某利签订了一份《保证担保借款合同》,三方约定焦某利为上述借款提供连带责任保证担保。合同签订后,锦昌贷款公司于2013年10月17日通过银行转账方式将100万元打入王某双指定的农行卡上。之后,王某双按期结息,利息结至2015年1月25日。借款到期后,锦昌贷款公司多次向借款人王某双和担保人催还,王某双一直未予偿还。2015年正月初六,王某双突发心脏病病逝。另查明,本案涉及的款项由王某双以个人名义借贷,用于东街村委胜利路拆迁工程。此笔借款一直由村委下属物业公司负责结息。一审法院认为,根据《最高人民法院关于审理民间借贷案件适用法律若干问题的规定》第23条第2款

* (2017)晋09民终1601号。

“企业法定代表人或负责人以个人名义与出借人签订民间借贷合同，所借款项用于企业生产经营，出借人请求企业与个人共同承担责任的，人民法院应予支持”的规定，王某双为东街村委的法定代表人，在借款主体不符合借款公司要求的情况下，以个人名义进行借款，全部借款用于胜利路拆迁工程，借款利息亦实际由东街村委偿还。因此，东街村委应当承担借款偿还义务。本案中，锦昌贷款公司与借款人王某双约定的借款利率违反国家有关限制性利率规定，应予以调整，即借款利率应调整为年利率24%。焦某利作为本案诉争款项的借款保证人，应承担其还本付息连带之责任。该保证人承担保证责任后有权对承担还款之责的东街村委予以追偿。刘某香、王某伟、王某1、王某2作为借款人王某双的继承人，因未继承使用借款且在另案中已声明放弃继承，故不承担归还借款支付利息的责任。综上，依据《合同法》第196条①，《担保法》第6条、第18条、第21条、第31条②，《最高人民法院关于审理民间借贷案件适用法律若干问题的规定》第23条第2款之规定，判决：(1)东街村委在判决生效后10日内偿还锦昌贷款公司借款100万元并支付该款从2015年1月26日起至执行完毕止的利息（利率按年利率24%计算）。(2)焦某利对上述第1项借款本息承担连带清偿责任。焦某利承担连带清偿责任后有权向东街村委予以追偿。(3)驳回锦昌贷款公司的其他诉讼请求。案件受理费13 800元，由东街村委及焦某利负担。

二审过程中各方当事人对一审查明的事实均没有异议，亦未提供新证据，对此予以确认。

二审法院认为，根据民事诉讼法的相关规定，人民法院审理案件应当围绕当事人的诉讼请求进行审理，并作出裁决。一审中，经原审被告刘某香、王某伟、王某1、王某2申请追加上诉人东街村委为被告，对追加被告原审原告锦昌贷款公司表示同意，并由原审法院通知上诉人作为被告参加诉讼，原

① 对应《民法典》第667条。

② 对应《民法典》第681条、第688条、第691条、第700条。

判对东街村委应承担责任进行审理未超出当事人的诉讼请求。东街村委作为实际借款人,有借款合同、借款协议、村委会议记录等证据可以证实,其应承担借款人还款义务。综上所述,上诉人东街村委的上诉理由不能成立,依照《民事诉讼法》第170条第1款第1项的规定,判决如下:驳回上诉,维持原判。二审案件受理费13 800元,由上诉人东街村委负担。